汽车构造原理

Automobile Structure Principle

从入门到精通

瑞佩尔◎主编

化学工业出版社

·北京·

内容简介

本书采用彩图图解、动画演示、视频讲解的方式全方位展示汽车的各个组成机构、系统、总成的构造、功能及工作原理。书中对一些汽车专业术语及总成部件的名称同时标注了中英两种文字，方便读者在了解汽车知识的同时也学习汽车专业英语。

本书从“总体叙述”到汽车的“动力、底盘、车身、电气”四大板块，共分为五个部分若干章节。第1章为汽车概述，介绍汽车类型、参数及总体结构组成与基本原理；第2章介绍动力系统，主要介绍燃油型汽油与柴油发动机，并针对新能源电动汽车介绍了电动化系统（即高压电源与电驱系统）；第3章主要讲解底盘“传动、行驶、转向、制动”四大系统；第4章介绍车身，包括安全系统与内外饰件；第5章主要讲了汽车发动机、底盘、车身等的电气系统和自动驾驶系统的组成与原理；最后附录为汽车品牌与车标、常见英文标识释义。

本书适用于广大汽车爱好者、汽车从业人员以及汽车车主阅读使用，既可作为相关汽车从业人员的培训资料，也可作为职业院校、技校等汽车专业学生的专业教辅与补充读物。

图书在版编目（CIP）数据

汽车构造原理从入门到精通/瑞佩尔主编. 一北京：化学工业出版社，2023.6（2024.5重印）

ISBN 978-7-122-43141-7

Ⅰ.①汽… Ⅱ.①瑞… Ⅲ.①汽车-构造 Ⅳ.①U463

中国国家版本馆CIP数据核字（2023）第049922号

责任编辑：周　红
文字编辑：郑云海　温潇潇
责任校对：刘　一
装帧设计：王晓宇

出版发行：化学工业出版社
（北京市东城区青年湖南街13号　邮政编码100011）
印　　装：涿州市般润文化传播有限公司
880mm×1230mm　1/16　印张$14^3/_4$　字数367千字
2024年5月北京第1版第2次印刷

购书咨询：010-64518888
售后服务：010-64518899
网　　址：http://www.cip.com.cn
凡购买本书，如有缺损质量问题，本社销售中心负责调换。

定　　价：108.00元

前言
PREFACE

随着我国汽车工业的飞速发展与人们经济水平的普遍提高，汽车已经如同智能手机一样，渐渐从遥不可及变成如影相随，进入每个人的生活。汽车构造与原理是学习汽车知识、了解汽车技术的基础和前提。汽车不是简单的工业制造品，尤其是当今科技研发出来的汽车产品，更是融合了机械电子、自动控制、自动驾驶、智能网联等诸多高新科技，怎样更快捷更有效地学习和理解汽车的构造与原理知识，成了摆在每个现代“汽车人”面前的课题。

本书采用彩图图解、动画演示、视频讲解的方式，全方位展示汽车的各个组成机构、系统、总成的构造、功能及工作原理，让即使从来都没有接触过、了解过汽车这个复杂的智能化的机电产品的读者都可以轻松地学懂、弄明白。

图解是本书内容最主要的编述方式。本书集合了结构剖视图、部件分解图、安装位置图、原理方框图等多种类型的图片，从各个方位描述汽车的构造原理，使得内容更加直观形象、简洁明了。

总而言之，本书内容在表现形式上具有如下特点。

1. 系统全面：与目前汽车专业院校所用的汽车构造类教材内容相匹配，按照汽车结构特点，融入新的汽车技术，去除旧的和一些已淘汰不用的内容，便于与时俱进地学习汽车构造与原理知识。

2. 好学易懂：采用实物图、三维透视图、部件分解图、原理简图等形式直观形象地介绍汽车的组成系统、总成及零部件；利用动画动态地展示汽车各总成系统的组成与工作原理；通过视频演示讲解系统的工作原理过程。立体化呈现专业知识，使之更易学，更好懂。

3. 中英结合：有些专业的汽车技术人员，包括汽车维修技师，经常要接触各类英文的技术资料，而在汽车配件行业工作的人士，在进行外贸业务时，也时时会看到各种英文专业术语，所以，对一些汽车专业术语及零部件名称，书中采用了英汉对照的方式，方便读者在了解汽车知识的同时学习汽车专业英语。

本书由瑞佩尔主编，此外参加编写的人员还有朱如盛、周金洪、刘滨、陈棋、孙丽佳、周方、彭斌、王坤、章军旗、满亚林、彭启凤、李丽娟、徐银泉。在编写过程中，参考了大量汽车厂商的技术文献和网络信息资料，在此，谨向这些资料信息的原创者们表示由衷的感谢！

由于本书内容涉及的范围极广，新增技术又多，囿于编者水平，疏漏之处在所难免，还恳望广大读者朋友不吝指正。

编者

Automobile
Structure
Principle

目录
CONTENTS

第1章 汽车概述 1

1.1 汽车类型 2
1.1.1 按用途分类 2
1.1.2 按车身分类 3
1.2 汽车参数 4
1.2.1 车身参数 4
1.2.2 性能参数 5
1.3 汽车组成 6
1.3.1 动力 8
1.3.2 底盘 10
1.3.3 车身 11
1.3.4 电气 12
1.4 汽车原理 13
1.4.1 燃油汽车 13
1.4.2 混动汽车 14
1.4.3 电动汽车 17
1.4.4 燃料电池汽车 18

第2章 动力系统 19

2.1 发动机概述 20
2.2 发动机类型 21
2.2.1 汽油机 21
2.2.2 柴油机 22
2.2.3 转子发动机 23
2.3 发动机组成 24
2.3.1 曲柄连杆机构 25
2.3.2 配气机构 26
2.3.3 燃料系统 27
2.3.4 冷却系统 28
2.3.5 润滑系统 29
2.3.6 启动系统 30
2.3.7 点火系统 31
2.4 发动机原理 32
2.4.1 四冲程汽油机 32

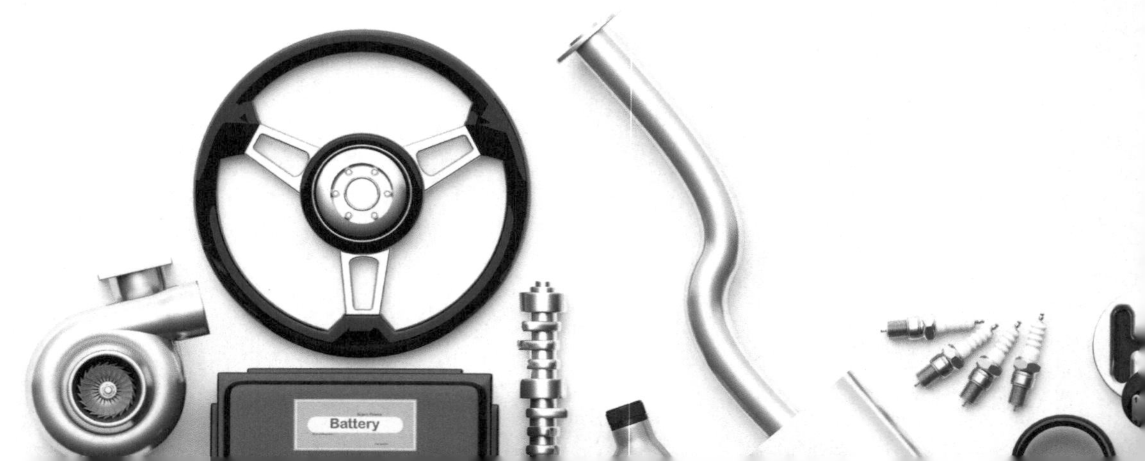
Battery

2.4.2 四冲程柴油机 33
2.4.3 二冲程汽油机 34
2.4.4 转子发动机 35
2.5 发动机术语 36
2.5.1 上下止点与行程 36
2.5.2 容积与排量 36
2.5.3 压缩比与空燃比 37
2.5.4 功率与转矩 38
2.6 曲柄连杆机构 39
2.6.1 机体组 39
2.6.2 活塞连杆组 40
2.6.3 曲轴飞轮组 41
2.6.4 曲轴构造与原理 42
2.6.5 平衡轴组件 43
2.7 配气机构 44
2.7.1 概述 44
2.7.2 气门组 45
2.7.3 传动组 46
2.7.4 凸轮轴 47
2.7.5 气门正时与气门间隙 48
2.7.6 正时链与正时带 49
2.7.7 可变气门正时与升程 50
2.8 燃料系统 54
2.8.1 概述 54
2.8.2 汽油燃油供给系统 55
2.8.3 电控燃油喷射系统 56
2.8.4 汽油缸内直喷系统 57
2.8.5 柴油高压共轨系统 58
2.8.6 柴油泵喷嘴系统 59
2.8.7 柴油单体泵系统 60
2.9 进排气系统 61
2.9.1 概述 61
2.9.2 进气系统 62
2.9.3 可变进气歧管 63
2.9.4 排气系统 64
2.9.5 涡轮增压器 65
2.9.6 机械增压器 66
2.9.7 废气再循环系统 68
2.9.8 曲轴箱通风系统 69
2.9.9 燃油蒸发控制系统 70

2.9.10 三元催化转换器 71
2.9.11 排放颗粒捕集器 72
2.9.12 柴油机后处理系统 73
2.9.13 柴油机废气净化模块 74

2.10 润滑系统 75
2.10.1 概述 75
2.10.2 润滑油路 76
2.10.3 机油泵 77
2.10.4 干式油底壳 78
2.10.5 机油滤清器 79

2.11 冷却系统 80
2.11.1 概述 80
2.11.2 冷却原理 81
2.11.3 节温器 82
2.11.4 热量管理模块 84
2.11.5 电动汽车高压冷却系统 85
2.11.6 高压电池冷却与加热 86
2.11.7 电驱总成冷却系统 87

2.12 电动化系统 88
2.12.1 纯电动汽车 88
2.12.2 混合动力汽车 89
2.12.3 氢燃料电池汽车 95
2.12.4 动力电池 96
2.12.5 高压充电 101
2.12.6 电驱系统 103
2.12.7 整车控制器 107

第3章 底盘系统 108

3.1 底盘概述 109
3.1.1 传动系统 110
3.1.2 行驶系统 111
3.1.3 转向系统 112
3.1.4 制动系统 113

3.2 传动系统 114
3.2.1 概述 114
3.2.2 布置形式 115

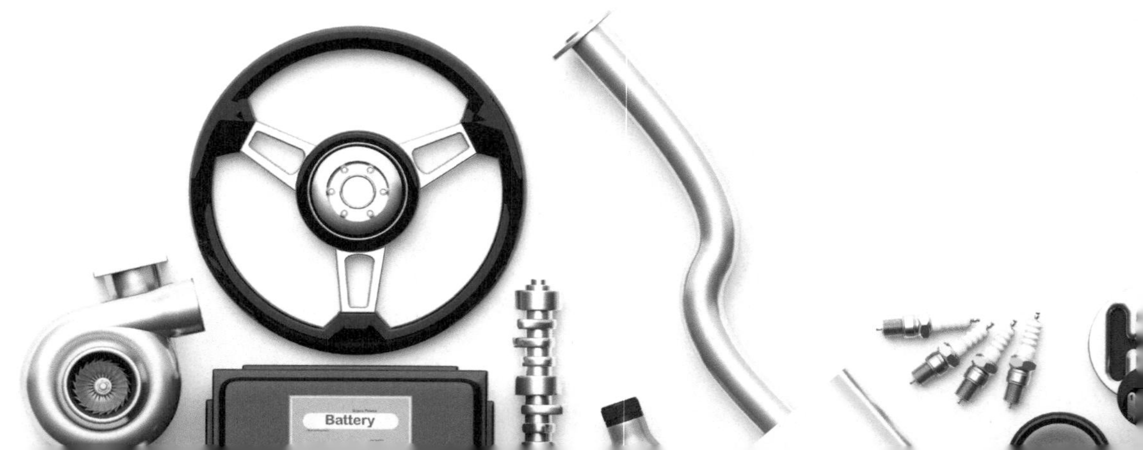
Battery

3.2.3 离合器 116
3.2.4 变速器原理 117
3.2.5 手动变速器 118
3.2.6 换挡同步器 119
3.2.7 五挡手动变速驱动桥 120
3.2.8 五挡手动变速器结构 121
3.2.9 五挡手动变速器原理 122
3.2.10 自动变速器 123
3.2.11 液力变矩器 124
3.2.12 行星齿轮组 125
3.2.13 六挡自动变速器结构 126
3.2.14 六挡自动变速器动力流 127
3.2.15 七挡湿式双离合变速器 128
3.2.16 六挡湿式双离合变速器 129
3.2.17 双离合器结构 130
3.2.18 双离合变速器原理 131
3.2.19 七挡双离合变速器动力流 132
3.2.20 无级变速器结构 134
3.2.21 无级变速器原理 135
3.2.22 四轮驱动 136
3.2.23 适时四驱 137
3.2.24 全时四驱 138
3.2.25 分时四驱 139
3.2.26 分动器 140
3.2.27 耦合器 141
3.2.28 传动轴与驱动轴 142
3.2.29 差速器与减速器 143
3.3 行驶系统 144
3.3.1 悬架概述 144
3.3.2 悬架类型 145
3.3.3 麦弗逊悬架 146
3.3.4 扭转梁悬架 147
3.3.5 双叉臂悬架 148
3.3.6 多连杆悬架 149
3.3.7 稳定杆与减振器 150
3.3.8 空气悬架 151
3.3.9 车轮与轮胎 152
3.3.10 车轮定位 153
3.4 转向系统 154
3.4.1 概述 154
3.4.2 循环球式转向机构 155
3.4.3 齿轮齿条式转向机构 156

3.4.4 液压助力转向系统 157
3.4.5 电动助力转向系统 159
3.5 制动系统 160
3.5.1 概述 160
3.5.2 液压制动系统 161
3.5.3 盘式制动器 162
3.5.4 鼓式制动器 163
3.5.5 制动助力器 164
3.5.6 驻车制动器 165

第4章 车身系统 166

4.1 车身概述 167
4.1.1 车身 168
4.1.2 白车身 170
4.1.3 汽车车身材料 171
4.2 安全系统 172
4.2.1 碰撞能量吸收及测试 172
4.2.2 行人保护系统 173
4.2.3 安全带 174
4.3 车身内饰 175
4.3.1 概述 175
4.3.2 座椅 176
4.3.3 仪表中控台 177
4.4 车身外饰 178
4.4.1 概述 178
4.4.2 保险杠 179
4.4.3 天窗 180

第5章 汽车电气 181

5.1 电气概述 182
5.2 发动机电气系统 183
5.2.1 启动系统 183
5.2.2 点火系统 184
5.3 底盘电气系统 185
5.3.1 防抱死制动系统 185

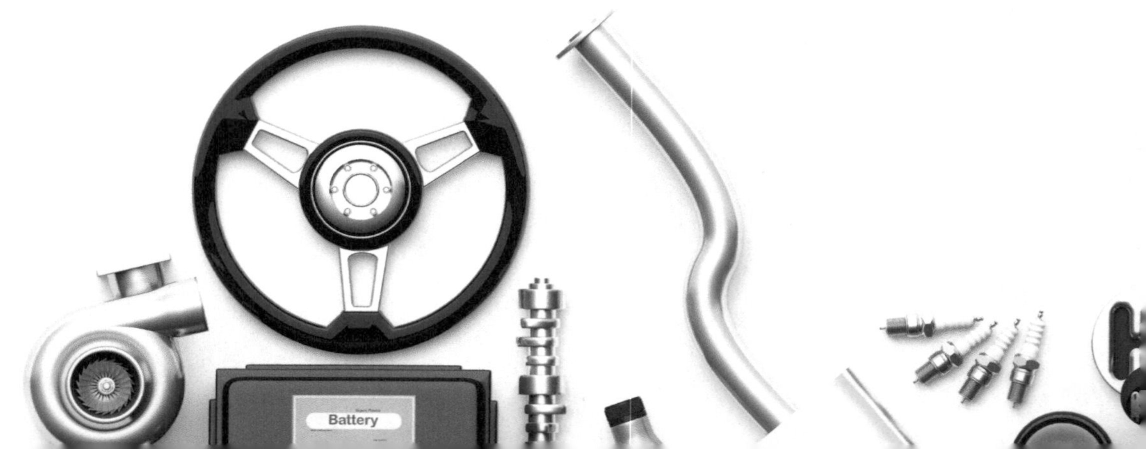
Battery

5.3.2 行驶稳定系统 187
5.3.3 电控转向系统 188
5.3.4 动态转向系统 190
5.3.5 全轮转向系统 191
5.3.6 电子驻车制动系统 192
5.3.7 胎压监测系统 194
5.3.8 电子悬架系统 196
5.3.9 电子稳定杆系统 197

5.4 车身电气系统 198

5.4.1 电源系统 198
5.4.2 照明系统 201
5.4.3 电动装置 202
5.4.4 电热装置 203
5.4.5 电声装置 204
5.4.6 空调系统 205
5.4.7 信息娱乐系统 211
5.4.8 安全气囊 212
5.4.9 防盗系统 213
5.4.10 车身模块 214
5.4.11 车载网络 215

5.5 自动驾驶系统 216

5.5.1 概述 216
5.5.2 系统组成 217
5.5.3 系统功能 218

附 录 219

附录1 汽车车标与品牌名称 220

1.1 欧洲汽车品牌 220
1.2 美国汽车品牌 221
1.3 日韩汽车品牌 221
1.4 国产汽车品牌 222

附录2 汽车英文标识含义 224

2.1 动力技术及性能标识 224
2.2 车型配置及版本标识 225

参考文献 226

第 1 章 汽车概述

1.1 汽车类型
1.2 汽车参数
1.3 汽车组成
1.4 汽车原理

Automobile Structure Principle

1.1 汽车类型

1.1.1 按用途分类

汽车按用途分类可分为运输汽车和特种用途汽车；而运输汽车又可分为轿车（又称为乘用车）、客车与货车（也统称为商用车），特种车可分为特种作业车（如救护车、消防车、警车）、竞赛汽车和娱乐汽车（如旅游房车、高尔夫球场专用车）等。

大类	轿车 sedan（乘用车 passenger vehicle）按发动机排量分级（单位：L）				
细分	微型（<1.0）	紧凑型（1.0～1.6）	中级（1.6～2.5）	中高级（2.5～4.0）	高级（>4.0）
图例					
大类	客车 bus（商用车 commercial vehicle）按车身长度分级（单位：m）				
细分	微型（≤3.5）	轻型（3.5～7）	中型（7～10）	大型（10～12）	特大型（铰接式或双层）
图例					
大类	货车 truck（商用车）按总质量分级（单位：t）				特殊用途
细分	微型（≤1.8）	轻型（1.8～6）	中型（6～14）	重型（>14）	竞赛汽车
图例					
大类	特种车 special vehicle			娱乐车 recreational vehicle	
细分	救护车	消防车	环卫车	旅游房车	沙滩车
图例					

1.1.2 按车身分类

轿车按车身结构特点可分为单厢车、两厢车、三厢车、掀背车、敞篷车（分硬顶和软顶）、双门轿跑车、旅行车、SUV、SRV、越野车、跨界车等。

大类	厢体形式			车体特征	
细分	单厢车（面包、微型车）	两厢车（SUV，SRV，旅行车）	三厢车（轿车）	多用途汽车（MPV）	跨界车型（CROSS）
图例					
大类	车体特征		车篷/车背形式		
细分	运动型多用途汽车（SUV）	越野车（ORV）	皮卡（pick up）	敞篷车（软顶 soft roof）	敞篷车（硬顶 hard roof）
图例					
大类	车篷/车背形式	跑车类型			
细分	掀背车（hatchback）	双门轿跑车（coupe）	敞篷跑车（roadster）	2+2座敞篷车（cabriolet）	中后置发动机跑车（spyder）
图例					
大类	跑车类型		车身形式		
细分	半敞篷车（targa）	超级跑车（super sport car）	鱼形（车身）汽车	船形（车身）汽车	楔形（车身）汽车
图例					

1.2 汽车参数

1.2.1 车身参数

转弯半径
turning radius
汽车转向时，汽车外侧转向轮的中心平面在车辆支承平面上的轨迹圆半径。转向盘转到极限位置时的转弯半径为最小转弯半径
车高
height
汽车最高点至地面间的距离
前轮距
front track
汽车左右前轮胎胎面中心线间的距离
后轮距
rear track
汽车左右后轮胎胎面中心线间的距离
最小离地间隙
minimum ground clearance
汽车满载时，最低点至地面的距离
车宽
width
汽车宽度方向两极端点的距离
接近角
approach angle
指汽车前端突出点向前轮引的切线与地面的夹角
离去角
departure angle
汽车后端突出点向后轮引的切线与地面的夹角
前悬
front overhang
汽车最前端至前轴中心的距离
轴距
wheelbase
汽车前轴中心至后轴中心的距离
后悬
rear overhang
汽车最后端至后轴中心的距离
车长
length
汽车长度方向两极端点间的距离

1.2.2 性能参数

最大爬坡度
maximum climbing angle
汽车满载时的最大爬坡能力

通过角
through angle
汽车正常通过坡肩的角度

最大倾斜角
maximum tilt angle
汽车可以侧立于坡面行驶的最大角度

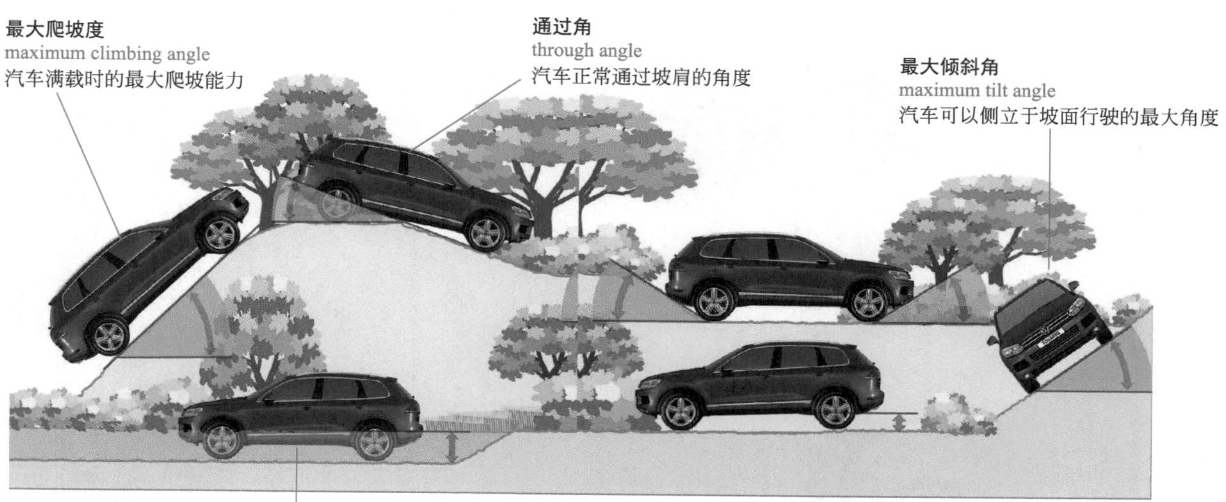

最大涉水深度
maximum wading depth
汽车可以在水中正常工作的深度，主要指发动机（由发动机进气口位置及高度决定）

整车装备质量
vehicle equipment quality
汽车完全装备好的质量，包括润滑油、燃料、随车工具和备胎等所有装置的质量

最大总质量
maximum total mass
汽车满载时的总质量

最高车速
maximum speed（km/h）
汽车在平直道路上行驶时能够达到的最大速度

平均燃料消耗量
average fuel consumption（L/100km）
汽车在道路上行驶时每百公里平均燃料消耗量

最大装载质量
maximum loading mass
汽车在道路上行驶时的最大装载质量

最大轴载质量
maximum axle load mass
汽车单轴所承载的最大总质量，与道路通过性有关

80
100
120
140
160
180
200
220
60
40
20
0
P
R
N
D
S
L
6.7
27.5
28

最快百公里加速时间
100 km acceleration
汽车速度从 0km/h 到 100km/h 最快加速时间

最短制动距离
braking distance
汽车速度 100km/h 时全力制动到完全静止时行驶的最短距离

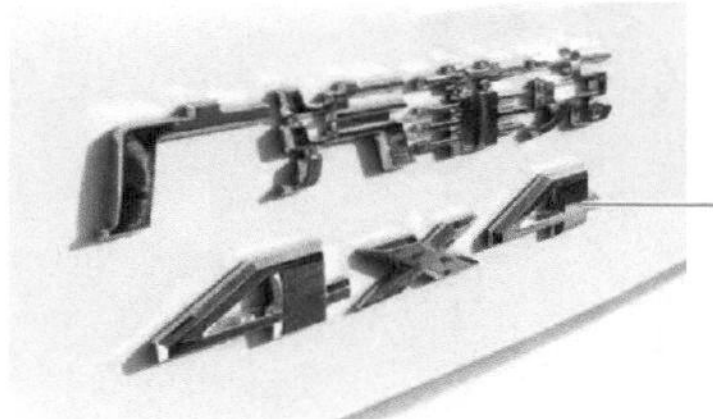
4×4

车轮数和驱动轮数
number of wheels and drive wheels（$n\times m$）
车轮数以轮毂数为计量依据，n 代表汽车的车轮总数，m 代表驱动轮数。如 4×4 表示四轮驱动，6×4 表示共 6 车轮，其中有 4 个驱动轮

1.3 汽车组成

汽车通常由动力、底盘、车身、电气四大部分组成。

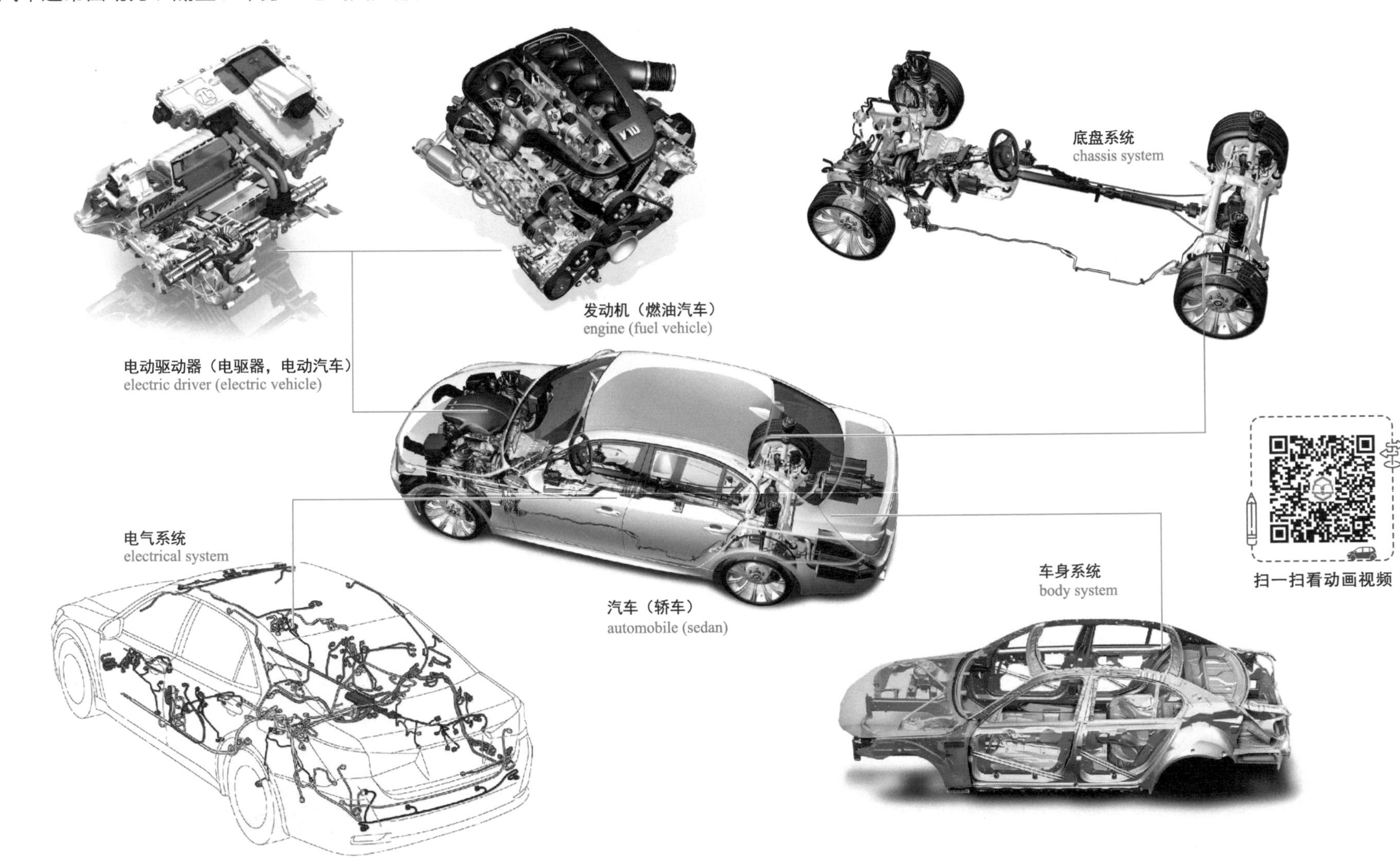
电动驱动器（电驱器，电动汽车）
electric driver (electric vehicle)
发动机（燃油汽车）
engine (fuel vehicle)
底盘系统
chassis system
电气系统
electrical system
汽车（轿车）
automobile (sedan)
车身系统
body system
扫一扫看动画视频

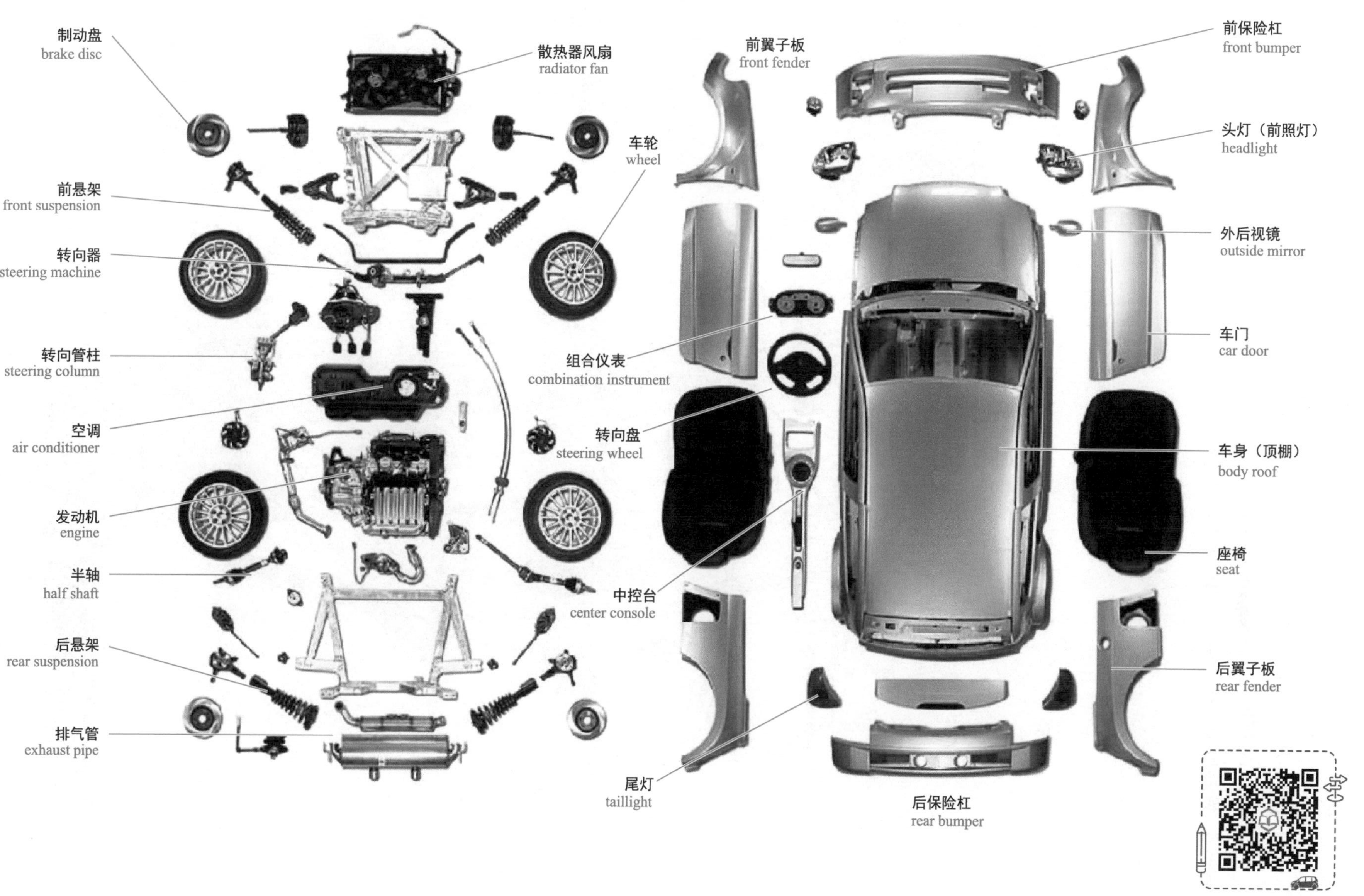
动力-底盘系统
power-chassis system
制动盘
brake disc
散热器风扇
radiator fan
车轮
wheel
前悬架
front suspension
转向器
steering machine
转向管柱
steering column
空调
air conditioner
发动机
engine
半轴
half shaft
后悬架
rear suspension
排气管
exhaust pipe
车身-电气系统
body-electrical system
前翼子板
front fender
前保险杠
front bumper
头灯（前照灯）
headlight
外后视镜
outside mirror
车门
car door
组合仪表
combination instrument
转向盘
steering wheel
车身（顶棚）
body roof
座椅
seat
中控台
center console
后翼子板
rear fender
尾灯
taillight
后保险杠
rear bumper

扫一扫看动画视频

1.3.1 动力

（1）燃油车用发动机

燃油车的动力装置为发动机，也叫内燃机（ICE，internal combustion engine）或引擎（engine的音译）。发动机通过燃烧进入其中的燃料产生热能，并转化为动能驱动汽车行驶。

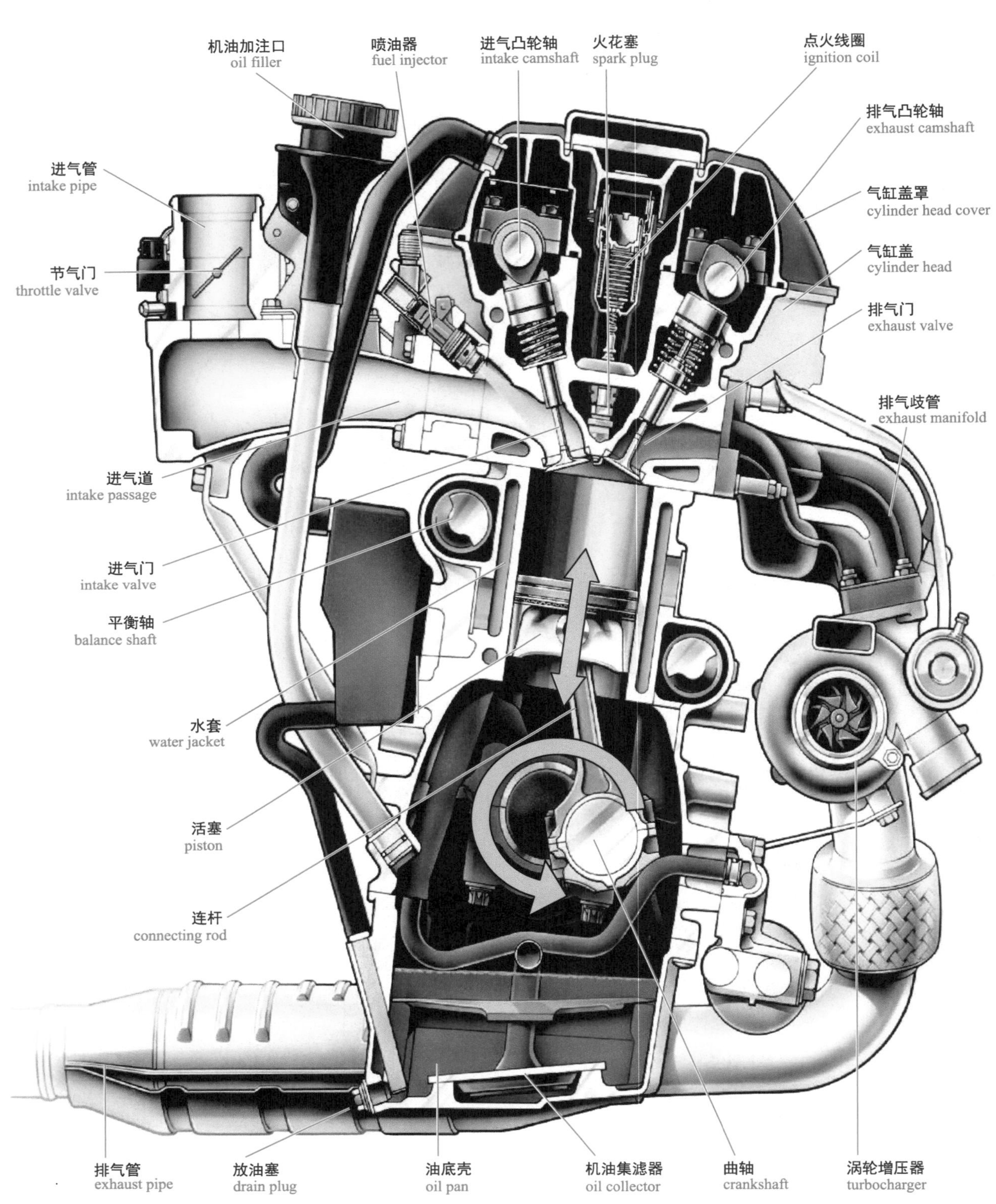
机油加注口
oil filler
喷油器
fuel injector
进气凸轮轴
intake camshaft
火花塞
spark plug
点火线圈
ignition coil
排气凸轮轴
exhaust camshaft
进气管
intake pipe
气缸盖罩
cylinder head cover
气缸盖
cylinder head
节气门
throttle valve
排气门
exhaust valve
排气歧管
exhaust manifold
进气道
intake passage
进气门
intake valve
平衡轴
balance shaft
水套
water jacket
活塞
piston
连杆
connecting rod
排气管
exhaust pipe
放油塞
drain plug
油底壳
oil pan
机油集滤器
oil collector
曲轴
crankshaft
涡轮增压器
turbocharger

（2）电动车用电驱器

电动车的动力装置为电驱总成，一些类型的混合动力汽车则同时搭载有发动机和电驱装置。最为常见的电驱总成集成了驱动电机、减速器、电机控制器（MCU，moter control unit），简称三合一。多合一方案则还可以集成更多功能部件，如高压配电箱（PDU，power distribution unit）、直流转换器（DC/DC）、直流-交流变换器（DC/AC）、车载充电机（OBC，on board charger）、电池管理器（BMS，battery management system）、整车控制器（VCU，vehicle control unit）等等。

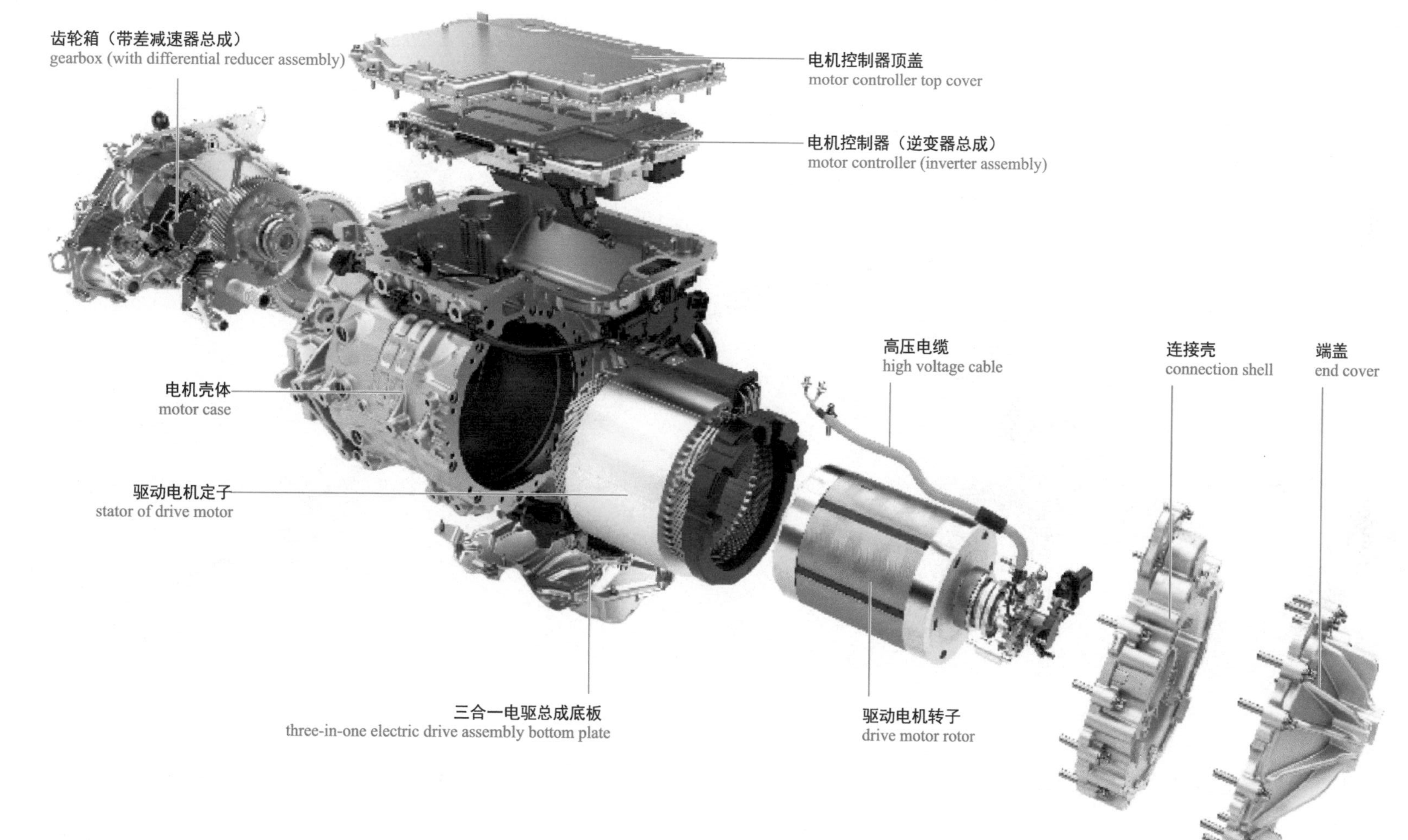
齿轮箱（带差减速器总成）
gearbox (with differential reducer assembly)
电机控制器顶盖
motor controller top cover
电机控制器（逆变器总成）
motor controller (inverter assembly)
电机壳体
motor case
驱动电机定子
stator of drive motor
高压电缆
high voltage cable
连接壳
connection shell
端盖
end cover
三合一电驱总成底板
three-in-one electric drive assembly bottom plate
驱动电机转子
drive motor rotor

1.3.2 底盘

汽车底盘由传动、行驶、转向和制动四大系统组成。底盘的作用是支承车身并接受发动机的动力，使汽车产生运动，保证正常行驶。

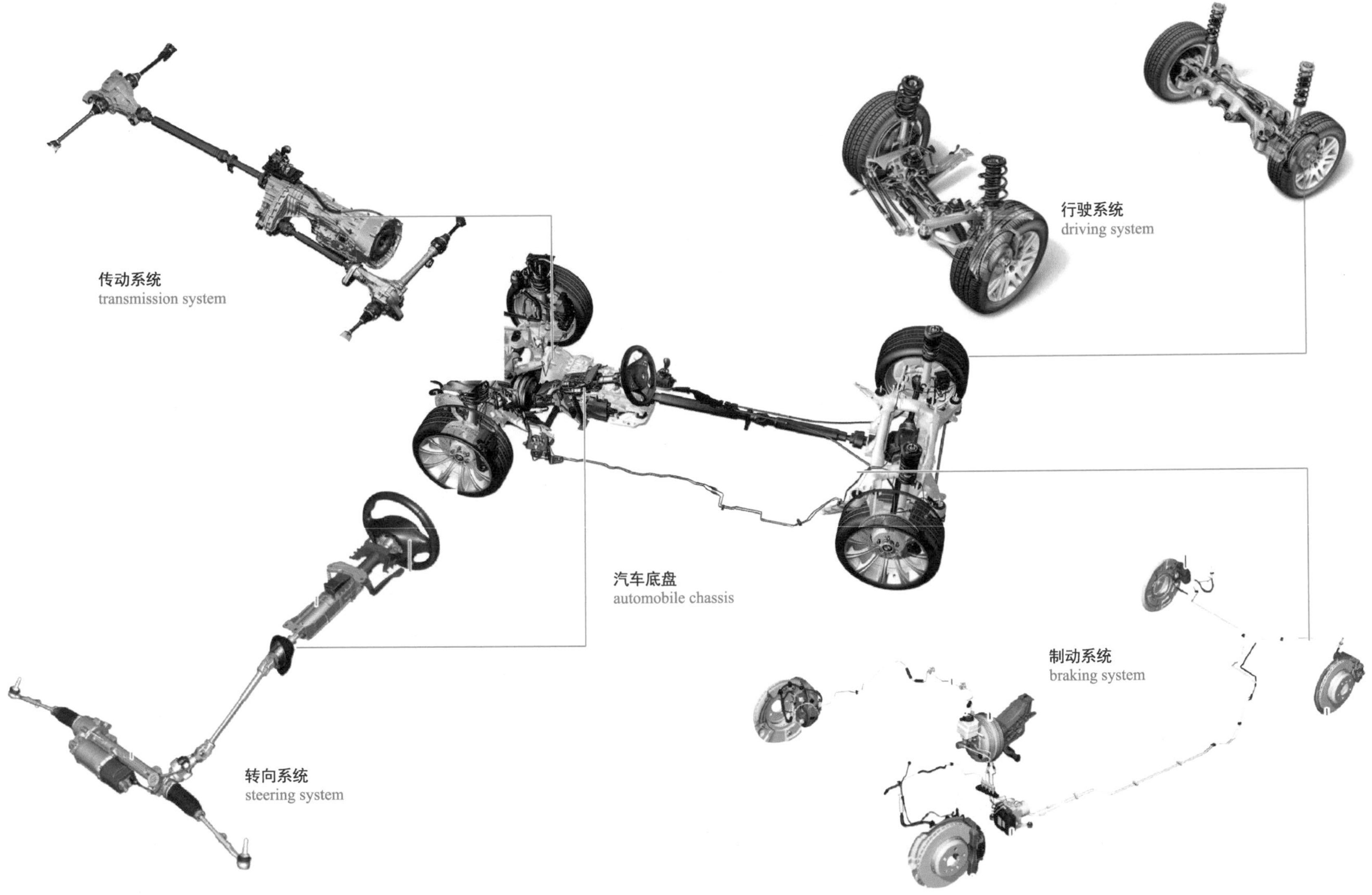

传动系统
transmission system

行驶系统
driving system

汽车底盘
automobile chassis

转向系统
steering system

制动系统
braking system

1.3.3 车身

车身指的是车辆用来载人装货的部分，也指车辆整体。汽车车身结构主要包括车身壳体及车体闭合件（也称白车身）、车身内外装饰件和车身附件等。在货车和专用汽车上还包括车厢和其他专用装备。

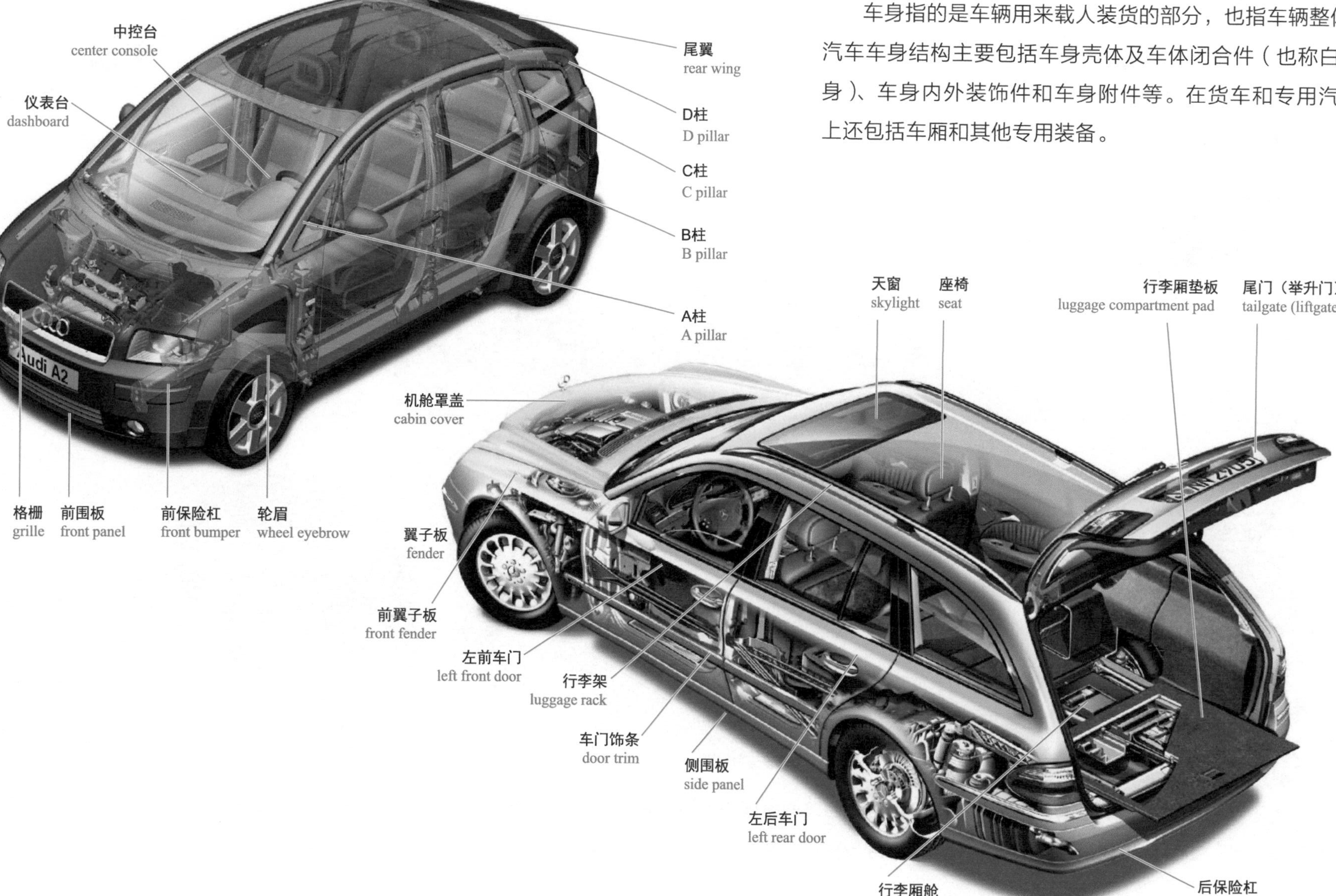

中控台 center console
仪表台 dashboard
尾翼 rear wing
D柱 D pillar
C柱 C pillar
B柱 B pillar
A柱 A pillar
格栅 grille
前围板 front panel
前保险杠 front bumper
轮眉 wheel eyebrow
Audi A2
天窗 skylight
座椅 seat
行李厢垫板 luggage compartment pad
尾门（举升门） tailgate (liftgate)
机舱罩盖 cabin cover
翼子板 fender
前翼子板 front fender
左前车门 left front door
行李架 luggage rack
车门饰条 door trim
侧围板 side panel
左后车门 left rear door
行李厢舱 luggage compartment
后保险杠 rear bumper

1.3.4 电气

汽车电气可分为电源、发动机电气、底盘电气、车身电气四大系统。电源包括蓄电池、发电机和配电装置；发动机电气指启动系统、点火系统及发动机电控系统以及新能源汽车的电驱控制系统；底盘电气包括车向稳定控制、电动助力转向、电子悬架、胎压监测等电控系统；车身电气包括传统的车身电气设备以及车身控制模块、车载网络等。

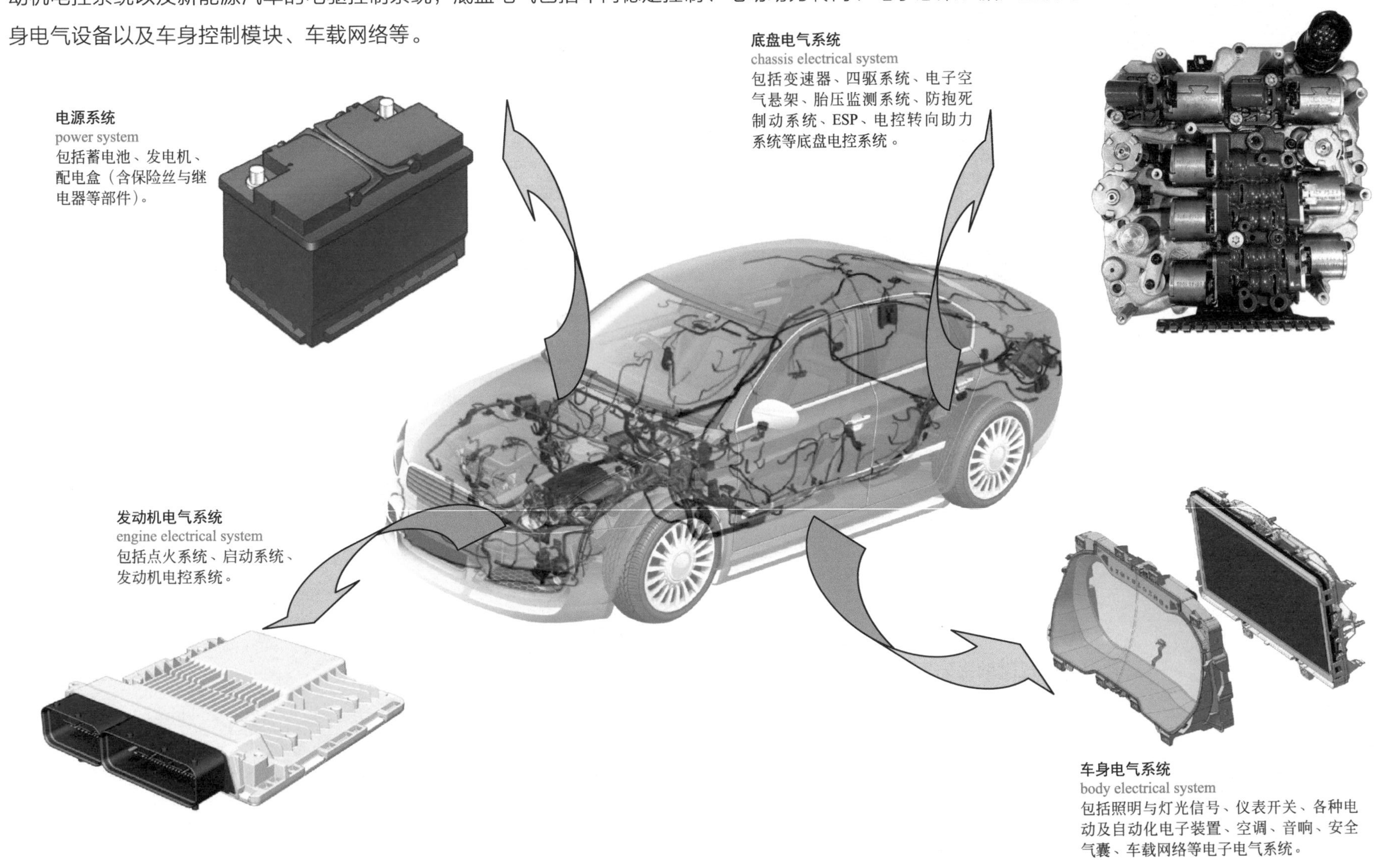

电源系统
power system
包括蓄电池、发电机、配电盒（含保险丝与继电器等部件）。
底盘电气系统
chassis electrical system
包括变速器、四驱系统、电子空气悬架、胎压监测系统、防抱死制动系统、ESP、电控转向助力系统等底盘电控系统。
发动机电气系统
engine electrical system
包括点火系统、启动系统、发动机电控系统。
车身电气系统
body electrical system
包括照明与灯光信号、仪表开关、各种电动及自动化电子装置、空调、音响、安全气囊、车载网络等电子电气系统。

1.4 汽车原理

1.4.1 燃油汽车

燃油汽车使用发动机驱动，发动机通过燃烧燃料［汽油、柴油、CNG（压缩天然气）、LPG（液化石油气）、LNG（液化天然气）、甲醇等］，将化学能转变为机械能，活塞（往复运动）或转子（圆周运动）带动曲轴旋转运动，经变速器根据车速的需要调节转速，进而经传动轴转递到驱动桥的差减速器，经半轴输出至车轮，驱动车辆前行或后退。

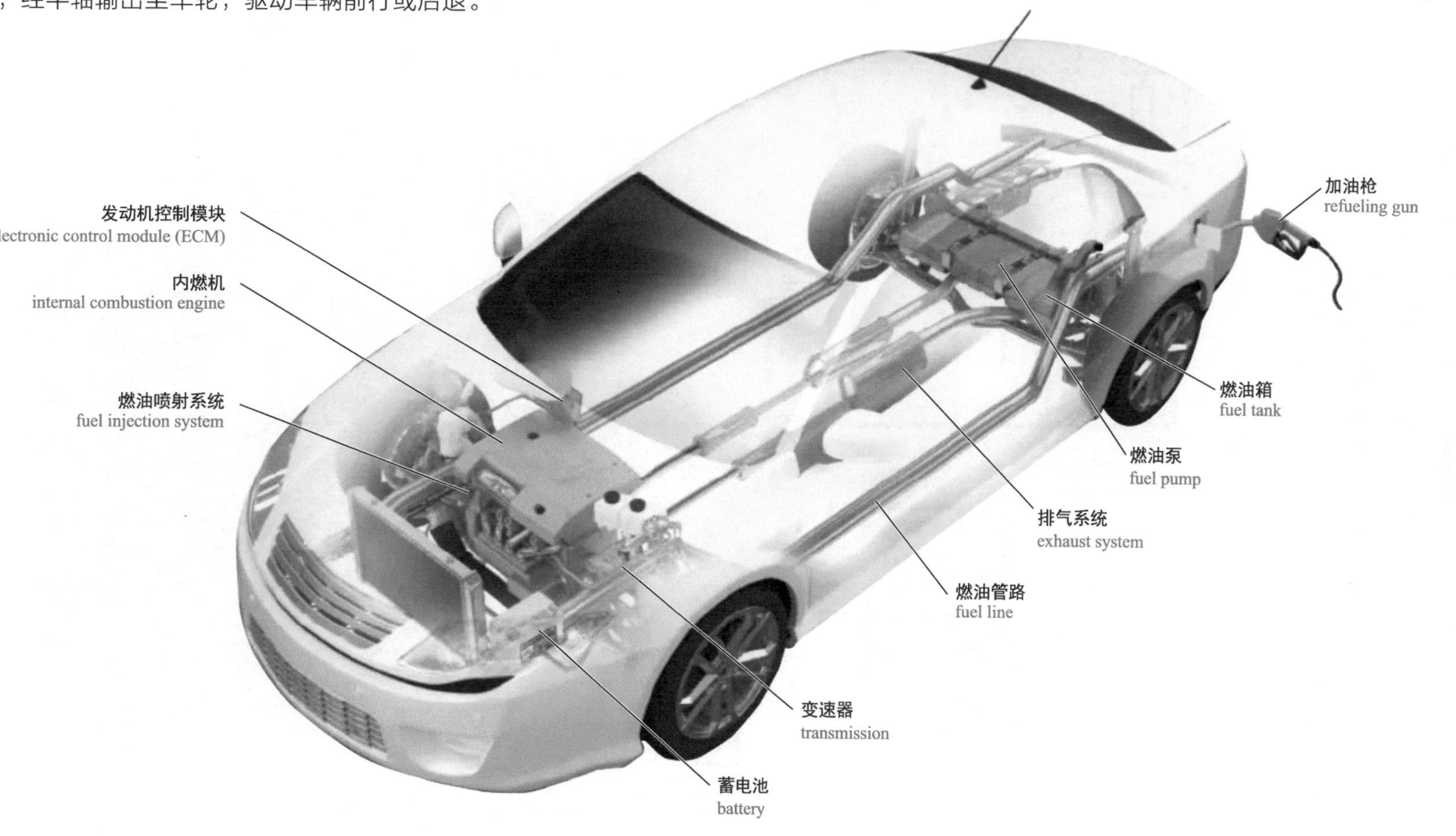

发动机控制模块
electronic control module (ECM)
内燃机
internal combustion engine
燃油喷射系统
fuel injection system
加油枪
refueling gun
燃油箱
fuel tank
燃油泵
fuel pump
排气系统
exhaust system
燃油管路
fuel line
变速器
transmission
蓄电池
battery

1.4.2　混动汽车

（1）油电混动汽车

油电混动（HEV，hybrid electric vehicle）按混合程度可分为全混（可以纯电动行驶）（FHEV，full hybrid electric vehicle）、轻混（有“助推”功能）（MHEV，mild hybrid electric vehicle）、微混（有“自动启停”功能）。油电混动汽车就是在燃油车的基础上增加了一套电动系统，以达到节省燃油、减少排放的目的。

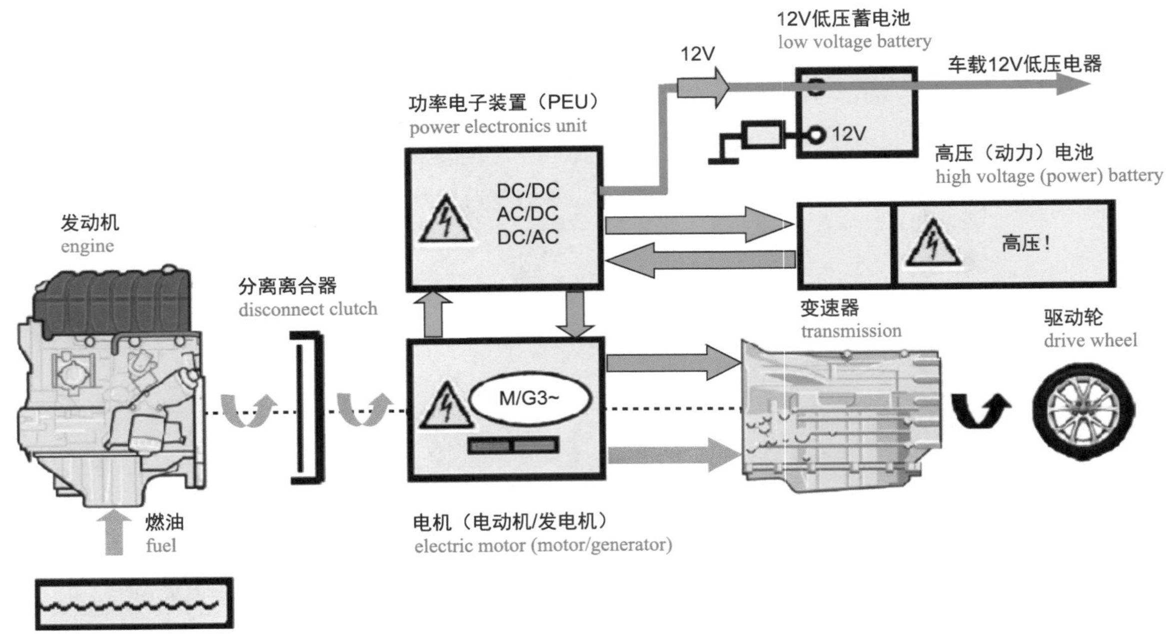
12V低压蓄电池
low voltage battery
12V
车载12V低压电器
功率电子装置（PEU）
power electronics unit
12V
高压（动力）电池
high voltage (power) battery
DC/DC
AC/DC
DC/AC
高压！
发动机
engine
分离离合器
disconnect clutch
变速器
transmission
驱动轮
drive wheel
M/G3~
燃油
fuel
电机（电动机/发电机）
electric motor (motor/generator)

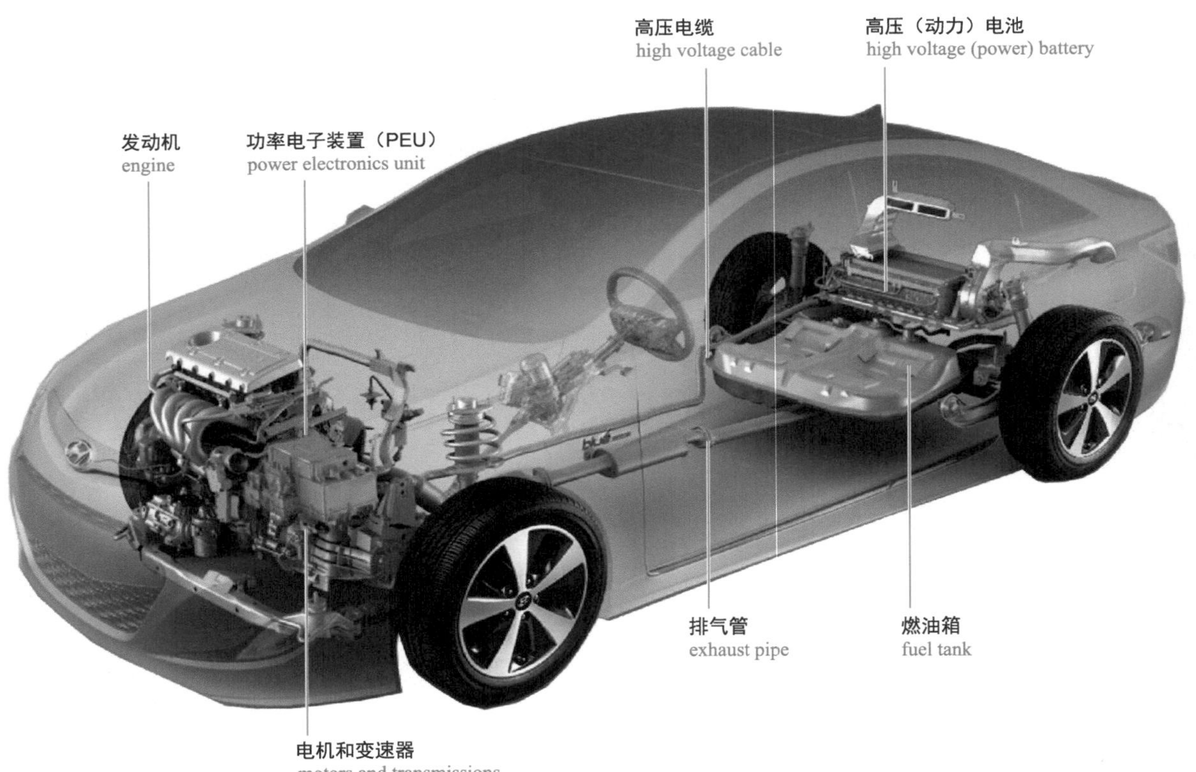
高压电缆
high voltage cable
高压（动力）电池
high voltage (power) battery
发动机
engine
功率电子装置（PEU）
power electronics unit
排气管
exhaust pipe
燃油箱
fuel tank
电机和变速器
motors and transmissions

（2）插电混动汽车

插电混动汽车可以视作燃油汽车与纯电动汽车的复合体，插电式混合动力汽车（PHEV，plug-in hybrid electric vehicle）综合了纯电动汽车（EV）和混合动力汽车（HEV）的优点，既可实现纯电动、零排放行驶，也能通过混动模式增加车辆的续驶里程。它既有传统汽车的发动机、变速器、传动系统、油路、油箱，也有纯电动汽车的高压电池、驱动电机、控制电路，而且电池容量比较大，有充电接口；既可以通过发动机进行充电，也可以通过车载充电机连接市电供电系统为其充电。

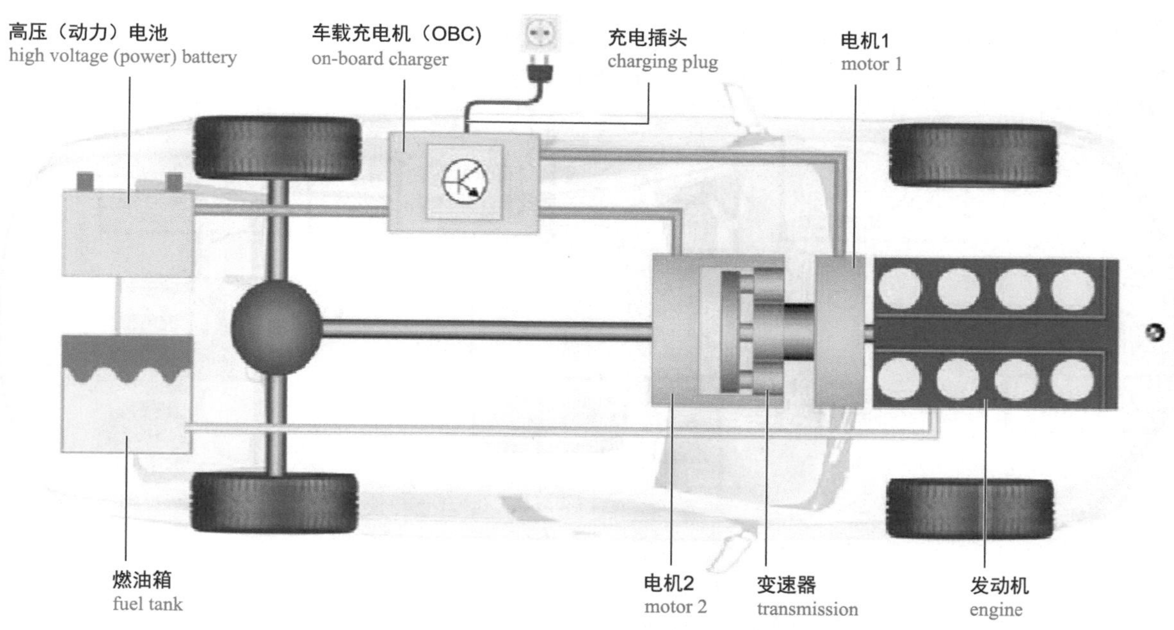
高压（动力）电池
high voltage (power) battery
车载充电机（OBC）
on-board charger
充电插头
charging plug
电机1
motor 1
燃油箱
fuel tank
电机2
motor 2
变速器
transmission
发动机
engine

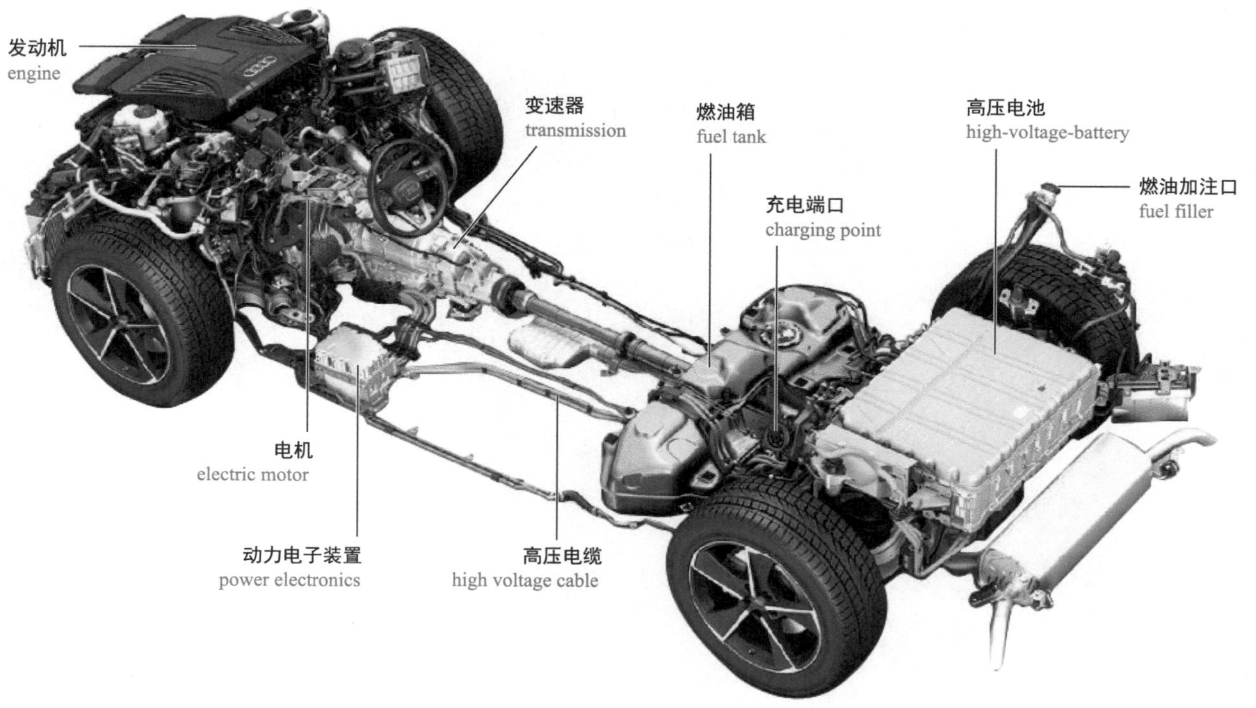
发动机
engine
变速器
transmission
燃油箱
fuel tank
高压电池
high-voltage-battery
燃油加注口
fuel filler
充电端口
charging point
电机
electric motor
动力电子装置
power electronics
高压电缆
high voltage cable

（3）增程混动汽车

增程式电动车（REEV，ranqe extend electric vehicle）的发动机并不直接驱动车轮，而是通过为电池充电，再提供动力给车辆行驶。所以增程式电动汽车本质就是串联式混动，在电池电量充足时，以纯电动方式驱动车辆行驶，在下坡路段可以滑行（车辆以不消耗能源的方式在运动），在车辆制动阶段或者超速减速（反拖）阶段给高压电池充电，即处于能量回收模式；电池电量不足时，发动机借助发电机来为高压电池充电。

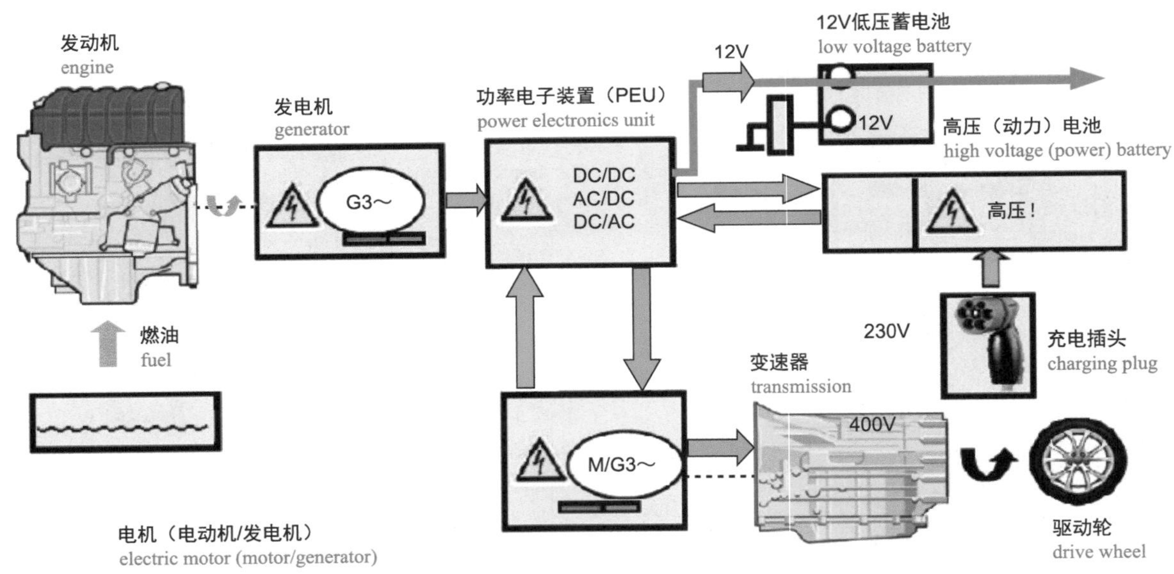

发动机
engine
发电机
generator
G3～
功率电子装置（PEU）
power electronics unit
DC/DC
AC/DC
DC/AC
12V
12V低压蓄电池
low voltage battery
12V
高压（动力）电池
high voltage (power) battery
高压！
燃油
fuel
230V
充电插头
charging plug
变速器
transmission
400V
M/G3～
电机（电动机/发电机）
electric motor (motor/generator)
驱动轮
drive wheel

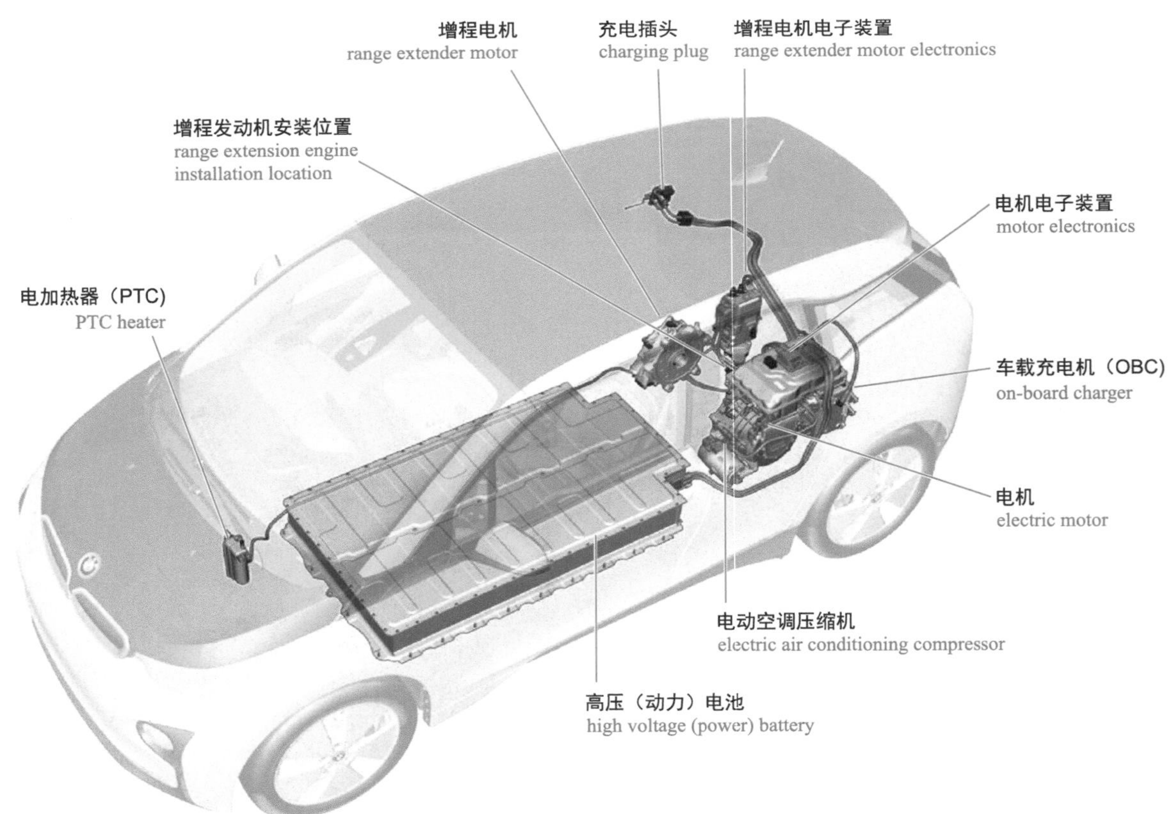

增程电机
range extender motor
充电插头
charging plug
增程电机电子装置
range extender motor electronics
增程发动机安装位置
range extension engine
installation location
电机电子装置
motor electronics
电加热器（PTC）
PTC heater
车载充电机（OBC）
on-board charger
电机
electric motor
电动空调压缩机
electric air conditioning compressor
高压（动力）电池
high voltage (power) battery

1.4.3 电动汽车

纯电动汽车（BEV，battery electric vehicle）以电动机代替燃油机，以电池取代油箱，由电机驱动而无需变速器。电动汽车和燃油汽车的主要区别就在于有动力电池、车载充电器、电驱系统、车辆控制器这些电动化部件。能量流路径为：高压电池→电力电子装置→驱动电机→动力传动系统→驱动汽车行驶。

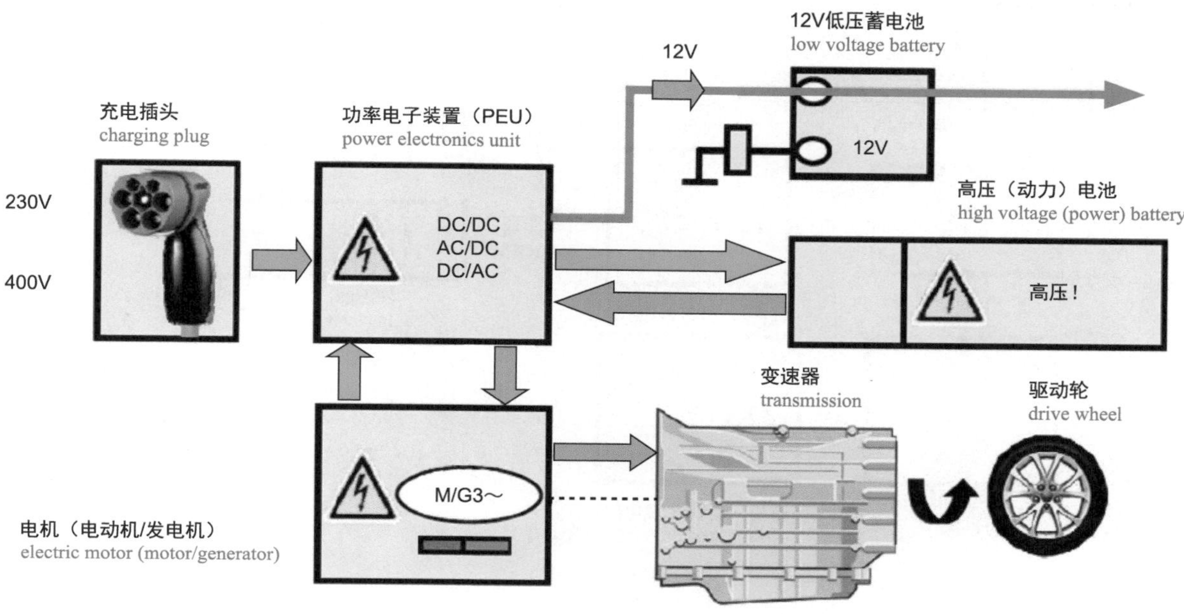

12V低压蓄电池
low voltage battery
12V
12V
充电插头
charging plug
功率电子装置（PEU）
power electronics unit
230V
400V
DC/DC
AC/DC
DC/AC
高压（动力）电池
high voltage (power) battery
高压！
变速器
transmission
驱动轮
drive wheel
M/G3～
电机（电动机/发电机）
electric motor (motor/generator)

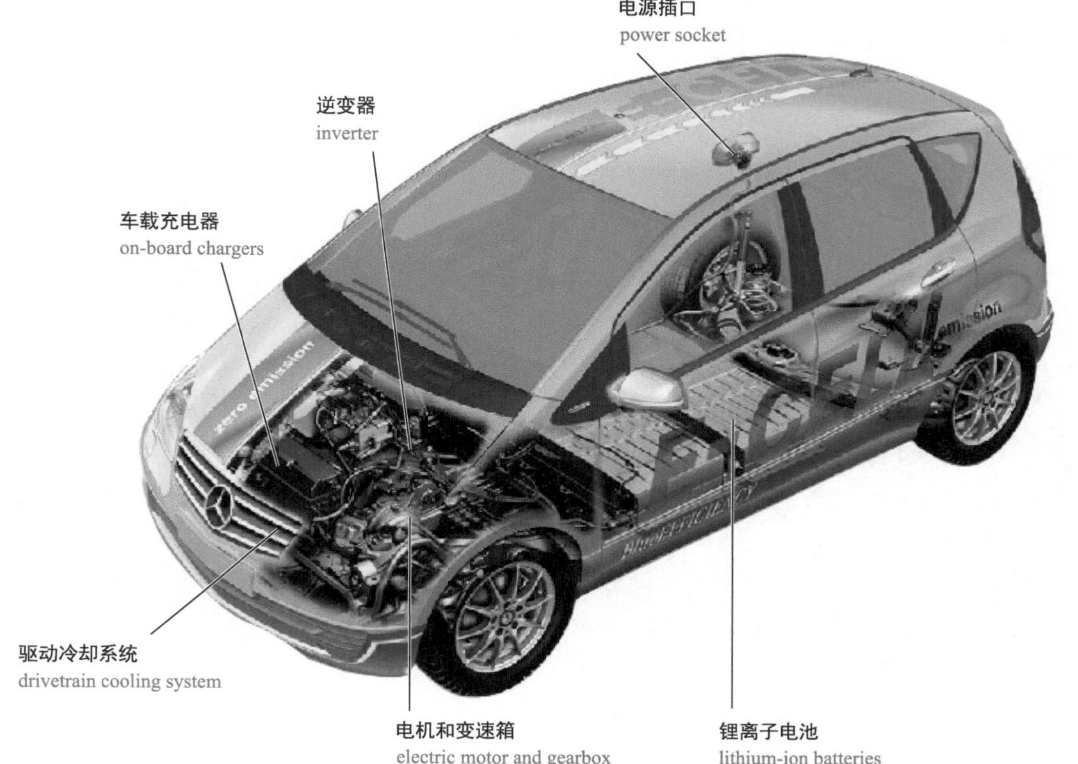

电源插口
power socket
逆变器
inverter
车载充电器
on-board chargers
驱动冷却系统
drivetrain cooling system
电机和变速箱
electric motor and gearbox
锂离子电池
lithium-ion batteries

1.4.4 燃料电池汽车

燃料电池汽车（FCEV，fuel cell electric vehicle）用燃料电池代替蓄电池产生电能，从而供电给车上的电动机使其运转。也有的燃料电池输入的燃料就是氢，称为氢燃料电池。车辆以纯电动方式驱动车辆行驶，下坡路段时滑行（车辆以不消耗能源的方式在运动），通过能量回收功能在车辆制动阶段或者在超速减速（反拖）阶段给高压电池充电，当燃料耗尽时须添加才可以续航。

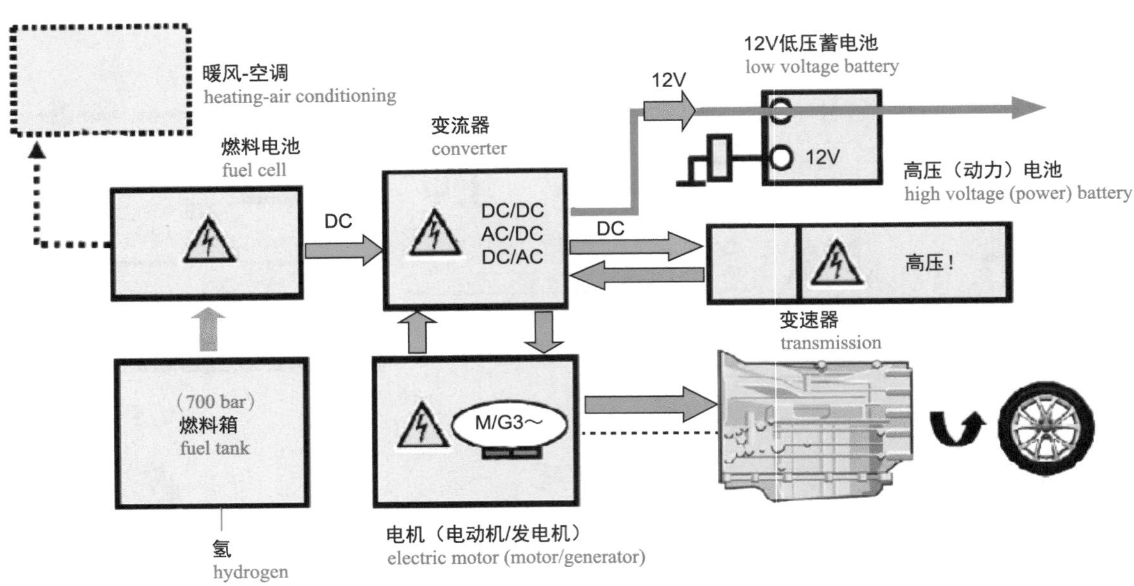

暖风-空调
heating-air conditioning
12V低压蓄电池
low voltage battery
12V
燃料电池
fuel cell
变流器
converter
DC
DC/DC
AC/DC
DC/AC
12V
高压（动力）电池
high voltage (power) battery
DC
高压！
变速器
transmission
(700 bar)
燃料箱
fuel tank
M/G3～
氢
hydrogen
电机（电动机/发电机）
electric motor (motor/generator)

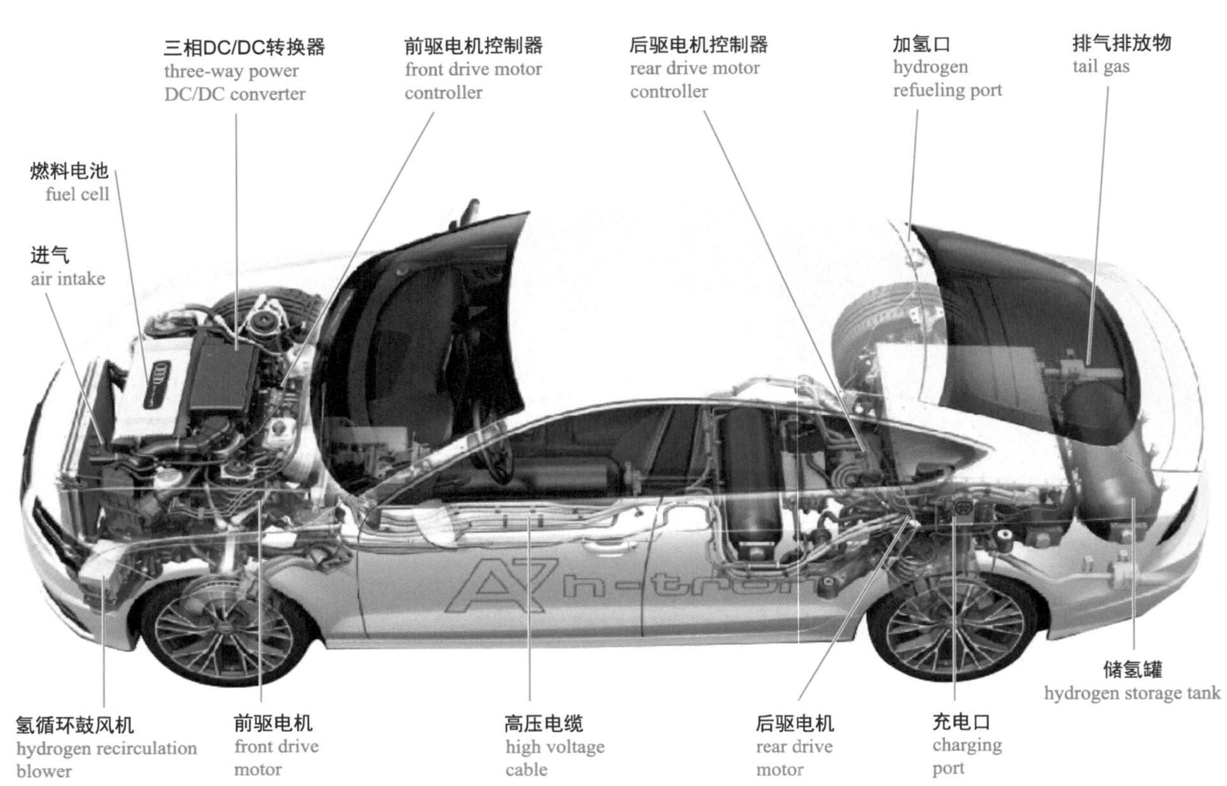

三相DC/DC转换器
three-way power DC/DC converter
前驱电机控制器
front drive motor controller
后驱电机控制器
rear drive motor controller
加氢口
hydrogen refueling port
排气排放物
tail gas
燃料电池
fuel cell
进气
air intake
储氢罐
hydrogen storage tank
氢循环鼓风机
hydrogen recirculation blower
前驱电机
front drive motor
高压电缆
high voltage cable
后驱电机
rear drive motor
充电口
charging port

第 2 章
动力系统

2.1 发动机概述
2.2 发动机类型
2.3 发动机组成
2.4 发动机原理
2.5 发动机术语
2.6 曲柄连杆机构
2.7 配气机构
2.8 燃料系统
2.9 进排气系统
2.10 润滑系统
2.11 冷却系统
2.12 电动化系统

Automobile
Structure
Principle

2.1 发动机概述

发动机是燃油汽车的动力来源，常见的车用发动机有汽油机、柴油机、天然气发动机等，一般为四冲程往复活塞式内燃机，将燃料的化学能转化为活塞运动的机械能并对外输出动力。

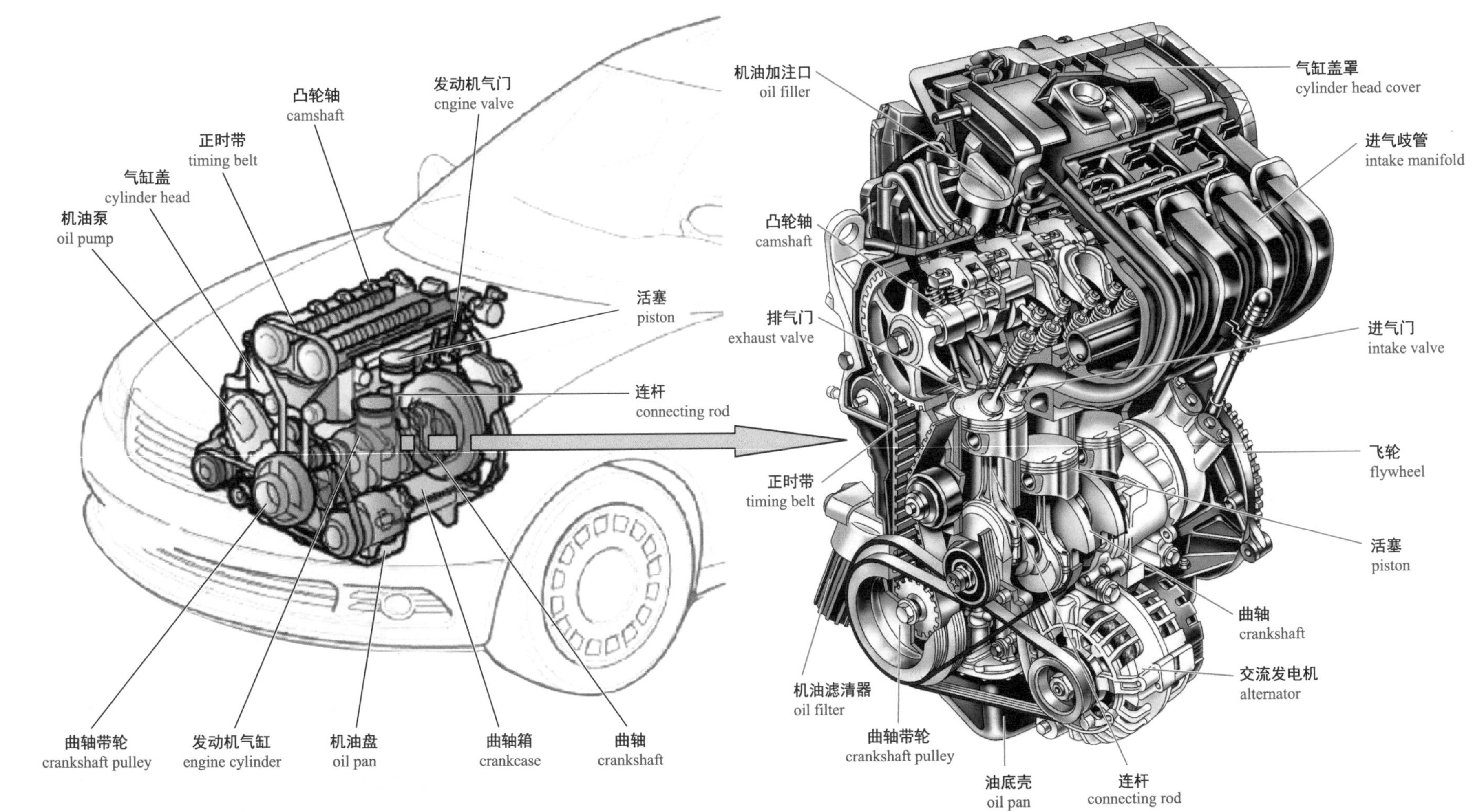
凸轮轴
camshaft
发动机气门
cngine valve
正时带
timing belt
气缸盖
cylinder head
机油泵
oil pump
活塞
piston
连杆
connecting rod
曲轴带轮
crankshaft pulley
发动机气缸
engine cylinder
机油盘
oil pan
曲轴箱
crankcase
曲轴
crankshaft
机油加注口
oil filler
气缸盖罩
cylinder head cover
进气歧管
intake manifold
凸轮轴
camshaft
排气门
exhaust valve
进气门
intake valve
飞轮
flywheel
正时带
timing belt
活塞
piston
曲轴
crankshaft
交流发电机
alternator
机油滤清器
oil filter
曲轴带轮
crankshaft pulley
油底壳
oil pan
连杆
connecting rod

2.2 发动机类型

2.2.1 汽油机

汽油机（gasoline engine）是以汽油作为燃料，将内能转化成动能的发动机。由于汽油黏性小、蒸发快，可以用汽油喷射系统将汽油喷入气缸，经过压缩达到一定的温度和压力后，用火花塞点燃，使气体膨胀做功。汽油机在汽车上，特别是乘用车上使用较多。

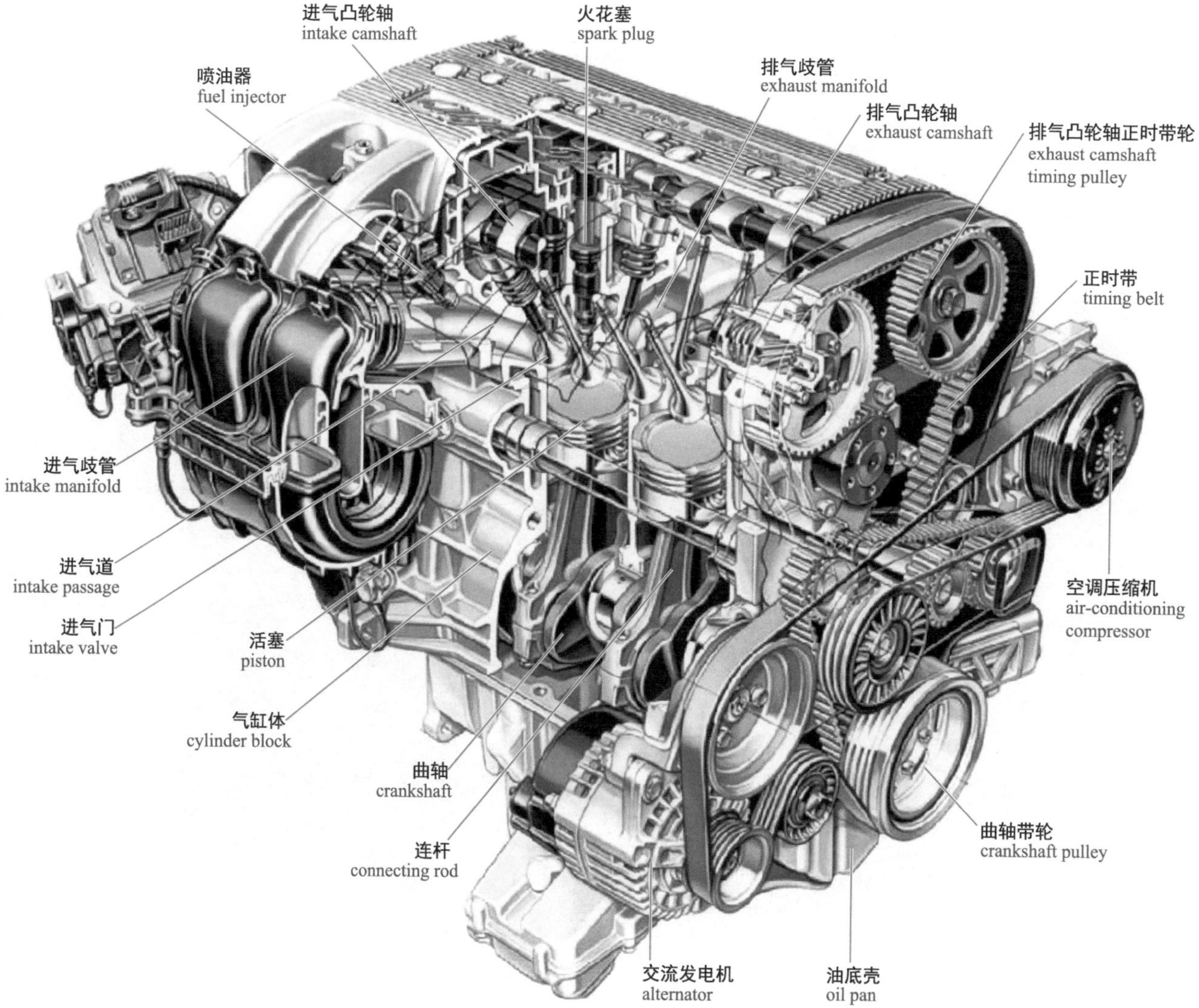

进气凸轮轴 intake camshaft
火花塞 spark plug
喷油器 fuel injector
排气歧管 exhaust manifold
排气凸轮轴 exhaust camshaft
排气凸轮轴正时带轮 exhaust camshaft timing pulley
正时带 timing belt
进气歧管 intake manifold
进气道 intake passage
进气门 intake valve
活塞 piston
气缸体 cylinder block
空调压缩机 air-conditioning compressor
曲轴 crankshaft
连杆 connecting rod
曲轴带轮 crankshaft pulley
交流发电机 alternator
油底壳 oil pan

扫一扫看动画视频

2.2.2 柴油机

柴油机是燃烧柴油来获取能量释放的发动机。它是由德国发明家鲁道夫·狄塞尔（1858—1913）（Rudolf Diesel）于1892年发明的，为了纪念这位发明家，柴油就是用他的姓Diesel来表示，而柴油机也称为狄塞尔发动机（Diesel engine）。柴油机用的燃料是柴油，它的黏度比汽油大，不容易蒸发，而其自燃温度却比汽油低，其压缩混合气可以自燃，而无须使用火花塞。

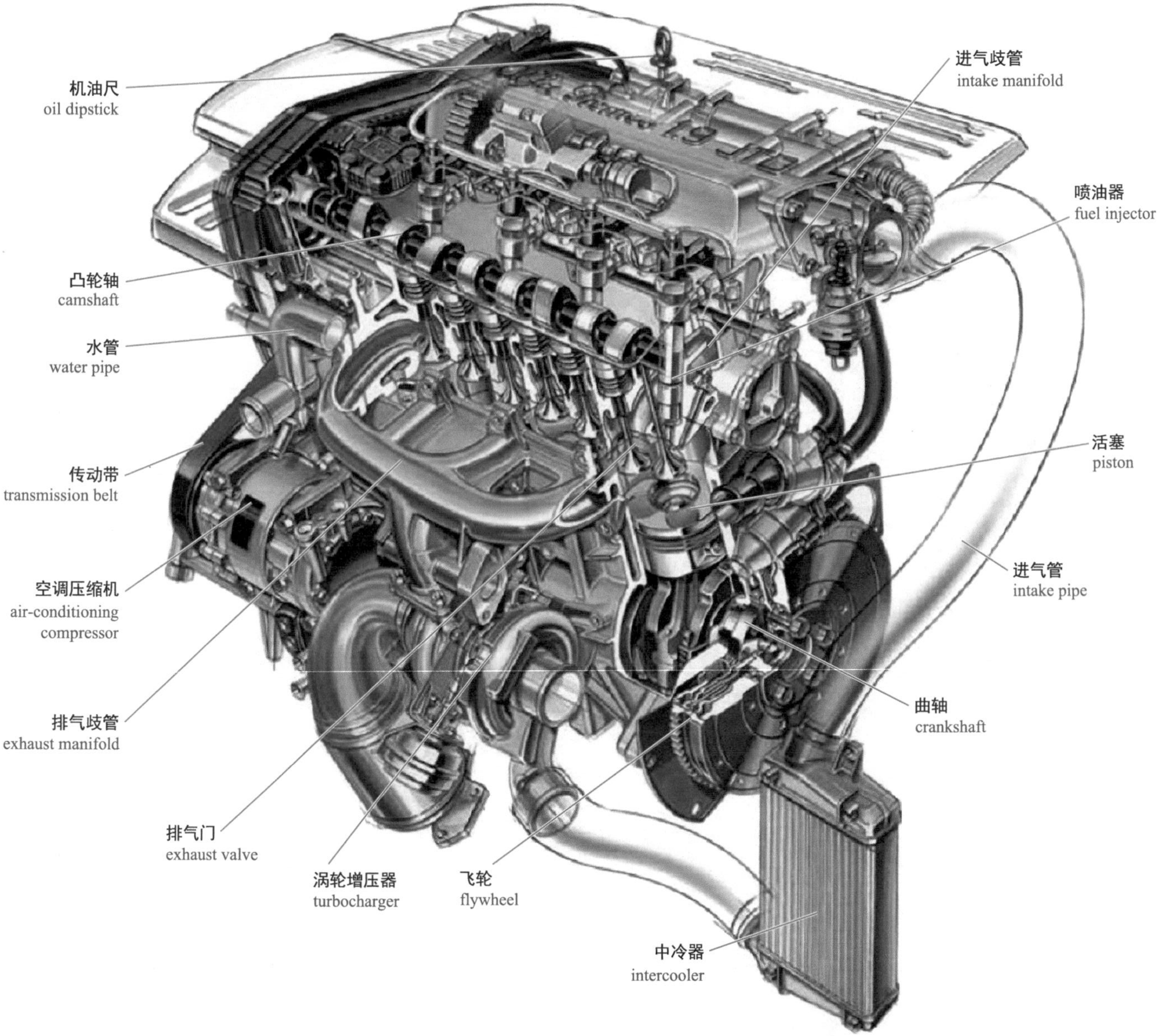

机油尺
oil dipstick
凸轮轴
camshaft
水管
water pipe
传动带
transmission belt
空调压缩机
air-conditioning compressor
排气歧管
exhaust manifold
排气门
exhaust valve
涡轮增压器
turbocharger
飞轮
flywheel
中冷器
intercooler
进气歧管
intake manifold
喷油器
fuel injector
活塞
piston
进气管
intake pipe
曲轴
crankshaft

扫一扫看动画视频

2.2.3 转子发动机

转子（汪克尔）发动机（wankel engine、rotary engine）是由德国人菲加士 · 汪克尔（Felix Wankel）所发明。转子发动机采用三角转子旋转运动来控制压缩和排放，混合气体燃烧形成的膨胀压力作用在转子的侧面，从而将三角形转子的三个面之一推向偏心轴的中心。这一运动在两个分力的作用下进行：一个是指向输出轴中心的向心力；另一个是使输出轴转动的切线力。

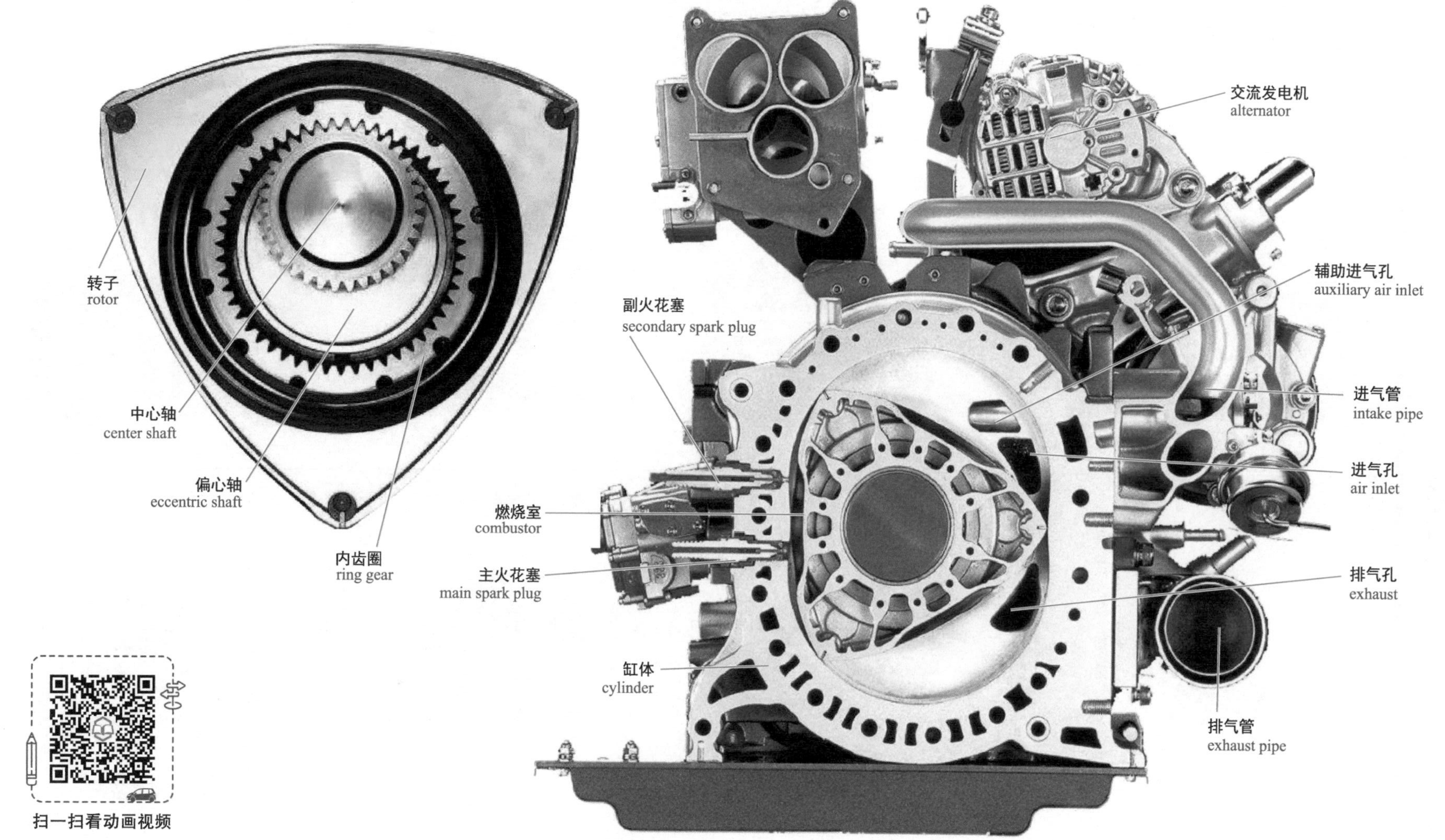
转子
rotor
中心轴
center shaft
偏心轴
eccentric shaft
内齿圈
ring gear
交流发电机
alternator
辅助进气孔
auxiliary air inlet
副火花塞
secondary spark plug
进气管
intake pipe
进气孔
air inlet
燃烧室
combustor
主火花塞
main spark plug
排气孔
exhaust
缸体
cylinder
排气管
exhaust pipe

扫一扫看动画视频

2.3 发动机组成

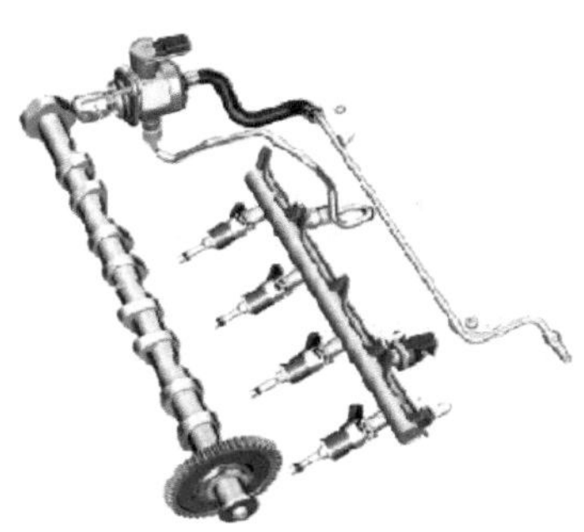
供给系统中的燃油分配泵部分

气缸盖

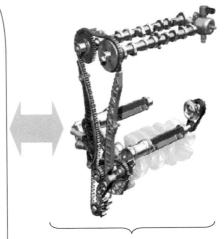

气缸体

配气机构

润滑系统中的机油泵部分

曲柄连杆机构

冷却系统的水道示意图

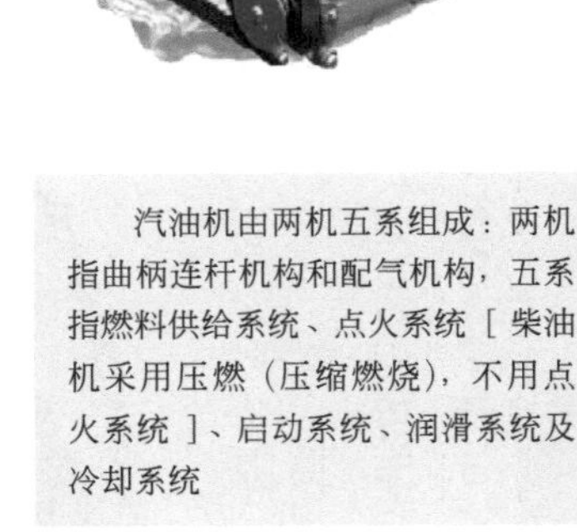

汽油机由两机五系组成：两机指曲柄连杆机构和配气机构，五系指燃料供给系统、点火系统［柴油机采用压燃（压缩燃烧），不用点火系统］、启动系统、润滑系统及冷却系统

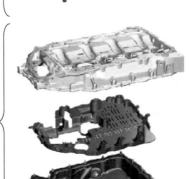

油底壳

点火系统的火花塞部分

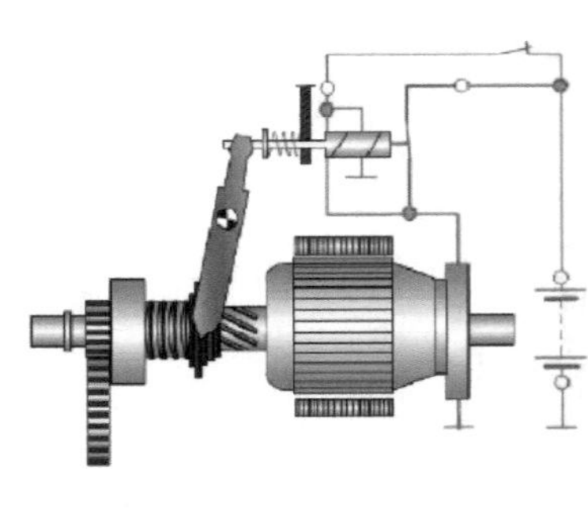
启动系统工作示意图

2.3.1 曲柄连杆机构

曲柄连杆机构由机体组、活塞连杆组与曲轴飞轮组等组成，是发动机实现工作循环、完成能量转换的主要部件。

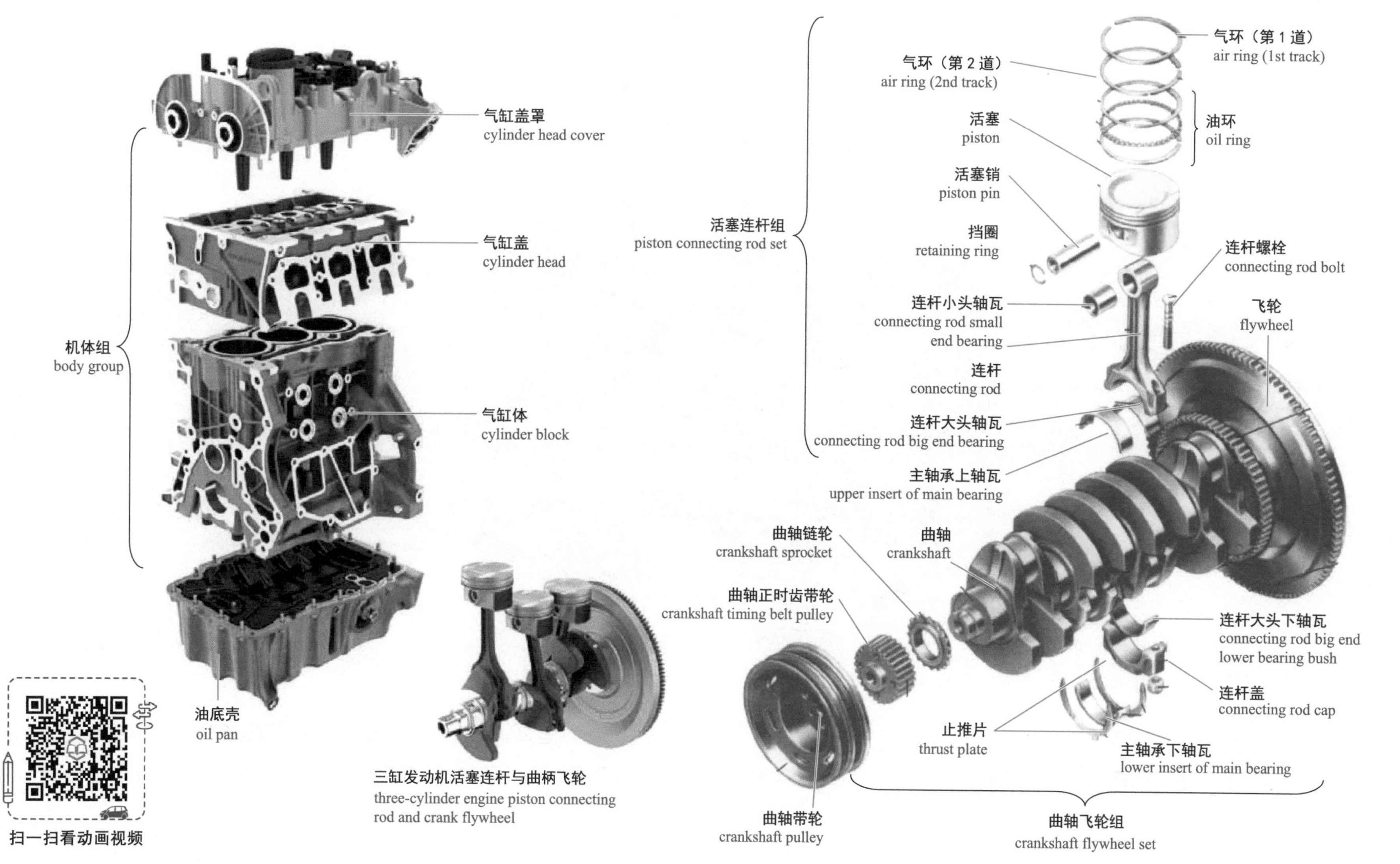

机体组
body group
气缸盖罩
cylinder head cover
气缸盖
cylinder head
气缸体
cylinder block
油底壳
oil pan
三缸发动机活塞连杆与曲柄飞轮
three-cylinder engine piston connecting rod and crank flywheel
活塞连杆组
piston connecting rod set
气环（第1道）
air ring (1st track)
气环（第2道）
air ring (2nd track)
油环
oil ring
活塞
piston
活塞销
piston pin
挡圈
retaining ring
连杆螺栓
connecting rod bolt
连杆小头轴瓦
connecting rod small end bearing
飞轮
flywheel
连杆
connecting rod
连杆大头轴瓦
connecting rod big end bearing
主轴承上轴瓦
upper insert of main bearing
曲轴链轮
crankshaft sprocket
曲轴
crankshaft
曲轴正时齿带轮
crankshaft timing belt pulley
连杆大头下轴瓦
connecting rod big end lower bearing bush
连杆盖
connecting rod cap
止推片
thrust plate
主轴承下轴瓦
lower insert of main bearing
曲轴带轮
crankshaft pulley
曲轴飞轮组
crankshaft flywheel set
扫一扫看动画视频

2.3.2 配气机构

配气机构由气门组与传动组等部件组成，它的主要作用是根据发动机的工作顺序，定时开启和关闭进、排气门，使新鲜空气或可燃混合气进入气缸，并使燃烧后产生的废气排出气缸，实现发动机换气过程。

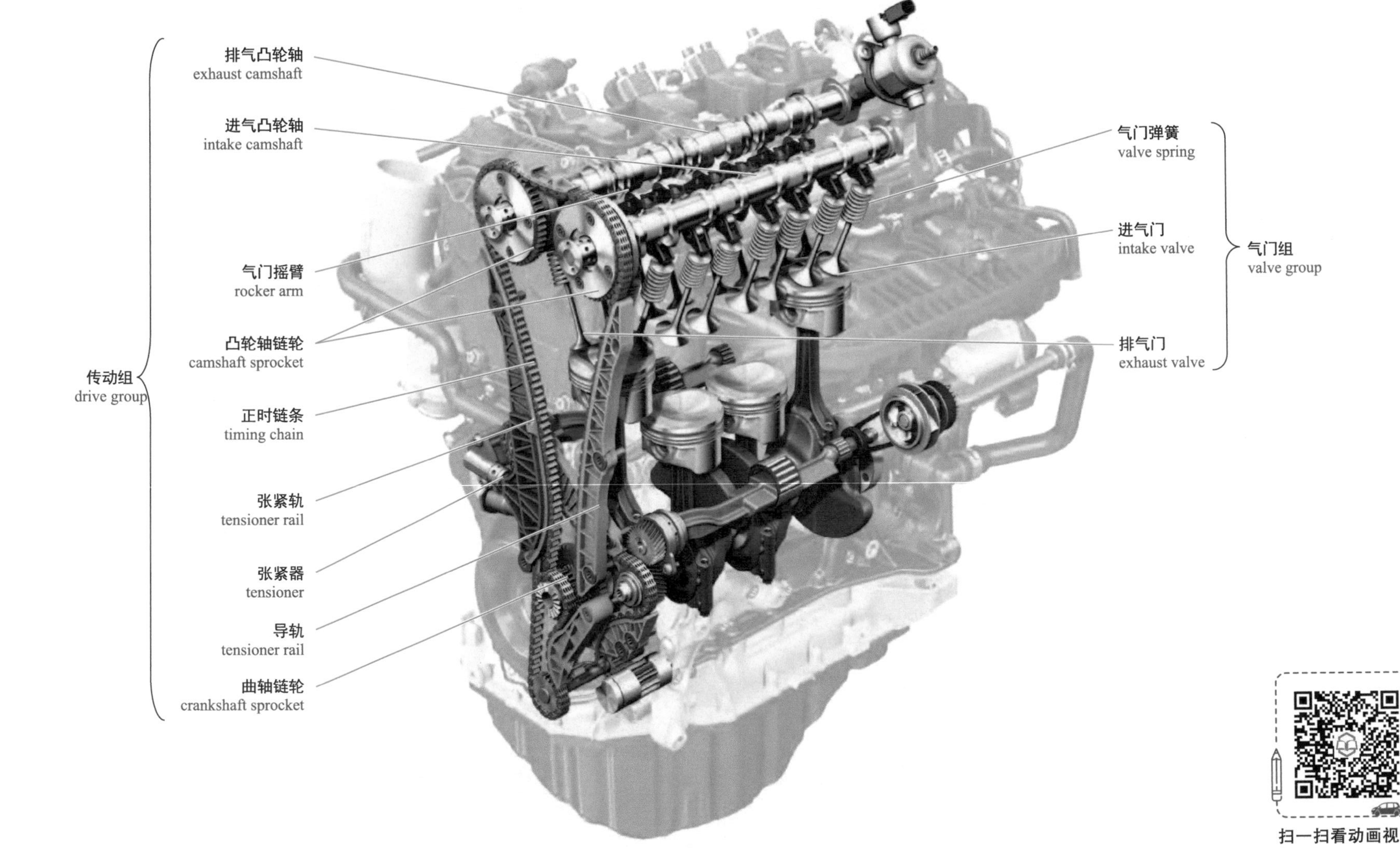
排气凸轮轴
exhaust camshaft
进气凸轮轴
intake camshaft
气门摇臂
rocker arm
凸轮轴链轮
camshaft sprocket
正时链条
timing chain
张紧轨
tensioner rail
张紧器
tensioner
导轨
tensioner rail
曲轴链轮
crankshaft sprocket
传动组
drive group
气门弹簧
valve spring
进气门
intake valve
排气门
exhaust valve
气门组
valve group

扫一扫看动画视频

2.3.3 燃料系统

燃料系统由燃料供给、燃料喷射等部件组成，其作用是根据发动机的要求，配制出一定数量和浓度的混合气（歧管喷射），或者直接把燃料喷射到气缸中（缸内直喷）与压缩空气混合并燃烧。

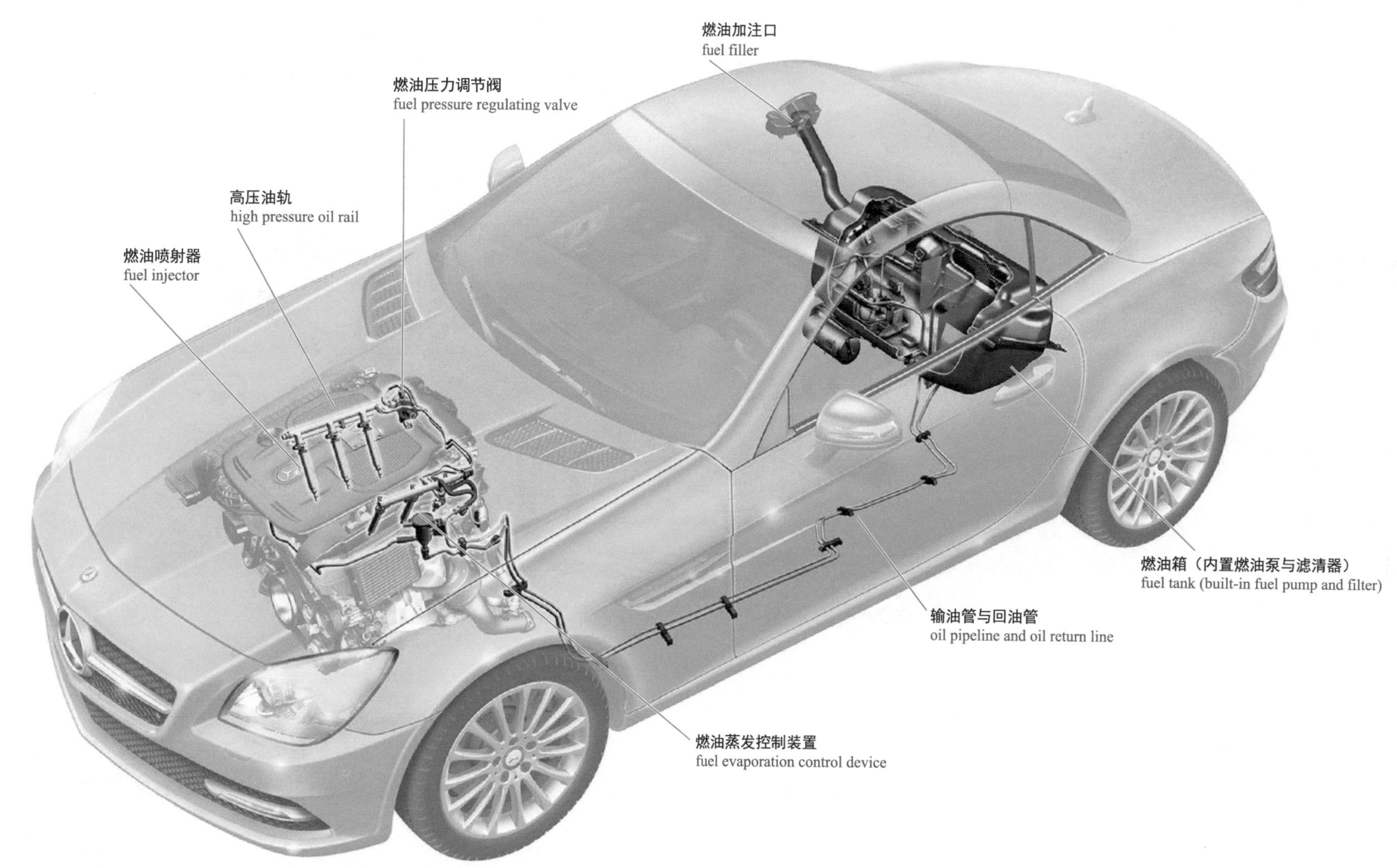
燃油加注口
fuel filler
燃油压力调节阀
fuel pressure regulating valve
高压油轨
high pressure oil rail
燃油喷射器
fuel injector
燃油箱（内置燃油泵与滤清器）
fuel tank (built-in fuel pump and filter)
输油管与回油管
oil pipeline and oil return line
燃油蒸发控制装置
fuel evaporation control device

2.3.4 冷却系统

发动机散热方式可分为风冷（如摩托车用发动机）和水冷（一般汽车发动机）两种。水冷系统通过冷却液循环回路将受热部件吸收的部分热量及时散发出去，为发动机工作在最适宜的温度状态提供保证。

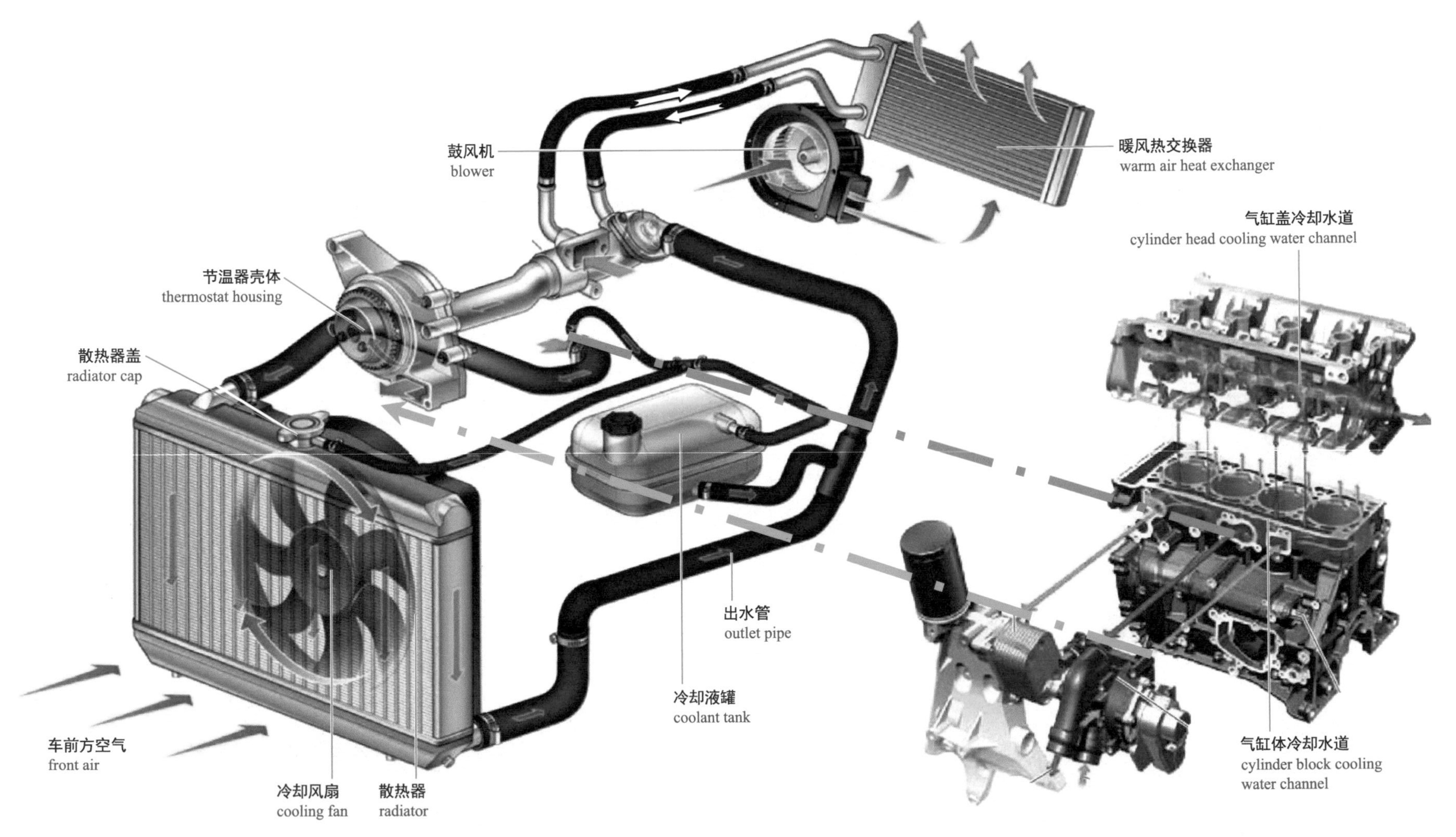
暖风热交换器
warm air heat exchanger
鼓风机
blower
气缸盖冷却水道
cylinder head cooling water channel
节温器壳体
thermostat housing
散热器盖
radiator cap
出水管
outlet pipe
冷却液罐
coolant tank
气缸体冷却水道
cylinder block cooling water channel
车前方空气
front air
冷却风扇
cooling fan
散热器
radiator

2.3.5 润滑系统

润滑系统由机油滤清器、机油泵、机油压力传感器、机油液位传感器（部分发动机配备）等组成，其主要作用是向运动的零件表面输送定量的清洁润滑油，减小摩擦阻力，减轻机件磨损，并对零件表面进行清洗和冷却。

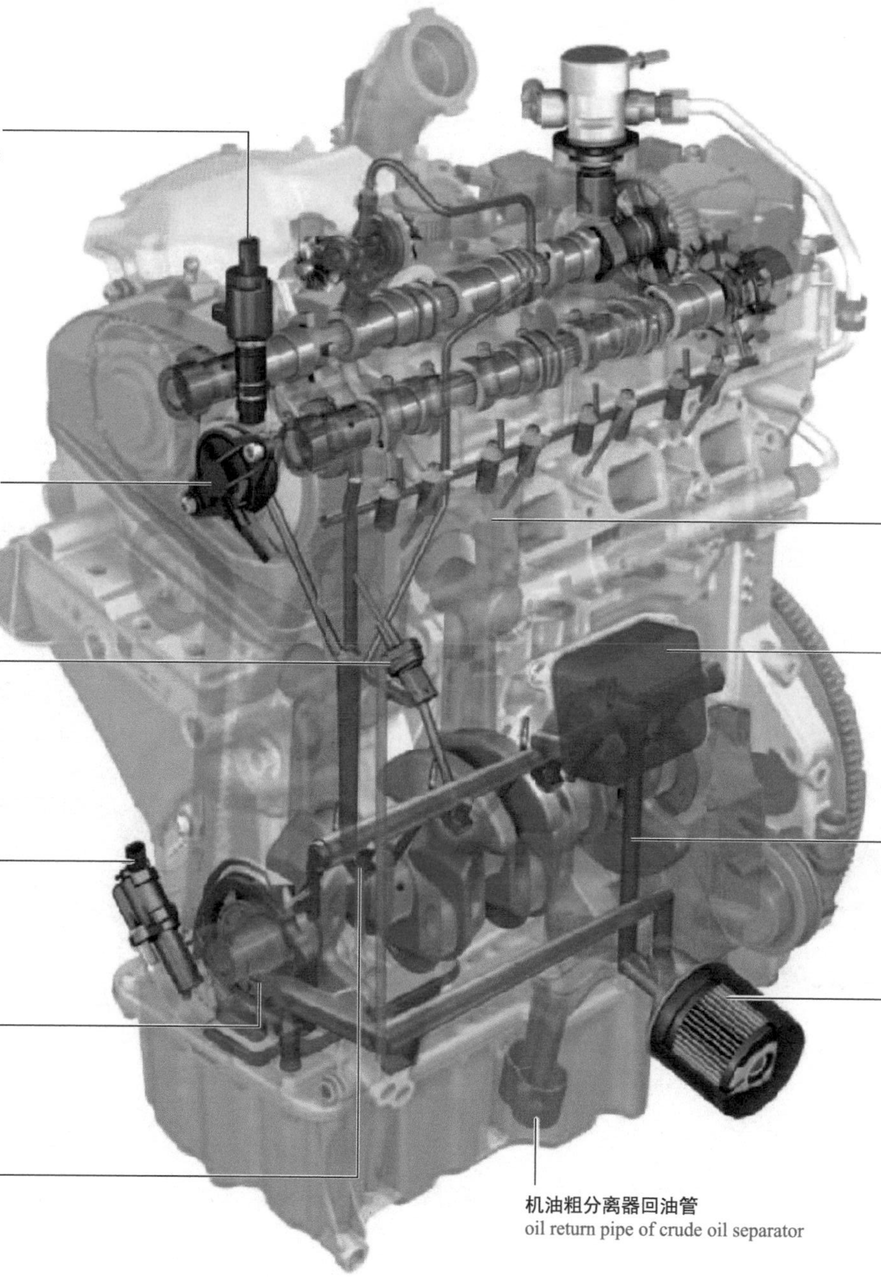

排气凸轮轴调节阀
exhaust camshaft adjustment valve

进气凸轮轴调节阀
intake camshaft adjustment valve

机油压力传感器
oil pressure sensor

机油压力调节阀
oil pressure regulating valve

机油泵
oil pump

活塞冷却喷嘴
piston cooling nozzles

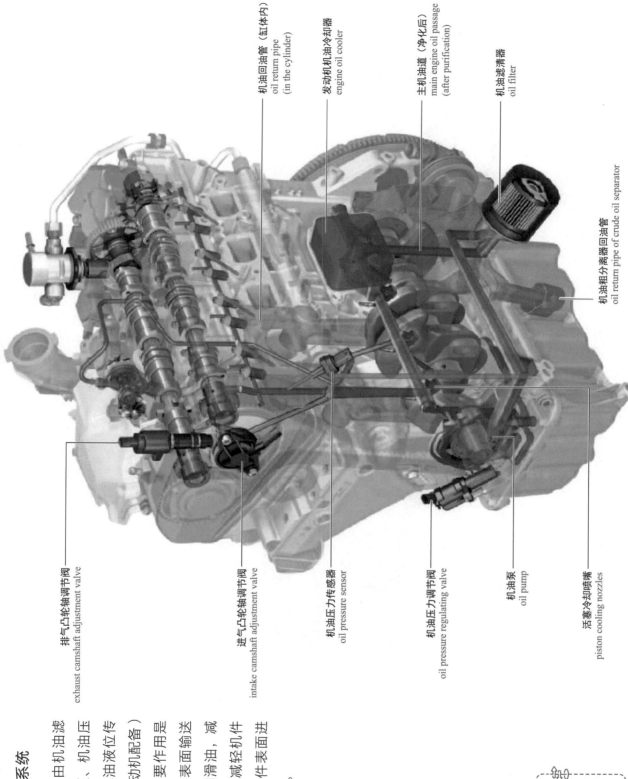

机油回油管（缸体内）
oil return pipe
(in the cylinder)

发动机机油冷却器
engine oil cooler

主机油道（净化后）
main engine oil passage
(after purification)

机油滤清器
oil filter

机油粗分离器回油管
oil return pipe of crude oil separator

扫一扫看动画视频

2.3.6 启动系统

启动系统由蓄电池、点火开关、启动继电器、起动机（有的48V轻混系统车型发电机也兼做起动机）组成。它的主要作用是由起动机将蓄电池的电能转换为机械能，启动发动机运转。

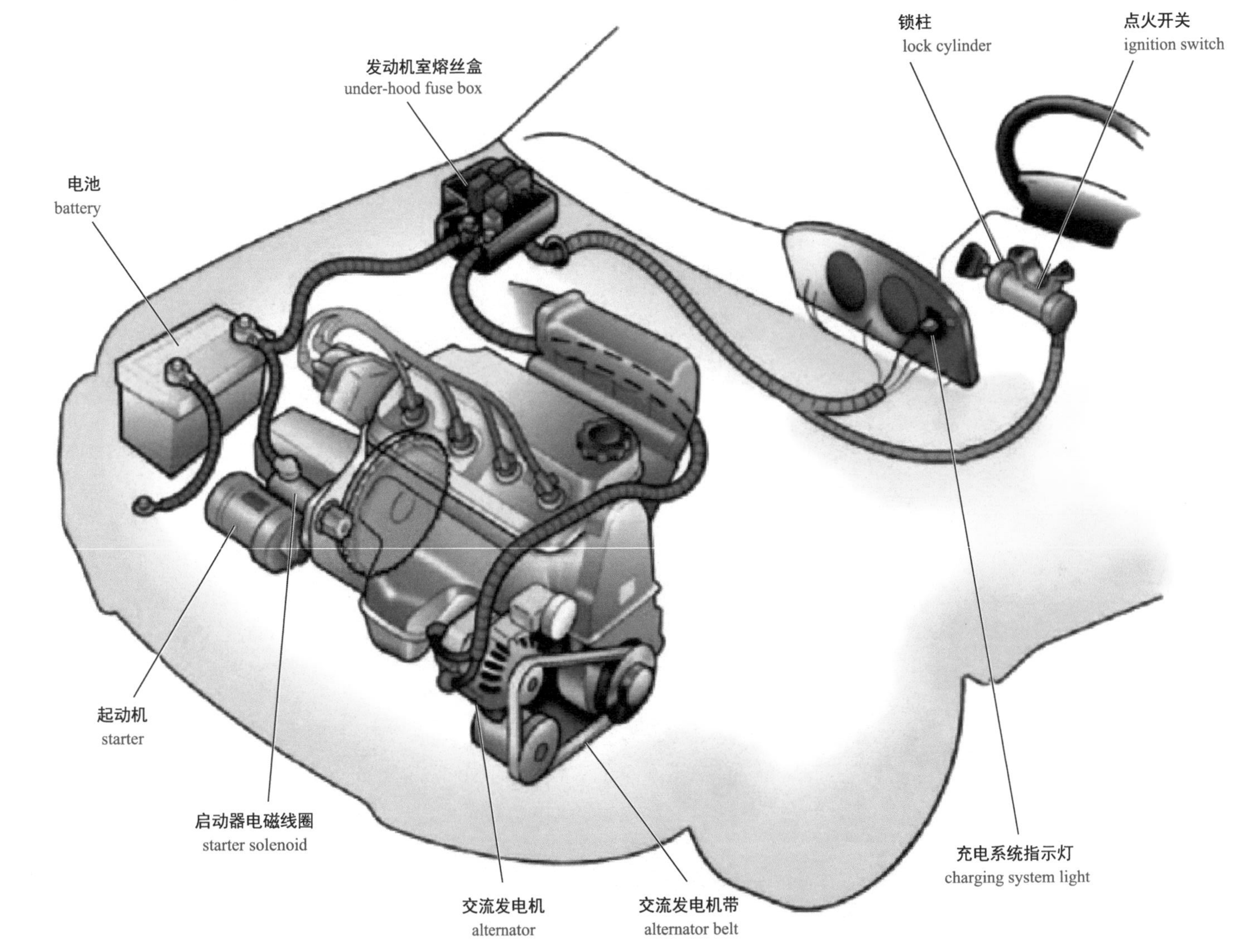
锁柱
lock cylinder
点火开关
ignition switch
发动机室熔丝盒
under-hood fuse box
电池
battery
起动机
starter
启动器电磁线圈
starter solenoid
交流发电机
alternator
交流发电机带
alternator belt
充电系统指示灯
charging system light

2.3.7 点火系统

汽油机的混合气体由电火花点燃燃烧，因此在气缸盖上安装有火花塞，火花塞的头部探入燃烧室内。传统点火系统一般由蓄电池、分电器（直接点火系统无此部件）、点火线圈和火花塞组成。现在的汽油机一般采用直接点火（无分电器）系统，采用分缸点火线圈连接火花塞，各个点火线圈直接由发动机控制单元控制。

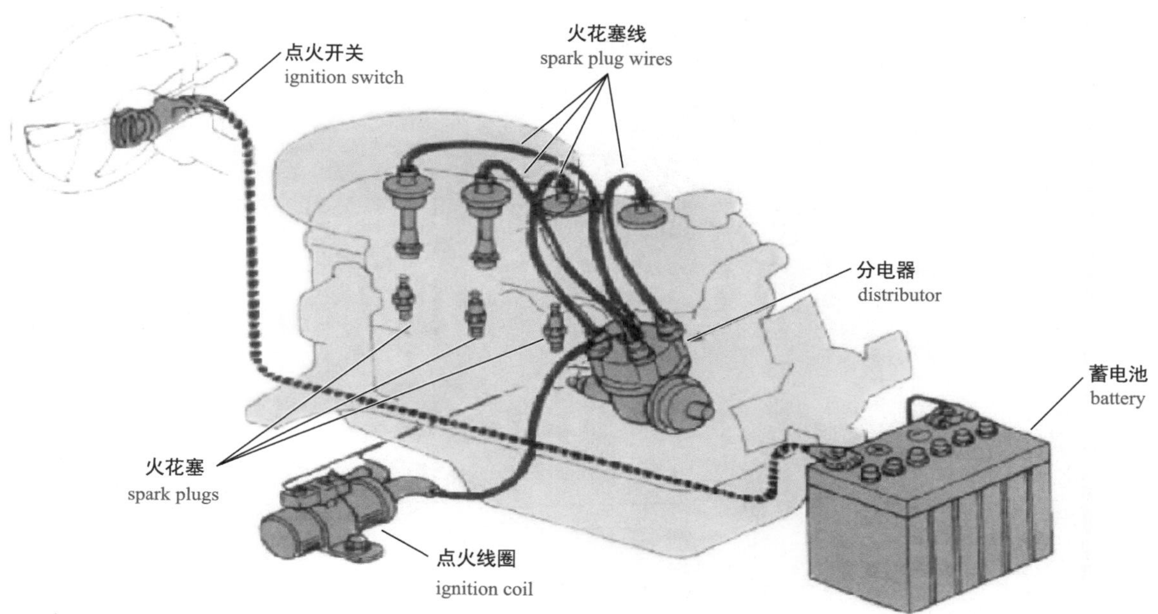
传统点火系统
traditional ignition system
点火开关
ignition switch
火花塞线
spark plug wires
分电器
distributor
蓄电池
battery
火花塞
spark plugs
点火线圈
ignition coil

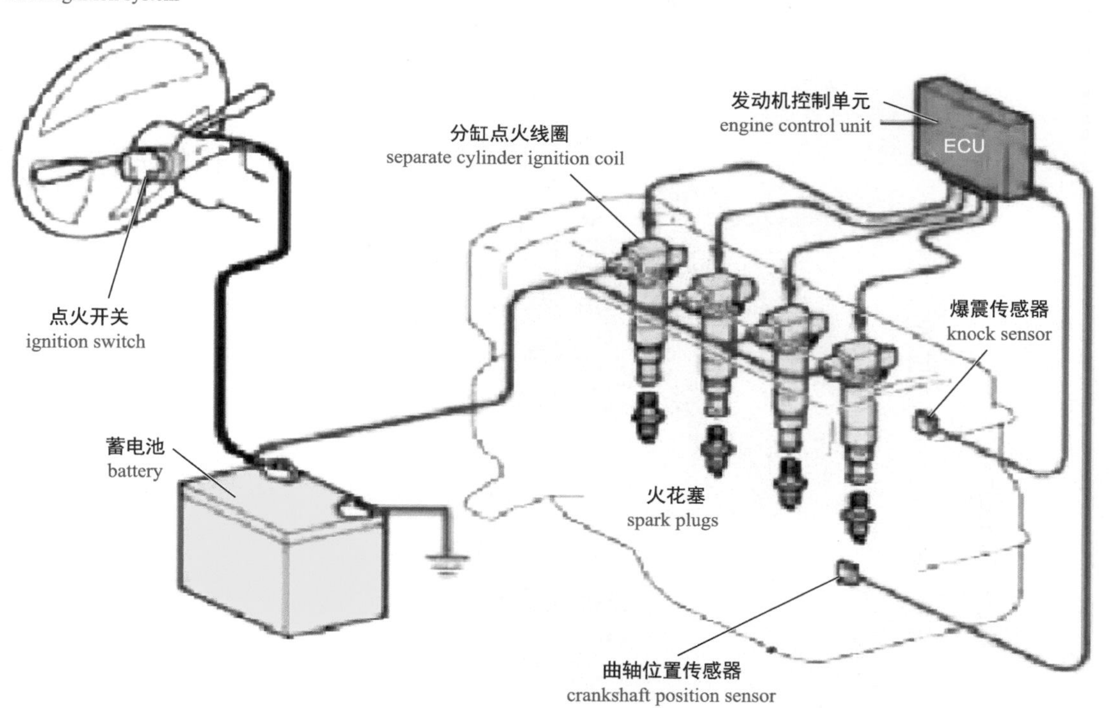
直接点火系统
direct ignition system
发动机控制单元
engine control unit
ECU
分缸点火线圈
separate cylinder ignition coil
点火开关
ignition switch
爆震传感器
knock sensor
蓄电池
battery
火花塞
spark plugs
曲轴位置传感器
crankshaft position sensor

2.4 发动机原理

2.4.1 四冲程汽油机

1876年，德国工程师尼古拉斯·奥托（Nicholas Otto）制作出了由进气、压缩、膨胀（做功）、排气四个行程组成的四冲程发动机。这种发动机的原理被称为“奥托循环”。

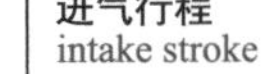

扫一扫看动画视频

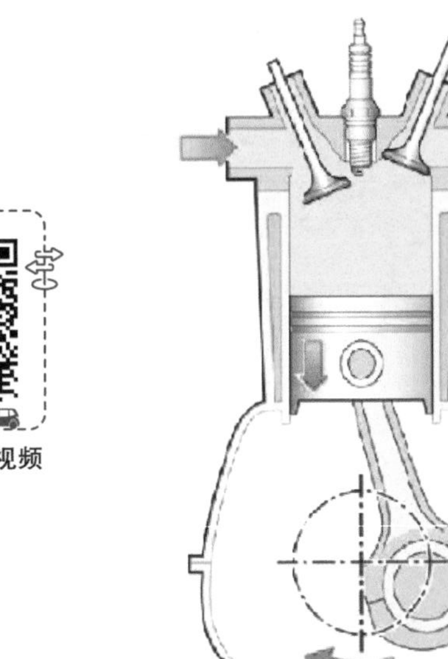

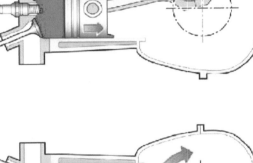

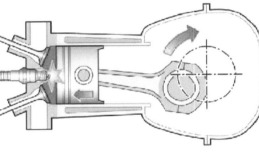

进气行程
intake stroke

发动机进气门开启，排气门关闭，活塞从上止点向下止点移动，活塞上方的容积增大，气缸内的压力降低到大气压力以下，即在气缸内产生真空吸力。这样，可燃混合气（歧管燃油喷射）或新鲜空气（缸内燃油直喷）便经进气歧管和进气门被吸入气缸

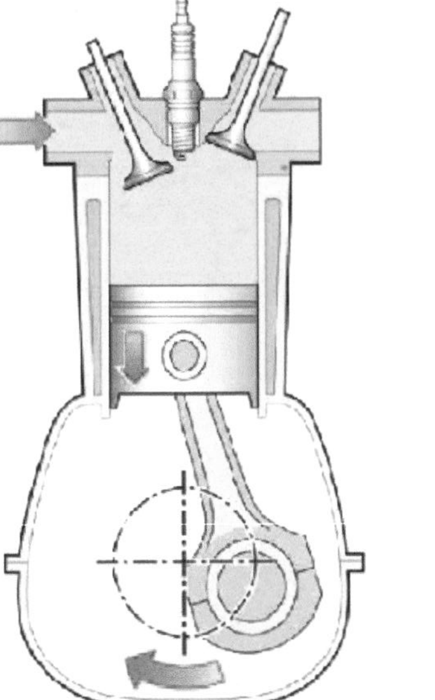
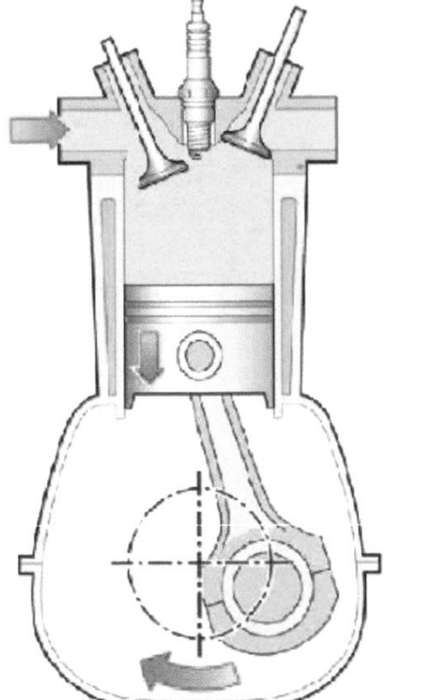

压缩行程
compression stroke

为使吸入气缸的可燃混合气能迅速燃烧，必须在燃烧前将其压缩。在压缩行程中，进、排气门全部关闭，曲轴推动活塞从下止点向上止点移动，把可燃混合气压至燃烧室

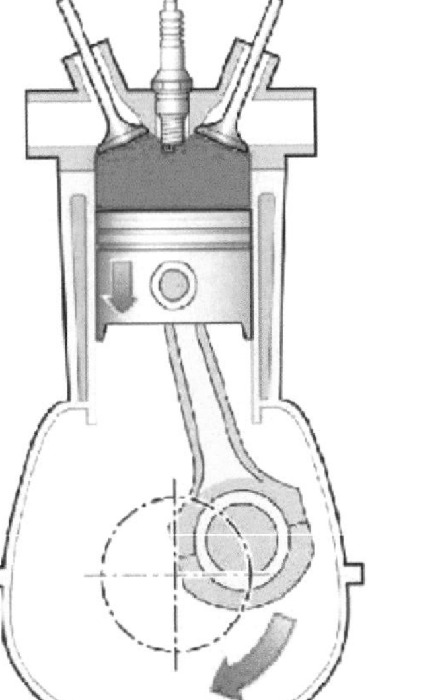

做功行程
power stroke

压缩行程终了时，进、排气门仍关闭，喷油器向缸内喷射燃油（直喷型发动机）同时火花塞发出电火花点燃混合气，迫使活塞迅速下行，经连杆推动曲轴旋转而做功

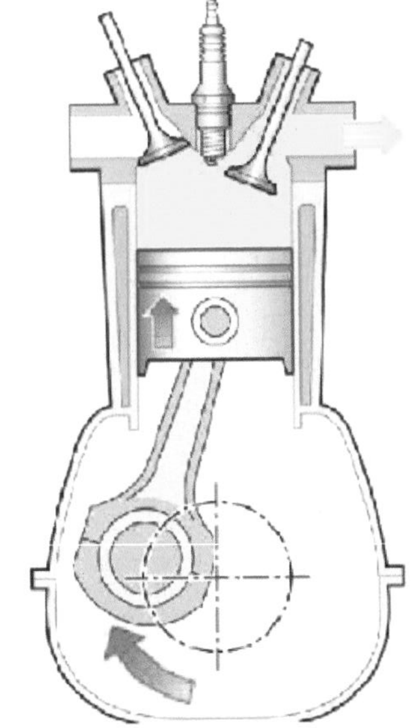

排气行程
exhaust stroke

可燃混合气燃烧后生成的废气，必须从气缸中排除，以便进行下一个进气行程。当做功行程终了时，排气门开启，靠废气的压力进行自由排气，活塞到达下止点后再向上移动时，继续将废气强制排到大气中

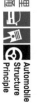

2.4.2 四冲程柴油机

柴油机的工作是由进气、压缩、燃烧膨胀（做功）和排气这四个行程来完成的，这四个行程构成了一个工作循环。活塞走完四个行程才能完成一个工作循环的柴油机称为四行程柴油机。柴油机采用压缩自燃方式着火，没有火花塞，现代柴油机普遍都有用于助燃的预热塞，其作用与火花塞类似。

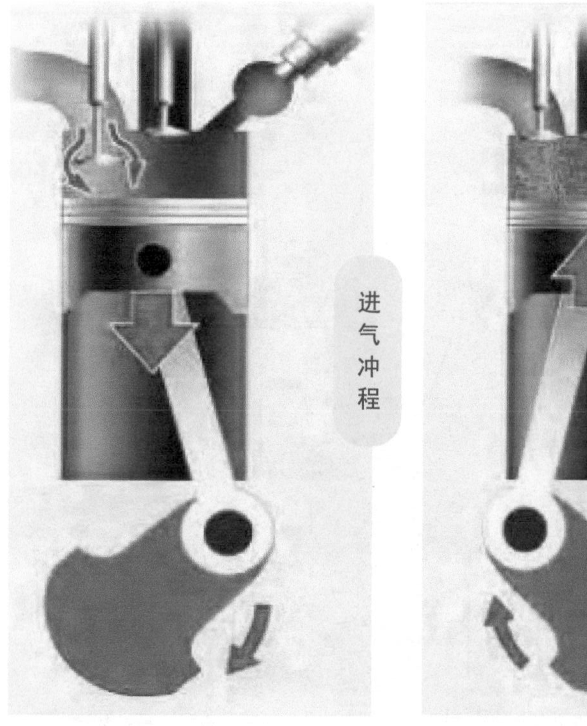

进气冲程

进气行程
intake stroke

当曲轴旋转时，连杆使活塞由上止点向下止点移动，同时，利用与曲轴相连的传动机构使进气阀打开。随着活塞的向下运动，气缸内活塞上面的容积逐渐增大，造成气缸内的空气压力低于进气管内的压力，因此外面空气就不断地充入气缸

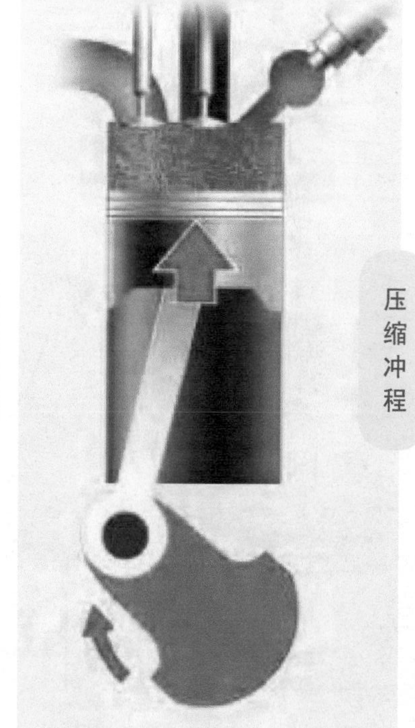

压缩冲程

压缩行程
compression stroke

压缩时活塞从下止点向上止点运动，当活塞上行，进气阀关闭以后，气缸内的空气受到压缩，随着容积的不断变小，空气的压力和温度也就不断升高，柴油机的压缩比为 15 ～ 23（为汽油机的 2 ～ 3 倍），燃烧室温度可达到 500 ～ 800℃

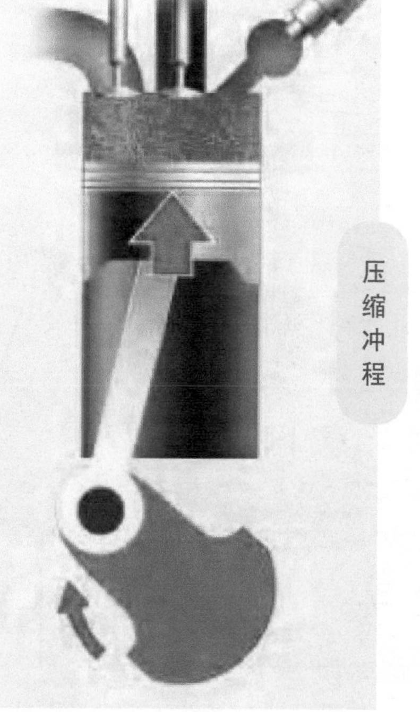

做功冲程

做功行程
power stroke

当活塞将要完成向上行程时，喷油嘴将高压燃油喷进已达到高压和高温的空气，空气的高温使燃油自燃。燃烧时放出大量的热量，因此气体的压力和温度便急剧升高，活塞在高温高压气体作用下向下运动，并通过连杆使曲轴转动，对外做功。所以这一行程又叫做功或工作行程

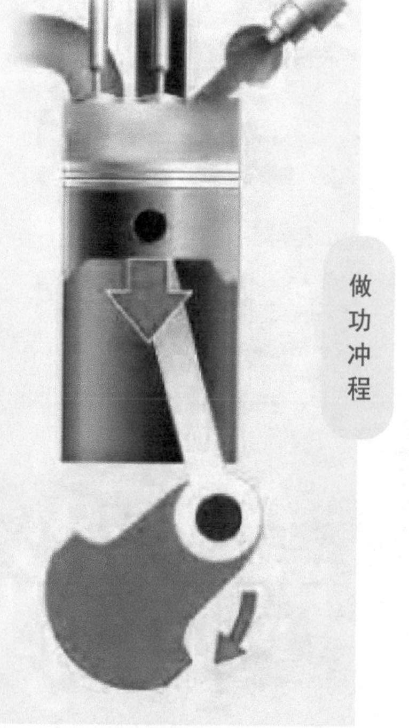

排气冲程

排气行程
exhaust stroke

排气行程的功用是把膨胀后的废气排出去，以便充填新鲜空气，为下一个循环的进气作准备。当工作冲程活塞运动到下止点附近时，排气阀开启，活塞在曲轴和连杆的带动下，由下止点向上止点运动，并把废气排出气缸外

扫一扫看动画视频

2.4.3 二冲程汽油机

二冲程发动机一般应用于摩托车，现代汽车使用的都是四冲程发动机。在二冲程发动机的缸体上有三个孔道，即进气孔、排气孔与换气孔，这三个孔在一定时刻由活塞打开或关闭。

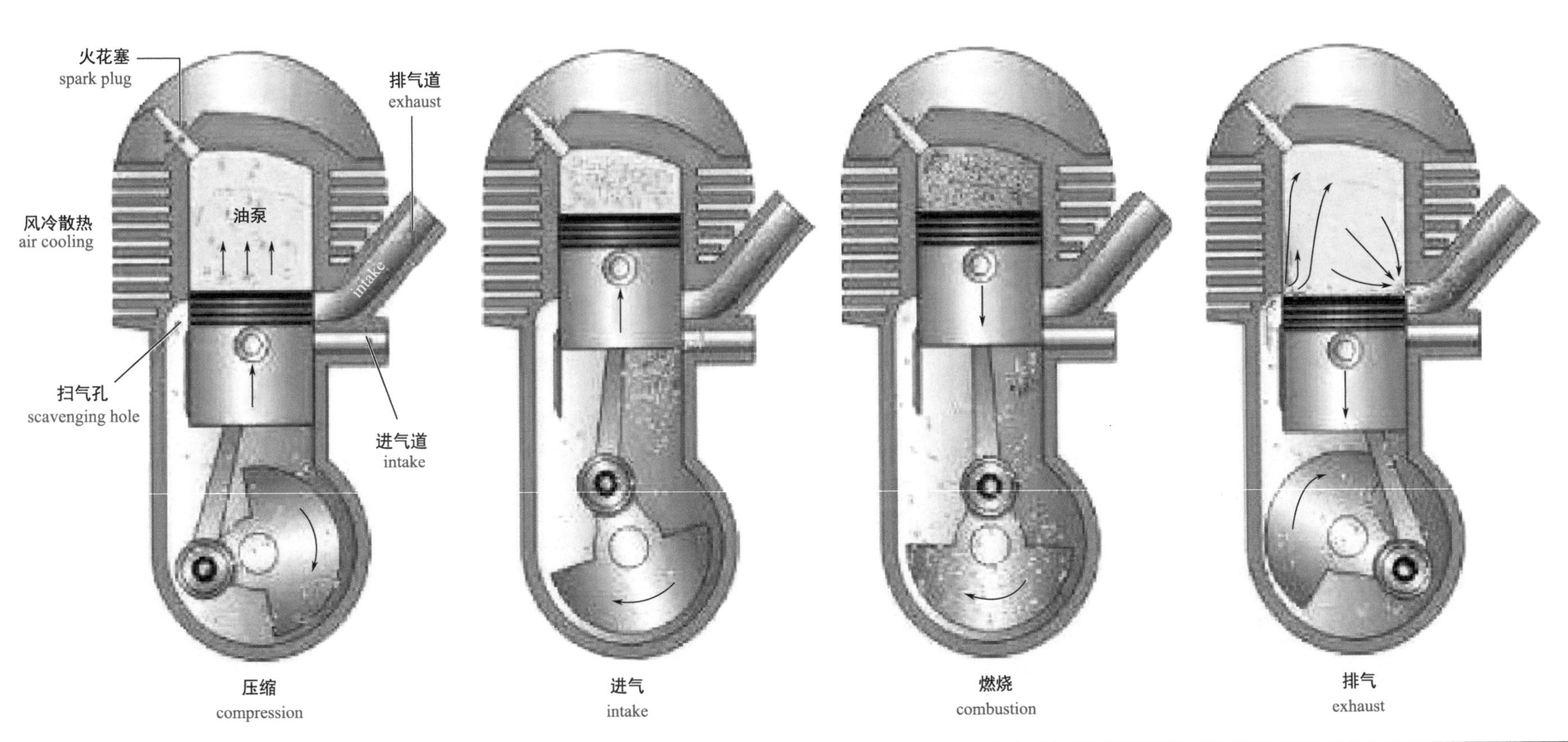
火花塞
spark plug
排气道
exhaust
风冷散热
air cooling
油泵
intake
扫气孔
scavenging hole
进气道
intake
压缩
compression
进气
intake
燃烧
combustion
排气
exhaust

行程一：压缩/进气

活塞向上运动，将三个开孔都关闭，上部空气开始压缩，当活塞继续向上运动一段行程时，活塞下方的进气孔被打开了，可燃混合气体由此进入曲轴箱

行程二：燃烧/排气

在活塞接近上止点时，火花塞点燃混合气，燃烧释放出的热能使气体膨胀做功，推动活塞下行，当活塞持续向下运动时，进气孔被关闭，混合气体受压缩，并从打开的换气孔进入气缸，同时，燃烧后产生的废气经排气孔被排出缸体

2.4.4 转子发动机

在转子发动机中，燃烧产生的压力保存在壳体和三角形转子（在该发动机中用来代替活塞）构成的密封室中。转子有三个凸面，每个凸面相当于一个活塞。 转子的每个凸面都有一个凹陷，用于增加发动机的排气量，容纳更多空气、燃油混合气。

转子有一组内部轮齿，位于其中一个侧面的中心。它们与固定到壳体的齿轮相啮合。这种啮合决定了转子在壳体内运动的路径和方向。壳体大致呈椭圆形。壳体的每一部分都专用于燃烧过程的一步。 燃烧过程的四步包括：进气、压缩、做功和排气。当转子在壳体内转动时，会推动凸轴旋转；转子每转一周，凸轴会旋转三周。转子发动机工作循环如图所示。

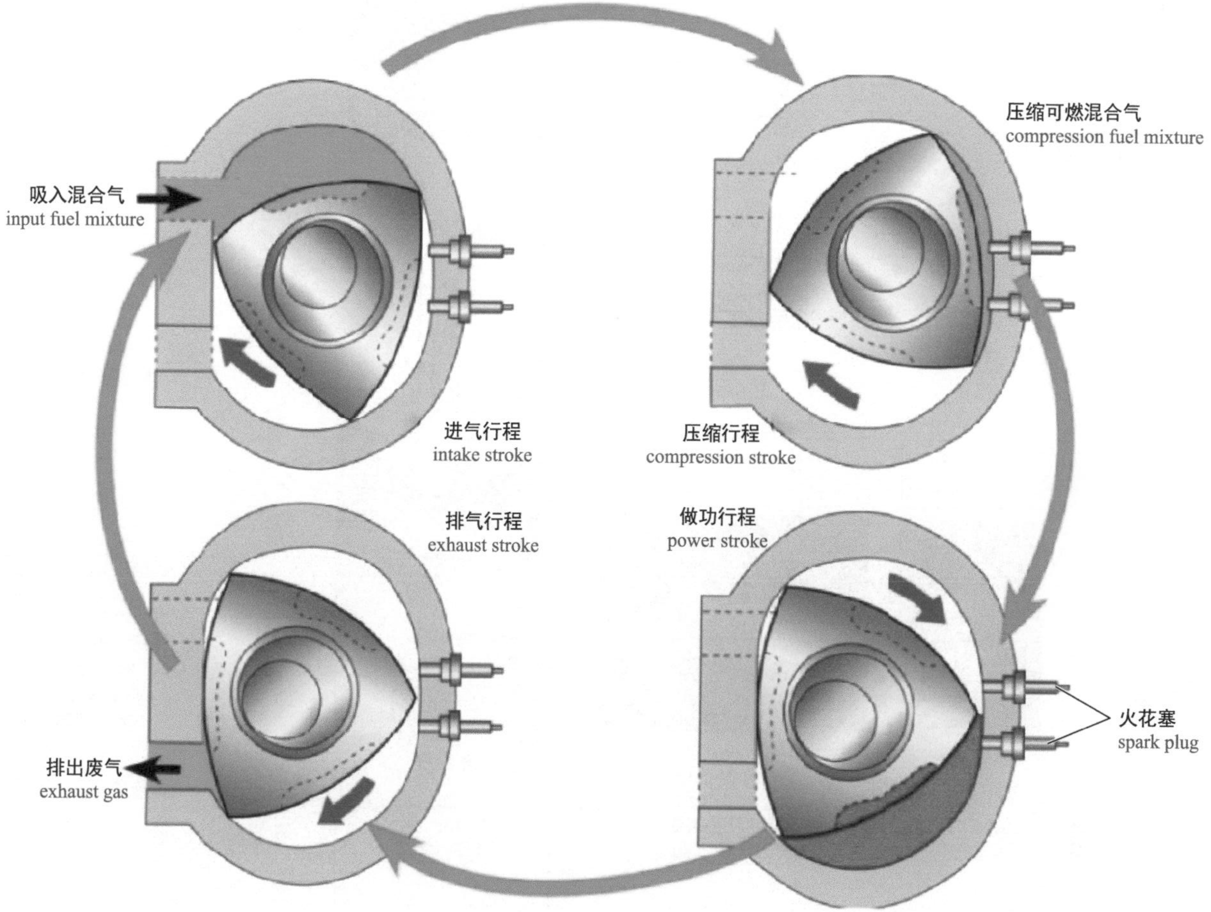

吸入混合气
input fuel mixture
压缩可燃混合气
compression fuel mixture
进气行程
intake stroke
压缩行程
compression stroke
排气行程
exhaust stroke
做功行程
power stroke
火花塞
spark plug
排出废气
exhaust gas

扫一扫看动画视频

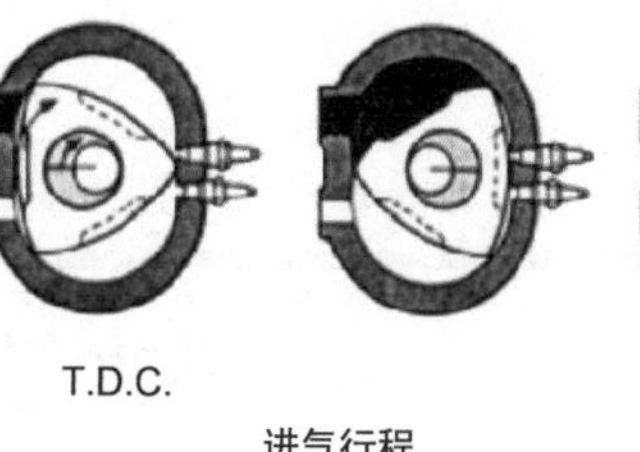
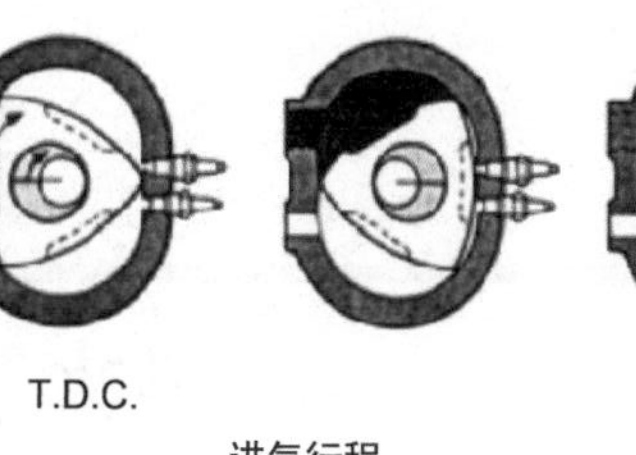
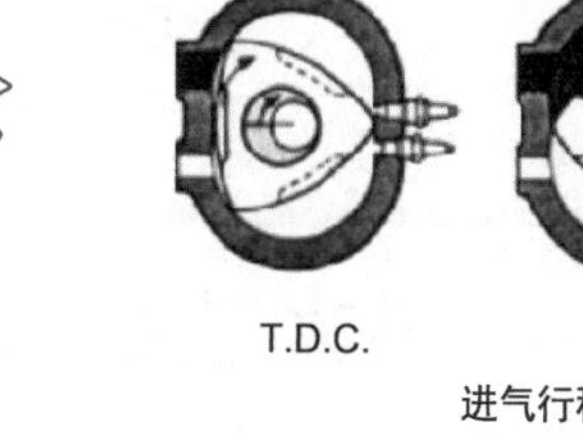
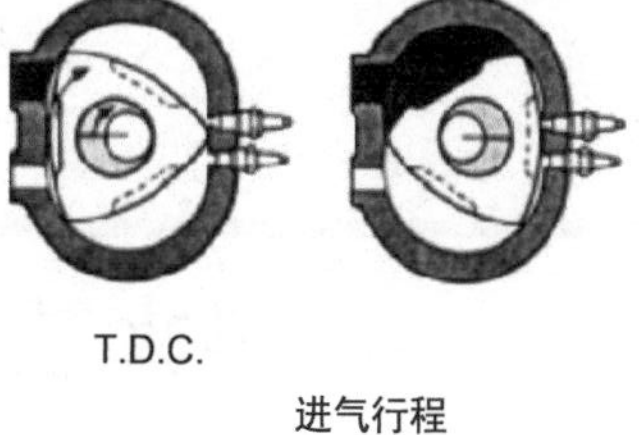
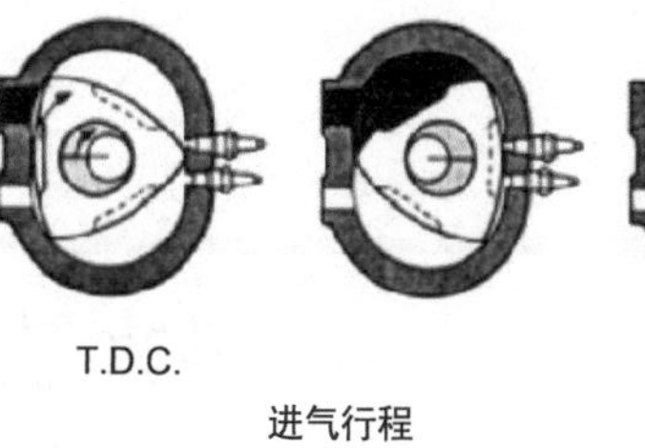
T.D.C.
进气行程
B.D.C.
压缩行程
T.D.C.
做功行程
B.D.C.
排气行程
T.D.C.

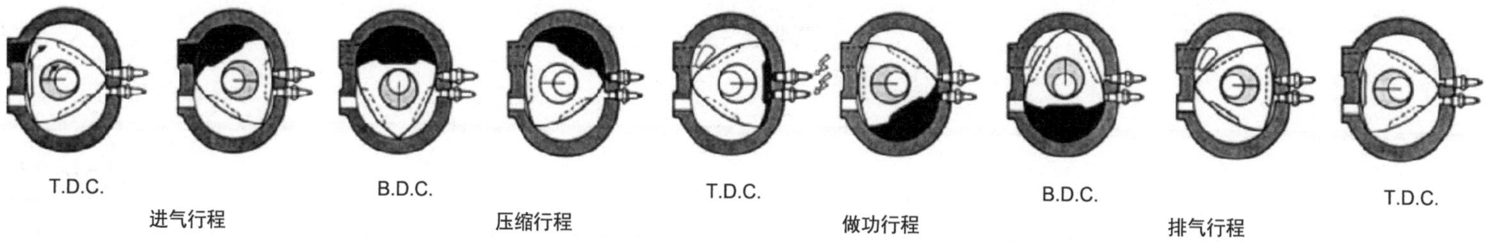

2.5 发动机术语

2.5.1 上下止点与行程

2.5.2 容积与排量

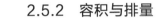

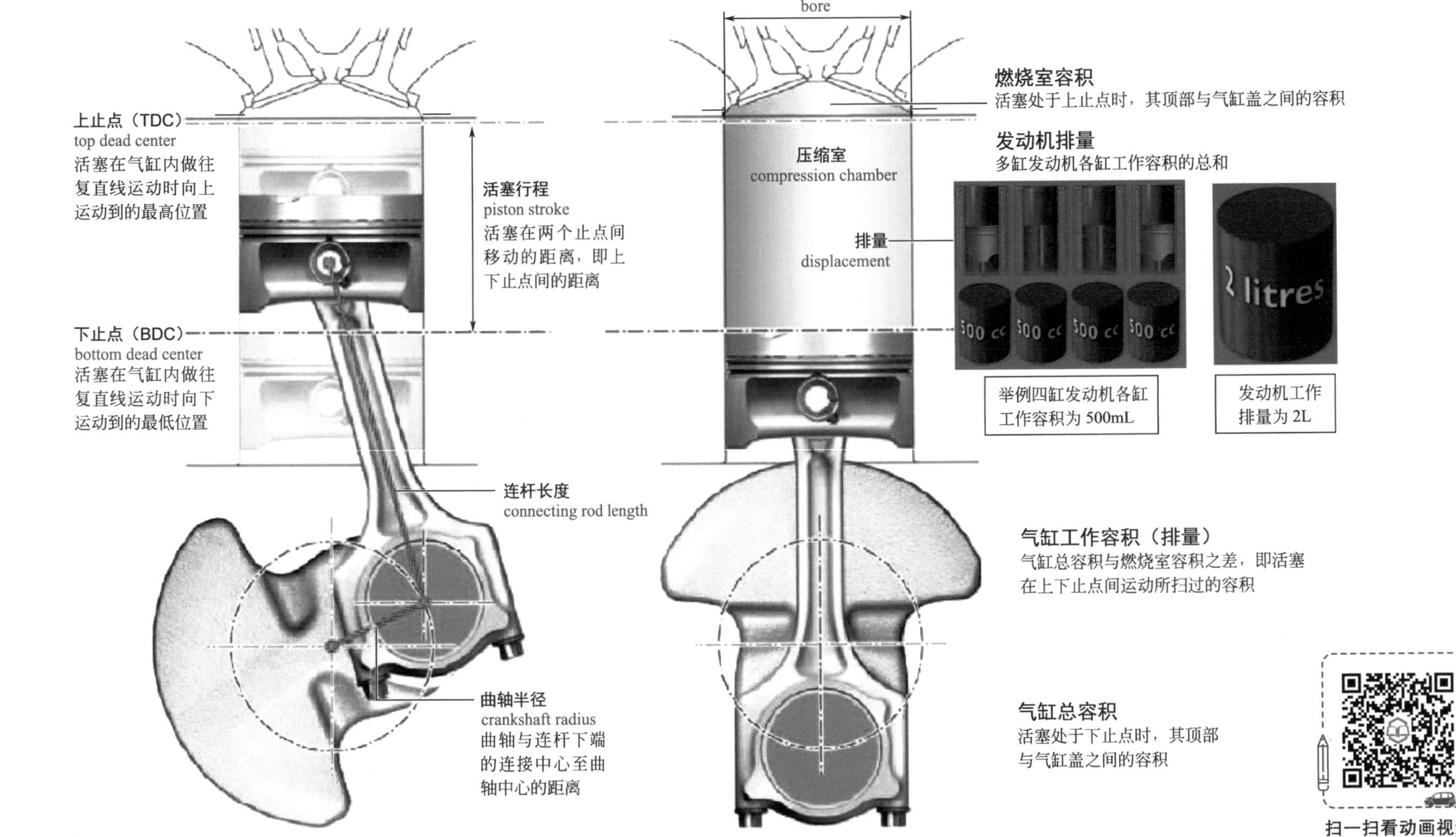
上止点（TDC）
top dead center
活塞在气缸内做往复直线运动时向上运动到的最高位置
下止点（BDC）
bottom dead center
活塞在气缸内做往复直线运动时向下运动到的最低位置
活塞行程
piston stroke
活塞在两个止点间移动的距离，即上下止点间的距离
连杆长度
connecting rod length
曲轴半径
crankshaft radius
曲轴与连杆下端的连接中心至曲轴中心的距离
缸径
bore
压缩室
compression chamber
排量
displacement
燃烧室容积
活塞处于上止点时，其顶部与气缸盖之间的容积
发动机排量
多缸发动机各缸工作容积的总和
500 cc
500 cc
500 cc
500 cc
2 litres
举例四缸发动机各缸工作容积为500mL
发动机工作排量为2L
气缸工作容积（排量）
气缸总容积与燃烧室容积之差，即活塞在上下止点间运动所扫过的容积
气缸总容积
活塞处于下止点时，其顶部与气缸盖之间的容积

扫一扫看动画视频

2.5.3　压缩比与空燃比

压缩比就是发动机混合气体被压缩的程度，用压缩前的气缸总容积与压缩后的气缸容积（即燃烧室容积）之比表示。压缩比与发动机性能有很大关系，通常低压缩比指的是压缩比在10以下，高压缩比在10以上，相对来说压缩比越高，发动机的动力就越大。

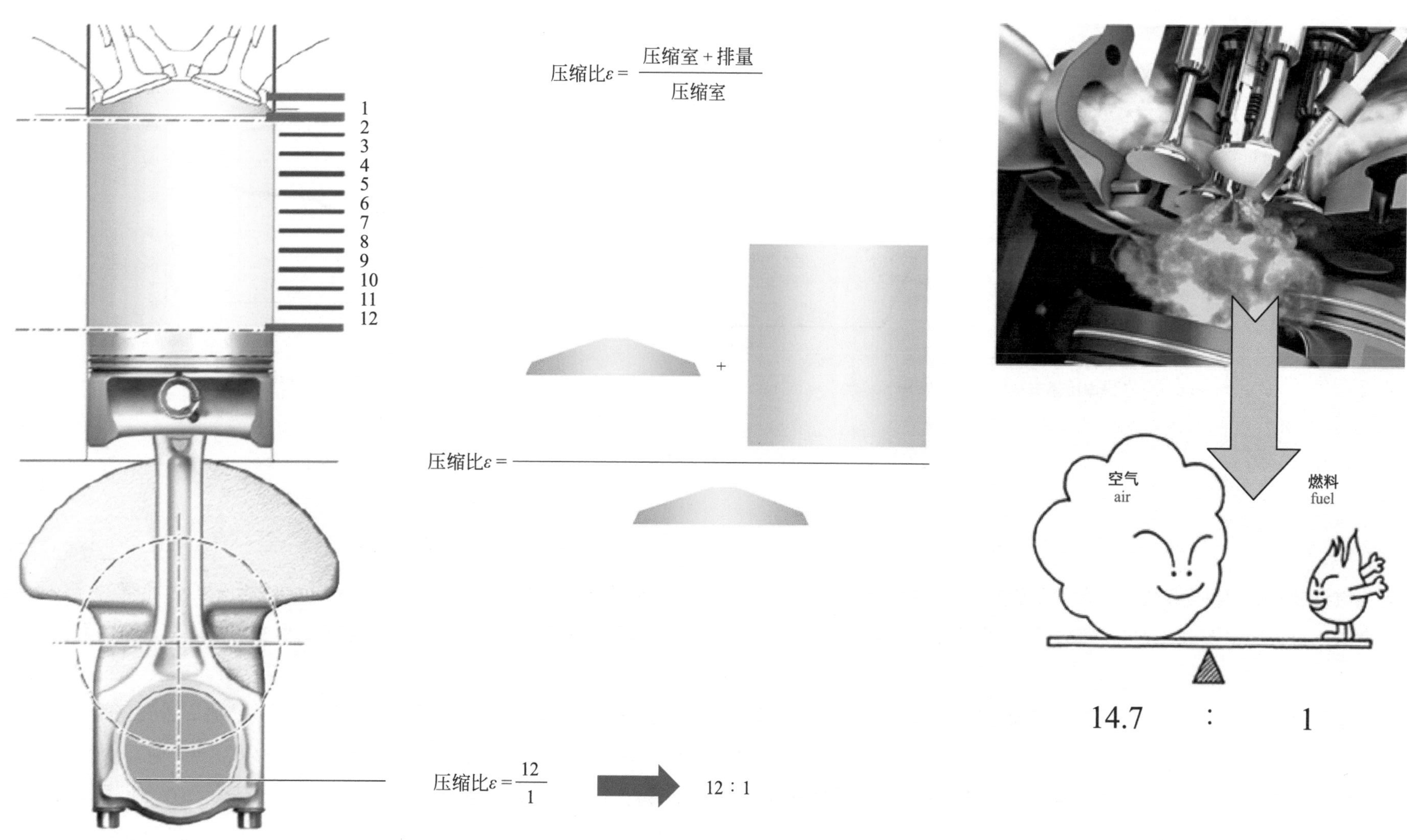

1
2
3
4
5
6
7
8
9
10
11
12
压缩比ε = 压缩室+排量 / 压缩室
+
压缩比ε =
压缩比ε = 12/1
12∶1
空气
air
燃料
fuel
14.7 : 1

空燃比就是空气和燃料质量的混合比，将实际空燃比与理论当量空燃比14.7的比值定义为过量空气系数，用符号λ表示。

2.5.4 功率与转矩

功率：指的是发动机在单位时间内所做的功，是表示汽车行驶快慢的指标。通俗来说，发动机功率越大，表示汽车跑得越快。发动机功率单位为千瓦（kW）/转速（r/min）。1hp（horsepower，马力，俗称“匹”）≈0.746kW。

转矩：指发动机曲轴端所发出的力矩，是汽车加速能力体现的指标。通俗来说，转矩越大，汽车的瞬间加速能力也就越强。发动机转矩的表示单位为：Nm。

传统自然吸气发动机功率与转速几乎成正比关系，电动机的动力输出特性与发动机完全不同，其具有基速转速。在基速转速之前具有恒转矩特性（转矩不变），基速转速之后有恒功率特性（功率不变）。功率=转速×转矩，当功率保持恒定之后，转速越高转矩越小。动力装置的功率和转矩常用特性曲线图表示。

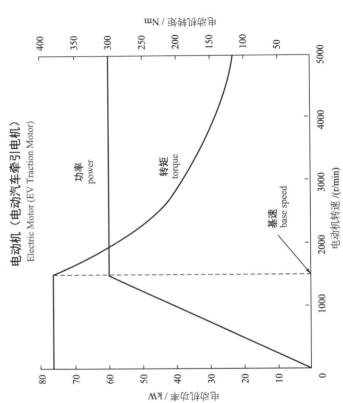

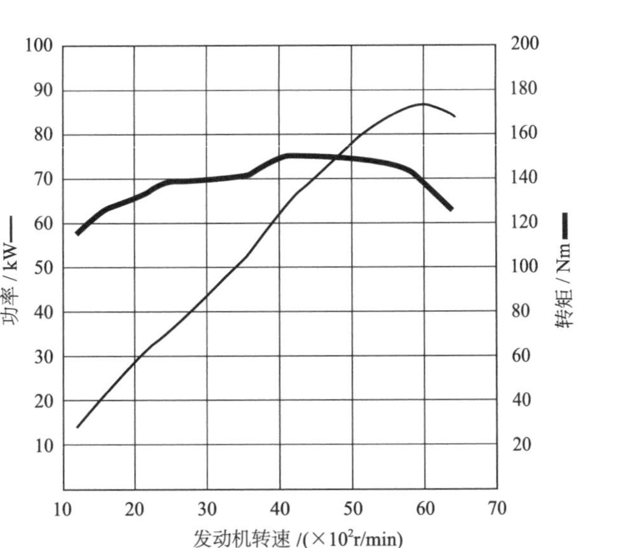
发动机（自然吸气发动机）
engine (naturally aspirated engine)
功率 / kW
转矩 / Nm
发动机转速 /(×10²r/min)
100
90
80
70
60
50
40
30
20
10
200
180
160
140
120
100
80
60
40
20
10
20
30
40
50
60
70
电动机（电动汽车牵引电机）
Electric Motor (EV Traction Motor)
电动机功率 / kW
电动机转矩 / Nm
电动机转速 /(r/min)
功率
power
转矩
torque
基速
base speed
80
70
60
50
40
30
20
10
0
400
350
300
250
200
150
100
50
1000
2000
3000
4000
5000

2.6 曲柄连杆机构

2.6.1 机体组

发动机机体主要由气缸体、气缸盖、气缸盖罩、气缸衬垫、主轴承盖以及油底壳等组成。机体组是发动机的支架，是曲柄连杆机构、配气机构和发动机各系统主要零部件的装配基体。

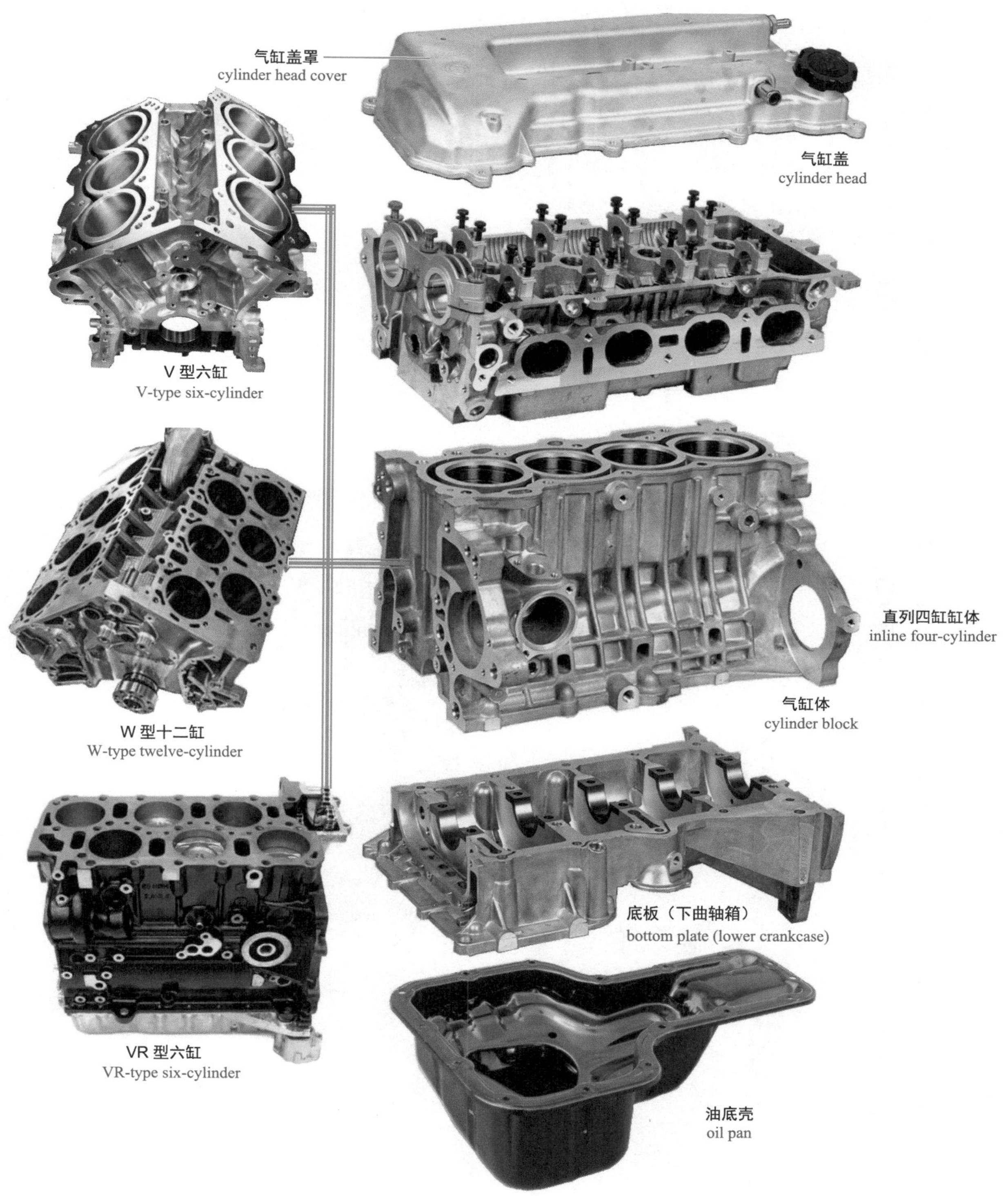
气缸盖罩
cylinder head cover
气缸盖
cylinder head
V 型六缸
V-type six-cylinder
W 型十二缸
W-type twelve-cylinder
直列四缸缸体
inline four-cylinder
气缸体
cylinder block
VR 型六缸
VR-type six-cylinder
底板（下曲轴箱）
bottom plate (lower crankcase)
油底壳
oil pan

2.6.2 活塞连杆组

发动机活塞连杆组主要由活塞、活塞环、活塞销、连杆及连杆轴瓦等组成。该组件将活塞的往复运动转变为曲轴的旋转运动，同时将作用于活塞上的力转变为曲轴对外输出转矩，以驱动汽车车轮转动。它是发动机的传动件，把气体燃烧形成的压力传送给曲轴，使曲轴旋转并输出动力。

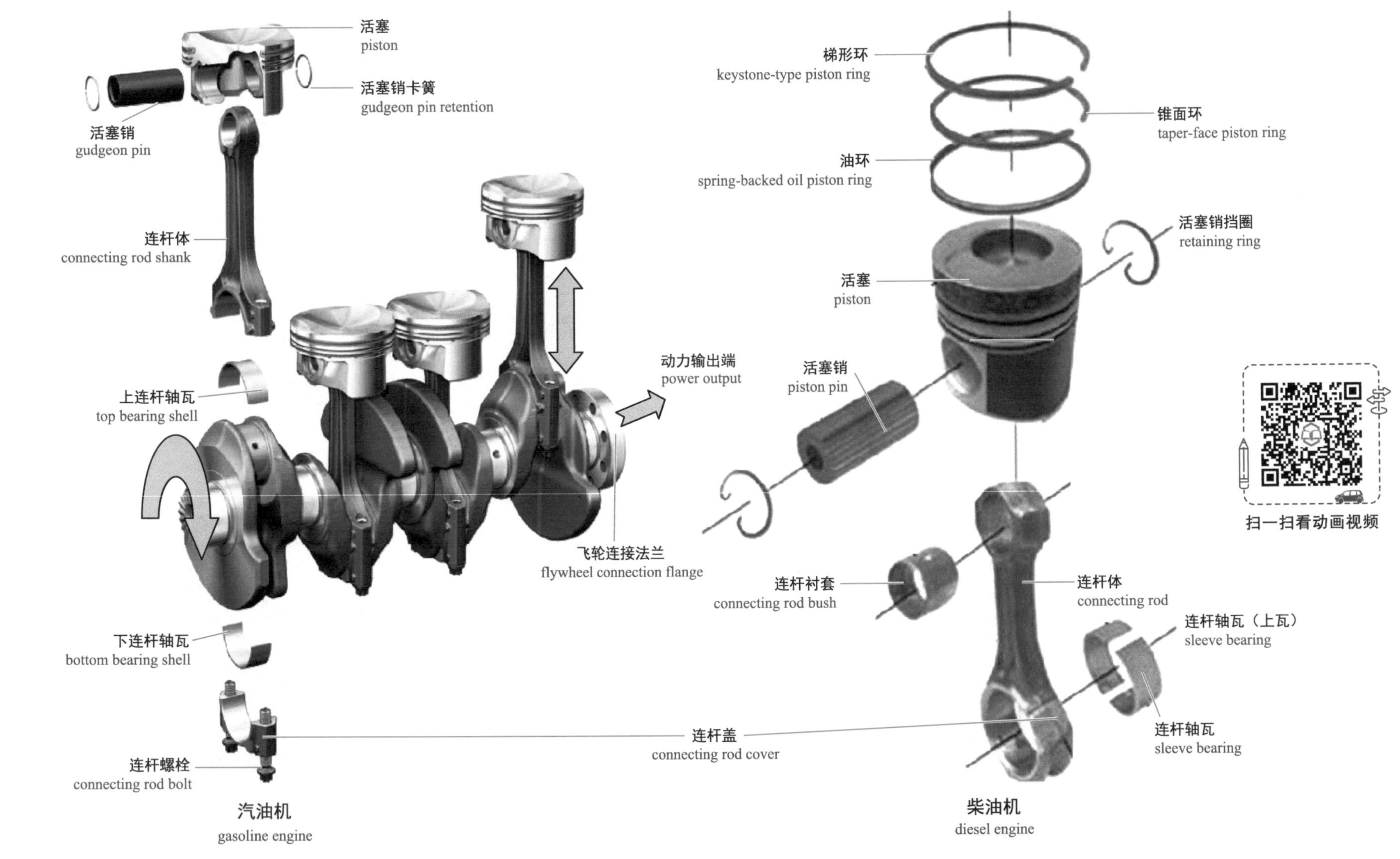
活塞
piston
活塞销卡簧
gudgeon pin retention
活塞销
gudgeon pin
连杆体
connecting rod shank
上连杆轴瓦
top bearing shell
下连杆轴瓦
bottom bearing shell
连杆螺栓
connecting rod bolt
动力输出端
power output
飞轮连接法兰
flywheel connection flange
连杆盖
connecting rod cover
汽油机
gasoline engine
梯形环
keystone-type piston ring
锥面环
taper-face piston ring
油环
spring-backed oil piston ring
活塞销挡圈
retaining ring
活塞
piston
活塞销
piston pin
连杆衬套
connecting rod bush
连杆体
connecting rod
连杆轴瓦（上瓦）
sleeve bearing
连杆轴瓦
sleeve bearing
柴油机
diesel engine
扫一扫看动画视频

2.6.3　曲轴飞轮组

曲轴飞轮组主要由曲轴、飞轮以及其他不同作用的零件和附件组成。其零件和附件的种类和数量取决于发动机的结构和性能要求。曲轴飞轮组的作用是把活塞的往复运动转变为曲轴的旋转运动，为汽车的行驶和其他需要动力的机构（如配气机构、机油泵、水泵、风扇、发电机、空调压缩机等）输出转矩。同时还储存能量，用以克服非做功行程的阻力，使发动机运转平稳。

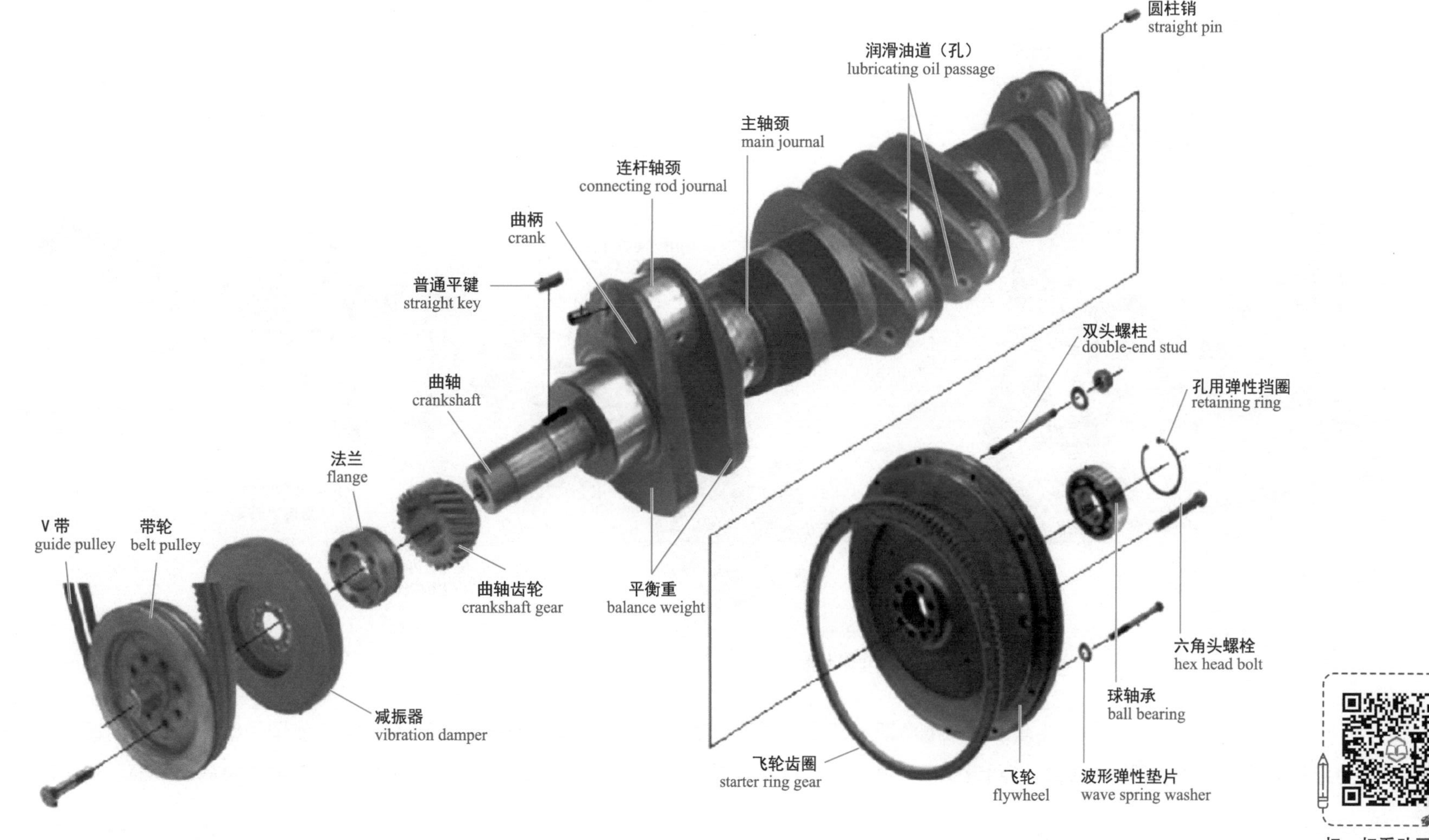
圆柱销
straight pin
润滑油道（孔）
lubricating oil passage
主轴颈
main journal
连杆轴颈
connecting rod journal
曲柄
crank
普通平键
straight key
曲轴
crankshaft
法兰
flange
V带
guide pulley
带轮
belt pulley
曲轴齿轮
crankshaft gear
平衡重
balance weight
减振器
vibration damper
双头螺柱
double-end stud
孔用弹性挡圈
retaining ring
六角头螺栓
hex head bolt
球轴承
ball bearing
飞轮齿圈
starter ring gear
飞轮
flywheel
波形弹性垫片
wave spring washer
扫一扫看动画视频

2.6.4 曲轴构造与原理

曲轴可将活塞的往复运动转变为旋转运动，并把连杆传来的切向力转变为转矩，对外输出功率和驱动各辅助体系，其工作原理与自行车运动类似。曲轴主要由曲轴前端（或称自由端）、连杆轴颈、主轴颈、曲柄、平衡块和曲轴后端凸缘（或称功率输出端）组成。

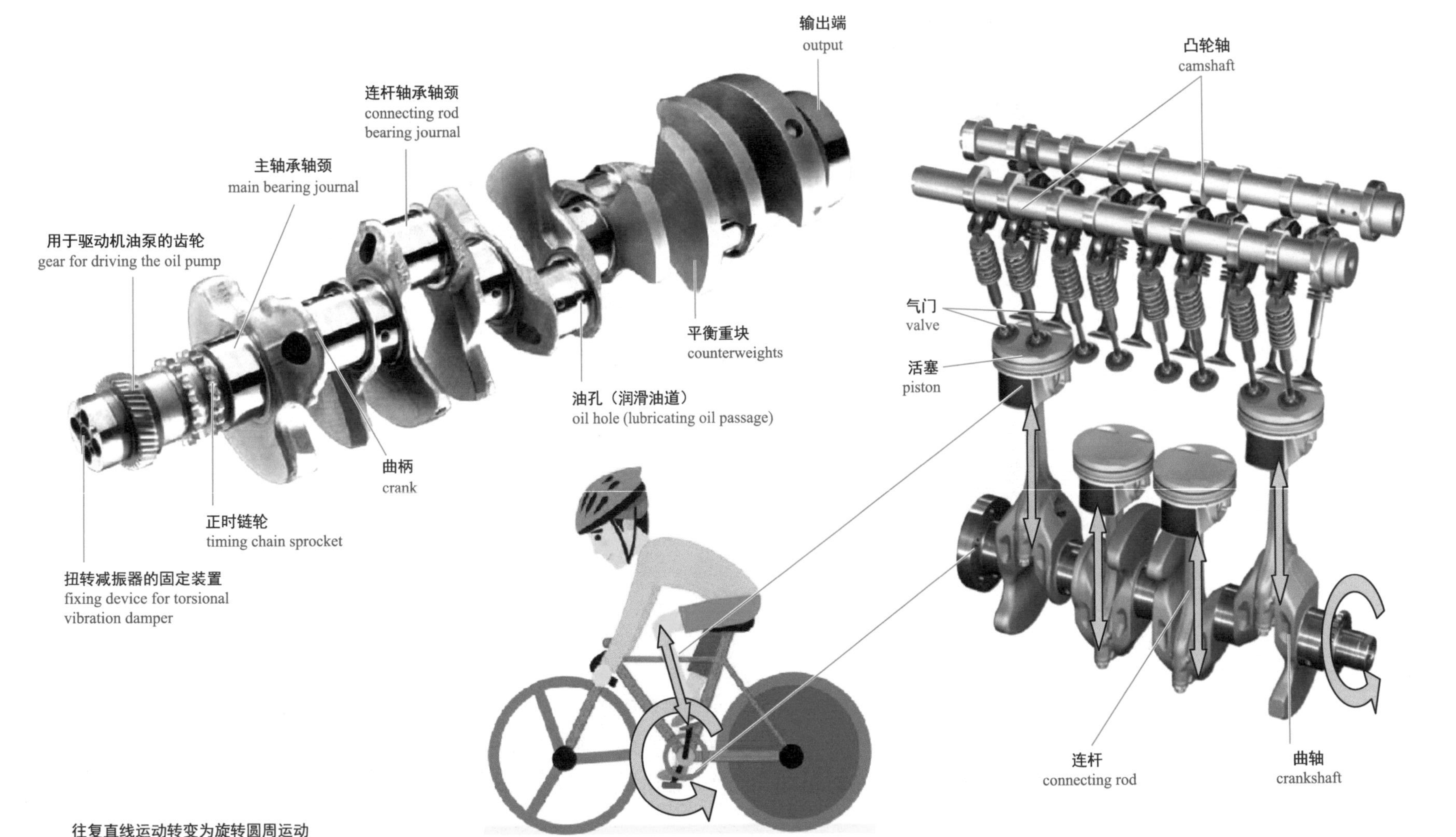
输出端
output
凸轮轴
camshaft
连杆轴承轴颈
connecting rod
bearing journal
主轴承轴颈
main bearing journal
用于驱动机油泵的齿轮
gear for driving the oil pump
气门
valve
活塞
piston
平衡重块
counterweights
油孔（润滑油道）
oil hole (lubricating oil passage)
曲柄
crank
正时链轮
timing chain sprocket
扭转减振器的固定装置
fixing device for torsional
vibration damper
连杆
connecting rod
曲轴
crankshaft

往复直线运动转变为旋转圆周运动
reciprocating linear motion is transformed into rotary circular motion

2.6.5 平衡轴组件

发动机工作时会形成各种作用力，具体可以分为一阶力和二阶力。一阶力是惯性力，是由转动部件的离心力产生的，曲轴可以通过安装平衡配重和曲拐来抵消这种力。二阶力是由于曲柄连杆机构部件平移而产生的，其应对措施就是使用平衡轴。平衡轴一般通过齿轮或者链条由曲轴直接驱动。平衡轴的转速是曲轴转速的两倍。当采用两根平衡轴时，一根与曲轴转动方向相同，另一根通过一个中间齿轮按与曲轴转动方向的相反方向转动。

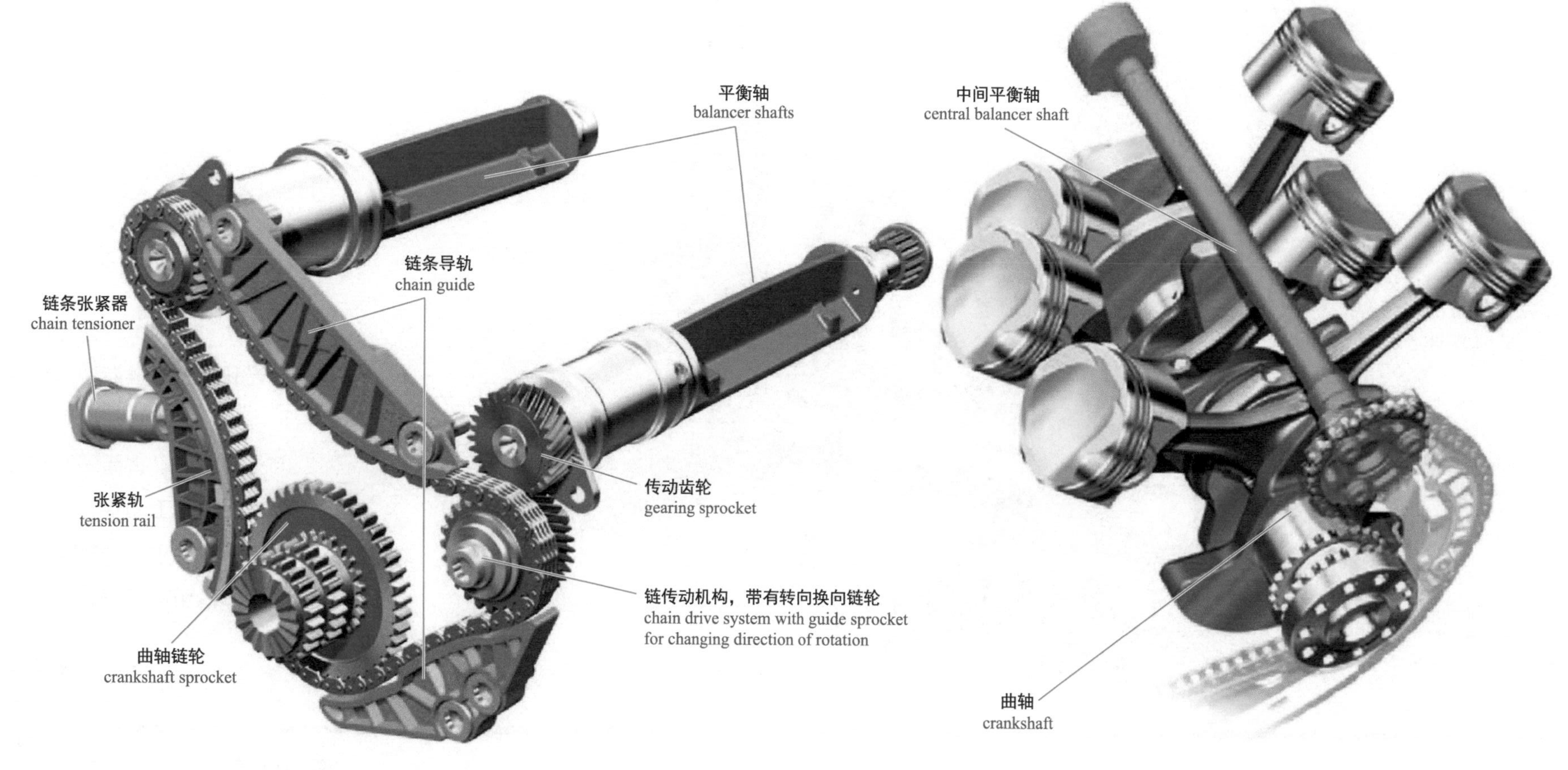
平衡轴
balancer shafts
链条导轨
chain guide
链条张紧器
chain tensioner
传动齿轮
gearing sprocket
张紧轨
tension rail
链传动机构，带有转向换向链轮
chain drive system with guide sprocket
for changing direction of rotation
曲轴链轮
crankshaft sprocket
中间平衡轴
central balancer shaft
曲轴
crankshaft

（a）通过两根平衡轴来抵消振动
vibration is counteracted by two balance shafts

（b）通过一根中间平衡轴来抵消振动
vibration is counteracted by an intermediate balance shaft

2.7 配气机构

2.7.1 概述

发动机配气机构主要由气门组和气门传动组构成。它按照气缸的工作顺序和工作过程的要求，适时地开闭进、排气门，向气缸供给可燃混合气或新鲜空气并及时排出废气。

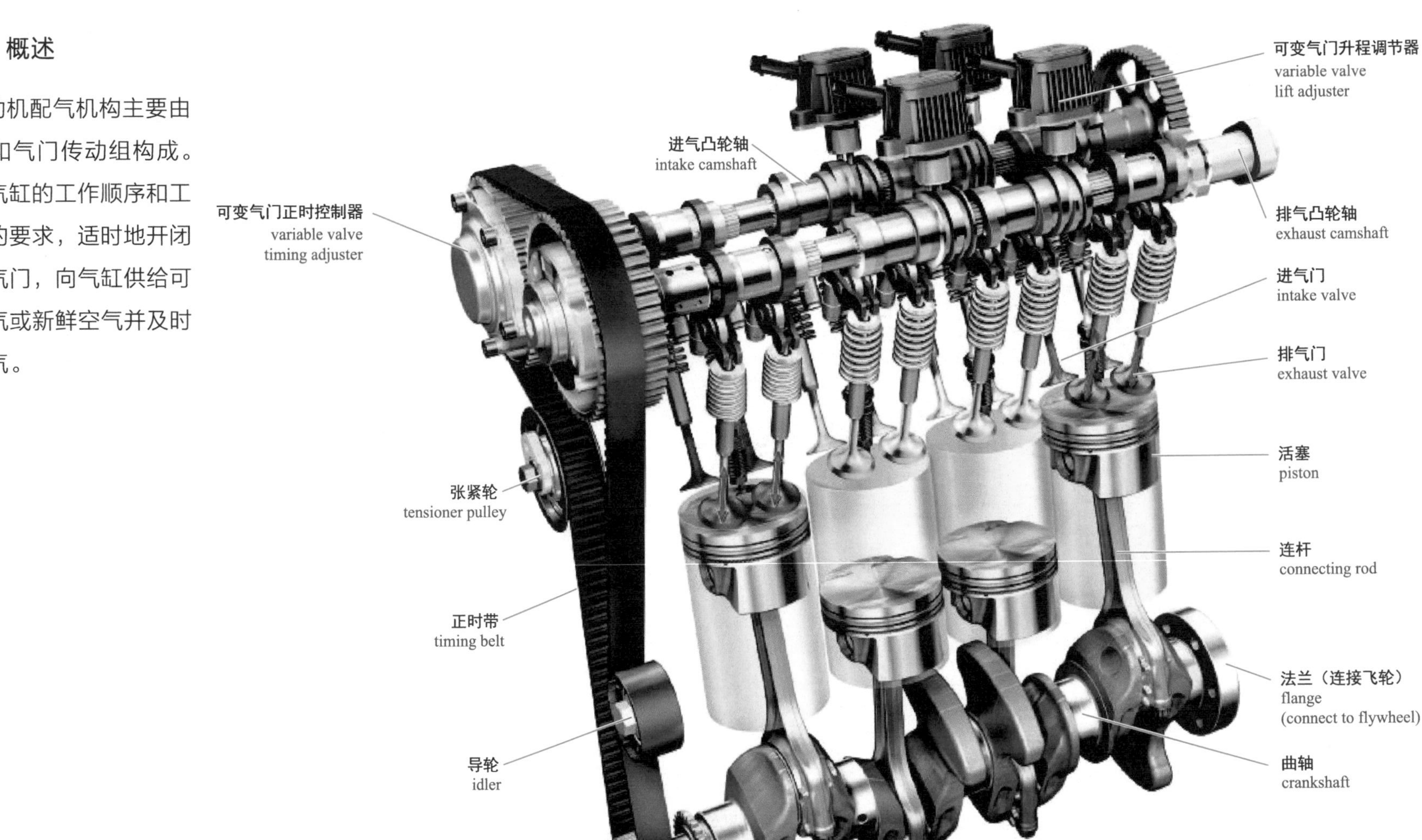
进气凸轮轴
intake camshaft
可变气门正时控制器
variable valve
timing adjuster
张紧轮
tensioner pulley
正时带
timing belt
导轮
idler
曲轴带轮
crankshaft pulley
曲轴链轮
crankshaft sprocket
可变气门升程调节器
variable valve
lift adjuster
排气凸轮轴
exhaust camshaft
进气门
intake valve
排气门
exhaust valve
活塞
piston
连杆
connecting rod
法兰（连接飞轮）
flange
(connect to flywheel)
曲轴
crankshaft

2.7.2 气门组

气门组包括气门、气门导管、气门座及气门弹簧等零件。气门组应保证气门对气缸的密封性。气门工作时除了承受机械负荷外，还要承受热负荷和摩擦。比如有些气门是充钠的，以便更好地导热。排气门所承受的热负荷明显大于进气门，因为排气门几乎不会接触较凉的气体。排气门温度最高可达700℃，主要是通过气门座散热。

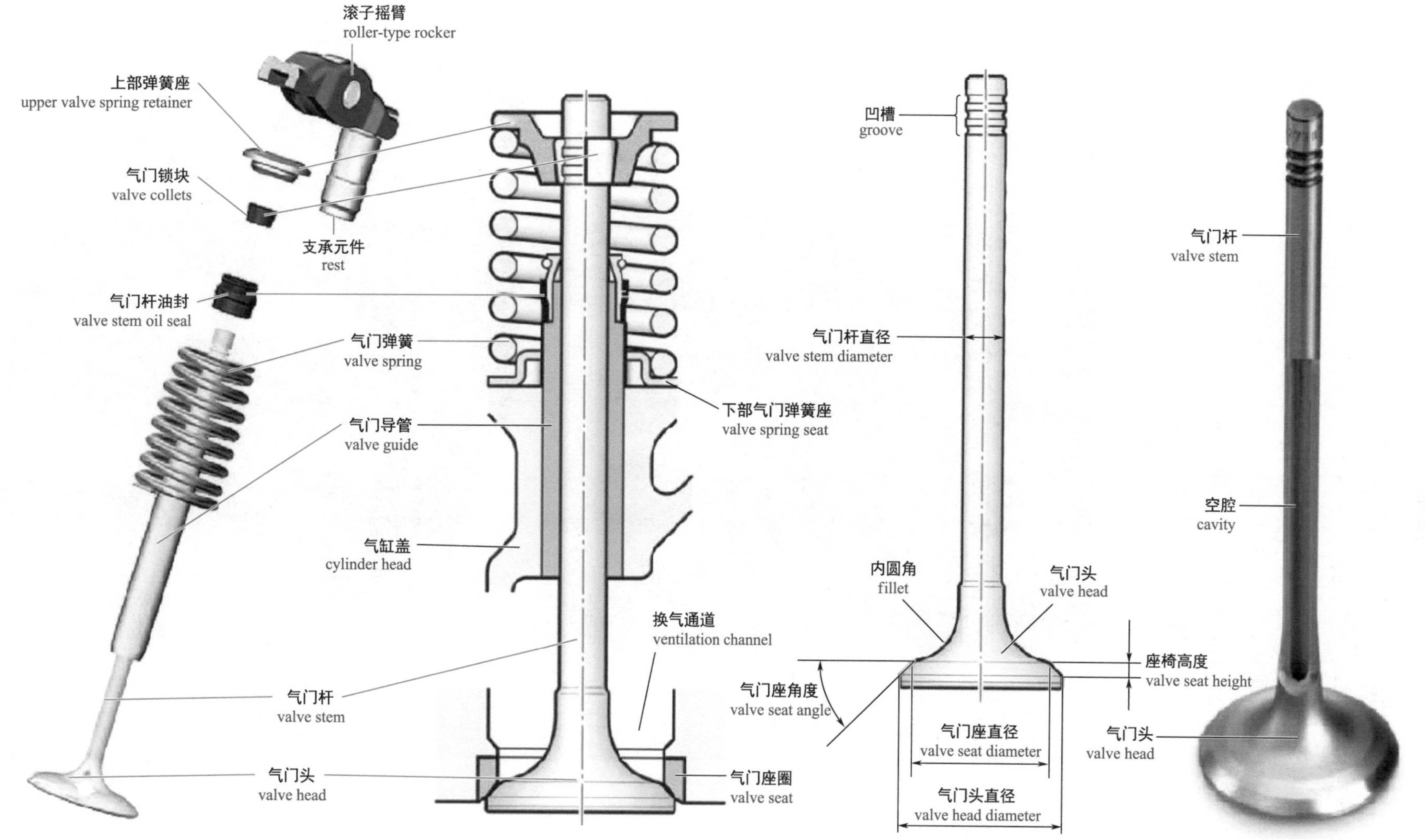
滚子摇臂
roller-type rocker
上部弹簧座
upper valve spring retainer
气门锁块
valve collets
支承元件
rest
气门杆油封
valve stem oil seal
气门弹簧
valve spring
气门导管
valve guide
气缸盖
cylinder head
下部气门弹簧座
valve spring seat
换气通道
ventilation channel
气门杆
valve stem
气门头
valve head
气门座圈
valve seat
凹槽
groove
气门杆直径
valve stem diameter
内圆角
fillet
气门头
valve head
座椅高度
valve seat height
气门座角度
valve seat angle
气门座直径
valve seat diameter
气门头直径
valve head diameter
气门杆
valve stem
空腔
cavity
气门头
valve head

2.7.3 传动组

气门传动组主要包括凸轮轴、正时齿轮、挺柱及其导杆、推杆、摇臂和摇臂轴等，其作用是使进排气门按配气相位规定的时刻进行开闭，并保证有足够的开度。

摇臂是一种间接驱动的气门机构。现在的发动机很少使用摇臂。压杆也是采用间接传动方式的气门机构部件。现在使用的压杆几乎都是滚子式气门摇臂。挺杆是进气门和排气门的直接传动装置，因为它不改变凸轮的运动或传动比。挺杆用于传递直线运动，气门机构带有挺杆和液压气门间隙补偿装置时，HVA（液压气门间隙补偿器）是挺杆的一个组成部分。使用最多的是桶状挺杆。

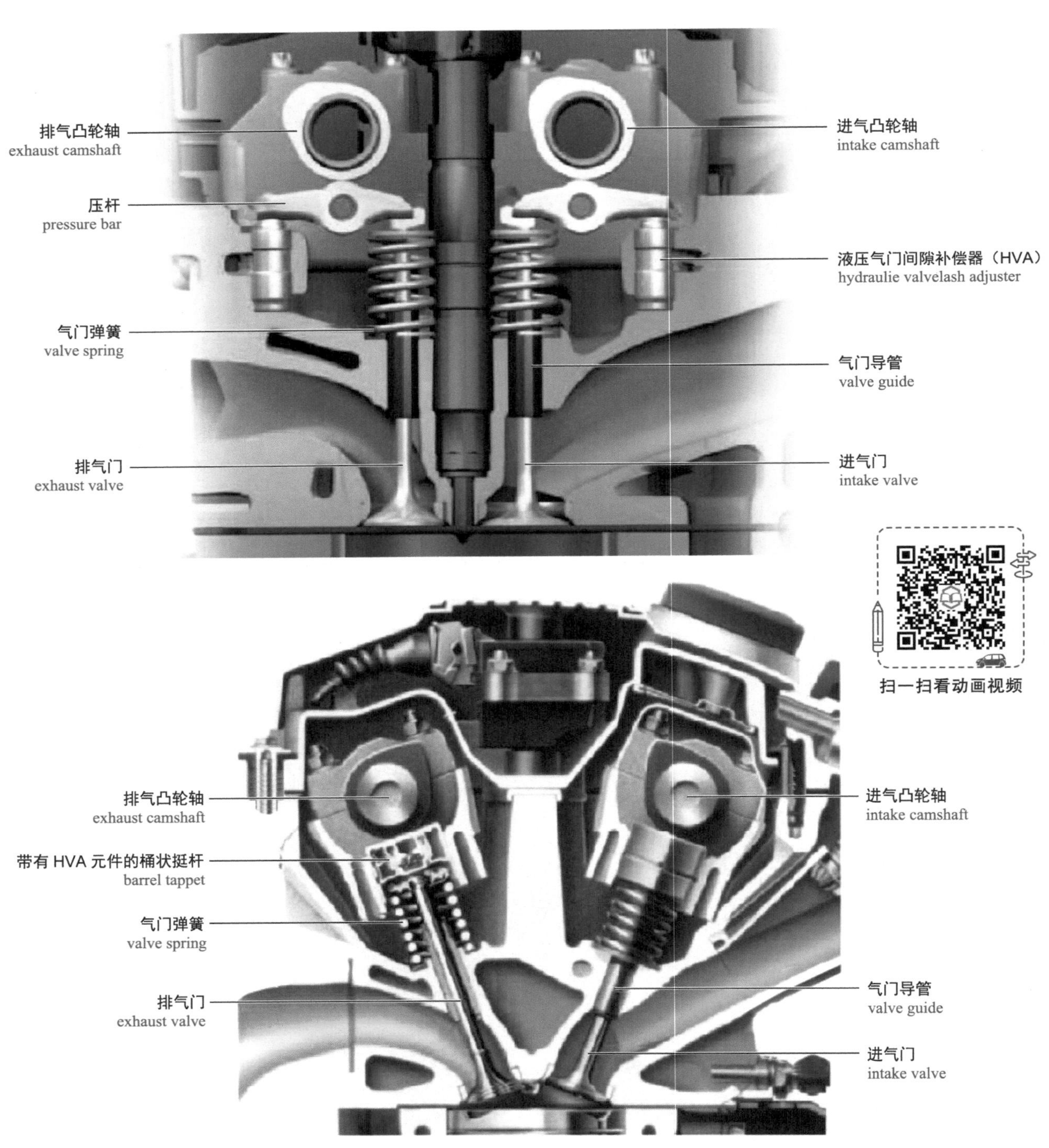
排气凸轮轴
exhaust camshaft
压杆
pressure bar
气门弹簧
valve spring
排气门
exhaust valve
进气凸轮轴
intake camshaft
液压气门间隙补偿器（HVA）
hydraulie valvelash adjuster
气门导管
valve guide
进气门
intake valve
扫一扫看动画视频
排气凸轮轴
exhaust camshaft
带有 HVA 元件的桶状挺杆
barrel tappet
气门弹簧
valve spring
排气门
exhaust valve
进气凸轮轴
intake camshaft
气门导管
valve guide
进气门
intake valve

2.7.4 凸轮轴

凸轮轴的位置有下置式、中置式和顶置式三种。下置式配气机构的凸轮轴位于曲轴箱内，中置式配气机构的凸轮轴位于机体上部，顶置式配气机构的凸轮轴位于气缸盖上。现在大多数量产车的发动机配备的是顶置式凸轮轴。顶置凸轮轴（overhead camshaft，OHC）是一种现今流行的汽车发动机气门机构。按照配气结构内包含的凸轮轴数目，顶置凸轮轴可分为单顶置凸轮轴（single overhead camshaft，SOHC）和双顶置凸轮轴（double overhead camshafts，DOHC）。

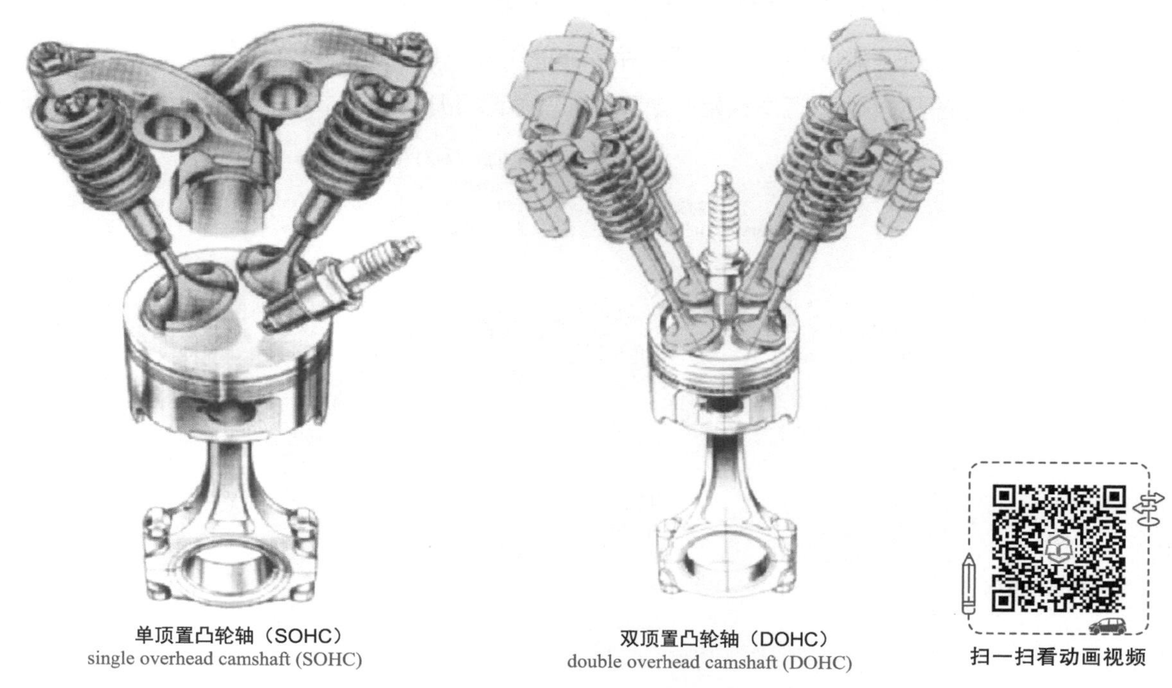

单顶置凸轮轴（SOHC）
single overhead camshaft (SOHC)

双顶置凸轮轴（DOHC）
double overhead camshaft (DOHC)

扫一扫看动画视频

凸轮轴控制换气过程和燃烧过程。其主要任务是开启和关闭进气门和排气门。凸轮轴由曲轴驱动，其转速与曲轴转速之比为 1 ： 2，即凸轮轴转速只有曲轴转速的一半。这可以通过设置链轮传动比实现。开启气门时，凸轮作用力通过一个或多个操纵元件传至气门上（靠在凸轮上的元件称为凸轮随动件）。此时将克服气门弹簧力开启气门。关闭时通过气门弹簧力关闭气门并在气门座区域使气门保持关闭状态。

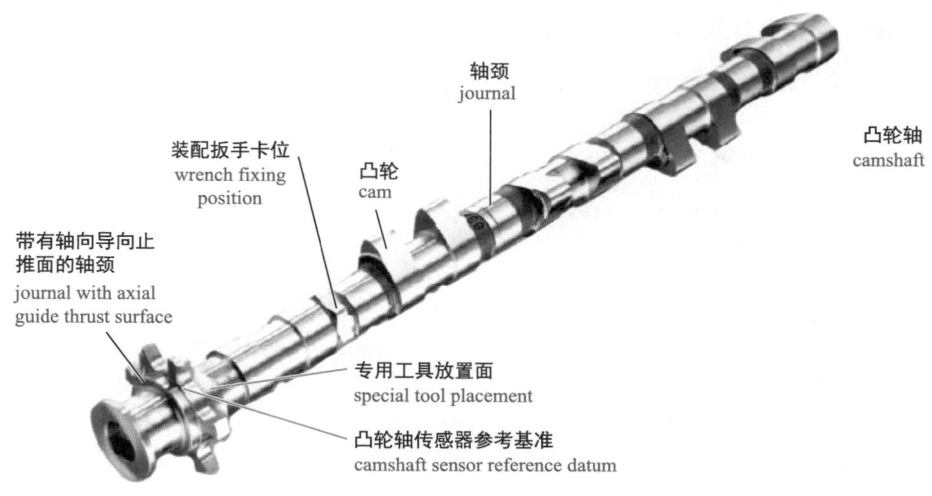
轴颈
journal
凸轮轴
camshaft
装配扳手卡位
wrench fixing
position
凸轮
cam
带有轴向导向止
推面的轴颈
journal with axial
guide thrust surface
专用工具放置面
special tool placement
凸轮轴传感器参考基准
camshaft sensor reference datum

2.7.5 气门正时与气门间隙

曲轴位置用相对于两个基准点的角度值（°）表示，在此也称为曲轴转角。两个基准点是活塞上止点（TDC）和下止点（BDC）。曲轴转角用TDC或BDC前后多少度来表示，即活塞到达止点前/后的曲轴角度。每进行一个冲程，曲轴旋转180°，活塞由一个止点移动到另一个止点。因此四冲程发动机完成整个一个循环时曲轴旋转720°，即转动两圈。吸入新鲜汽油空气混合气和排出废气称为换气。通过进气门和排气门控制换气。气门的开启和关闭时刻也取决于曲轴转角。这些时刻又称为正时时间，发动机的气门正时，可以简单理解为气门开启和关闭的时刻。

活塞即将开始向下移动前进气门打开，活塞重新开始向上移动后进气门关闭，这样可以增大进气量。同样为了使废气排得更干净，活塞开始向上移动前排气门打开，活塞重新开始向下移动后排气门关闭。

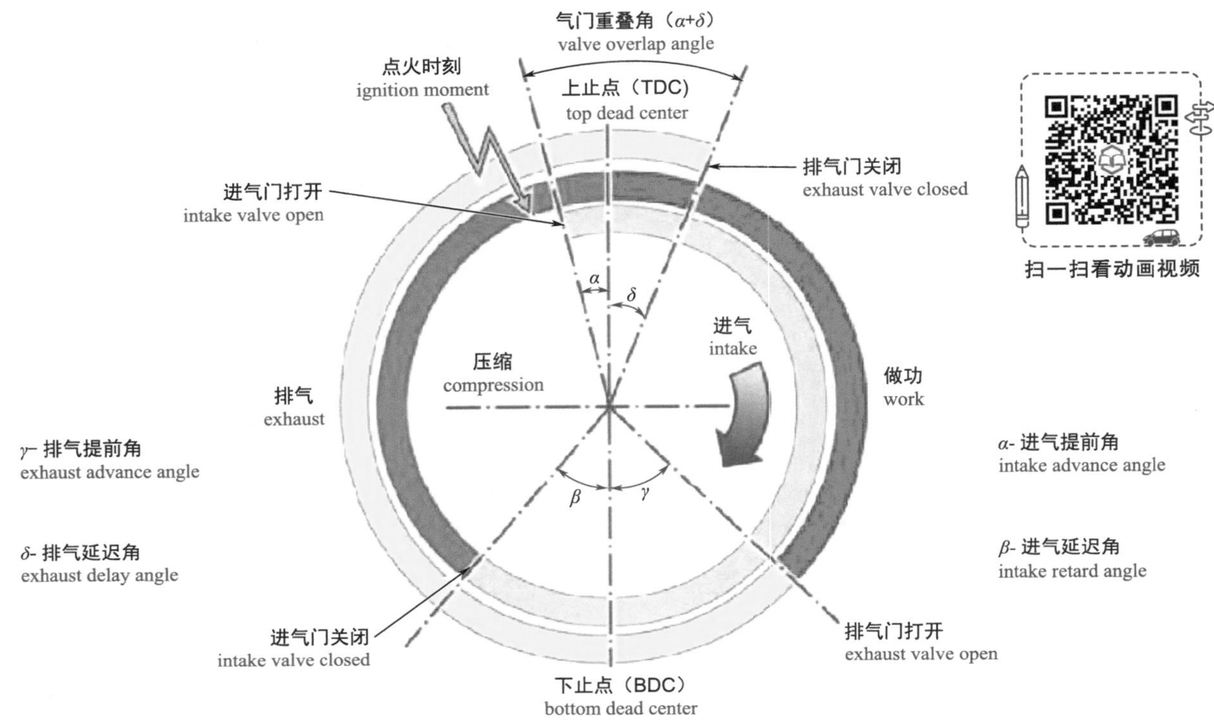

气门重叠角（α+δ）
valve overlap angle
点火时刻
ignition moment
上止点（TDC）
top dead center
排气门关闭
exhaust valve closed
进气门打开
intake valve open
扫一扫看动画视频
进气
intake
压缩
compression
做功
work
排气
exhaust
γ- 排气提前角
exhaust advance angle
α- 进气提前角
intake advance angle
δ- 排气延迟角
exhaust delay angle
β- 进气延迟角
intake retard angle
进气门关闭
intake valve closed
排气门打开
exhaust valve open
下止点（BDC）
bottom dead center

气门间隙，是为保证发动机配气机构的正常工作而设置的，由于配气机构工作时处于高速状态，温度较高，因此如气门挺杆、气门杆等零件受热后伸长，便会自动顶开气门，使气门与气门座关闭不严，造成漏气现象。为避免这种现象发生，设计配气机构时，在进排气门杆尾端与挺杆（或摇臂）上调整螺钉之间留有一定的间隙，这一间隙就是气门间隙。

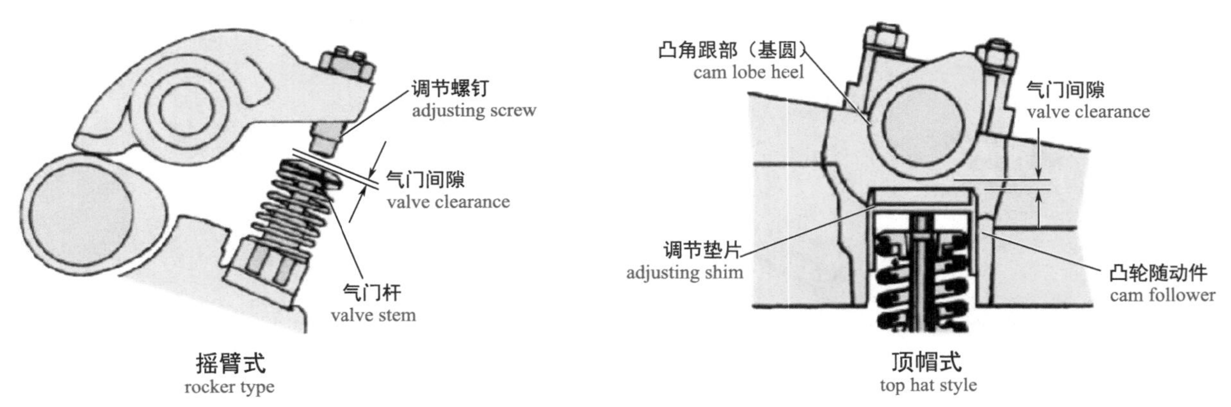

调节螺钉
adjusting screw
气门间隙
valve clearance
气门杆
valve stem
摇臂式
rocker type
凸角跟部（基圆）
cam lobe heel
气门间隙
valve clearance
调节垫片
adjusting shim
凸轮随动件
cam follower
顶帽式
top hat style

2.7.6 正时链与正时带

凸轮轴的主要传动方式就是使用链传动机构。链条将曲轴上驱动轮的转动传给凸轮轴上的链轮。液压链条张紧器负责将链条持续张紧。塑料制的导轨（或叫滑槽）用于引导链条并降低工作噪声。驱动凸轮轴的方法除了钢链以外，还可以使用齿形带。齿形带机构用塑料带将凸轮轴和曲轴连在一起以便驱动。张紧轮负责给带预紧，以便可靠工作。

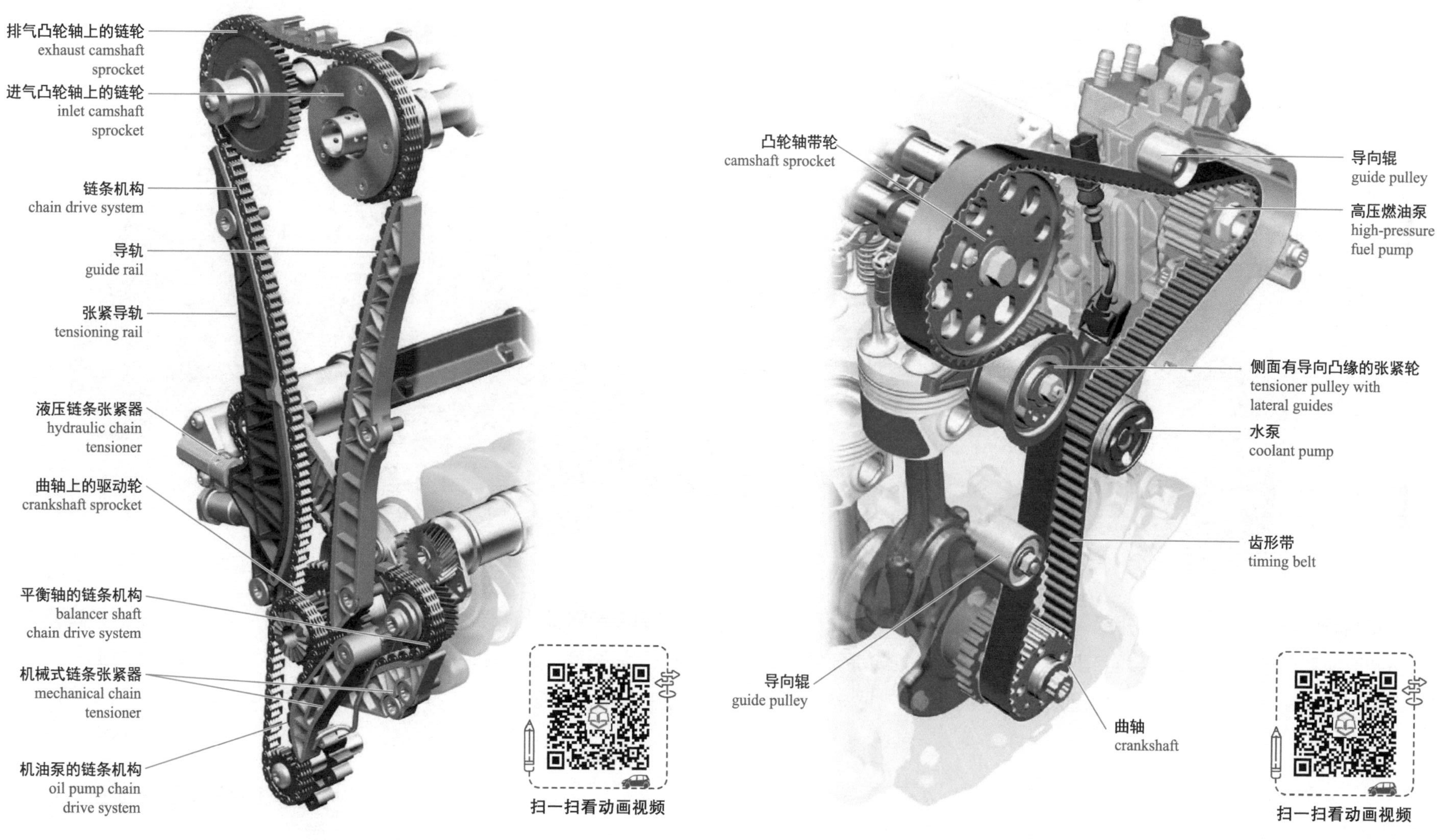
排气凸轮轴上的链轮
exhaust camshaft sprocket
进气凸轮轴上的链轮
inlet camshaft sprocket
链条机构
chain drive system
导轨
guide rail
张紧导轨
tensioning rail
液压链条张紧器
hydraulic chain tensioner
曲轴上的驱动轮
crankshaft sprocket
平衡轴的链条机构
balancer shaft chain drive system
机械式链条张紧器
mechanical chain tensioner
机油泵的链条机构
oil pump chain drive system
扫一扫看动画视频
凸轮轴带轮
camshaft sprocket
导向辊
guide pulley
高压燃油泵
high-pressure fuel pump
侧面有导向凸缘的张紧轮
tensioner pulley with lateral guides
水泵
coolant pump
齿形带
timing belt
导向辊
guide pulley
曲轴
crankshaft
扫一扫看动画视频

2.7.7 可变气门正时与升程

（1）概述

可变气门正时（variable timing control，VTC）和可变气门升程（variable valve lift，VVL）技术可以使发动机的“呼吸”更为顺畅自然，使发动机在不同转速与工况下获得更为理想的进、排气效率。可变气门正时技术，其功能主要是改变发动机气门开启和闭合的时间，以更合理地控制相应发动机转速所需的空气量，作用主要还是为了降低油耗，提高经济性。可变气门升程利用凸轮轴上高低凸轮的切换控制气门开启大小，进而控制进气量与排气量。

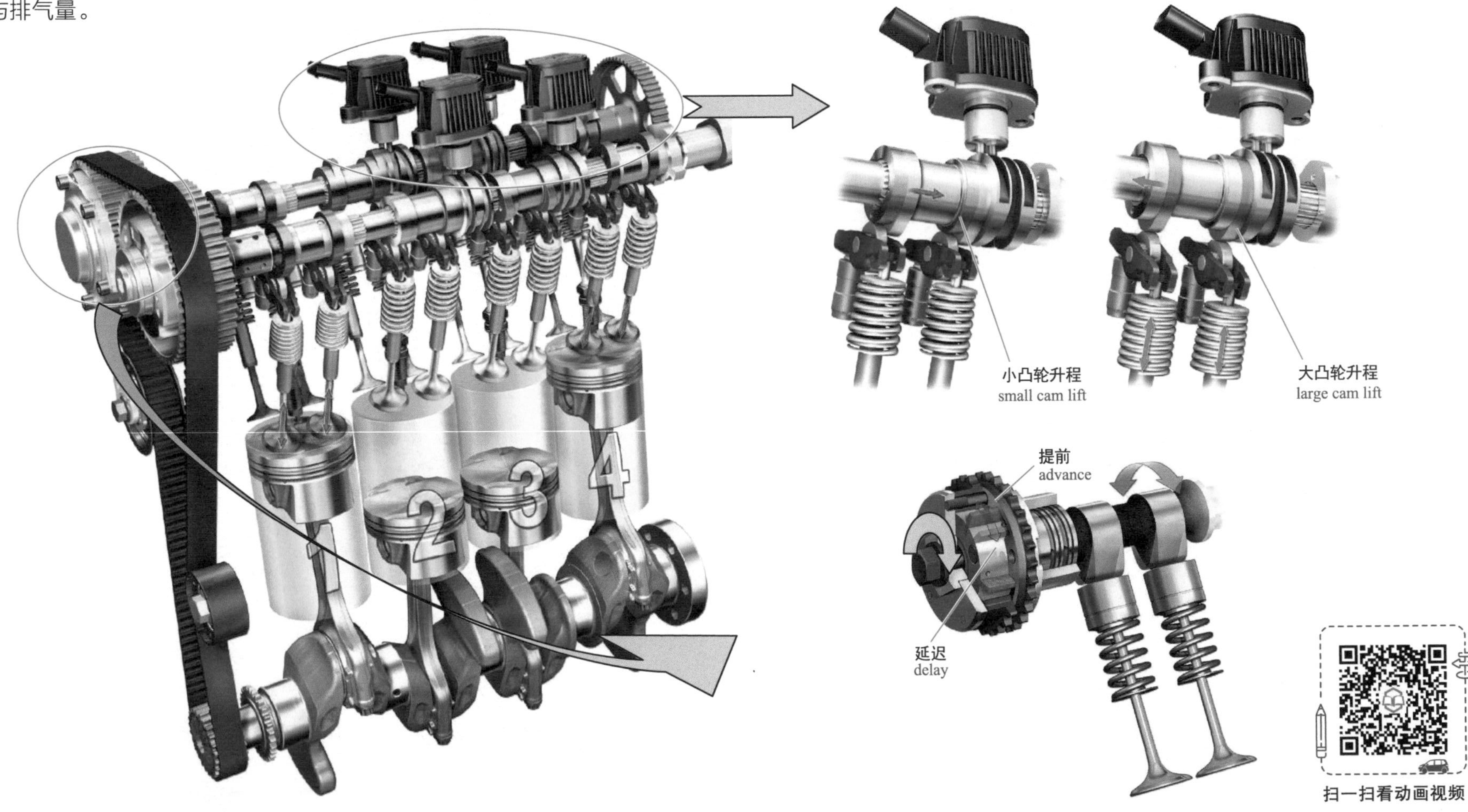
1
2
3
4
小凸轮升程
small cam lift
大凸轮升程
large cam lift
提前
advance
延迟
delay
扫一扫看动画视频

（2）丰田可变气门正时技术

丰田VVT-i（智能可变气门正时）技术被广泛地运用在其所生产的发动机上。当发动机由低速向高速转换时，控制器就自动地将机油压向进气凸轮轴驱动齿轮内的小涡轮，这样，在压力的作用下，小涡轮就相对于齿轮壳旋转一定的角度，从而使凸轮轴在60°的范围内向前或向后旋转，从而改变进气门开启的时刻，达到连续调节气门正时的目的。

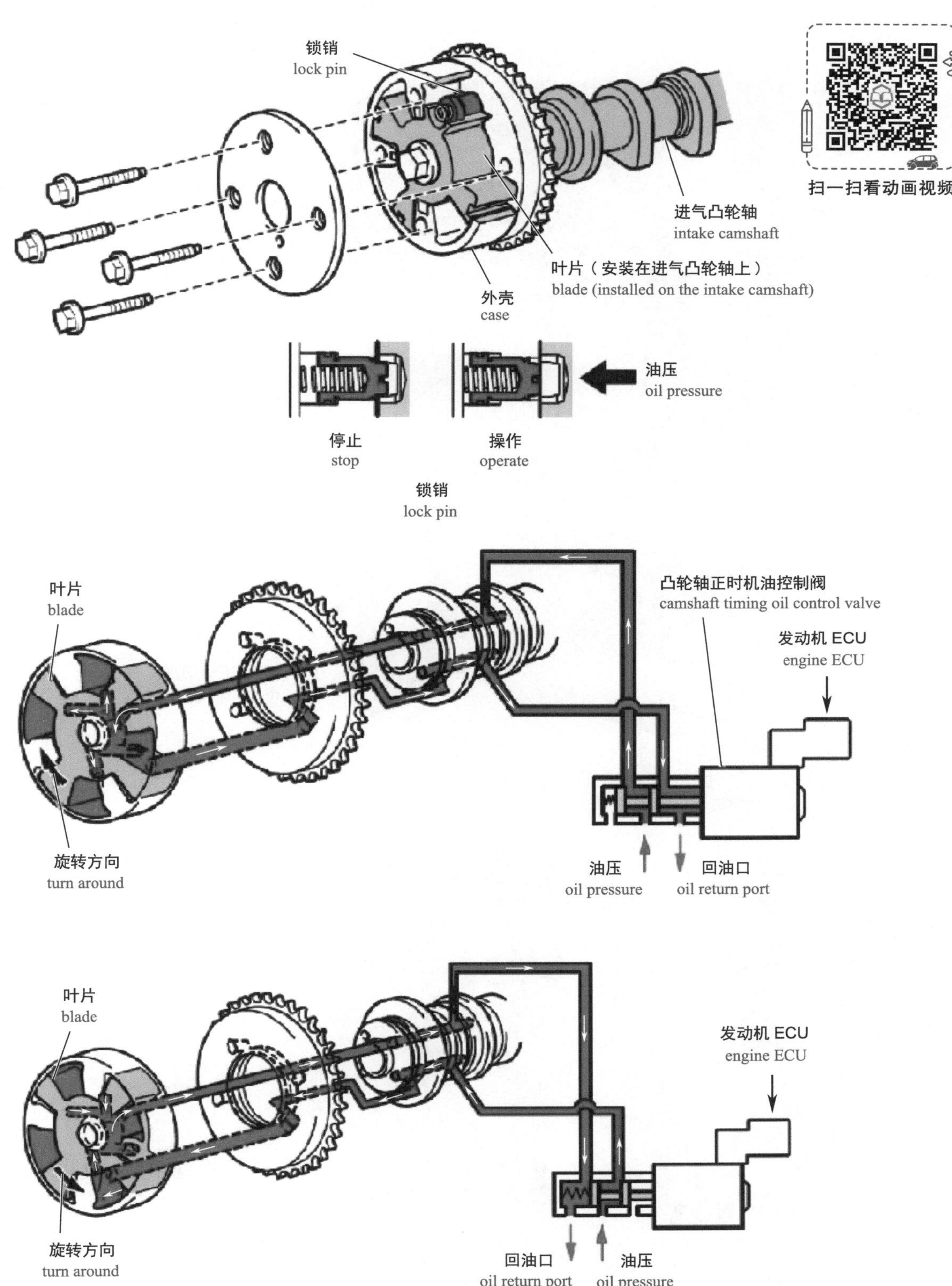
锁销
lock pin
扫一扫看动画视频
进气凸轮轴
intake camshaft
叶片（安装在进气凸轮轴上）
blade (installed on the intake camshaft)
外壳
case
油压
oil pressure
停止
stop
操作
operate
锁销
lock pin
叶片
blade
凸轮轴正时机油控制阀
camshaft timing oil control valve
发动机 ECU
engine ECU
旋转方向
turn around
油压
oil pressure
回油口
oil return port
叶片
blade
发动机 ECU
engine ECU
旋转方向
turn around
回油口
oil return port
油压
oil pressure

（3）本田可变气门正时与升程技术

1989年，本田研发了可变气门正时与气门升程电子控制技术，简称为VTEC（variable valve timing and valve lift electronic control system）。它使用两组不同大小的凸轮，配合气门摇臂上的同步卡销（三段式VTEC），就可以实现对于气门升程和正时的调节，在中、低转速用低角度凸轮，在高转速时，用高角度大凸轮来提高进气量，给发动机输送更多的混合气体，从而实现高转速时的高动力性能。

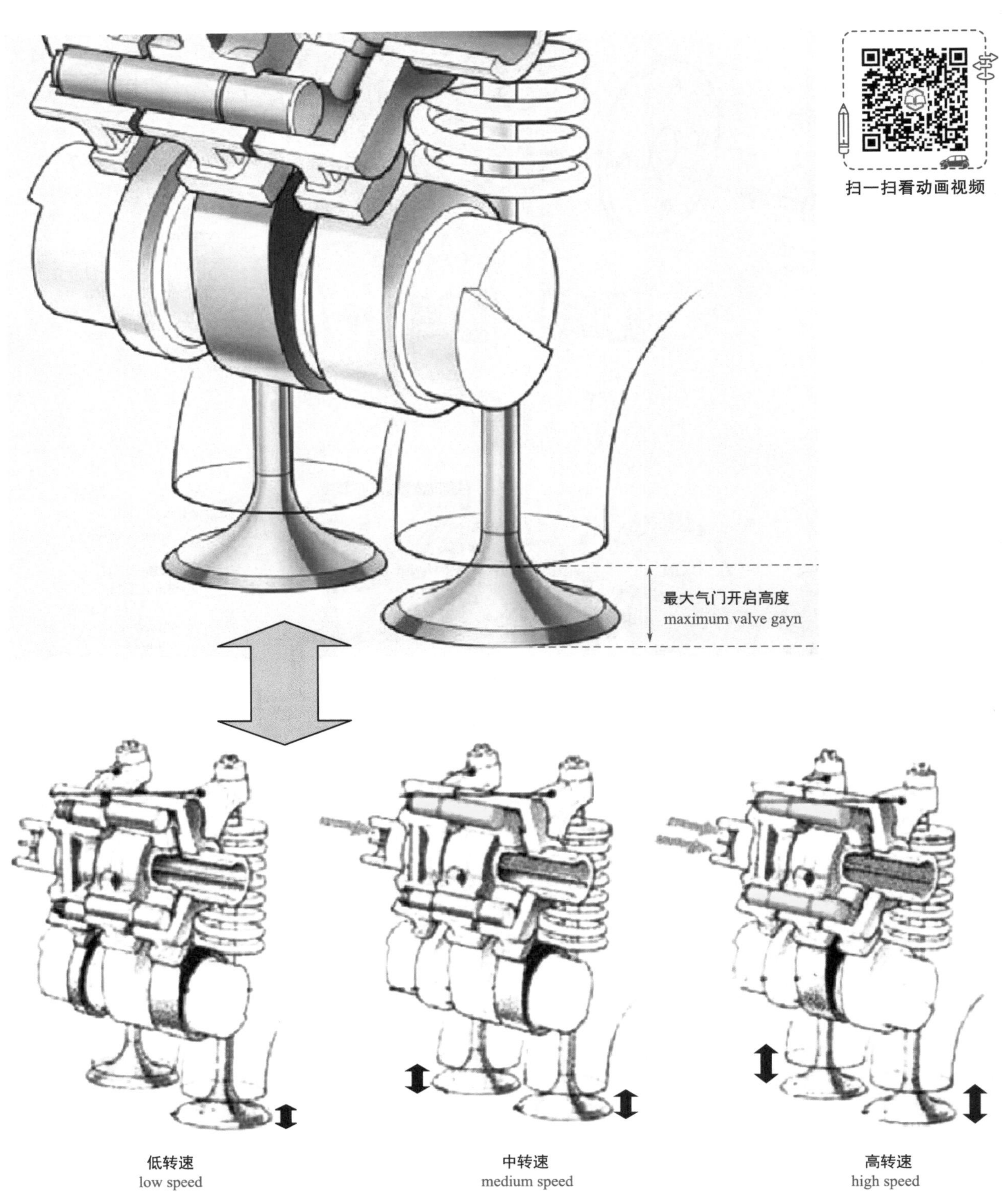
扫一扫看动画视频
最大气门开启高度
maximum valve gayn
低转速
low speed
中转速
medium speed
高转速
high speed

（4）奥迪可变气门升程技术

奥迪气门升程系统（audi valvelift system，AVS）的本质就是对气门升程实施两级控制，该系统直接在凸轮轴上进行操控。安装在凸轮轴上的凸轮块可以轴向移动，通过改变大小凸轮块的位置，就可以根据负荷状态来调节气门了。有些发动机还利用该系统来实现气缸关闭功能（按需停缸）。

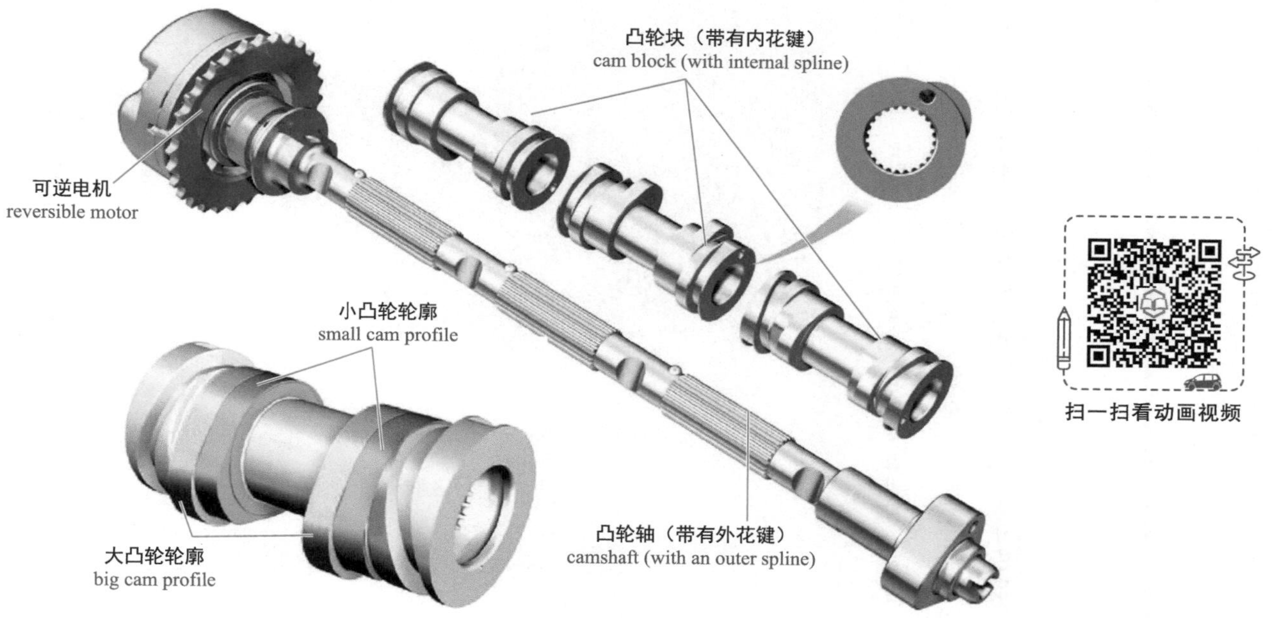

凸轮块（带有内花键）
cam block (with internal spline)
可逆电机
reversible motor
小凸轮轮廓
small cam profile
大凸轮轮廓
big cam profile
凸轮轴（带有外花键）
camshaft (with an outer spline)
扫一扫看动画视频

发动机在较低转速区域使用小凸轮轮廓，这时气门开启行程比较短；而在较高转速区域切换为大凸轮轮廓，此时气门开启行程比较长。

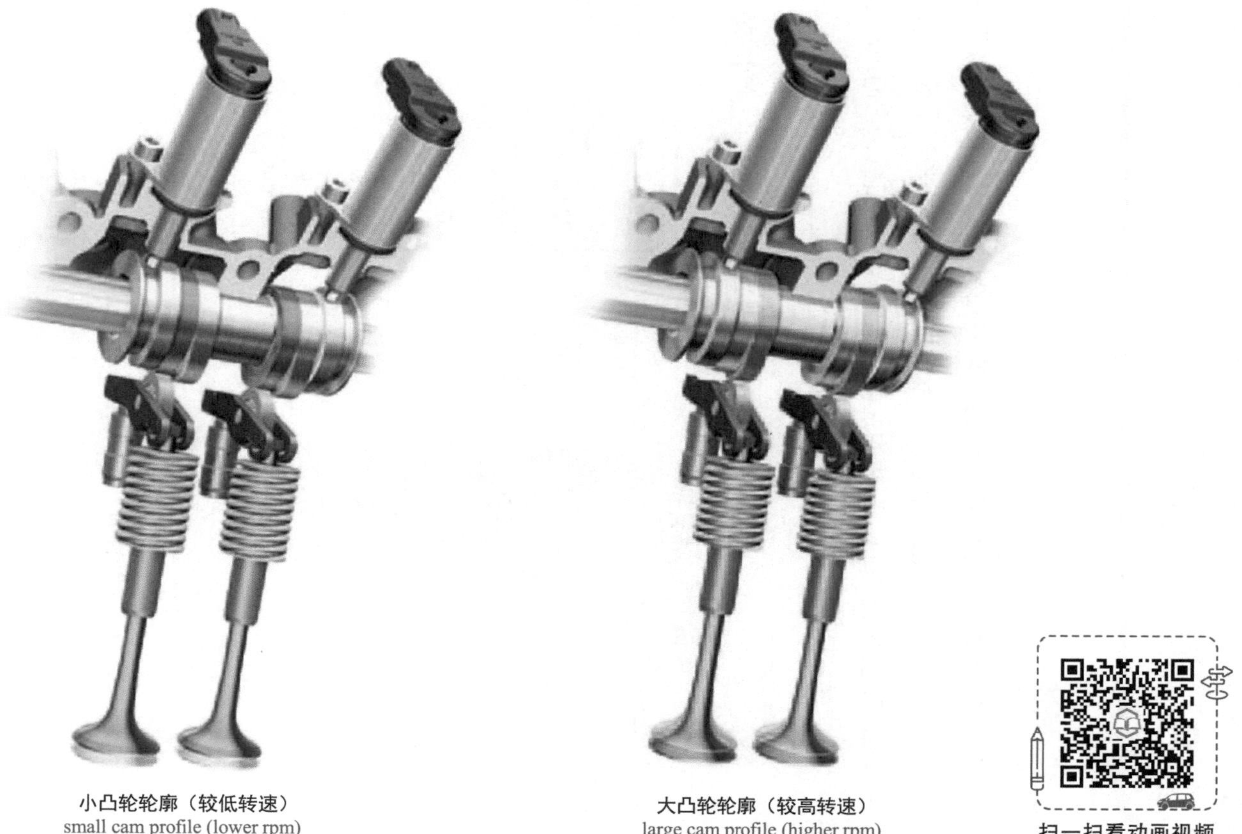

扫一扫看动画视频

小凸轮轮廓（较低转速）
small cam profile (lower rpm)

大凸轮轮廓（较高转速）
large cam profile (higher rpm)

2.8 燃料系统

2.8.1 概述

汽车的主要燃料包括石油、汽油、柴油和其他代用燃料。目前汽车上使用的燃料仍主要是汽油和柴油。石油又称原油，是一种黏稠的液体，易燃烧，有特殊的气味，颜色非常丰富，有红、金、墨绿、黑、褐红、淡白色等，汽车上用到的汽油、柴油、石油气、润滑油、制动液以及塑料、纤维等，都是从石油中提炼出来的。石油的主要化学元素是碳和氢，它们组成不同的碳氢化合物，这些碳氢化合物都有不同的沸点，因此随着对石油逐步加热，不同的温度使不同沸点的成分蒸发分离出来。

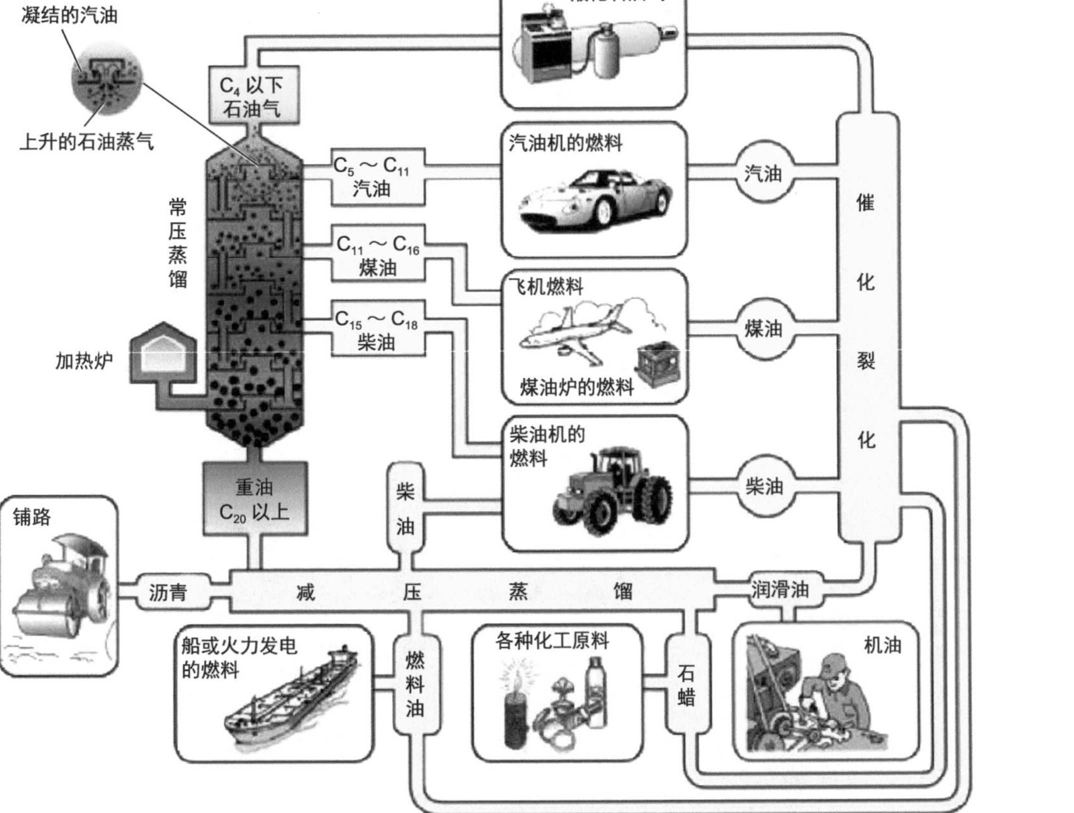
凝结的汽油
上升的石油蒸气
C_4 以下石油气
液化石油气
常压蒸馏
加热炉
C_5～C_{11} 汽油
C_{11}～C_{16} 煤油
C_{15}～C_{18} 柴油
汽油机的燃料
飞机燃料
煤油炉的燃料
柴油机的燃料
汽油
煤油
柴油
催化裂化
重油 C_{20} 以上
柴油
铺路
沥青
减压蒸馏
润滑油
船或火力发电的燃料
燃料油
各种化工原料
石蜡
机油

97号汽油(Ⅱ)
93号汽油(Ⅱ)
90号汽油(Ⅱ)
0 号柴油(Ⅱ)

汽油标号

汽油标号是实际汽油抗爆性与标准汽油的抗爆性的比值。标准汽油是由异辛烷和正庚烷组成。异辛烷的抗爆性好，其辛烷值定为 100；正庚烷的抗爆性差，其辛烷值定为 0。如 92 号汽油标号，表示该标号汽油与含异辛烷 92%、正庚烷 8% 的标准汽油具有相同的抗爆性，辛烷值（research octane number，RON）为 92，其他标号以此类推

2.8.2 汽油燃油供给系统

燃油系统由燃油供给系统和燃油混合气制备装置组成。燃油供给系统负责将燃油从燃油箱输送至发动机。燃油混合气制备装置是发动机的组成部分，负责为每次燃烧过程提供准确的燃油量。

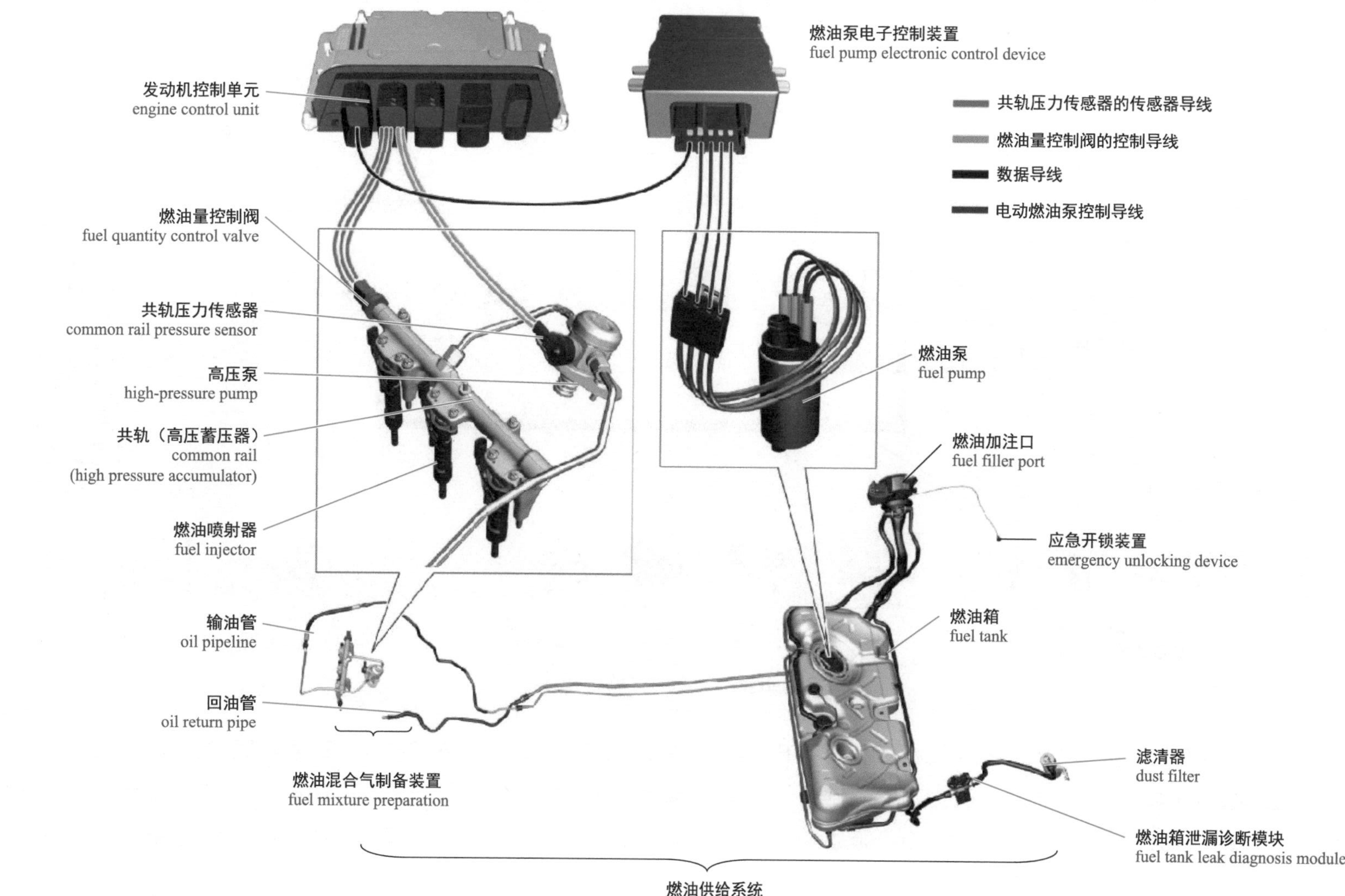

发动机控制单元
engine control unit
燃油泵电子控制装置
fuel pump electronic control device
共轨压力传感器的传感器导线
燃油量控制阀的控制导线
数据导线
电动燃油泵控制导线
燃油量控制阀
fuel quantity control valve
共轨压力传感器
common rail pressure sensor
高压泵
high-pressure pump
共轨（高压蓄压器）
common rail
(high pressure accumulator)
燃油喷射器
fuel injector
燃油泵
fuel pump
燃油加注口
fuel filler port
应急开锁装置
emergency unlocking device
燃油箱
fuel tank
输油管
oil pipeline
回油管
oil return pipe
燃油混合气制备装置
fuel mixture preparation
滤清器
dust filter
燃油箱泄漏诊断模块
fuel tank leak diagnosis module
燃油供给系统
fuel supply system

2.8.3 电控燃油喷射系统

电控燃油喷射系统全称电子控制燃油喷射系统（electronic fuel injection，EFI），简称“电喷”，主要由空气供给系统（气路）、燃料供给系统（油路）和控制系统（电路）三大部分组成。空气供给系统为发动机提供必要的空气，并控制发动机正常工作时的供气量。燃油供给系统向气缸提供燃烧所需要的燃油，喷油器根据发动机电脑指令喷油。控制系统根据各种传感器的信号，由计算机进行综合分析和处理，通过执行器控制喷油量等，使发动机具有最佳性能。

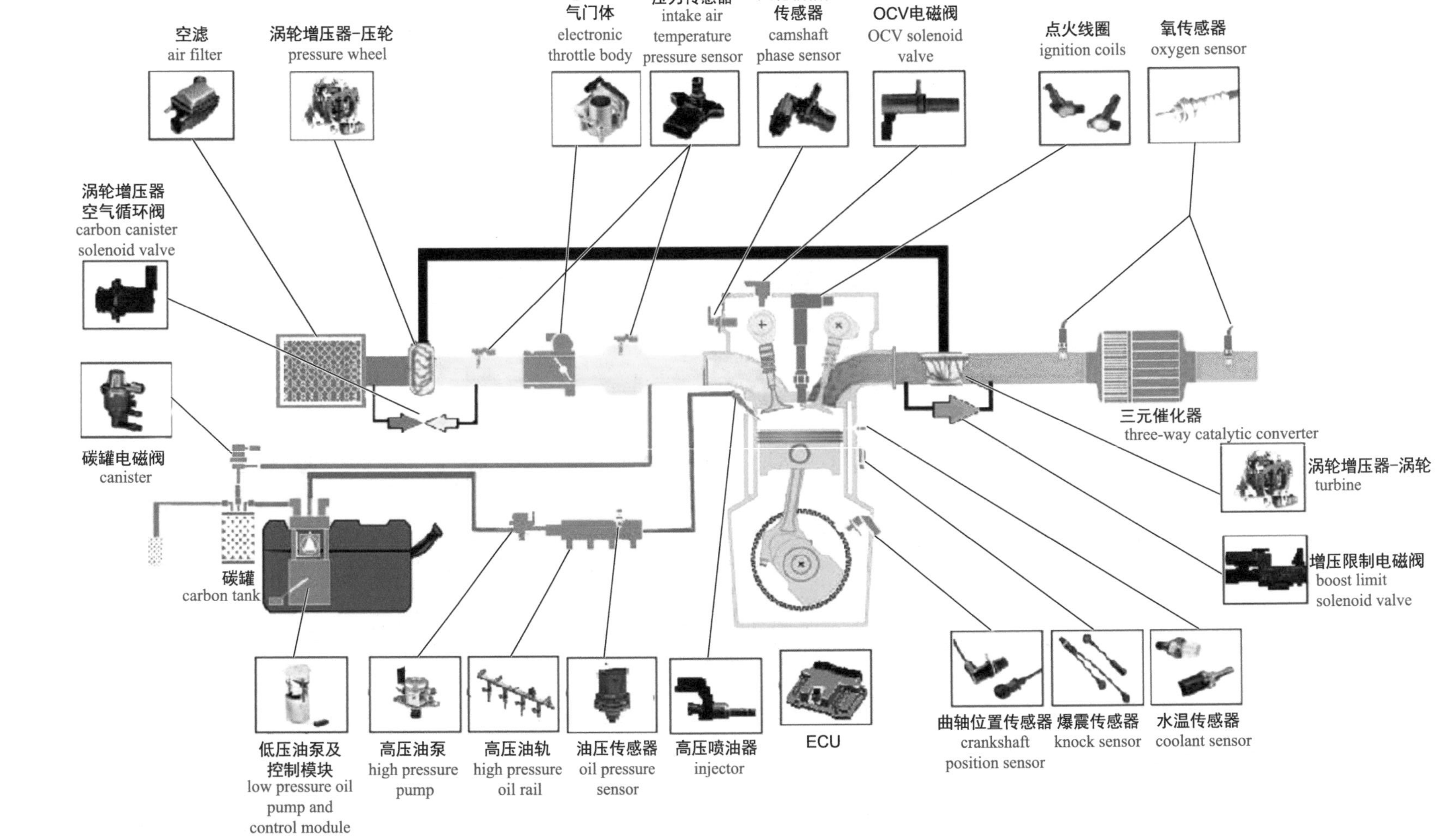
空滤
air filter
涡轮增压器-压轮
pressure wheel
电子节气门体
electronic throttle body
进气温度压力传感器
intake air temperature pressure sensor
凸轮轴相位传感器
camshaft phase sensor
OCV电磁阀
OCV solenoid valve
点火线圈
ignition coils
氧传感器
oxygen sensor
涡轮增压器空气循环阀
carbon canister solenoid valve
碳罐电磁阀
canister
碳罐
carbon tank
三元催化器
three-way catalytic converter
涡轮增压器-涡轮
turbine
增压限制电磁阀
boost limit solenoid valve
低压油泵及控制模块
low pressure oil pump and control module
高压油泵
high pressure pump
高压油轨
high pressure oil rail
油压传感器
oil pressure sensor
高压喷油器
injector
ECU
曲轴位置传感器
crankshaft position sensor
爆震传感器
knock sensor
水温传感器
coolant sensor

2.8.4 汽油缸内直喷系统

缸内直喷（gasoline direct injection，GDI）就是直接将燃油喷入气缸内与进气混合的技术。它的优点是油耗量低，升功率大，压缩比高达12，与同排量的一般发动机相比功率与转矩都提高了10%。空燃比达到40 ∶ 1（一般汽油机的空燃比是14.7 ∶ 1），也就是一般所说的“稀燃”。

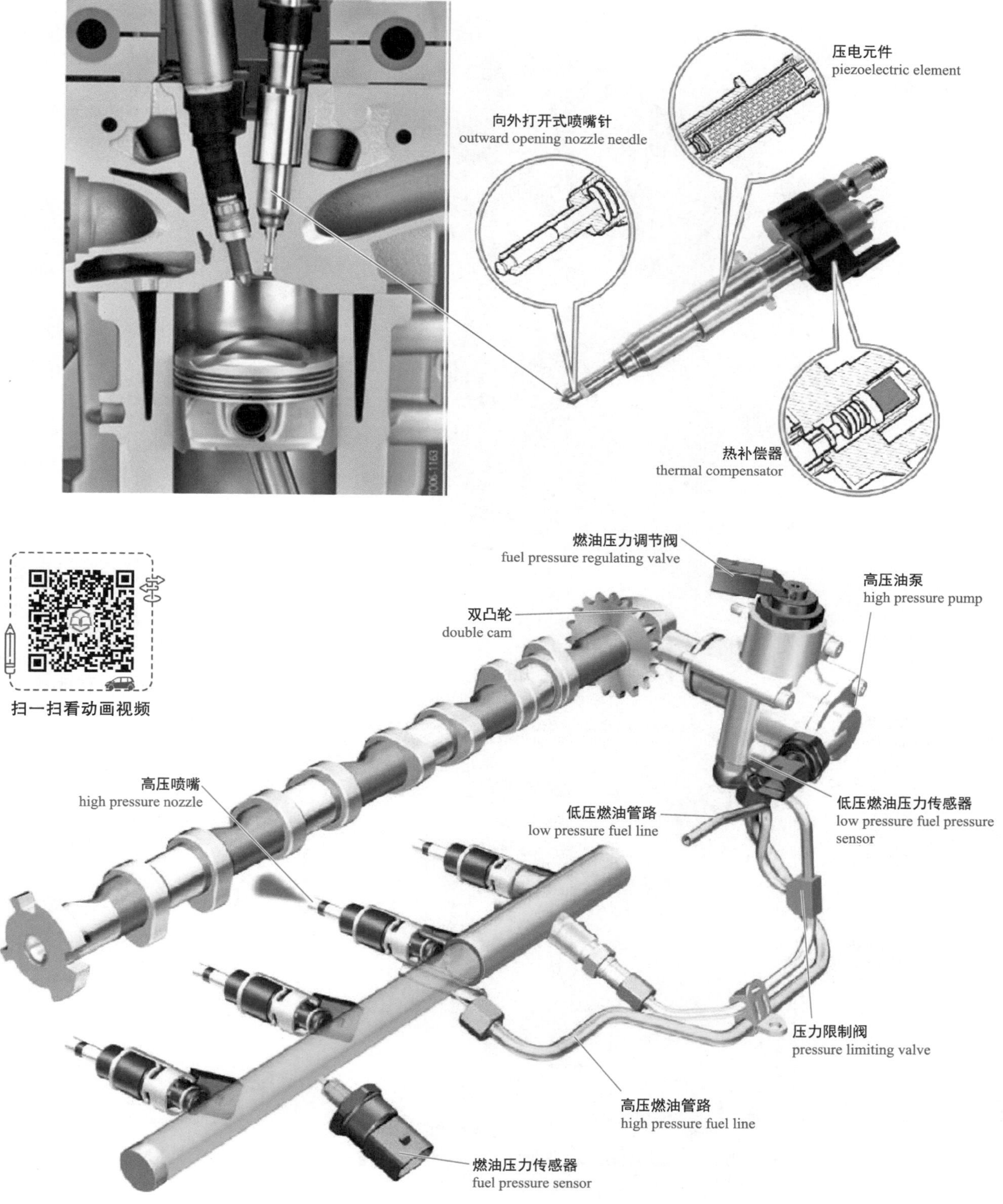

压电元件
piezoelectric element
向外打开式喷嘴针
outward opening nozzle needle
热补偿器
thermal compensator
燃油压力调节阀
fuel pressure regulating valve
高压油泵
high pressure pump
双凸轮
double cam
扫一扫看动画视频
高压喷嘴
high pressure nozzle
低压燃油管路
low pressure fuel line
低压燃油压力传感器
low pressure fuel pressure sensor
压力限制阀
pressure limiting valve
高压燃油管路
high pressure fuel line
燃油压力传感器
fuel pressure sensor

2.8.5 柴油高压共轨系统

柴油机高压共轨系统（common rail direct injection，CRDI）中“共轨”的意思是所有喷油阀使用共同的高压油轨。在这种喷射系统上，压力的产生和燃油喷射是彼此分开的。用一个单独的高压泵来产生燃油喷射所需要的燃油压力，这个燃油压力就储存在高压储存器（油轨）中，通过很短的喷油管直接供喷油阀使用。

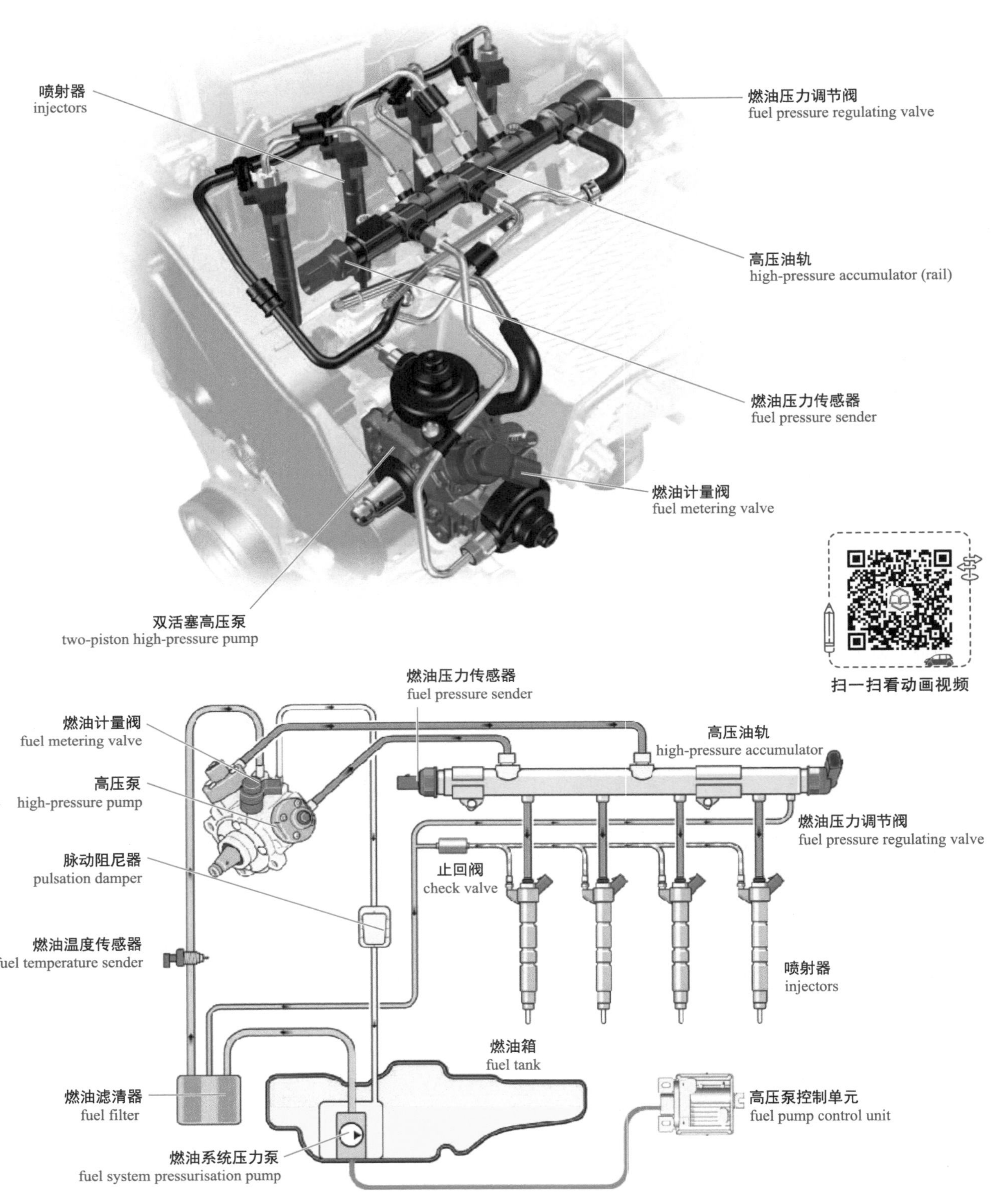

喷射器
injectors
燃油压力调节阀
fuel pressure regulating valve
高压油轨
high-pressure accumulator (rail)
燃油压力传感器
fuel pressure sender
燃油计量阀
fuel metering valve
双活塞高压泵
two-piston high-pressure pump
扫一扫看动画视频
燃油压力传感器
fuel pressure sender
燃油计量阀
fuel metering valve
高压油轨
high-pressure accumulator
高压泵
high-pressure pump
燃油压力调节阀
fuel pressure regulating valve
脉动阻尼器
pulsation damper
止回阀
check valve
燃油温度传感器
fuel temperature sender
喷射器
injectors
燃油箱
fuel tank
燃油滤清器
fuel filter
高压泵控制单元
fuel pump control unit
燃油系统压力泵
fuel system pressurisation pump

2.8.6 柴油泵喷嘴系统

柴油泵喷嘴系统（unit injector system，UIS）将高压油泵与喷油器集成于一体，省去了高压油管与油轨，可以直接安装在发动机缸盖上，由发动机凸轮轴直接驱动。

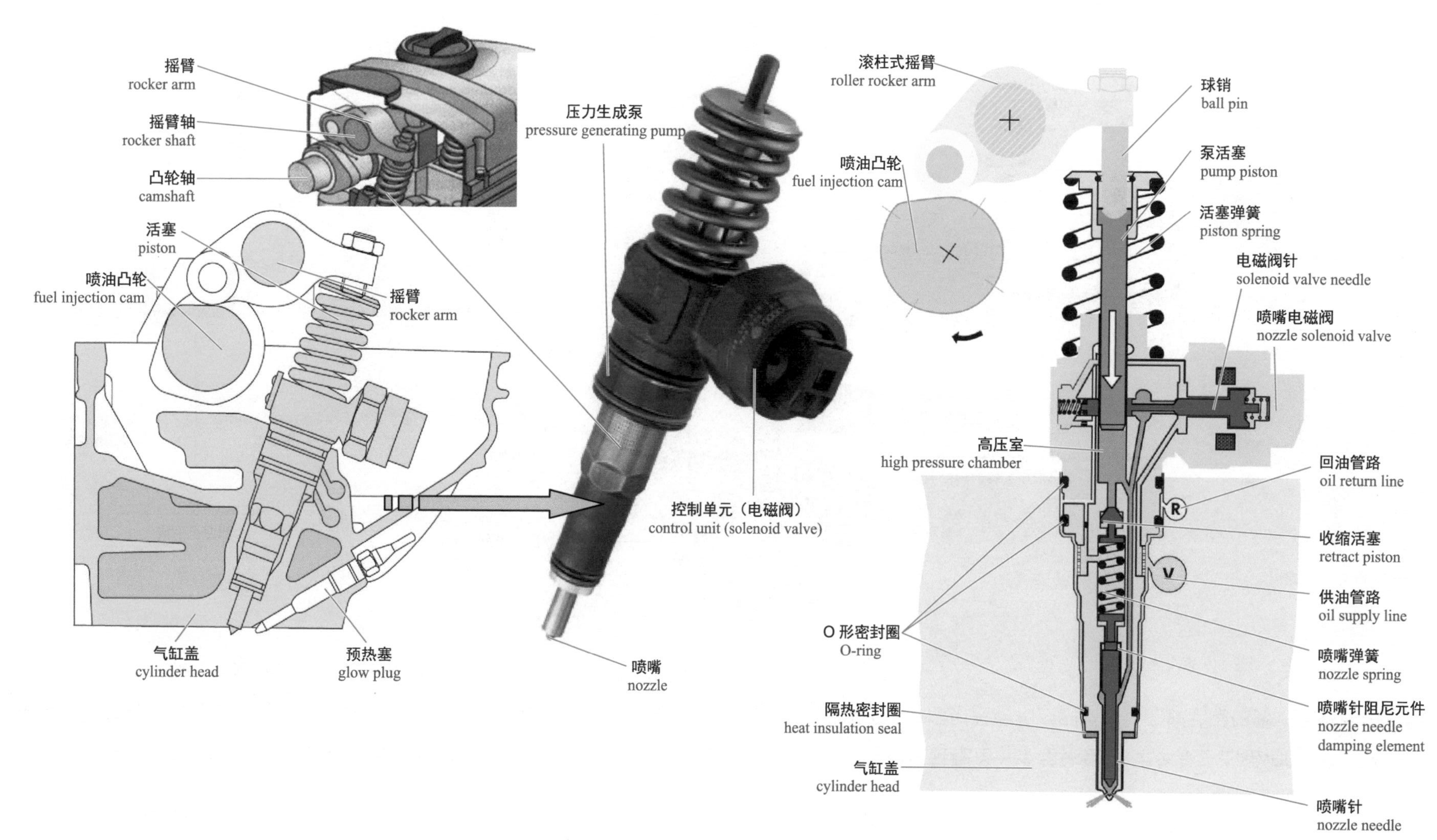

摇臂
rocker arm
摇臂轴
rocker shaft
凸轮轴
camshaft
活塞
piston
喷油凸轮
fuel injection cam
摇臂
rocker arm
气缸盖
cylinder head
预热塞
glow plug
压力生成泵
pressure generating pump
控制单元（电磁阀）
control unit (solenoid valve)
喷嘴
nozzle
滚柱式摇臂
roller rocker arm
喷油凸轮
fuel injection cam
球销
ball pin
泵活塞
pump piston
活塞弹簧
piston spring
电磁阀针
solenoid valve needle
喷嘴电磁阀
nozzle solenoid valve
高压室
high pressure chamber
回油管路
oil return line
收缩活塞
retract piston
供油管路
oil supply line
O 形密封圈
O-ring
喷嘴弹簧
nozzle spring
喷嘴针阻尼元件
nozzle needle
damping element
隔热密封圈
heat insulation seal
气缸盖
cylinder head
喷嘴针
nozzle needle
R
V

2.8.7 柴油单体泵系统

柴油单体泵系统（unit pump system，UPS）的燃油高压供给由各单体泵来完成，每个气缸配备一个单体泵。 单体泵由凸轮轴的凸轮挺杆驱动，并通过短的高压管和耐压连接件与喷嘴座组合件中的喷油嘴相连。每个单体泵包括一个用于调节喷射开始和控制喷油量的快动电磁阀。电磁阀由发动机控制单元促动，发动机运转时，此控制单元即根据发动机工况控制供油量。

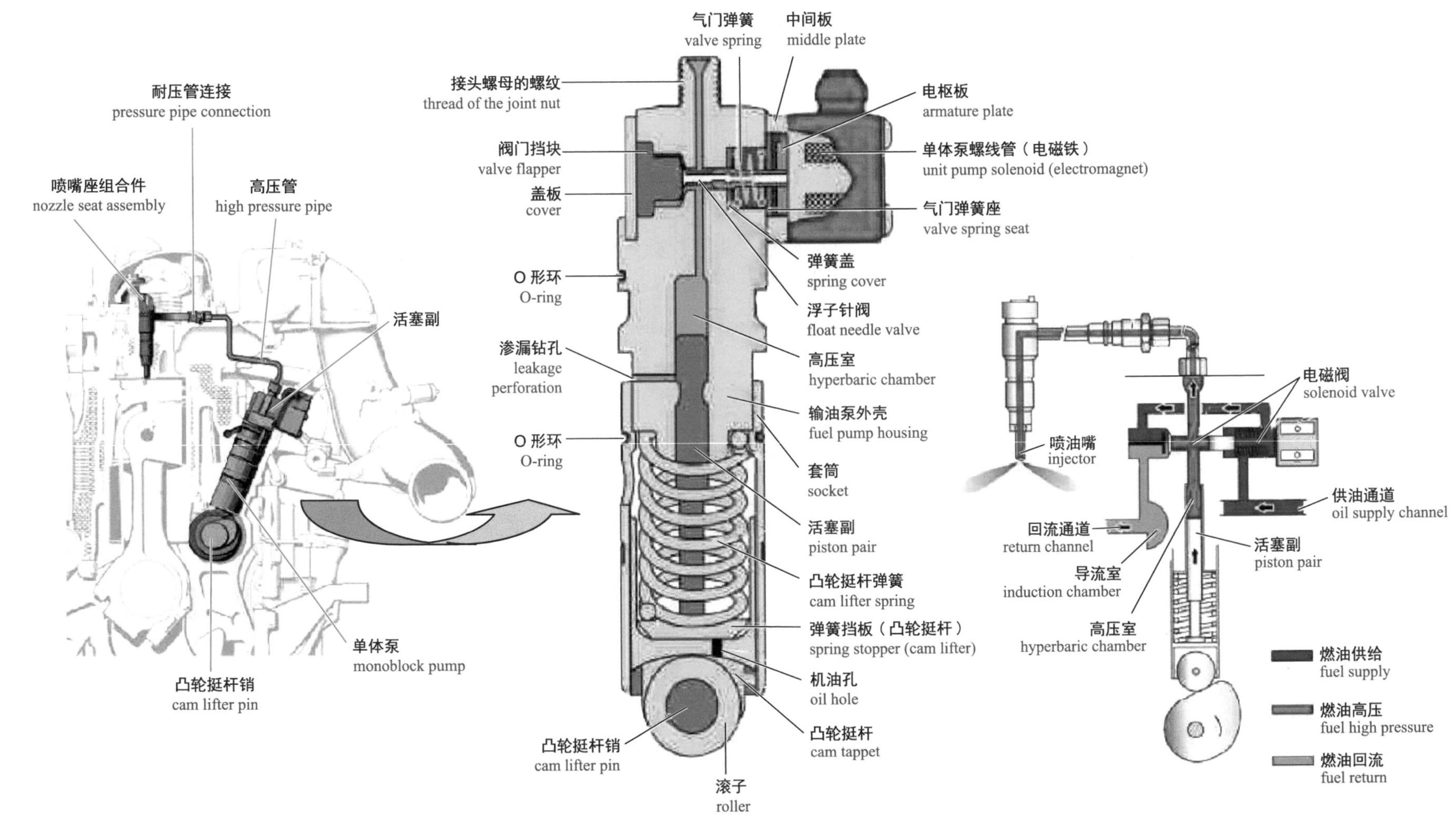

耐压管连接
pressure pipe connection
喷嘴座组合件
nozzle seat assembly
高压管
high pressure pipe
活塞副
单体泵
monoblock pump
凸轮挺杆销
cam lifter pin
气门弹簧
valve spring
中间板
middle plate
接头螺母的螺纹
thread of the joint nut
电枢板
armature plate
阀门挡块
valve flapper
单体泵螺线管（电磁铁）
unit pump solenoid (electromagnet)
盖板
cover
气门弹簧座
valve spring seat
弹簧盖
spring cover
O 形环
O-ring
浮子针阀
float needle valve
渗漏钻孔
leakage
perforation
高压室
hyperbaric chamber
输油泵外壳
fuel pump housing
O 形环
O-ring
套筒
socket
活塞副
piston pair
凸轮挺杆弹簧
cam lifter spring
弹簧挡板（凸轮挺杆）
spring stopper (cam lifter)
机油孔
oil hole
凸轮挺杆
cam tappet
凸轮挺杆销
cam lifter pin
滚子
roller
电磁阀
solenoid valve
喷油嘴
injector
供油通道
oil supply channel
回流通道
return channel
活塞副
piston pair
导流室
induction chamber
高压室
hyperbaric chamber
燃油供给
fuel supply
燃油高压
fuel high pressure
燃油回流
fuel return

2.9 进排气系统

2.9.1 概述

进气和排气系统通常被视为关联系统。一方面，气体先后以新鲜空气和废气形式经过整个系统；另一方面，某些发动机的系统存在内在联系（例如废气涡轮增压器）。进气系统负责为发动机提供新鲜空气，排气系统则负责运走燃烧废气。

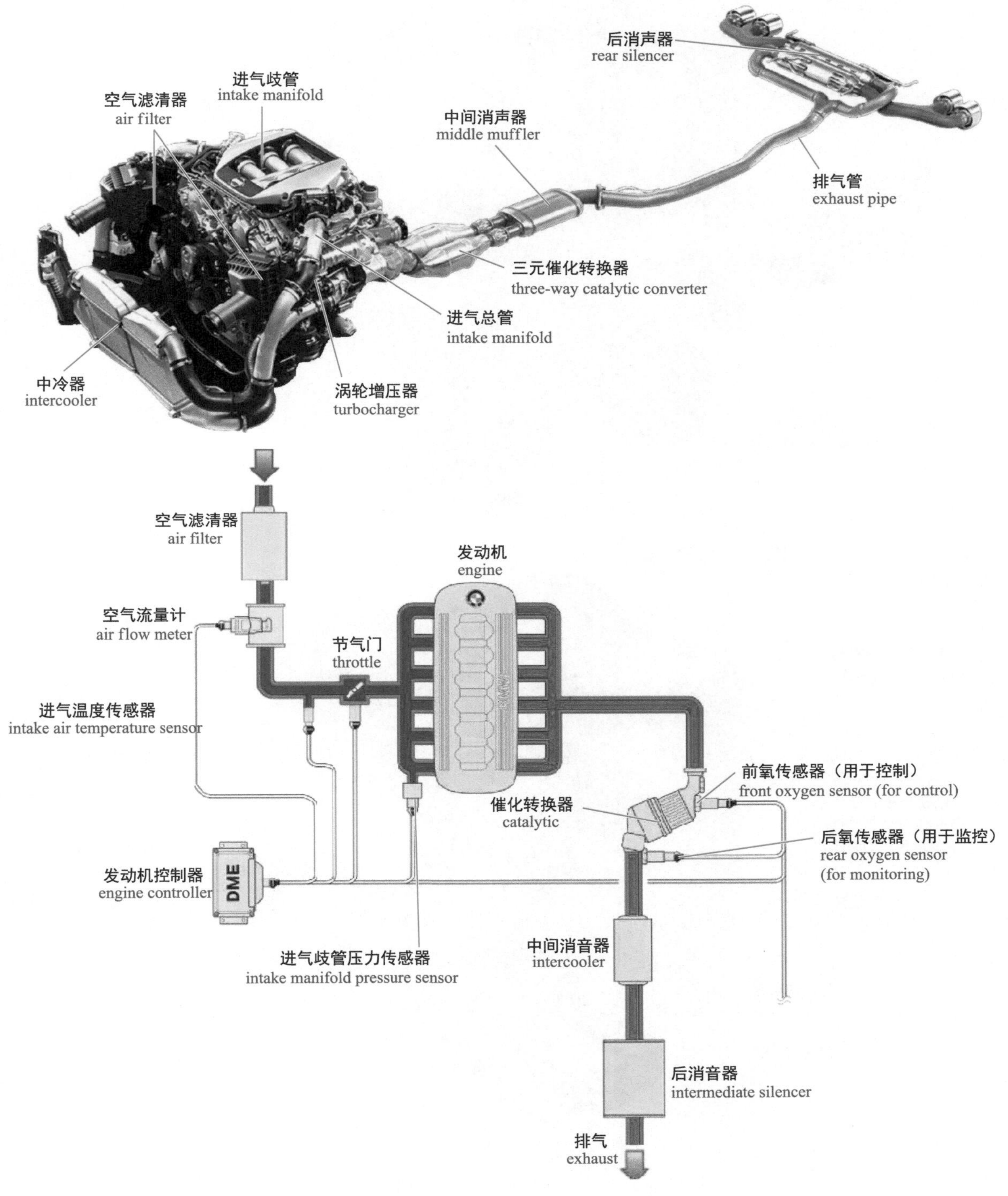

后消声器
rear silencer
进气歧管
intake manifold
空气滤清器
air filter
中间消声器
middle muffler
排气管
exhaust pipe
三元催化转换器
three-way catalytic converter
进气总管
intake manifold
中冷器
intercooler
涡轮增压器
turbocharger
空气滤清器
air filter
发动机
engine
空气流量计
air flow meter
节气门
throttle
进气温度传感器
intake air temperature sensor
前氧传感器（用于控制）
front oxygen sensor (for control)
催化转换器
catalytic
后氧传感器（用于监控）
rear oxygen sensor
(for monitoring)
发动机控制器
engine controller
DME
进气歧管压力传感器
intake manifold pressure sensor
中间消音器
intercooler
后消音器
intermediate silencer
排气
exhaust

2.9.2 进气系统

进气系统由空气滤清器、空气流量计、进气压力传感器、节气门体、附加空气阀、怠速控制阀、谐振腔、动力腔、进气歧管等组成。带有涡轮增压功能的发动机，除增压器外，还将配置增压空气冷却器、增压压力调节器等部件。

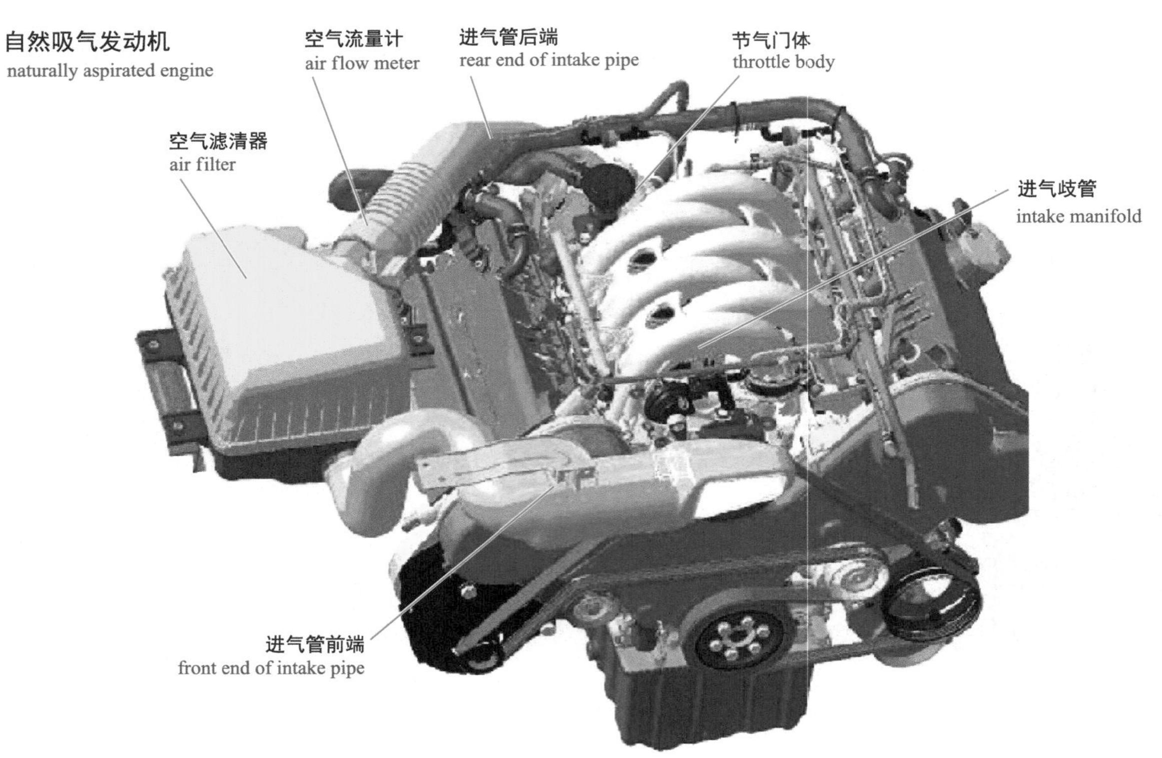
自然吸气发动机
naturally aspirated engine
空气流量计
air flow meter
进气管后端
rear end of intake pipe
节气门体
throttle body
空气滤清器
air filter
进气歧管
intake manifold
进气管前端
front end of intake pipe

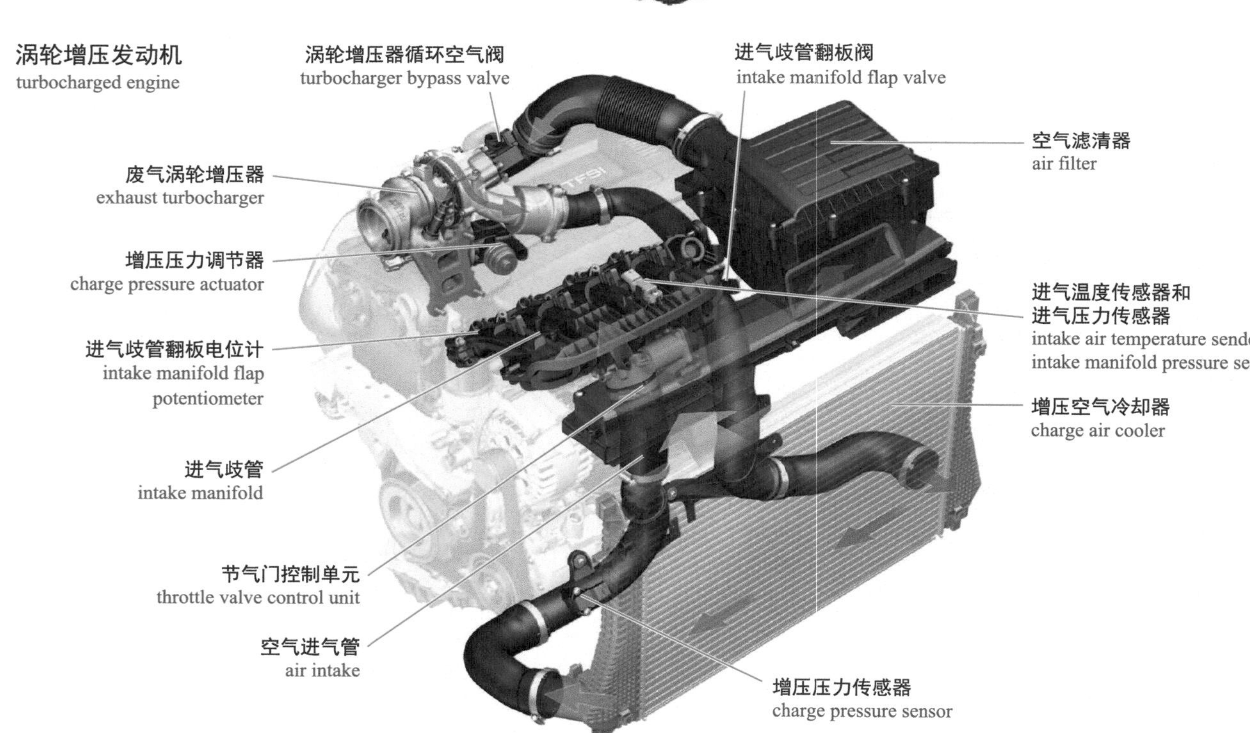
涡轮增压发动机
turbocharged engine
涡轮增压器循环空气阀
turbocharger bypass valve
进气歧管翻板阀
intake manifold flap valve
空气滤清器
air filter
废气涡轮增压器
exhaust turbocharger
增压压力调节器
charge pressure actuator
进气温度传感器和
进气压力传感器
intake air temperature sender with
intake manifold pressure sender
进气歧管翻板电位计
intake manifold flap
potentiometer
增压空气冷却器
charge air cooler
进气歧管
intake manifold
节气门控制单元
throttle valve control unit
空气进气管
air intake
增压压力传感器
charge pressure sensor

2.9.3 可变进气歧管

可变进气歧管，在发动机高速和低速时都能提供最佳配气。发动机在低转速时，用又长又细的进气歧管，可以增加进气的气流速度和气压强度，并使得汽油得以更好地雾化，燃烧得更好，提高转矩。发动机在高转速时需要大量混合气，这时进气歧管就会变得又粗又短，这样才能吸入更多的混合气，提高输出功率。

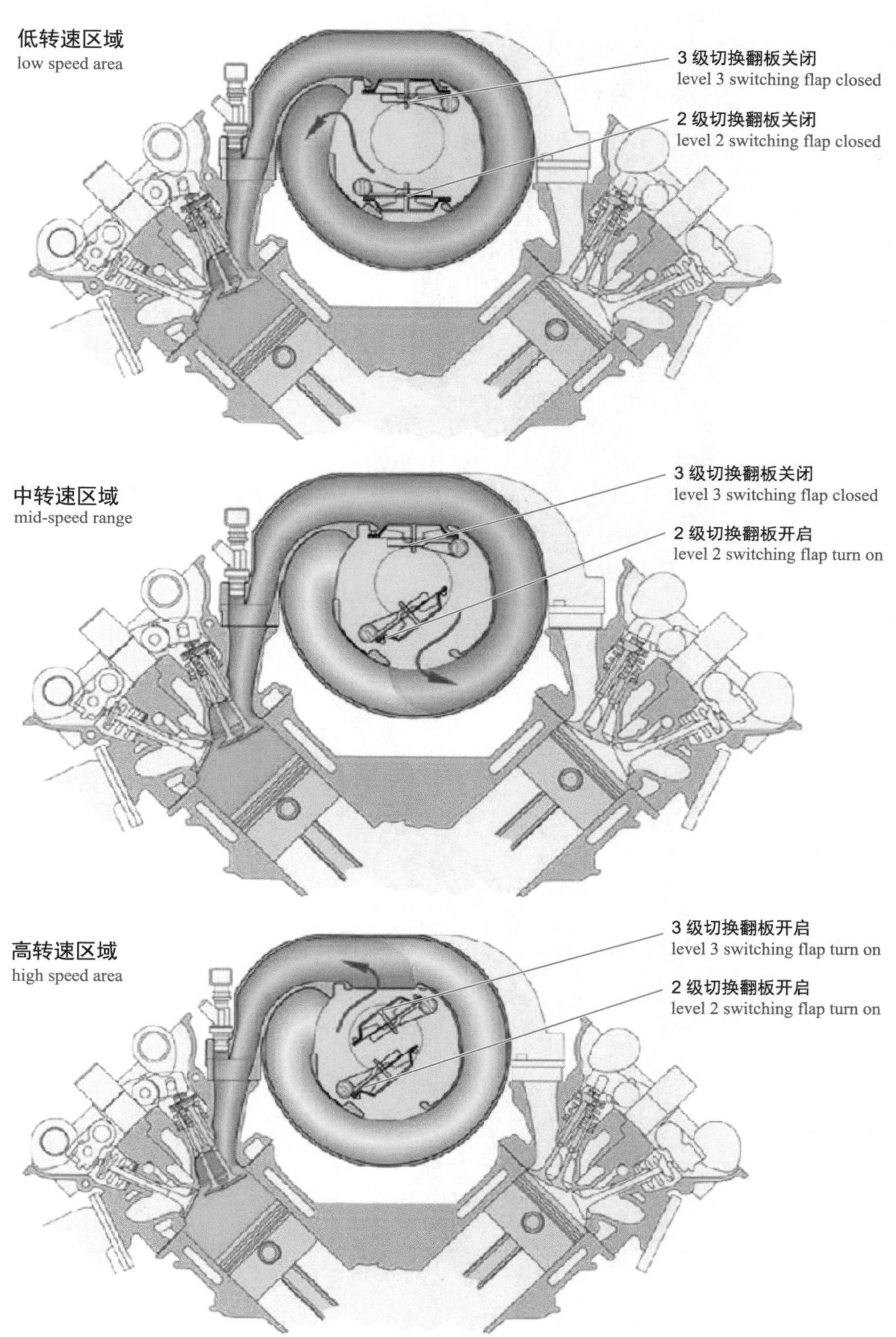

低转速区域
low speed area
3 级切换翻板关闭
level 3 switching flap closed
2 级切换翻板关闭
level 2 switching flap closed
中转速区域
mid-speed range
3 级切换翻板关闭
level 3 switching flap closed
2 级切换翻板开启
level 2 switching flap turn on
高转速区域
high speed area
3 级切换翻板开启
level 3 switching flap turn on
2 级切换翻板开启
level 2 switching flap turn on

2.9.4 排气系统

排气系统大致由下述元件组成：排气管、排气歧管、外置排气歧管、集成式排气歧管、排气歧管－废气涡轮增压器模块、催化净化器、三元催化净化器（汽油机）、氧化式催化净化器（柴油机）、柴油微尘过滤器（柴油机）、选择性催化还原技术（SCR）（柴油机）、隔离元件、消声器、反射式消声器、吸收式消声器、排气控制阀、催化净化器前氧传感器、催化净化器后氧传感器、三元催化净化器（前置的）、三元催化净化器隔离元件、中间消声器、后消声器。

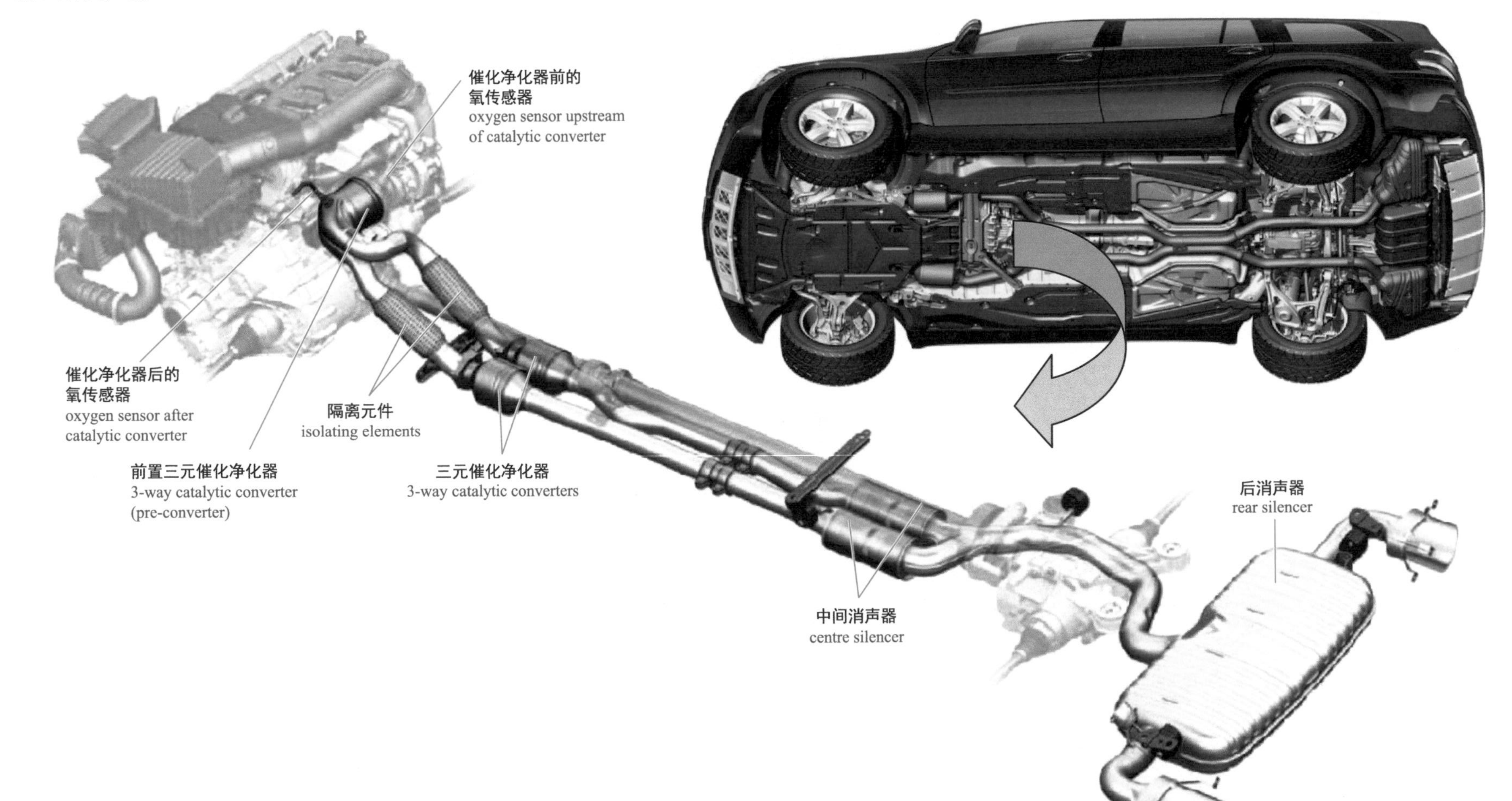
催化净化器前的
氧传感器
oxygen sensor upstream
of catalytic converter
催化净化器后的
氧传感器
oxygen sensor after
catalytic converter
隔离元件
isolating elements
前置三元催化净化器
3-way catalytic converter
(pre-converter)
三元催化净化器
3-way catalytic converters
后消声器
rear silencer
中间消声器
centre silencer

2.9.5 涡轮增压器

汽车的动力系统按进气方式可分为自然进气系统及增压进气系统两大类。最常见的发动机增压系统有机械增压与废气涡轮增压两种。发动机以机械方式驱动机械增压器进行增压，称为机械增压。利用发动机废气能量驱动涡轮增压器，称为废气涡轮增压，简称涡轮增压（turbocharger，turbo或T）。涡轮增压器由进气端和排气端两部分组成，发动机排出的废气可以推动涡轮排气端内的叶片，由于这个叶片通过轴承与进气端内的叶片相连，所以排气端叶片就可以带动进气端叶片，而进气端叶片快速转动产生的作用就是可以将更多的新鲜空气压入进气道，由此来提高发动机的效率。

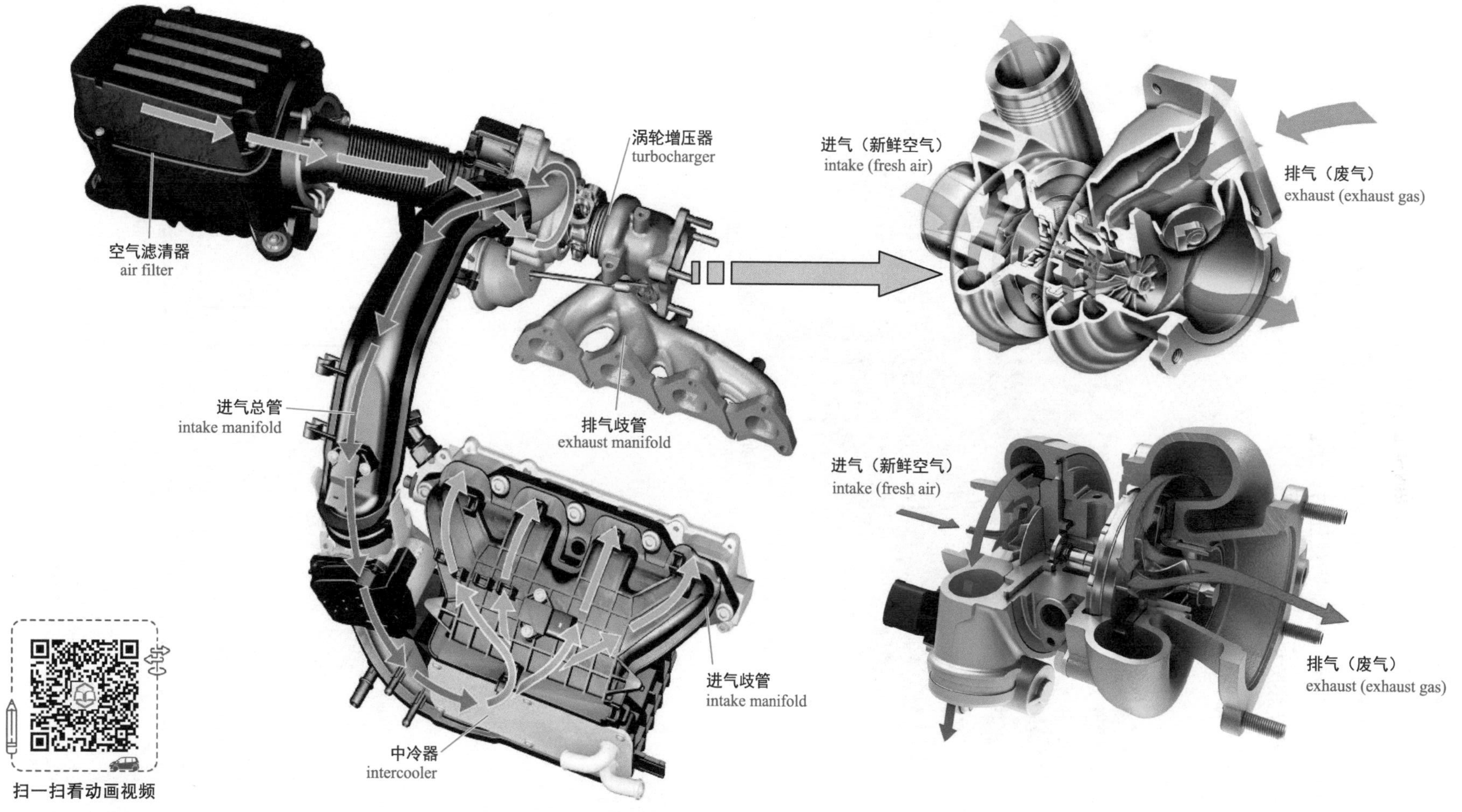
涡轮增压器
turbocharger
进气（新鲜空气）
intake (fresh air)
排气（废气）
exhaust (exhaust gas)
空气滤清器
air filter
进气总管
intake manifold
排气歧管
exhaust manifold
进气（新鲜空气）
intake (fresh air)
排气（废气）
exhaust (exhaust gas)
进气歧管
intake manifold
中冷器
intercooler

扫一扫看动画视频

2.9.6　机械增压器

（1）普通机械增压器

机械增压器是一种强制性容积置换泵，简称容积泵。它跟涡轮增压器一样，可以增加进气管内的空气压力和密度，往发动机内压入更多的空气，使发动机每个循环可以燃烧更多的燃油，从而提高发动机的升功率和平均有效压力，使汽车动力性、燃油经济性和排放都得到改善。机械增压器本质上是一台罗茨鼓风机。

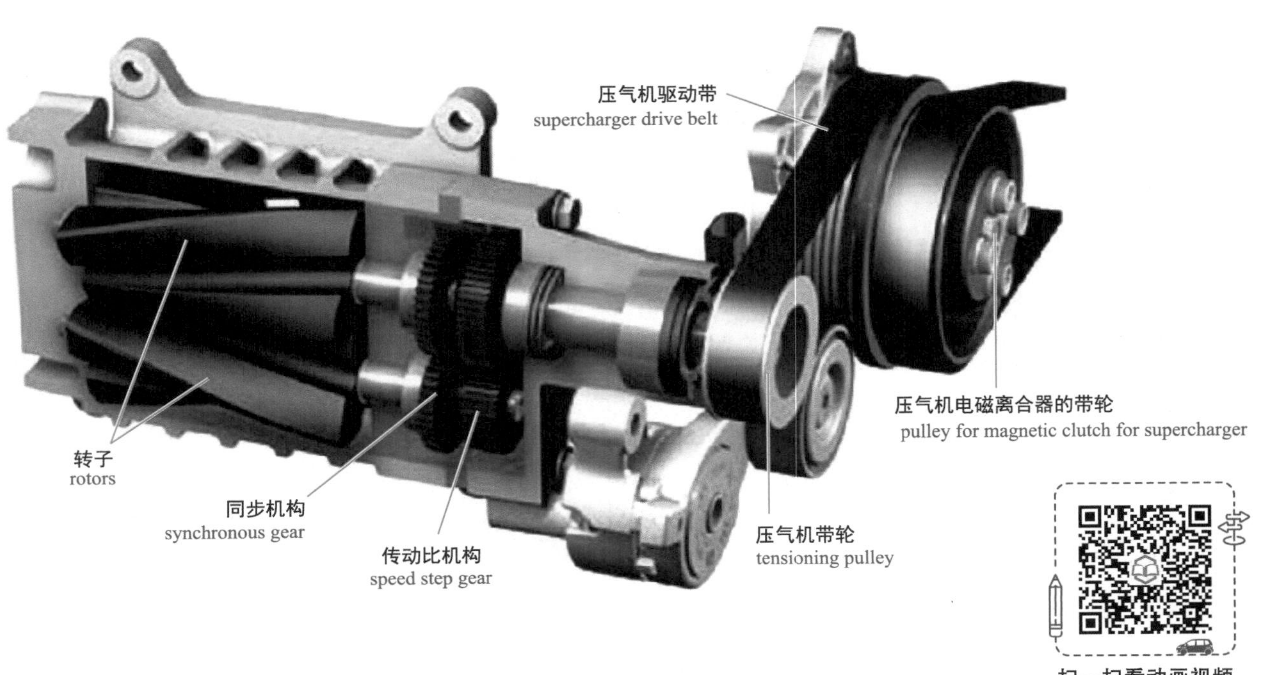

压气机驱动带
supercharger drive belt
压气机电磁离合器的带轮
pulley for magnetic clutch for supercharger
转子
rotors
同步机构
synchronous gear
传动比机构
speed step gear
压气机带轮
tensioning pulley
扫一扫看动画视频

压力侧
pressure side
吸气侧
suction side
转子
rotors
机械式压气机
mechanical compressor
调节翻板控制单元
adjusting flap control unit
来自空气滤清器
from air filter
去往废气涡轮增压器
go to the exhaust turbocharger

吸气侧
suction side
压气侧
compressor side

（2）罗茨机械增压器

“罗茨式增压器”这个名称来源于Philander和Francis Roots兄弟。罗茨式增压器的结构形式就是旋转活塞式机构，按容积泵原理工作，无内部压缩。压气机模块（罗茨式增压器）内集成有罗茨式鼓风机和增压空气冷却系统，在某些发动机上还有旁通调节装置。罗茨式增压器配备的是四叶型转子，两个转子的每个叶片相对于纵轴扭转160°，因此可实现连续而稳定的空气供给模式。两个转子采用机械式驱动形式，比如由曲轴通过带机构来驱动。

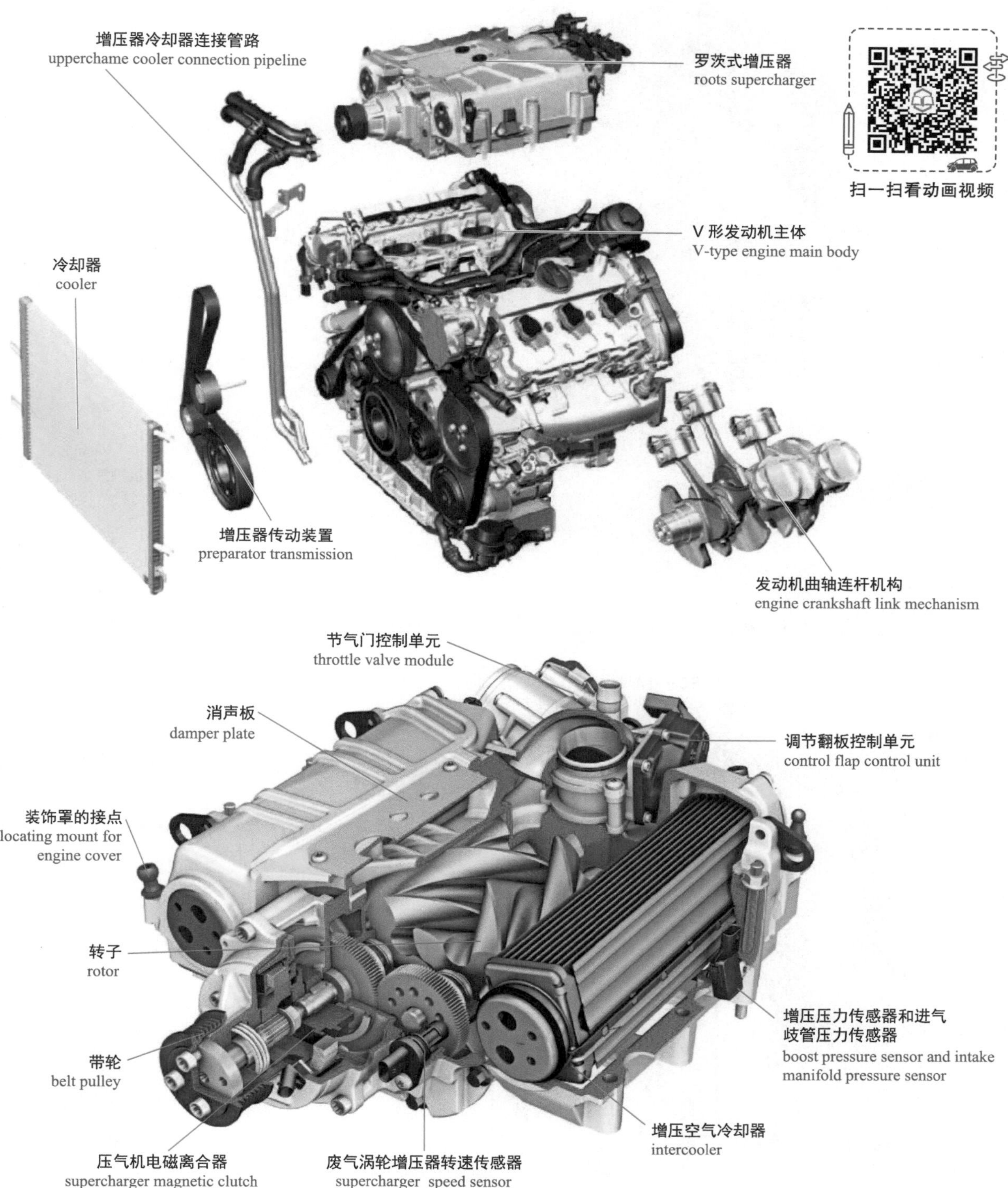
增压器冷却器连接管路
upperchame cooler connection pipeline
罗茨式增压器
roots supercharger
扫一扫看动画视频
V 形发动机主体
V-type engine main body
冷却器
cooler
增压器传动装置
preparator transmission
发动机曲轴连杆机构
engine crankshaft link mechanism
节气门控制单元
throttle valve module
消声板
damper plate
调节翻板控制单元
control flap control unit
装饰罩的接点
locating mount for
engine cover
转子
rotor
增压压力传感器和进气
歧管压力传感器
boost pressure sensor and intake
manifold pressure sensor
带轮
belt pulley
增压空气冷却器
intercooler
压气机电磁离合器
supercharger magnetic clutch
废气涡轮增压器转速传感器
supercharger speed sensor

2.9.7 废气再循环系统

废气再循环系统（exhaust gas recirculation，EGR）是机外净化技术的一种，它将适量的废气引入气缸内参加燃烧，从而降低气缸内的最高温度，以减少NO_x的排放量。

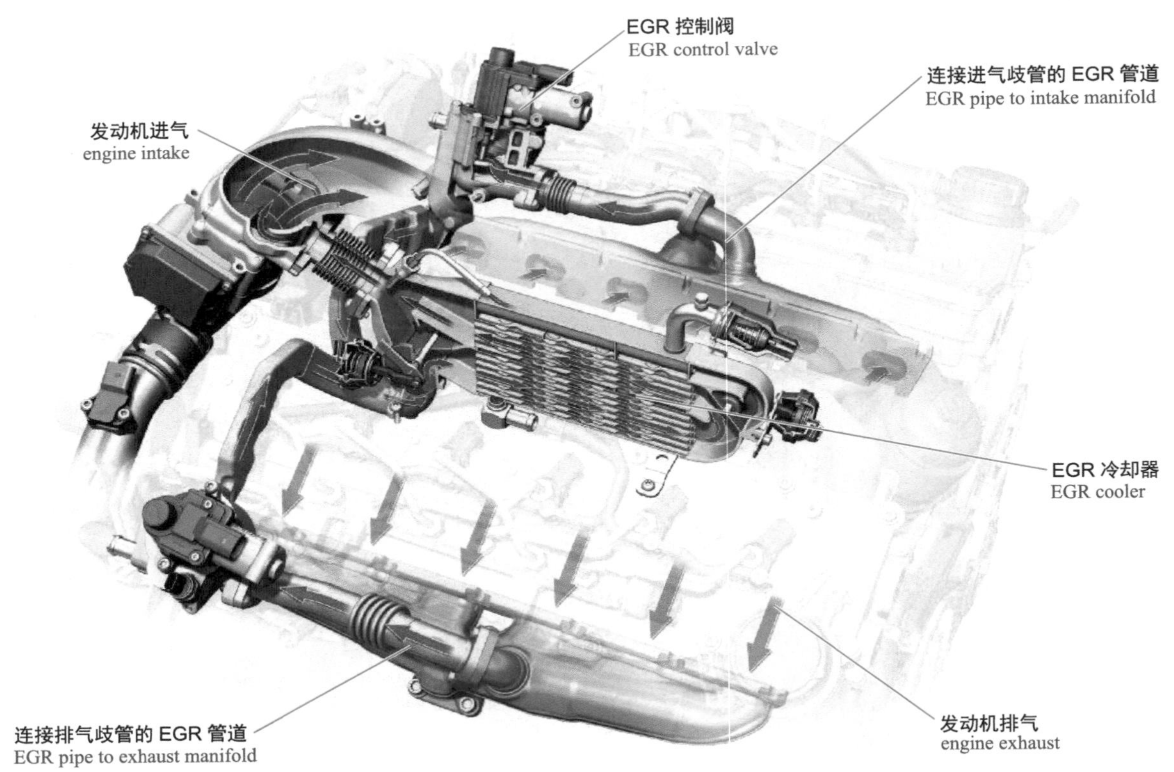

EGR 控制阀
EGR control valve
连接进气歧管的 EGR 管道
EGR pipe to intake manifold
发动机进气
engine intake
EGR 冷却器
EGR cooler
连接排气歧管的 EGR 管道
EGR pipe to exhaust manifold
发动机排气
engine exhaust

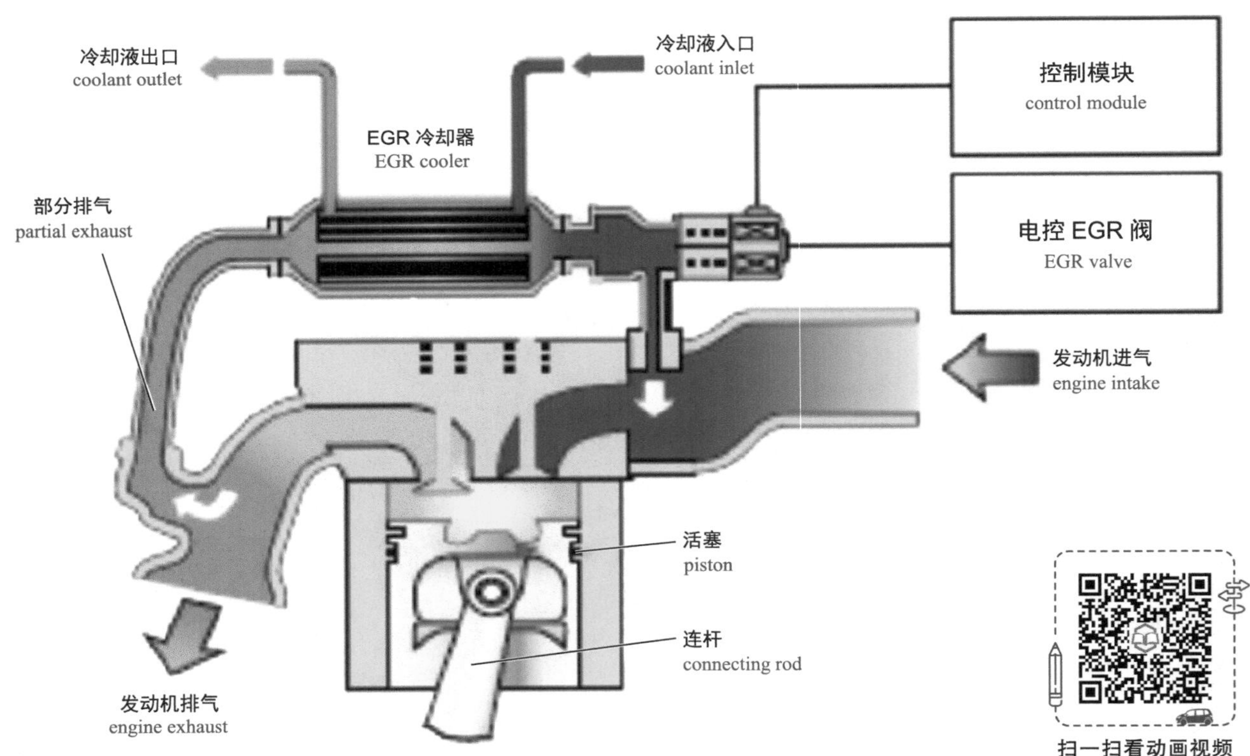

冷却液出口
coolant outlet
冷却液入口
coolant inlet
控制模块
control module
EGR 冷却器
EGR cooler
部分排气
partial exhaust
电控 EGR 阀
EGR valve
发动机进气
engine intake
活塞
piston
连杆
connecting rod
发动机排气
engine exhaust

扫一扫看动画视频

2.9.8 曲轴箱通风系统

曲轴箱通风系统（PCV）可向发动机提供新鲜空气。此新鲜空气与漏气和发动机机油混合物混合。漏气气体中燃油和水蒸气被混合的新鲜空气吸收并通过曲轴箱通风系统被排放。为了对曲轴箱进行通风，新鲜空气被从空气滤清器和空气质量流量计后的发动机进气管道中抽吸出来，通风管道通过一个单向阀与气缸盖罩连接。

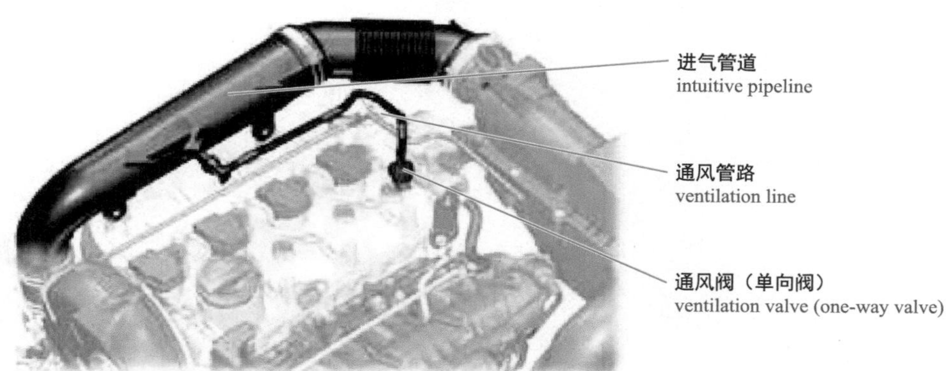
进气管道
intuitive pipeline
通风管路
ventilation line
通风阀（单向阀）
ventilation valve (one-way valve)

强制通风使用的是带止回阀的一根软管。新鲜空气从空气滤清器经过阀盖上的接头直接到达曲轴箱。止回阀的作用是防止为进行油气分离的“吹入气体”从这里出来。止回阀朝向空气滤清器方向的接头可以关闭。曲轴箱强制通风的目的是帮助缸体和机油内的燃油和水蒸气凝结物降压。

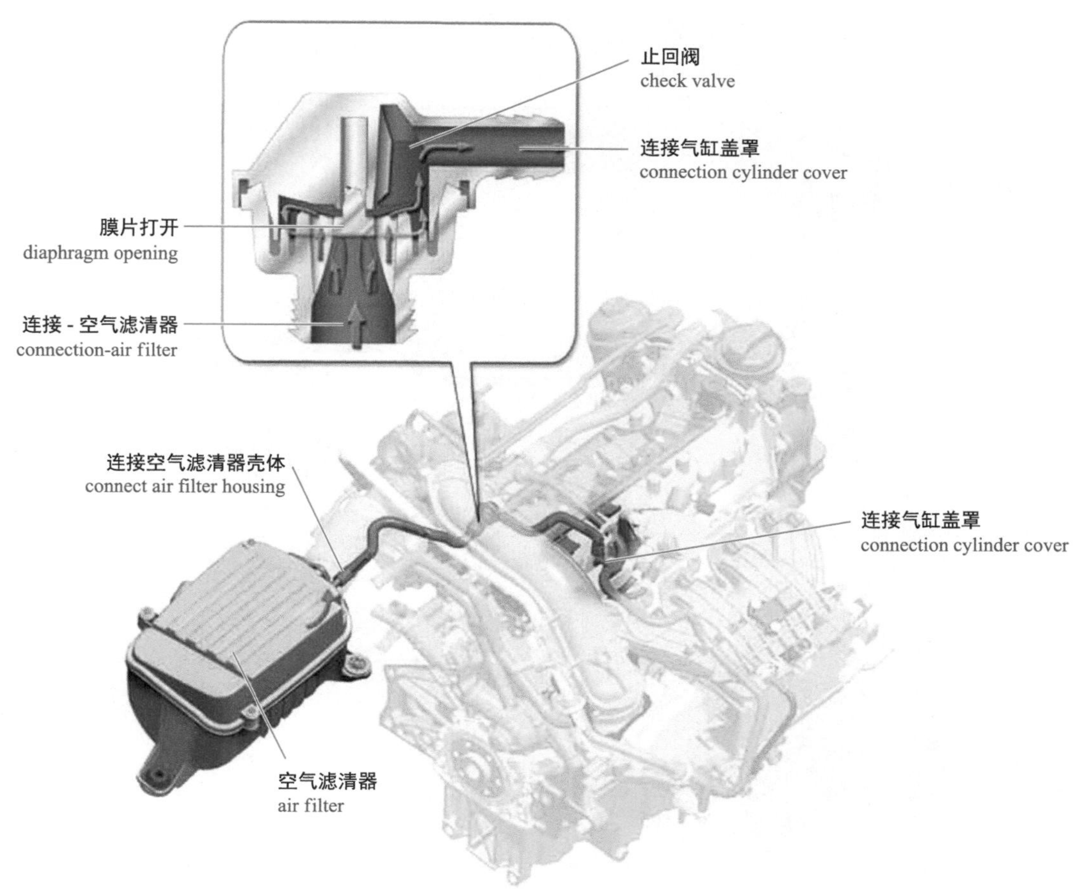
止回阀
check valve
连接气缸盖罩
connection cylinder cover
膜片打开
diaphragm opening
连接 - 空气滤清器
connection-air filter
连接空气滤清器壳体
connect air filter housing
连接气缸盖罩
connection cylinder cover
空气滤清器
air filter

2.9.9 燃油蒸发控制系统

在发动机运行时，从活性炭罐中抽吸燃油蒸汽会产生与曲轴箱通风相同的问题。当有增压压力时，燃油蒸汽不能直接流入进气歧管中。借助于双向检查阀并取决于进气歧管中的压力状态，燃油蒸汽或者直接流入进气歧管（无增压压力）或者流入废气涡轮增压器（有增压压力）。活性炭罐系统的ACF管连在通风管的另一个插头上，紧挨着控制阀。这个系统的功能和曲轴箱通风是一样的。

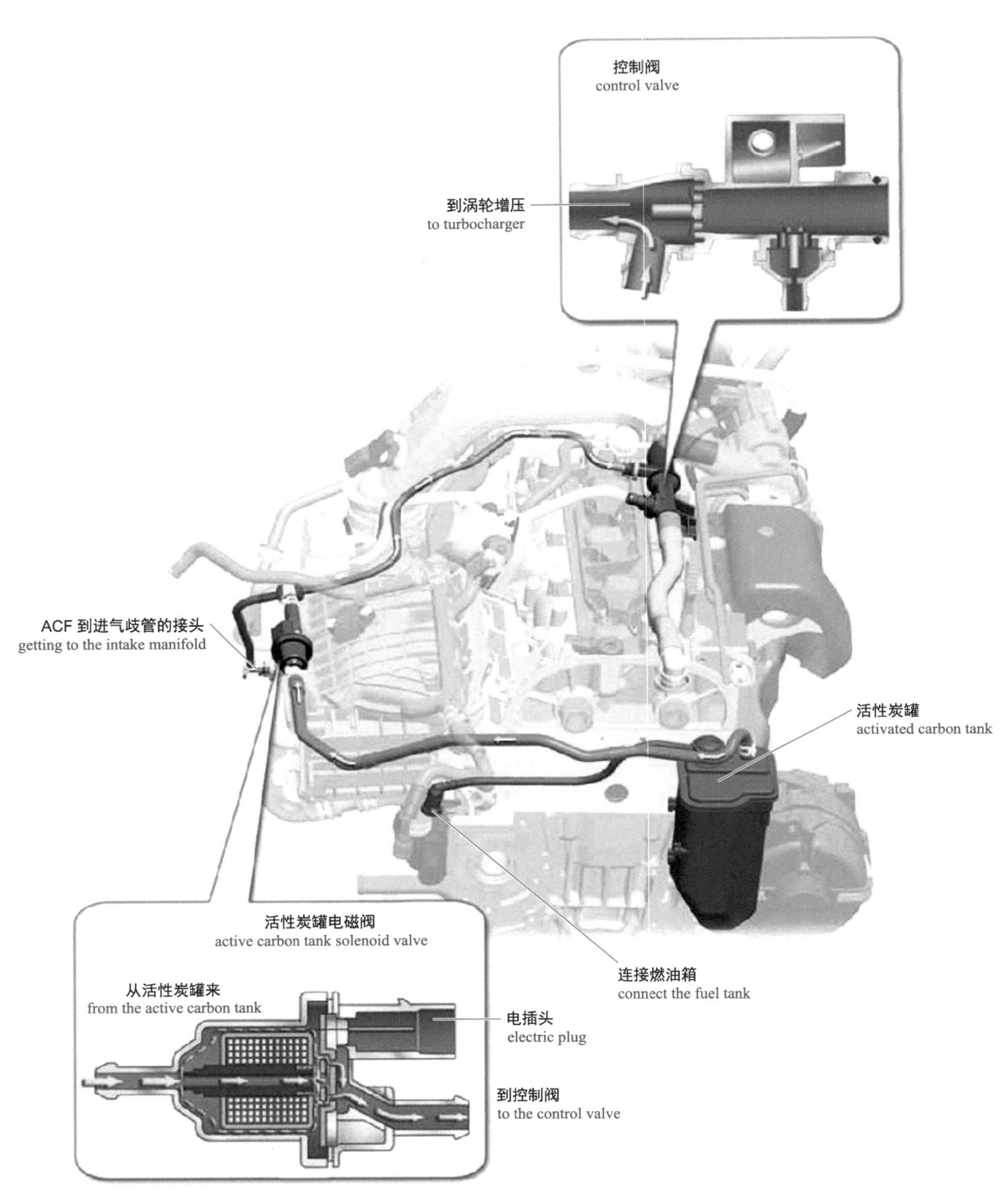
控制阀
control valve
到涡轮增压
to turbocharger
ACF 到进气歧管的接头
getting to the intake manifold
活性炭罐
activated carbon tank
连接燃油箱
connect the fuel tank
活性炭罐电磁阀
active carbon tank solenoid valve
从活性炭罐来
from the active carbon tank
电插头
electric plug
到控制阀
to the control valve

2.9.10　三元催化转换器

三元催化器（three way catalyst，TWC）是安装在汽车排气系统中最重要的机外净化装置，它可将汽车排气排放物排出的CO、HC和NO_x等有害气体通过氧化和还原作用转变为无害的二氧化碳、水和氮气。其中CO在高温下氧化成为无色、无毒的二氧化碳气体，HC化合物在高温下氧化成水和二氧化碳，NO_x还原成氮气和氧气。

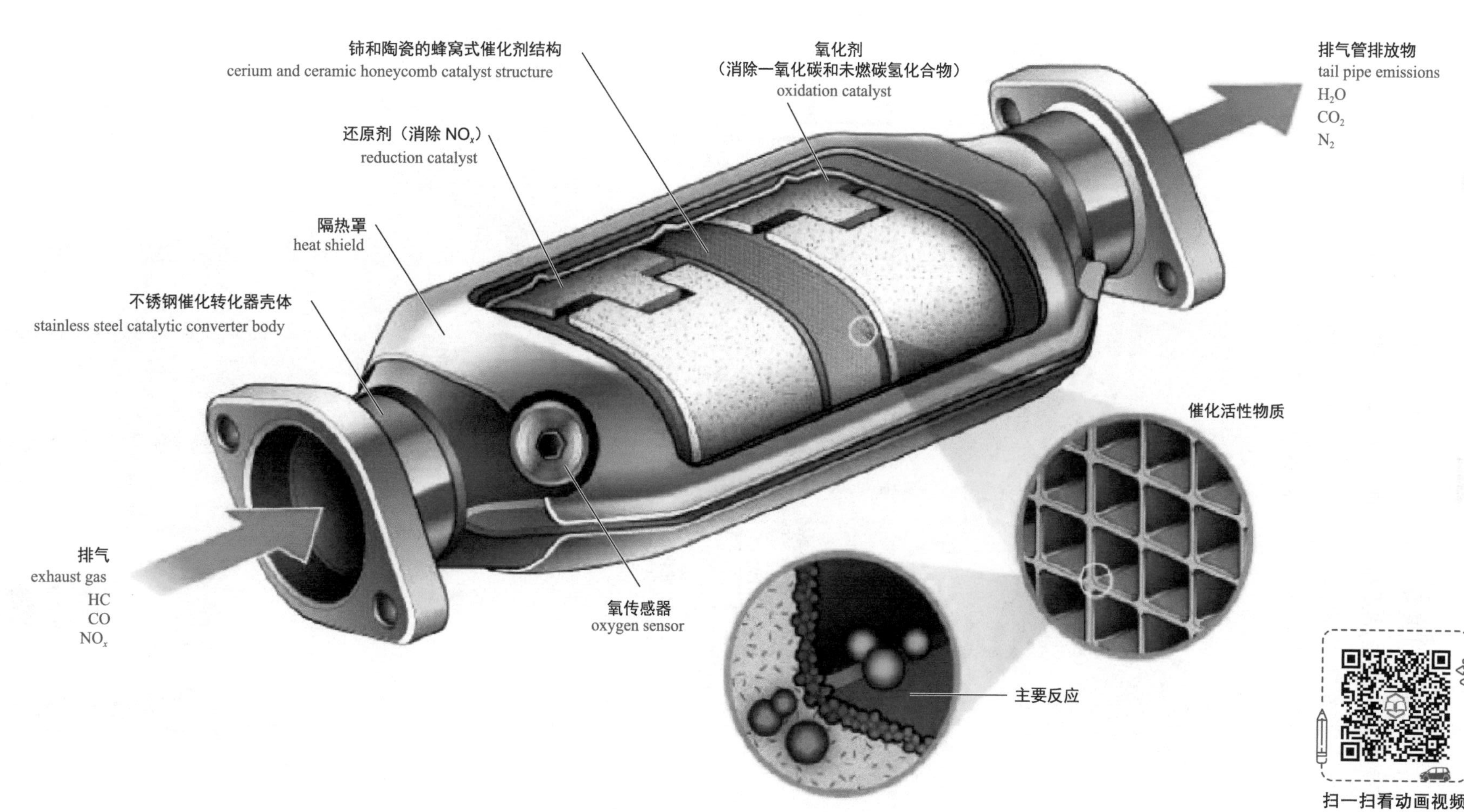

铈和陶瓷的蜂窝式催化剂结构
cerium and ceramic honeycomb catalyst structure
氧化剂
（消除一氧化碳和未燃碳氢化合物）
oxidation catalyst
排气管排放物
tail pipe emissions
H_2O
CO_2
N_2
还原剂（消除 NO_x）
reduction catalyst
隔热罩
heat shield
不锈钢催化转化器壳体
stainless steel catalytic converter body
催化活性物质
排气
exhaust gas
HC
CO
NO_x
氧传感器
oxygen sensor
主要反应
扫一扫看动画视频

2.9.11　排放颗粒捕集器

汽油颗粒捕集器（gasoline particulate filter，GPF）由合成陶瓷材料制成，内部有蜂窝状过滤器结构，能够捕捉排气排放物中90%的微粒，有效控制颗粒物数目。当颗粒物吸附达到一定数量时，可在车辆高速运转情况下进行再生，将颗粒物变成二氧化碳排出。柴油颗粒物的捕集器（diesel particulate filter，DPF）结构原理与GPF相似。

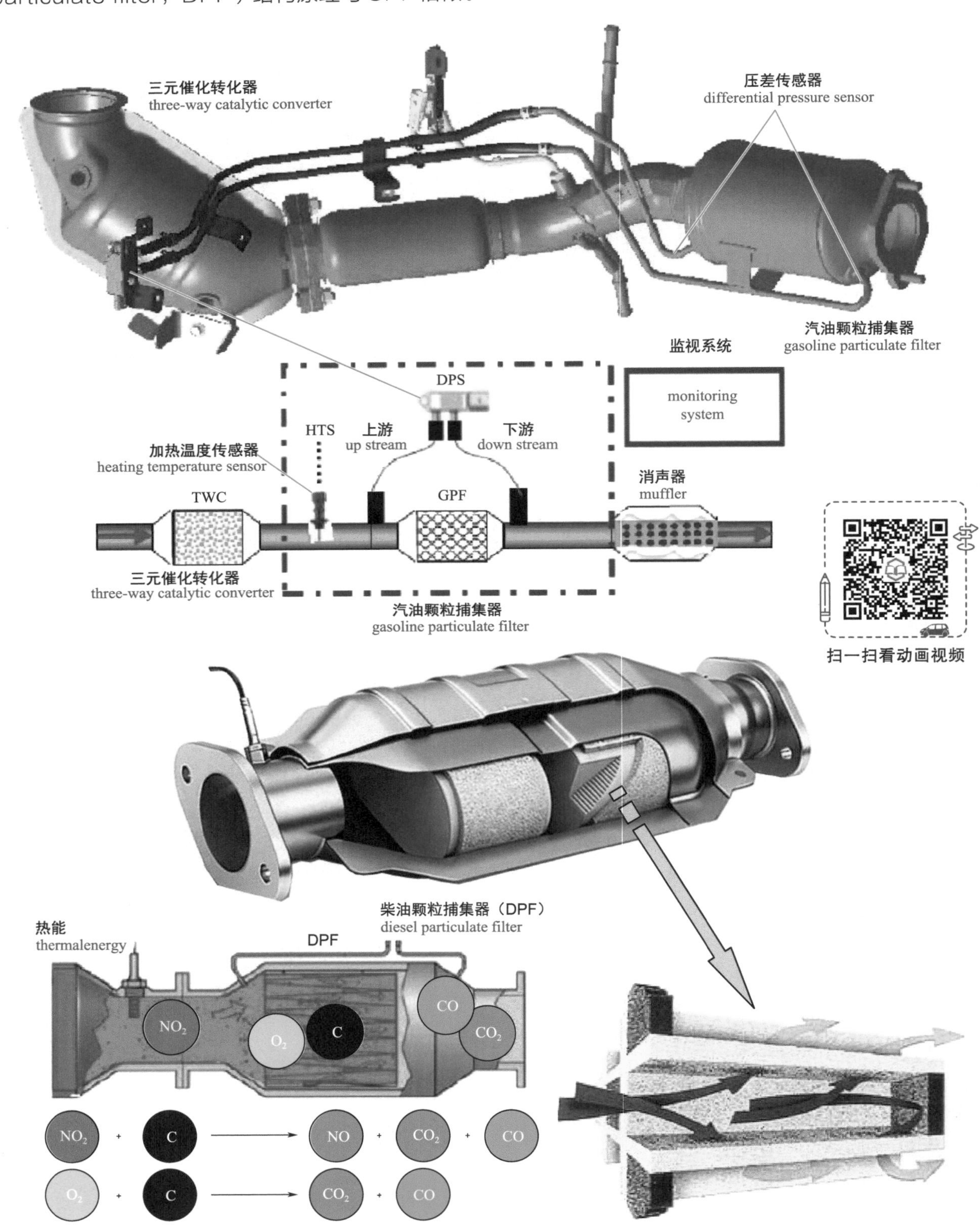

三元催化转化器
three-way catalytic converter
压差传感器
differential pressure sensor
汽油颗粒捕集器
gasoline particulate filter
监视系统
monitoring system
DPS
HTS
上游
up stream
下游
down stream
加热温度传感器
heating temperature sensor
TWC
GPF
消声器
muffler
三元催化转化器
three-way catalytic converter
汽油颗粒捕集器
gasoline particulate filter
扫一扫看动画视频
热能
thermalenergy
DPF
柴油颗粒捕集器（DPF）
diesel particulate filter
NO2
O2
C
CO
CO2
NO2 + C → NO + CO2 + CO
O2 + C → CO2 + CO

2.9.12 柴油机后处理系统

后处理系统是废气再循环系统的一部分。废气再处理系统由这些部件组成：还原剂箱系统（带有水冷式还原剂喷射阀）、安装在发动机附近的加热式催化净化器、有SCR-涂层的柴油颗粒过滤器和捕集式催化净化器（在主消声器前）。涡轮增压器前后多个温度传感器、氧化式催化净化器、柴油微尘过滤器以及氧传感器和NO_x传感器，都安装在排气系统上，通过传感器来控制废气再处理过程。

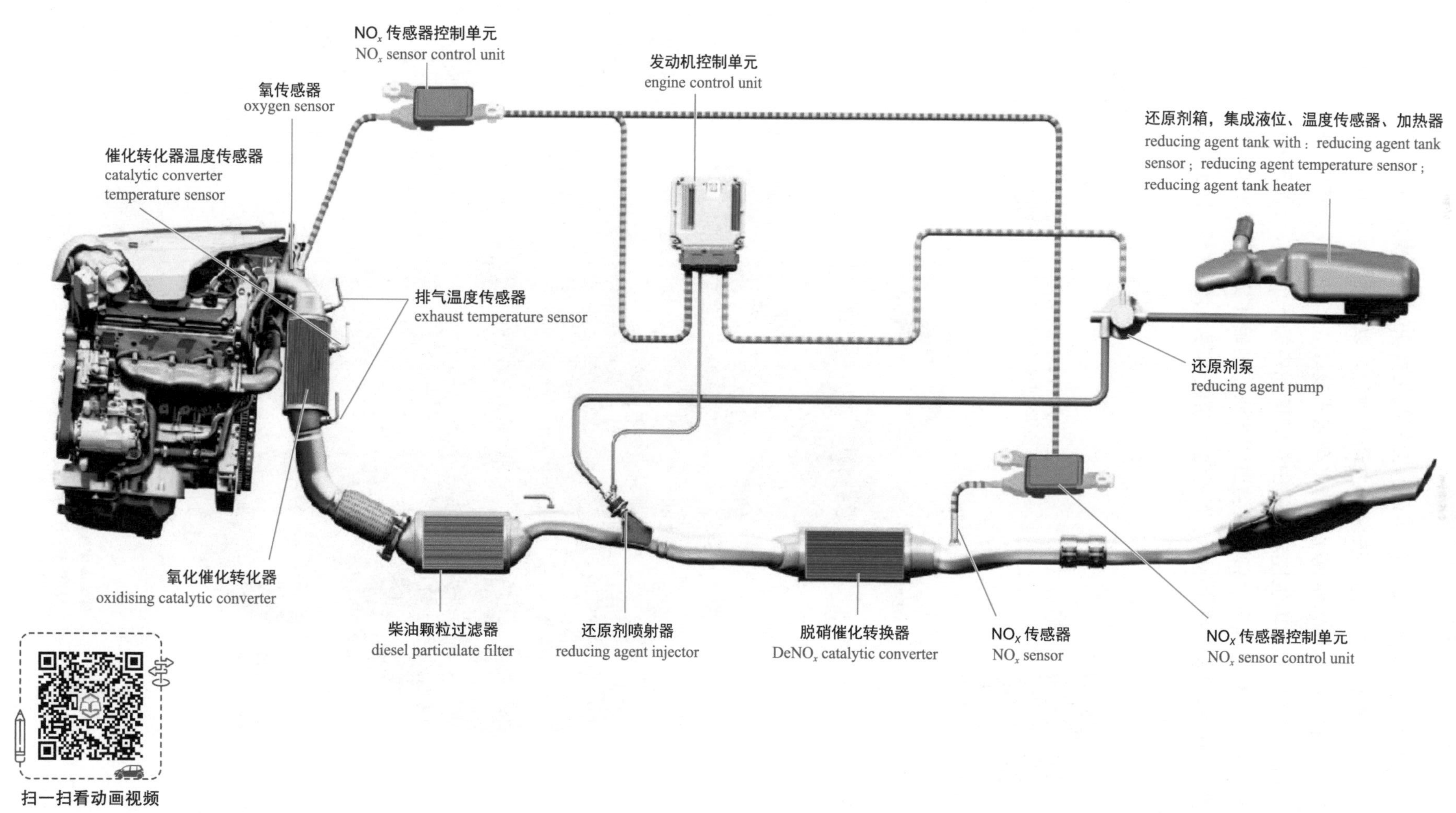

NOx 传感器控制单元
NOx sensor control unit
发动机控制单元
engine control unit
氧传感器
oxygen sensor
催化转化器温度传感器
catalytic converter
temperature sensor
还原剂箱，集成液位、温度传感器、加热器
reducing agent tank with：reducing agent tank
sensor；reducing agent temperature sensor；
reducing agent tank heater
排气温度传感器
exhaust temperature sensor
还原剂泵
reducing agent pump
氧化催化转化器
oxidising catalytic converter
柴油颗粒过滤器
diesel particulate filter
还原剂喷射器
reducing agent injector
脱硝催化转换器
DeNOx catalytic converter
NOx 传感器
NOx sensor
NOx 传感器控制单元
NOx sensor control unit

扫一扫看动画视频

2.9.13 柴油机废气净化模块

有些柴油机上，使用了所谓的废气净化模块。这种模块将氧化式催化净化器和柴油微尘过滤器合成为一个部件，这样方便安装于发动机附近，以让废气净化模块更快达到其正常工作温度。为了存储废气中的氮氧化物，将氧化式催化净化器设计成了NO_x存储式催化净化器。NO_x存储式催化净化器中氮氧化物的存储和再生控制，是由控制单元内的一个计算模型来完成的，该计算模型需要使用温度传感器和氧传感器信息。柴油微尘过滤器还作为硫化氢（H_2S）的捕集器使用，硫化氢是在NO_x存储式催化净化器脱硫时产生的，因此柴油微尘过滤器涂有金属氧化物涂层。

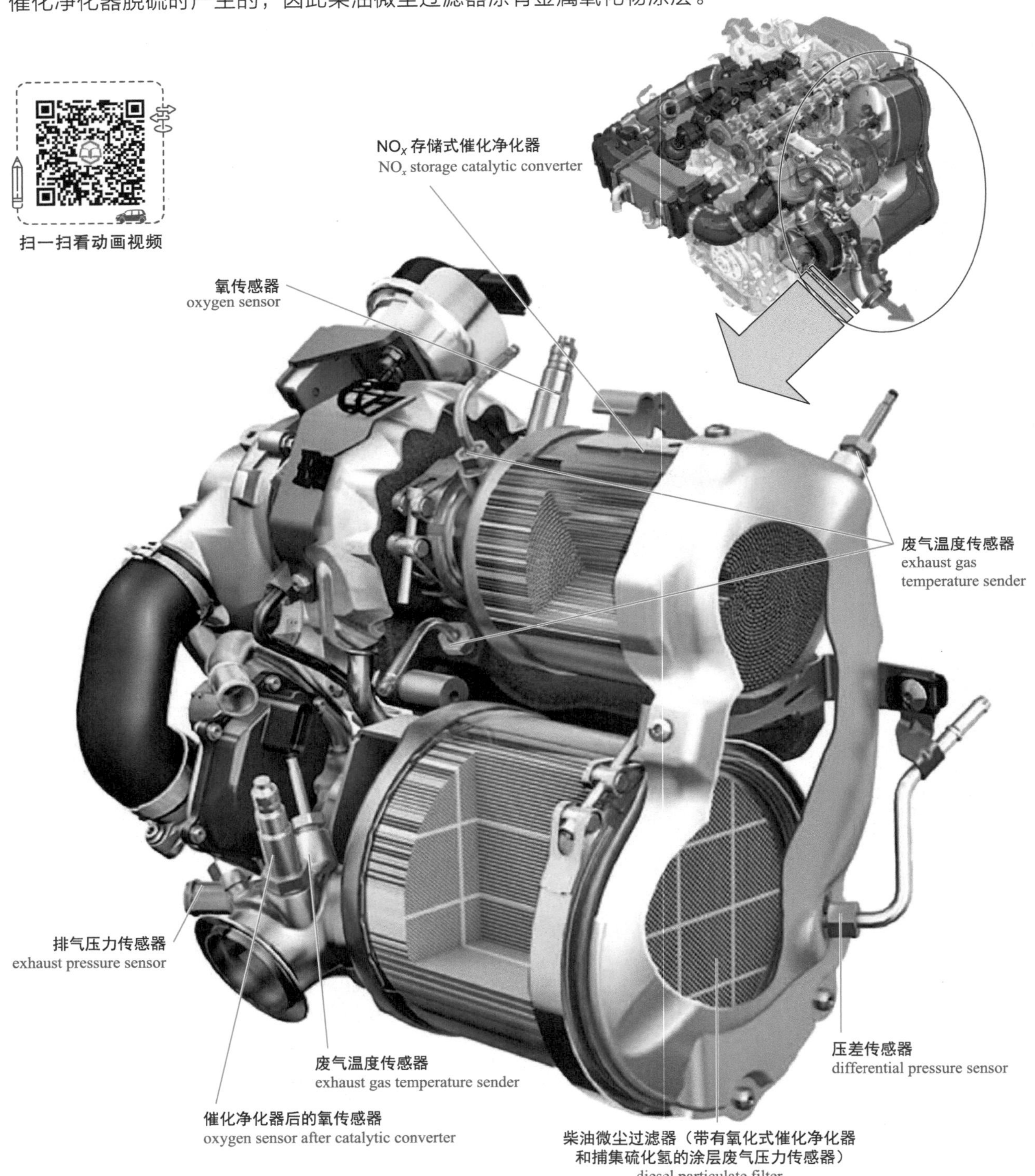

扫一扫看动画视频
NO_x存储式催化净化器
NO_x storage catalytic converter
氧传感器
oxygen sensor
废气温度传感器
exhaust gas
temperature sender
排气压力传感器
exhaust pressure sensor
废气温度传感器
exhaust gas temperature sender
催化净化器后的氧传感器
oxygen sensor after catalytic converter
柴油微尘过滤器（带有氧化式催化净化器
和捕集硫化氢的涂层废气压力传感器）
diesel particulate filter
压差传感器
differential pressure sensor

2.10 润滑系统

2.10.1 概述

发动机润滑系统的基本任务就是将清洁的、具有一定压力的、温度适宜的机油不断供给运动零件的摩擦表面，形成液体摩擦，以减小阻力、降低消耗、减轻磨损，从而提高发动机工作的可靠性和耐久性。

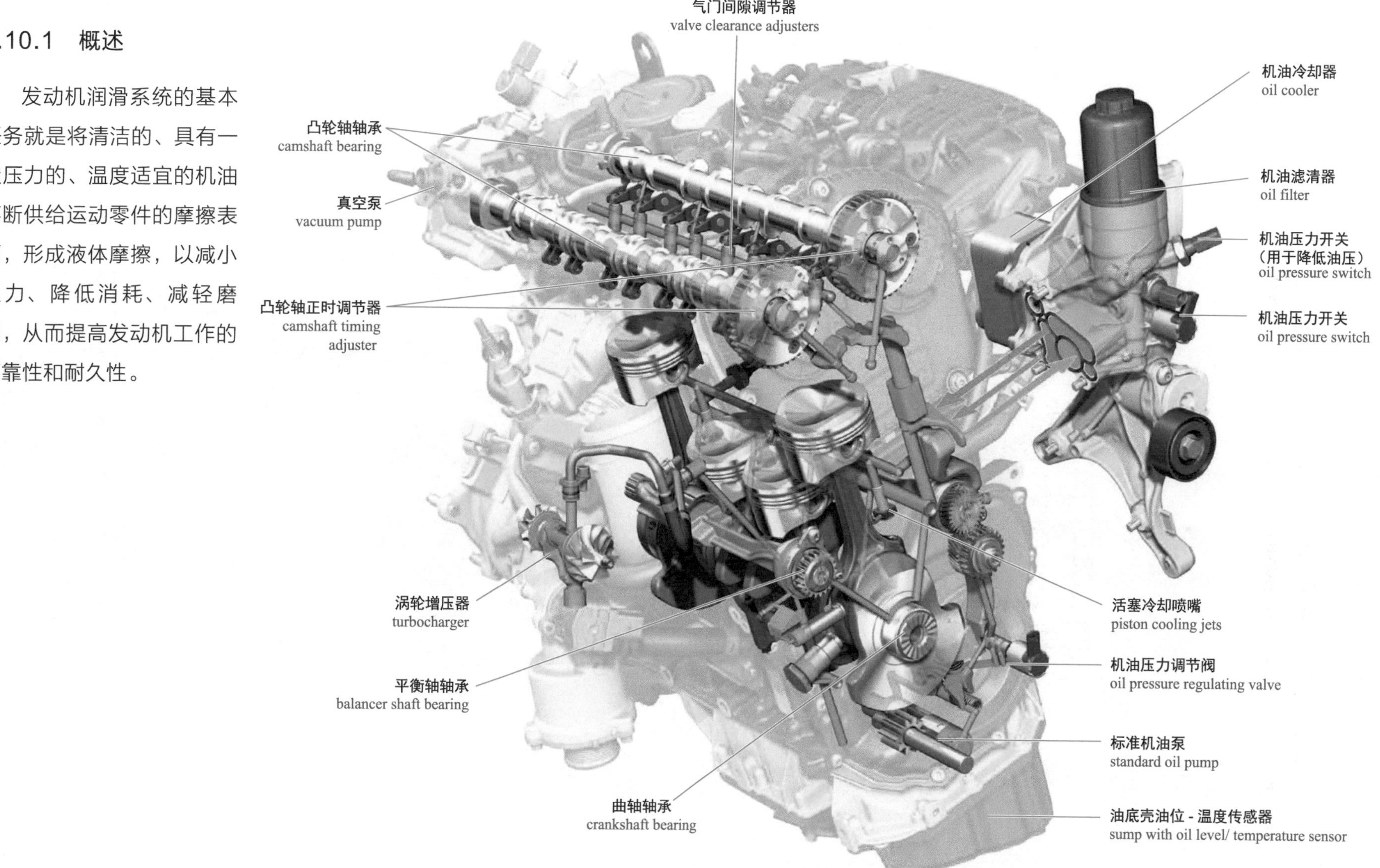

气门间隙调节器
valve clearance adjusters
凸轮轴轴承
camshaft bearing
真空泵
vacuum pump
凸轮轴正时调节器
camshaft timing adjuster
机油冷却器
oil cooler
机油滤清器
oil filter
机油压力开关
(用于降低油压)
oil pressure switch
机油压力开关
oil pressure switch
涡轮增压器
turbocharger
平衡轴轴承
balancer shaft bearing
曲轴轴承
crankshaft bearing
活塞冷却喷嘴
piston cooling jets
机油压力调节阀
oil pressure regulating valve
标准机油泵
standard oil pump
油底壳油位 - 温度传感器
sump with oil level/ temperature sensor

2.10.2 润滑油路

发动机的润滑系统一般采用压力和飞溅润滑。机油在压力作用下经过各机件的油道从缸体到达气缸盖，随后流回油底壳，由此润滑机件或飞溅到机件上。

直列发动机
inline engine

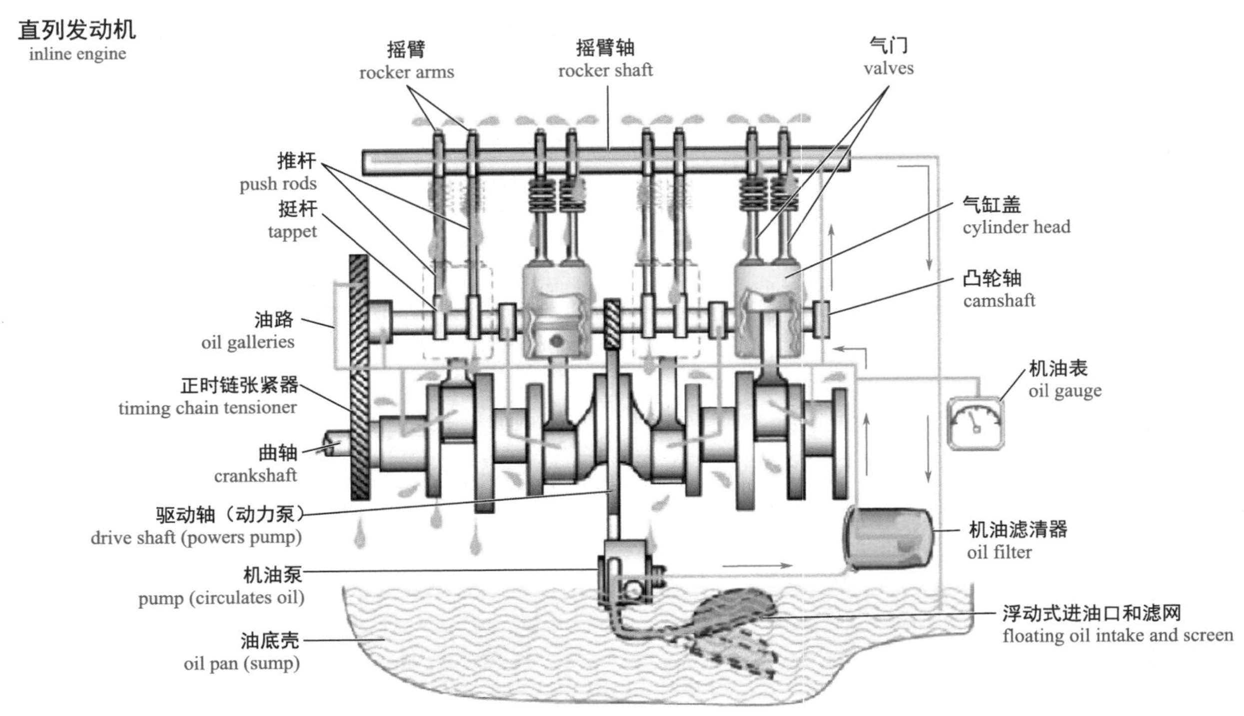

摇臂
rocker arms
摇臂轴
rocker shaft
气门
valves
推杆
push rods
挺杆
tappet
气缸盖
cylinder head
凸轮轴
camshaft
油路
oil galleries
正时链张紧器
timing chain tensioner
机油表
oil gauge
曲轴
crankshaft
驱动轴（动力泵）
drive shaft (powers pump)
机油滤清器
oil filter
机油泵
pump (circulates oil)
浮动式进油口和滤网
floating oil intake and screen
油底壳
oil pan (sump)

V形发动机
V type engine

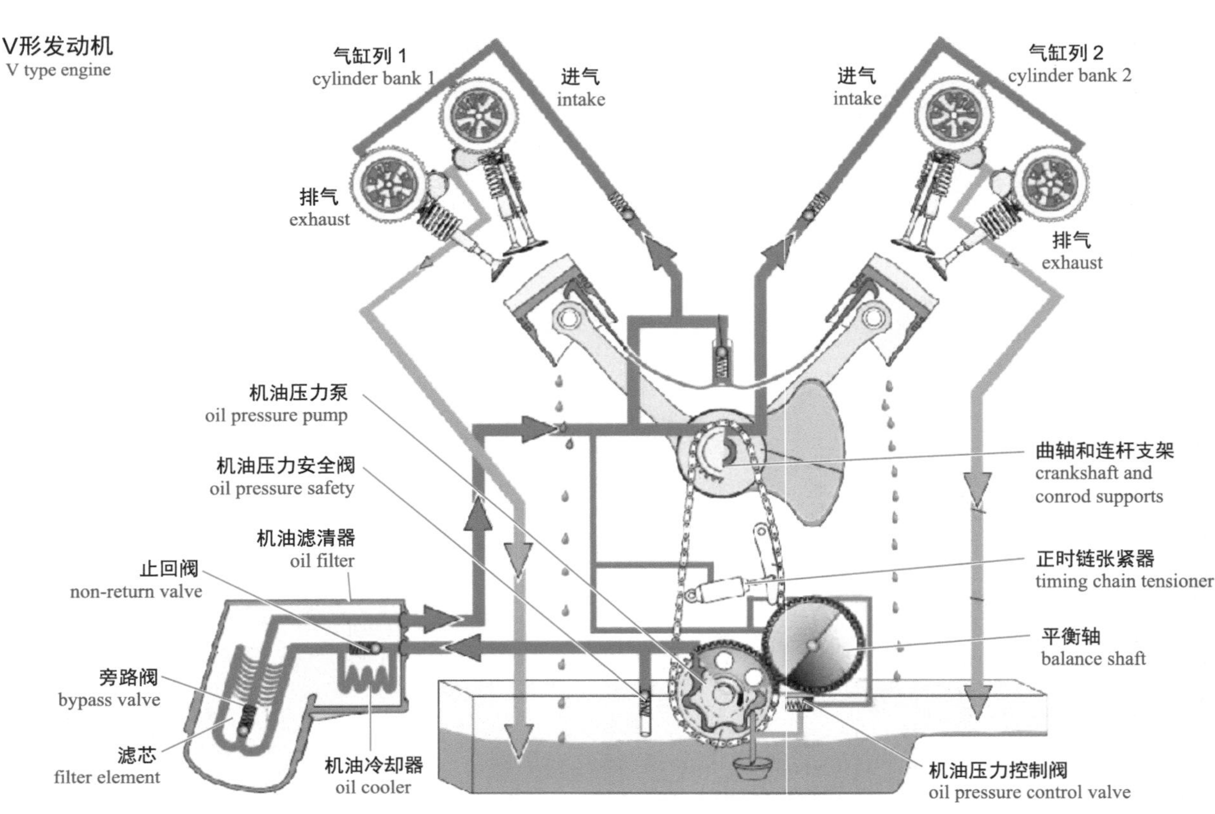

气缸列 1
cylinder bank 1
进气
intake
进气
intake
气缸列 2
cylinder bank 2
排气
exhaust
排气
exhaust
机油压力泵
oil pressure pump
曲轴和连杆支架
crankshaft and
conrod supports
机油压力安全阀
oil pressure safety
机油滤清器
oil filter
止回阀
non-return valve
正时链张紧器
timing chain tensioner
平衡轴
balance shaft
旁路阀
bypass valve
滤芯
filter element
机油冷却器
oil cooler
机油压力控制阀
oil pressure control valve

2.10.3 机油泵

机油泵作用是将机油提高到一定压力后，强制地压送到发动机各零件的运动表面上。机油泵结构形式常见的有转子式机油泵、齿轮式机油泵、叶片式机油泵三类。

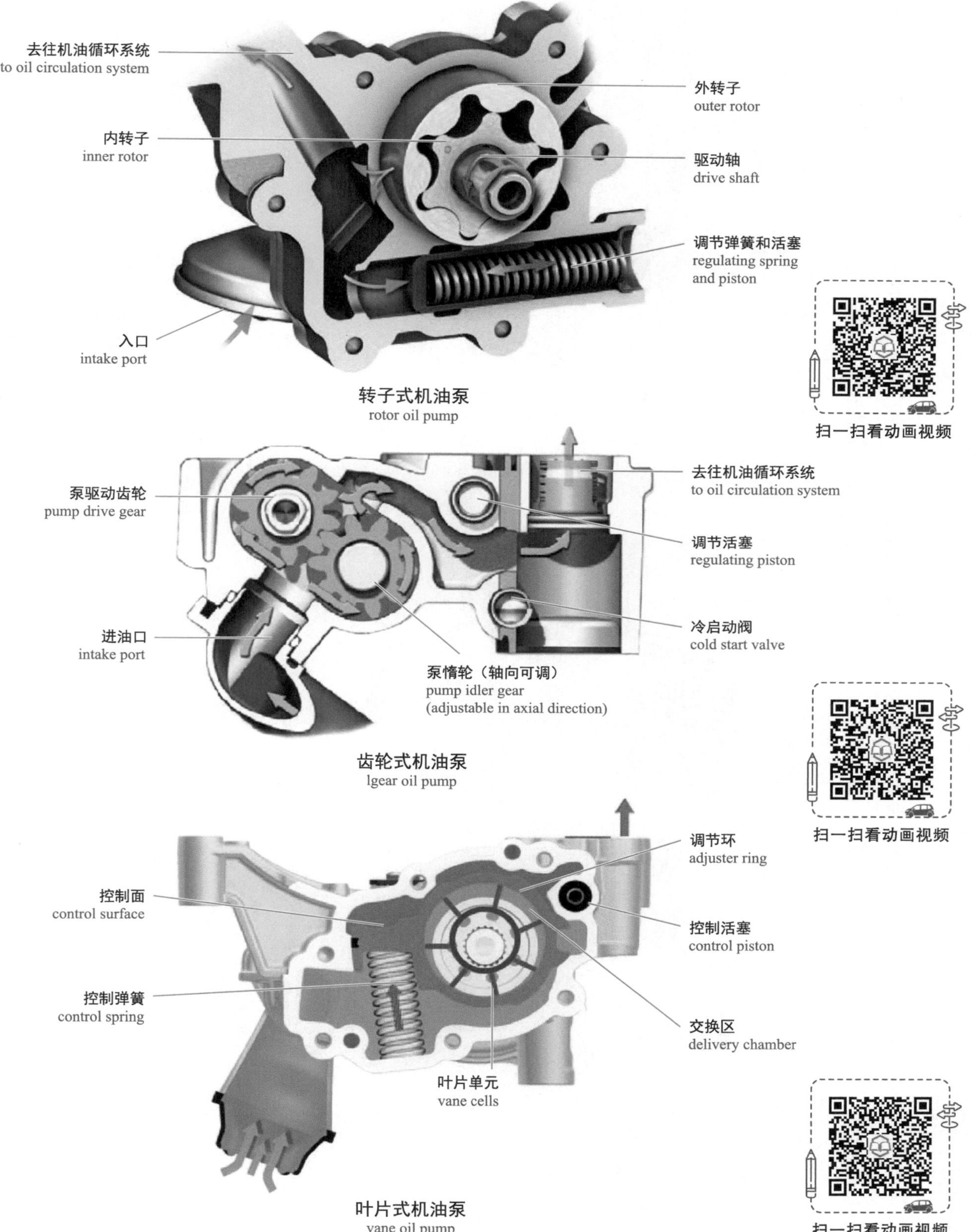

去往机油循环系统
to oil circulation system
外转子
outer rotor
内转子
inner rotor
驱动轴
drive shaft
调节弹簧和活塞
regulating spring
and piston
入口
intake port

转子式机油泵
rotor oil pump

扫一扫看动画视频

泵驱动齿轮
pump drive gear
去往机油循环系统
to oil circulation system
调节活塞
regulating piston
冷启动阀
cold start valve
进油口
intake port
泵惰轮（轴向可调）
pump idler gear
(adjustable in axial direction)

齿轮式机油泵
lgear oil pump

扫一扫看动画视频

调节环
adjuster ring
控制面
control surface
控制活塞
control piston
控制弹簧
control spring
交换区
delivery chamber
叶片单元
vane cells

叶片式机油泵
vane oil pump

扫一扫看动画视频

2.10.4 干式油底壳

干式油底壳一般用于高性能跑车及赛车用发动机，油底壳被外部储油罐替代，这样发动机的安装位置可以更低，而更低的重心则有利于获得更好的行驶动态性能，也可在极端驾驶状况下确保供油。发动机油将根据需要通过发动机油泵被送到发动机中的润滑点上。滴落的发动机油由发动机油泵吸走，然后重新泵入储油罐。

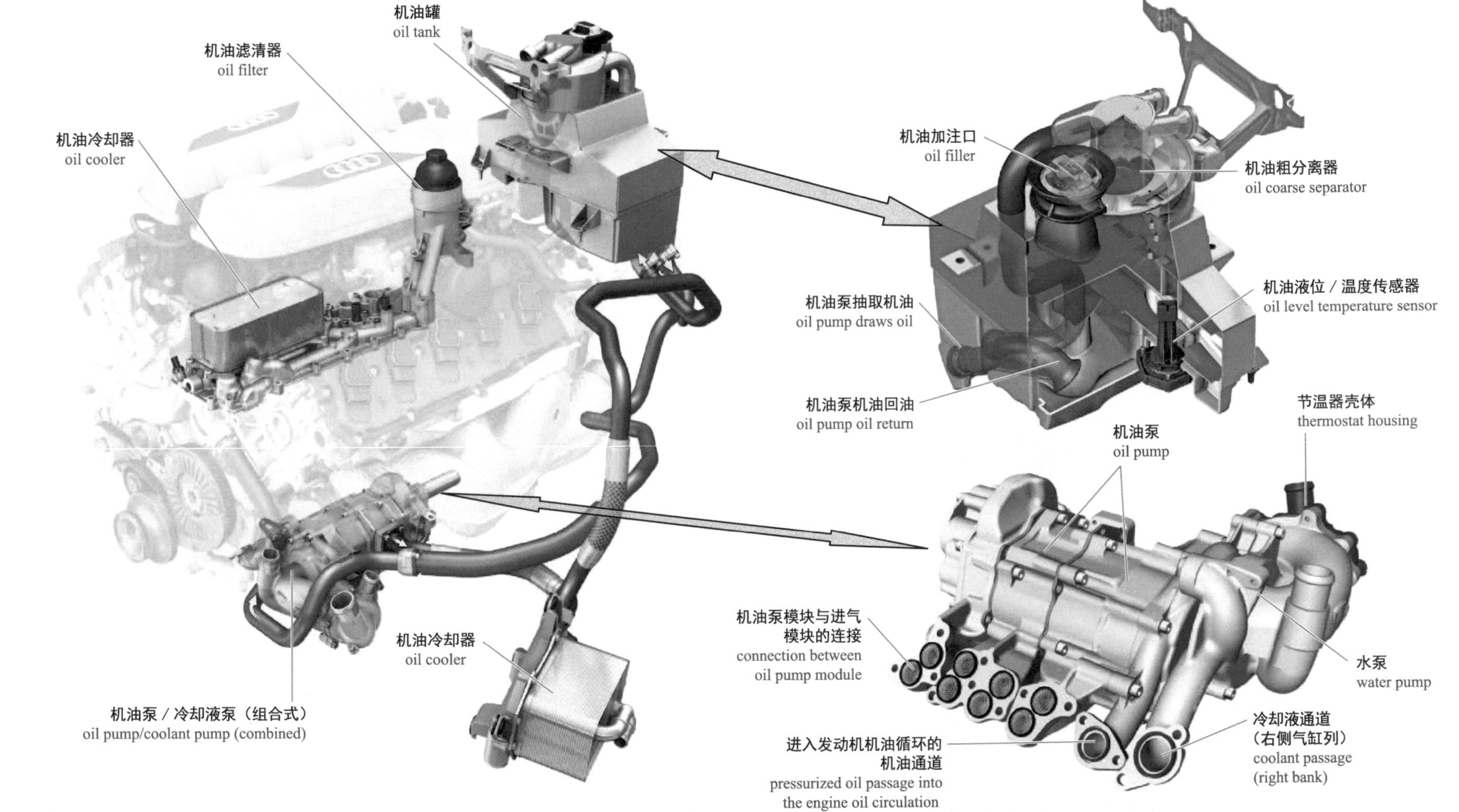
机油罐
oil tank
机油滤清器
oil filter
机油冷却器
oil cooler
机油加注口
oil filler
机油粗分离器
oil coarse separator
机油泵抽取机油
oil pump draws oil
机油液位 / 温度传感器
oil level temperature sensor
机油泵机油回油
oil pump oil return
节温器壳体
thermostat housing
机油泵
oil pump
机油泵模块与进气模块的连接
connection between oil pump module
水泵
water pump
机油冷却器
oil cooler
机油泵 / 冷却液泵（组合式）
oil pump/coolant pump (combined)
进入发动机机油循环的机油通道
pressurized oil passage into the engine oil circulation
冷却液通道（右侧气缸列）
coolant passage (right bank)

2.10.5 机油滤清器

机油滤清器，又称机油格，用于去除机油中的灰尘、金属颗粒、炭沉淀物和煤烟颗粒等杂质，保护发动机。

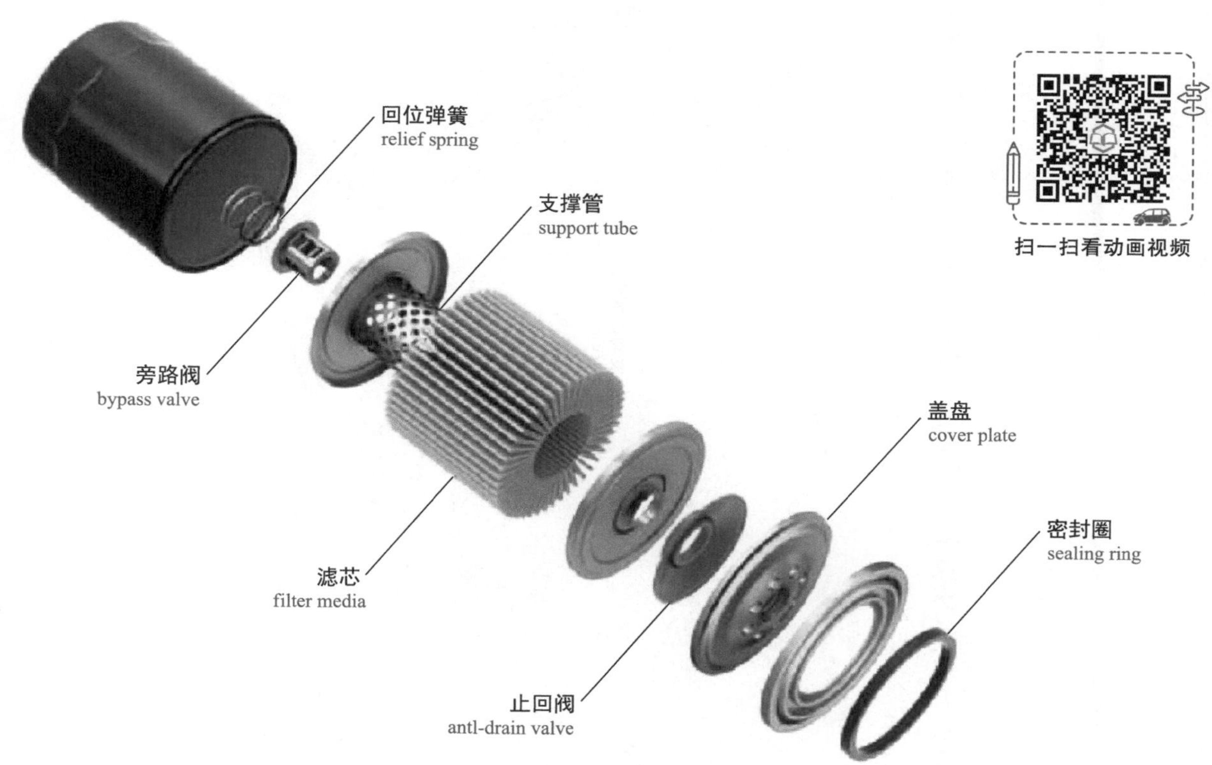
回位弹簧
relief spring
支撑管
support tube
旁路阀
bypass valve
盖盘
cover plate
密封圈
sealing ring
滤芯
filter media
止回阀
antl-drain valve
扫一扫看动画视频

机油滤清器设计为纸质滤清器滤芯。机油泵从油底壳抽出的机油，以一定的压力从滤清器的进油口（螺纹盖板的多个冲孔）进入滤清器的滤芯纸格外表，经滤芯过滤后进入中心管，再从出油口（即中心螺纹孔）流进发动机的主油道进行润滑。

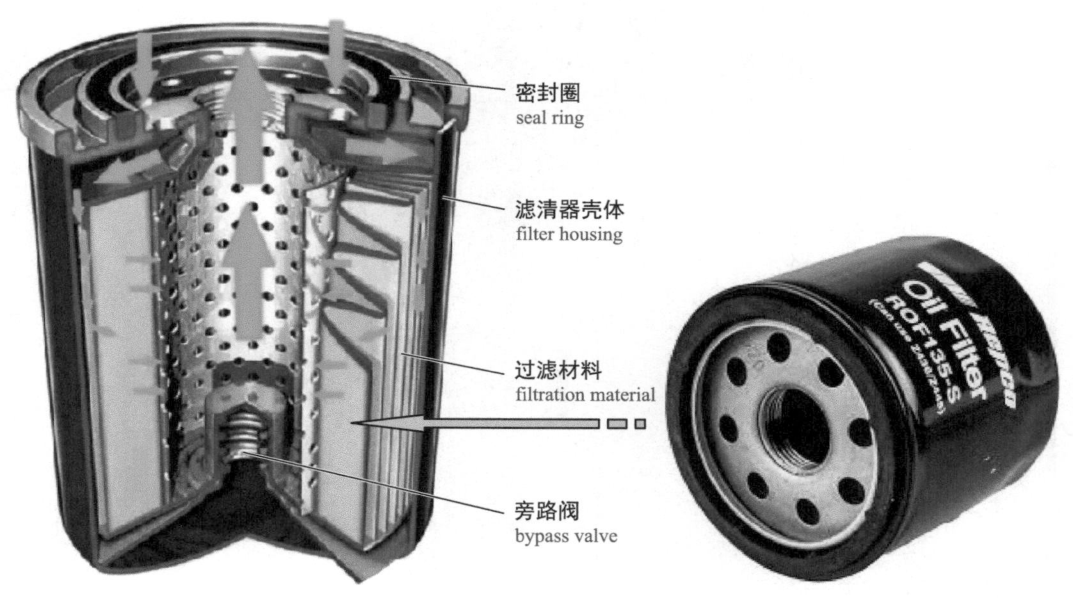
密封圈
seal ring
滤清器壳体
filter housing
过滤材料
filtration material
旁路阀
bypass valve
Oil Filter
ROF135-S

2.11 冷却系统

2.11.1 概述

汽车发动机采用的水冷系统利用水泵使冷却液在冷却系统中循环流动，一般称为强制循环式水冷系统。冷却系统主要由水泵、散热器、冷却风扇、补偿水箱、节温器、发动机机体和气缸盖中的水套以及附属装置等组成。在冷却系统中，有两个散热循环：一个是冷却发动机的主循环；另一个是车内取暖循环。这两个循环都以发动机为中心，使用同一冷却液。

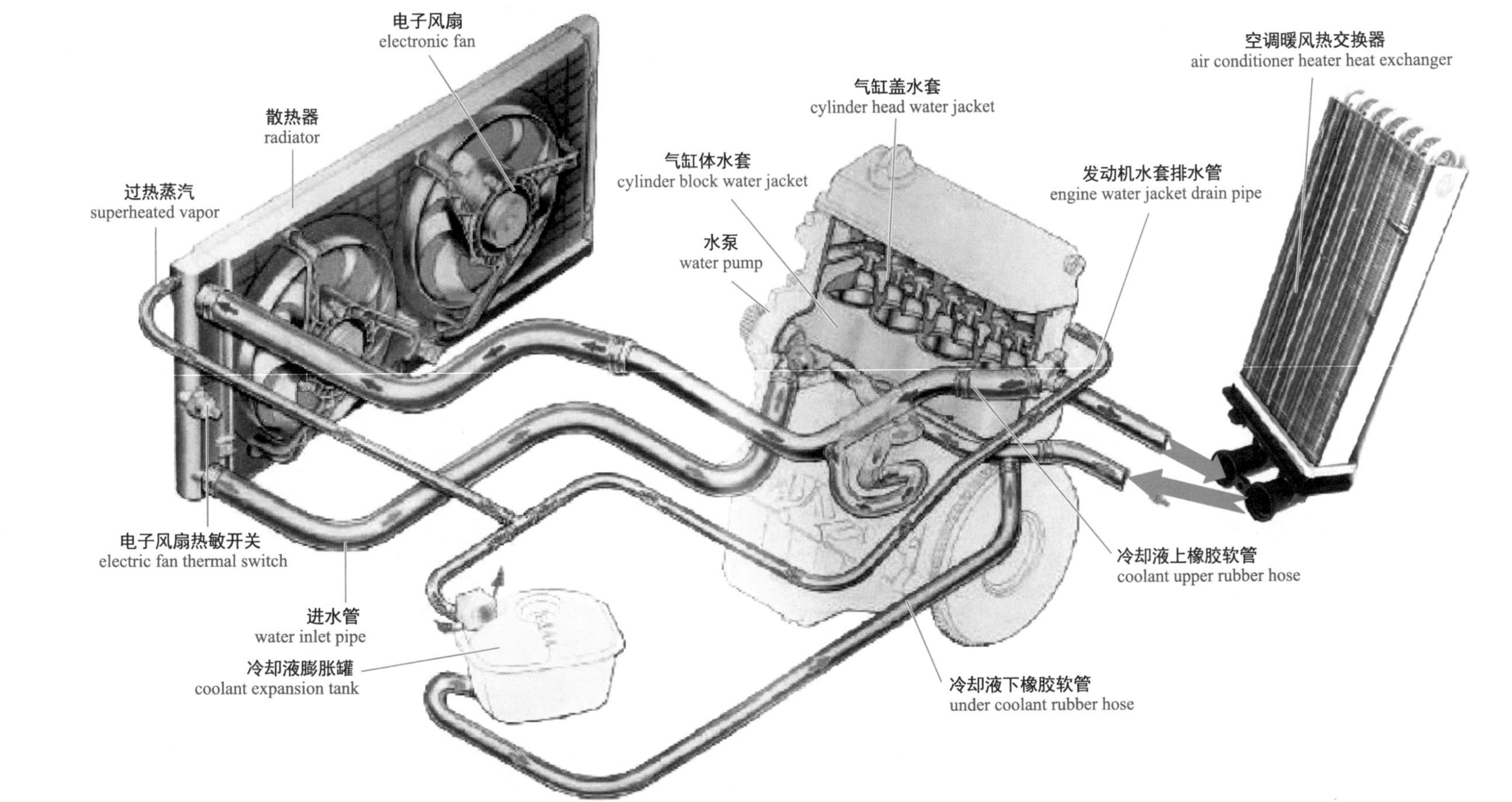
电子风扇
electronic fan
散热器
radiator
过热蒸汽
superheated vapor
气缸盖水套
cylinder head water jacket
气缸体水套
cylinder block water jacket
水泵
water pump
空调暖风热交换器
air conditioner heater heat exchanger
发动机水套排水管
engine water jacket drain pipe
电子风扇热敏开关
electric fan thermal switch
进水管
water inlet pipe
冷却液膨胀罐
coolant expansion tank
冷却液上橡胶软管
coolant upper rubber hose
冷却液下橡胶软管
under coolant rubber hose

2.11.2 冷却原理

发动机采用交叉流动式冷却系统。冷的冷却液通过冷却液泵从发动机的前部流入气缸体中，并且冷却液通过各个端面在气缸体中循环。在发动机的灼热侧（排气侧），冷却液沿着管路被分配给各个气缸，并且从气缸流至进气侧（较冷的一侧）。在这里灼热的冷却液被搜集在储液罐中，然后通过节温器被传送至散热器中；如果节温器关闭，则冷却液直接流回水泵中。热交换器和废气涡轮增压器通过附加的连接被集成在发动机内部冷却液回路中。机油热交换器通过副支架直接与气缸体连接。冷却液再循环泵可防止发动机关闭后废气涡轮增压器的温度过高。循环泵的激活是由发动机控制单元根据特性曲线图控制的。

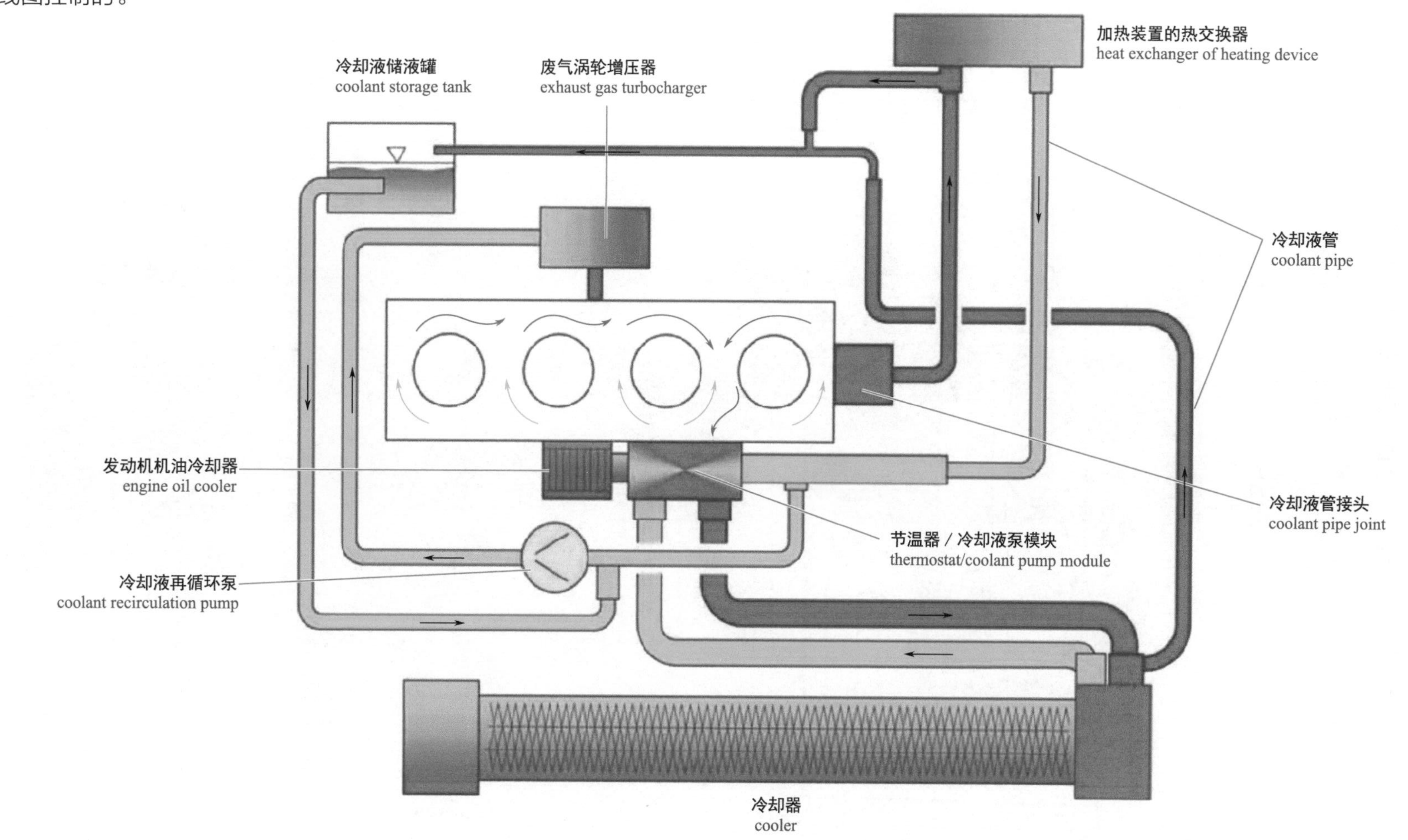
加热装置的热交换器
heat exchanger of heating device
冷却液储液罐
coolant storage tank
废气涡轮增压器
exhaust gas turbocharger
冷却液管
coolant pipe
发动机机油冷却器
engine oil cooler
冷却液管接头
coolant pipe joint
节温器 / 冷却液泵模块
thermostat/coolant pump module
冷却液再循环泵
coolant recirculation pump
冷却器
cooler

2.11.3 节温器

（1）机械节温器与传统冷却循环节温器控制主要是在发动机没有达到正常工作温度时，使冷却水不经过散热器，而是通过旁通水道直接流回发动机，传统冷却循环使用蜡式节温器，通过石蜡的热胀冷缩原理工作。

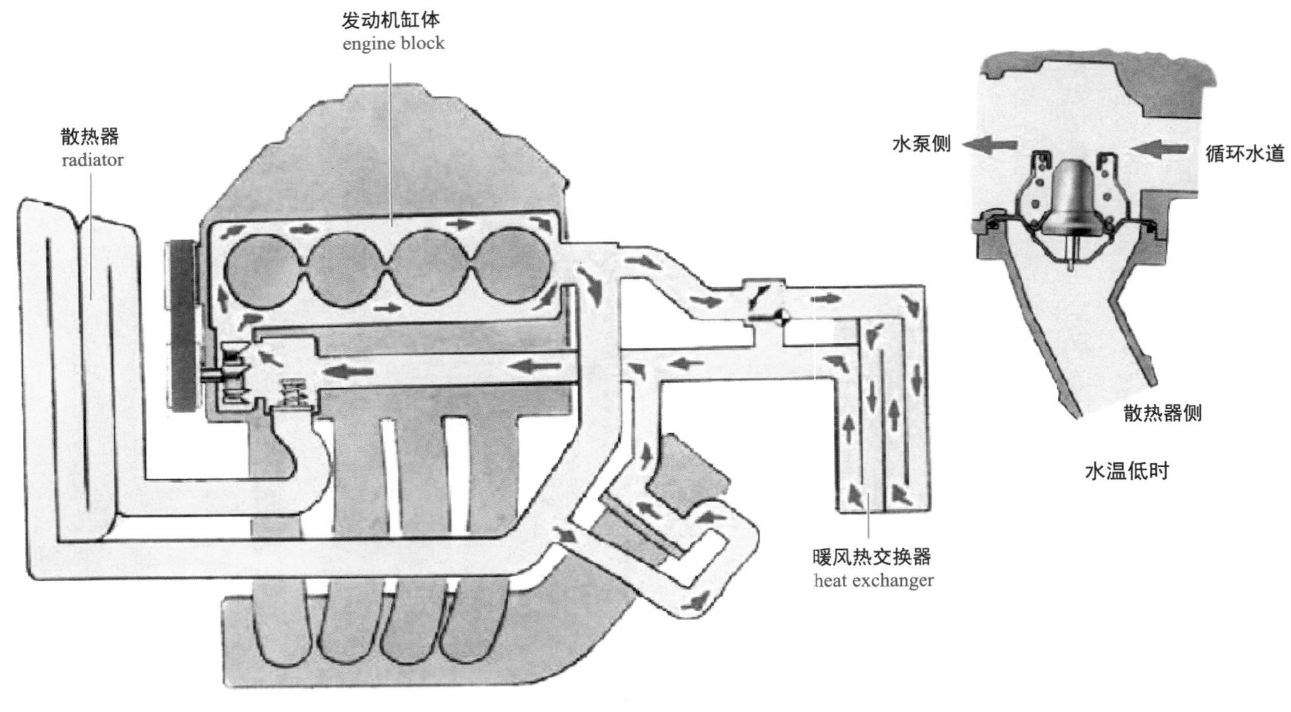
发动机缸体
engine block
散热器
radiator
暖风热交换器
heat exchanger
水泵侧
循环水道
散热器侧
水温低时

冷却液小循环（节温器关闭）
coolant small circulation (thermostat closed)

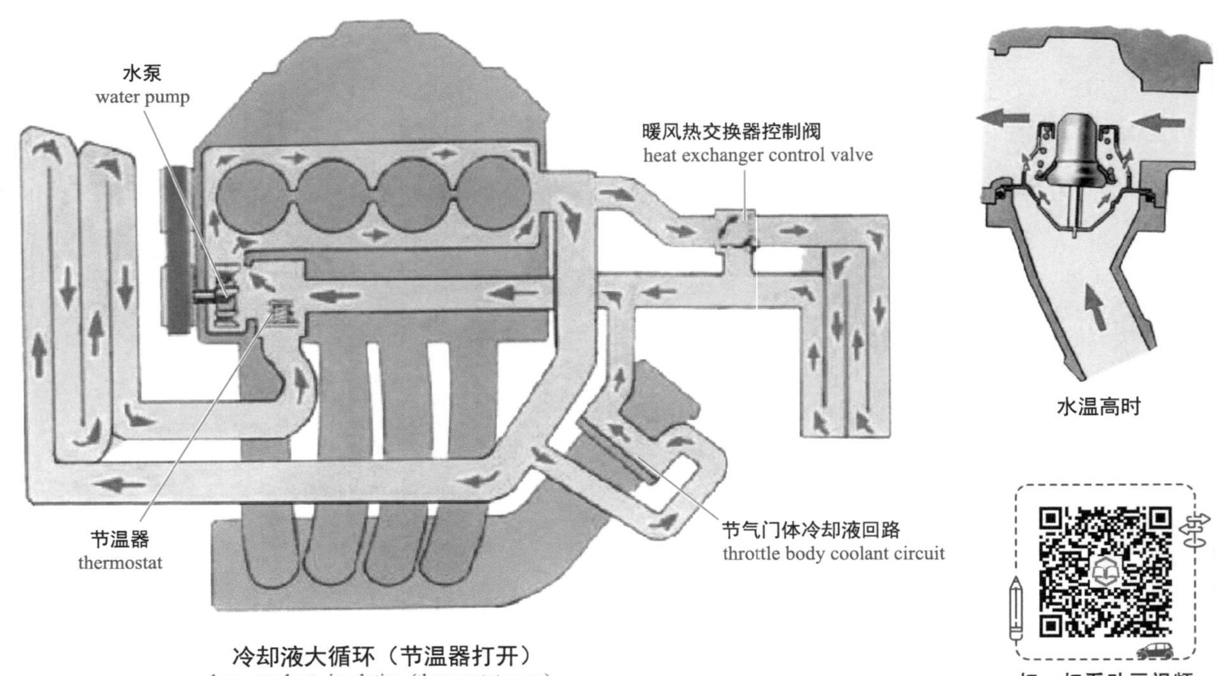
水泵
water pump
暖风热交换器控制阀
heat exchanger control valve
节温器
thermostat
节气门体冷却液回路
throttle body coolant circuit
水温高时
扫一扫看动画视频

冷却液大循环（节温器打开）
large coolant circulation (thermostat open)

（2）电子节温器与电控冷却系统

电控冷却系统依据发动机的负荷为发动机在该状态下设定一个适宜的工作温度。冷却液分配器分为两部分：上半部分是供给冷却液的，下半部分是冷却液的回液管。这两部分通过一垂直通道相通，电子节温器通过它的小阀片打开或关闭此垂直通道，这样就可以控制冷却液的大小循环。

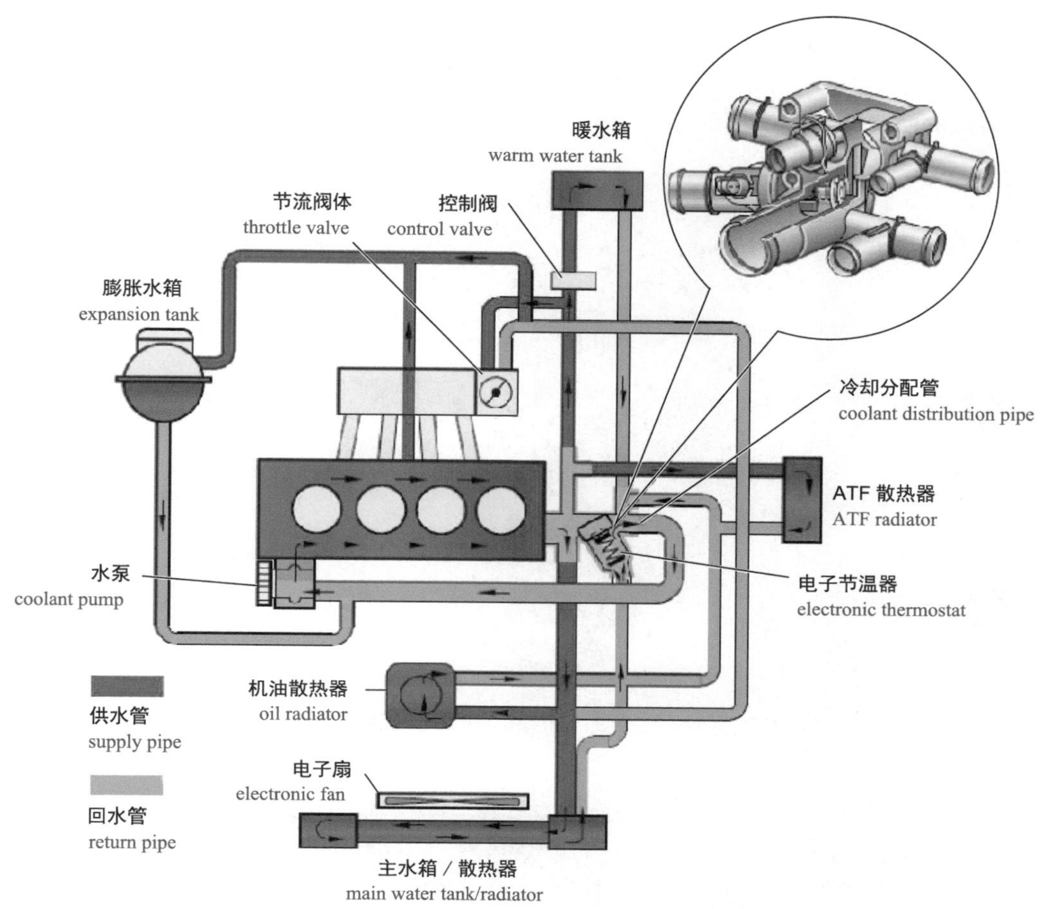
暖水箱
warm water tank
节流阀体
throttle valve
控制阀
control valve
膨胀水箱
expansion tank
冷却分配管
coolant distribution pipe
ATF 散热器
ATF radiator
水泵
coolant pump
电子节温器
electronic thermostat
机油散热器
oil radiator
供水管
supply pipe
电子扇
electronic fan
回水管
return pipe
主水箱 / 散热器
main water tank/radiator

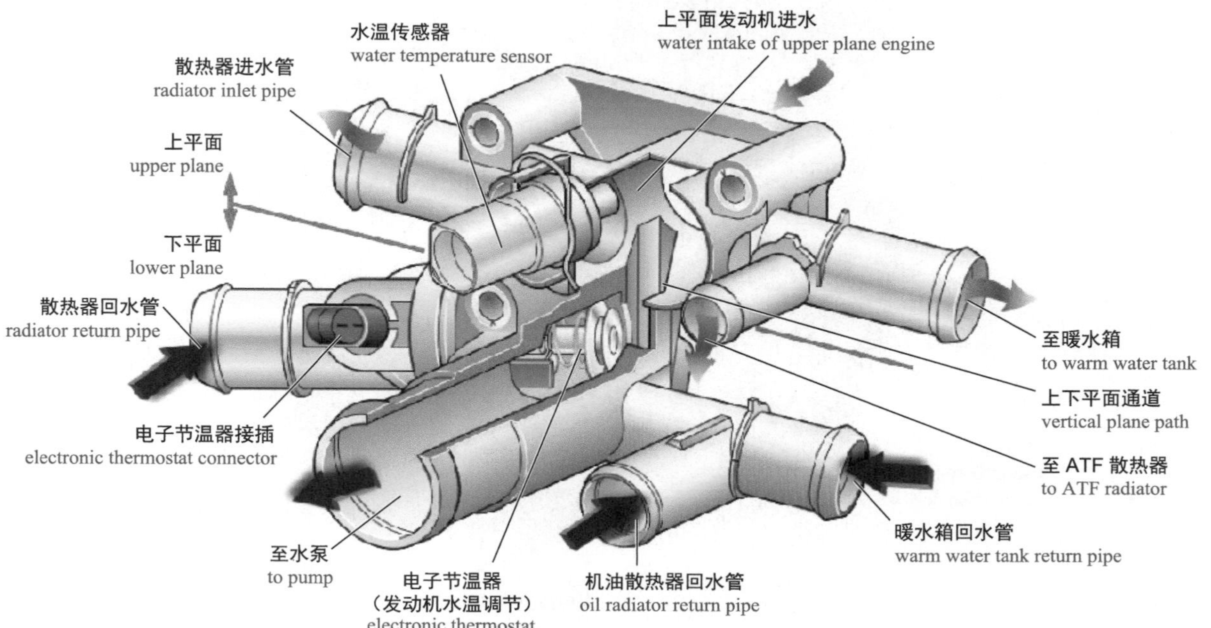
水温传感器
water temperature sensor
上平面发动机进水
water intake of upper plane engine
散热器进水管
radiator inlet pipe
上平面
upper plane
下平面
lower plane
散热器回水管
radiator return pipe
至暖水箱
to warm water tank
上下平面通道
vertical plane path
至 ATF 散热器
to ATF radiator
电子节温器接插
electronic thermostat connector
暖水箱回水管
warm water tank return pipe
至水泵
to pump
电子节温器
（发动机水温调节）
electronic thermostat
机油散热器回水管
oil radiator return pipe

第2章

动力系统

2.11.4 热量管理模块

发动机温度调节执行元件采用两个机械连接的旋转滑阀来调节冷却液液流。旋转滑阀角度位置的调节是按照发动机控制单元内的各种特性曲线来进行的。通过旋转滑阀的相应位置，就可实现不同的切换状态，这样可使发动机快速预热，并使发动机温度保持在85 ~ 107℃之间。

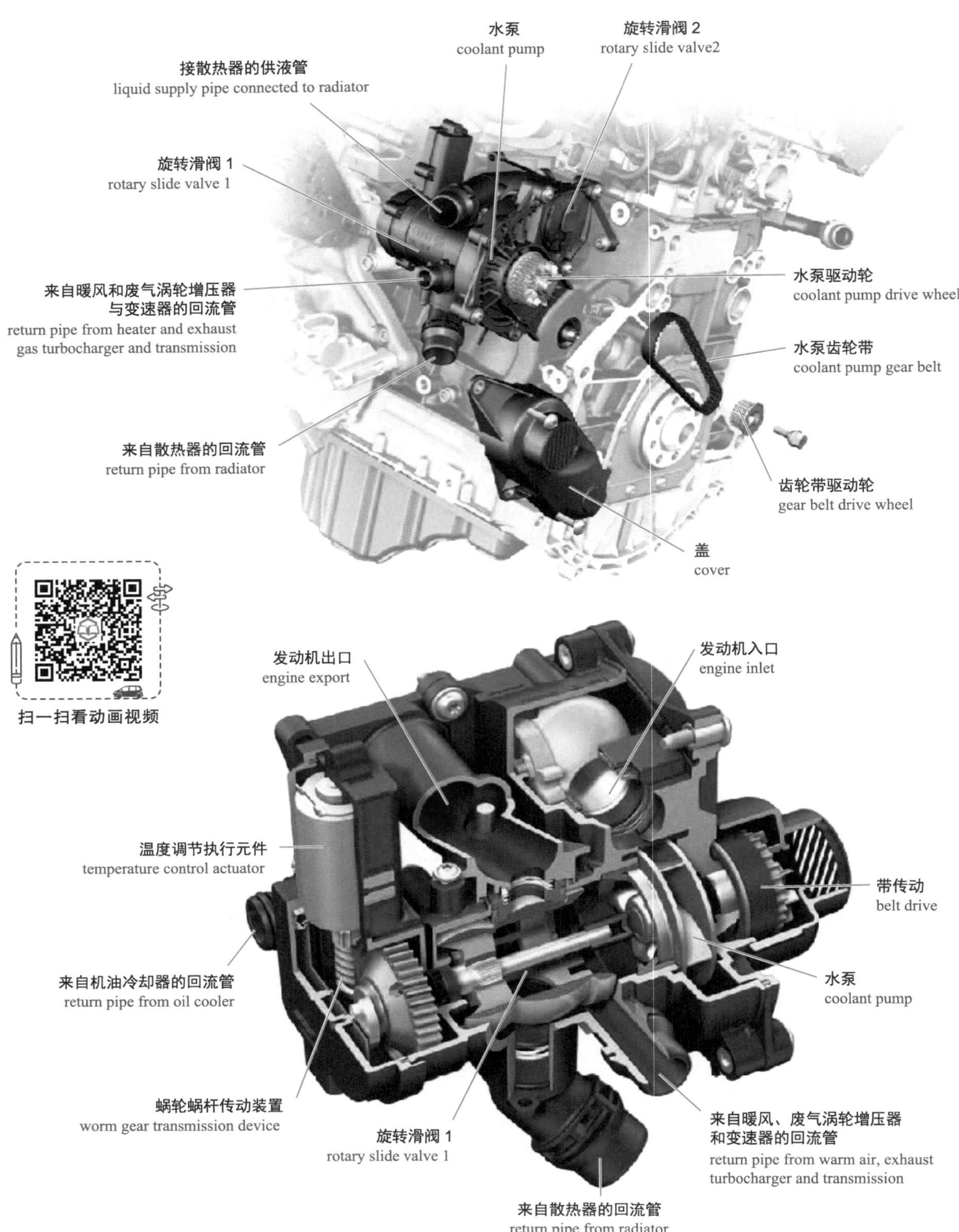
水泵
coolant pump
旋转滑阀 2
rotary slide valve2
接散热器的供液管
liquid supply pipe connected to radiator
旋转滑阀 1
rotary slide valve 1
来自暖风和废气涡轮增压器与变速器的回流管
return pipe from heater and exhaust gas turbocharger and transmission
水泵驱动轮
coolant pump drive wheel
水泵齿轮带
coolant pump gear belt
来自散热器的回流管
return pipe from radiator
齿轮带驱动轮
gear belt drive wheel
盖
cover
扫一扫看动画视频
发动机出口
engine export
发动机入口
engine inlet
温度调节执行元件
temperature control actuator
带传动
belt drive
来自机油冷却器的回流管
return pipe from oil cooler
水泵
coolant pump
蜗轮蜗杆传动装置
worm gear transmission device
旋转滑阀 1
rotary slide valve 1
来自暖风、废气涡轮增压器和变速器的回流管
return pipe from warm air, exhaust turbocharger and transmission
来自散热器的回流管
return pipe from radiator

2.11.5 电动汽车高压冷却系统

相比传统燃油汽车，电动汽车使用了不少高电压部件，如动力电池、电驱模块、车载充电机等，这些高压部件在工作时都会产生热量使部件温度升高，为了使它们能正常工作，必须使用冷却系统将其温度控制在合适的区间。

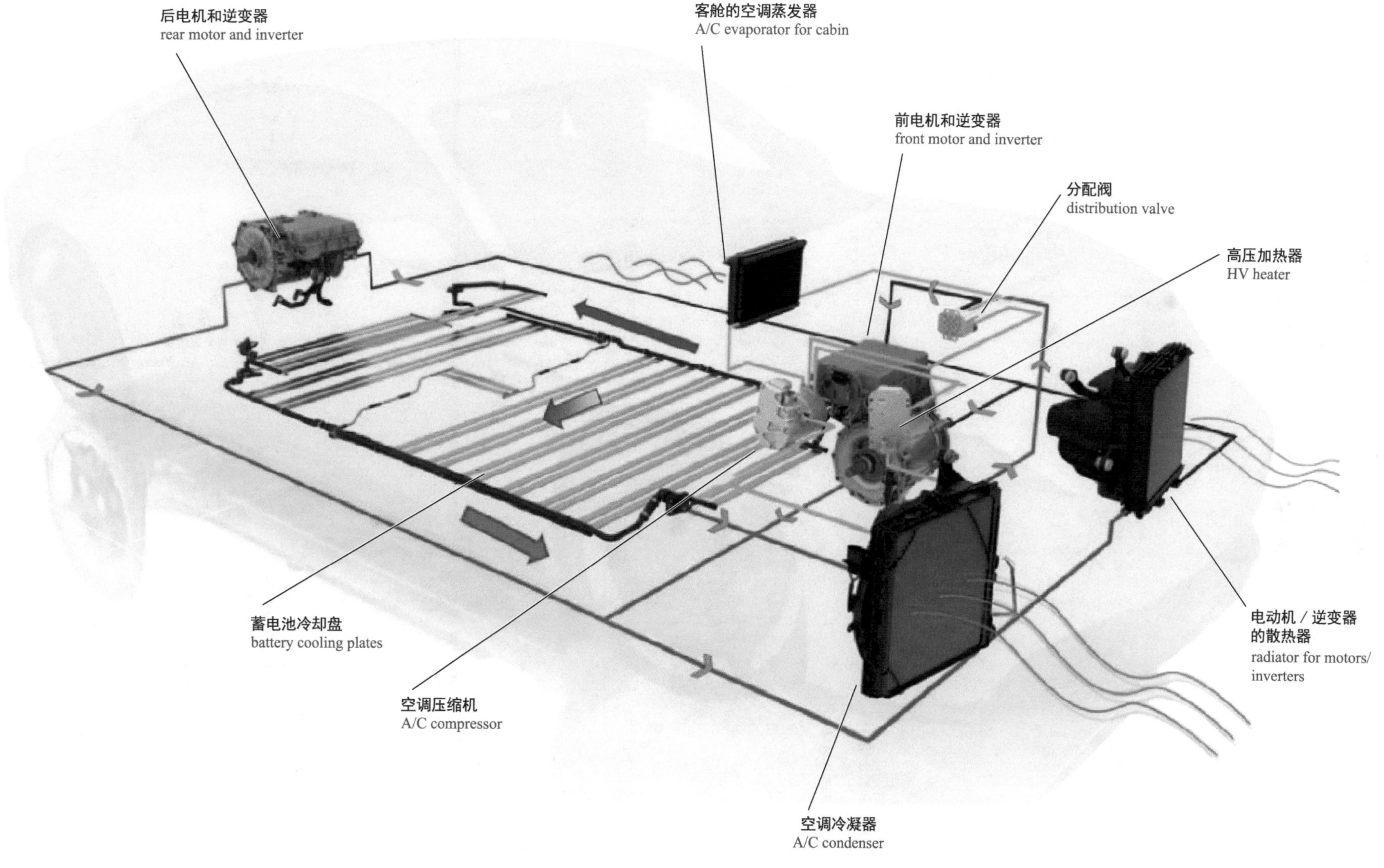
后电机和逆变器
rear motor and inverter
客舱的空调蒸发器
A/C evaporator for cabin
前电机和逆变器
front motor and inverter
分配阀
distribution valve
高压加热器
HV heater
电动机 / 逆变器的散热器
radiator for motors/inverters
蓄电池冷却盘
battery cooling plates
空调压缩机
A/C compressor
空调冷凝器
A/C condenser

2.11.6 高压电池冷却与加热

高压电池单元直接通过制冷剂进行冷却。空调系统的制冷剂循环回路由两个“并联”支路构成：一个用于车内冷却；一个用于高压电池单元冷却。两个支路各有一个膨胀和截止组合阀，用于相互独立地控制冷却功能。

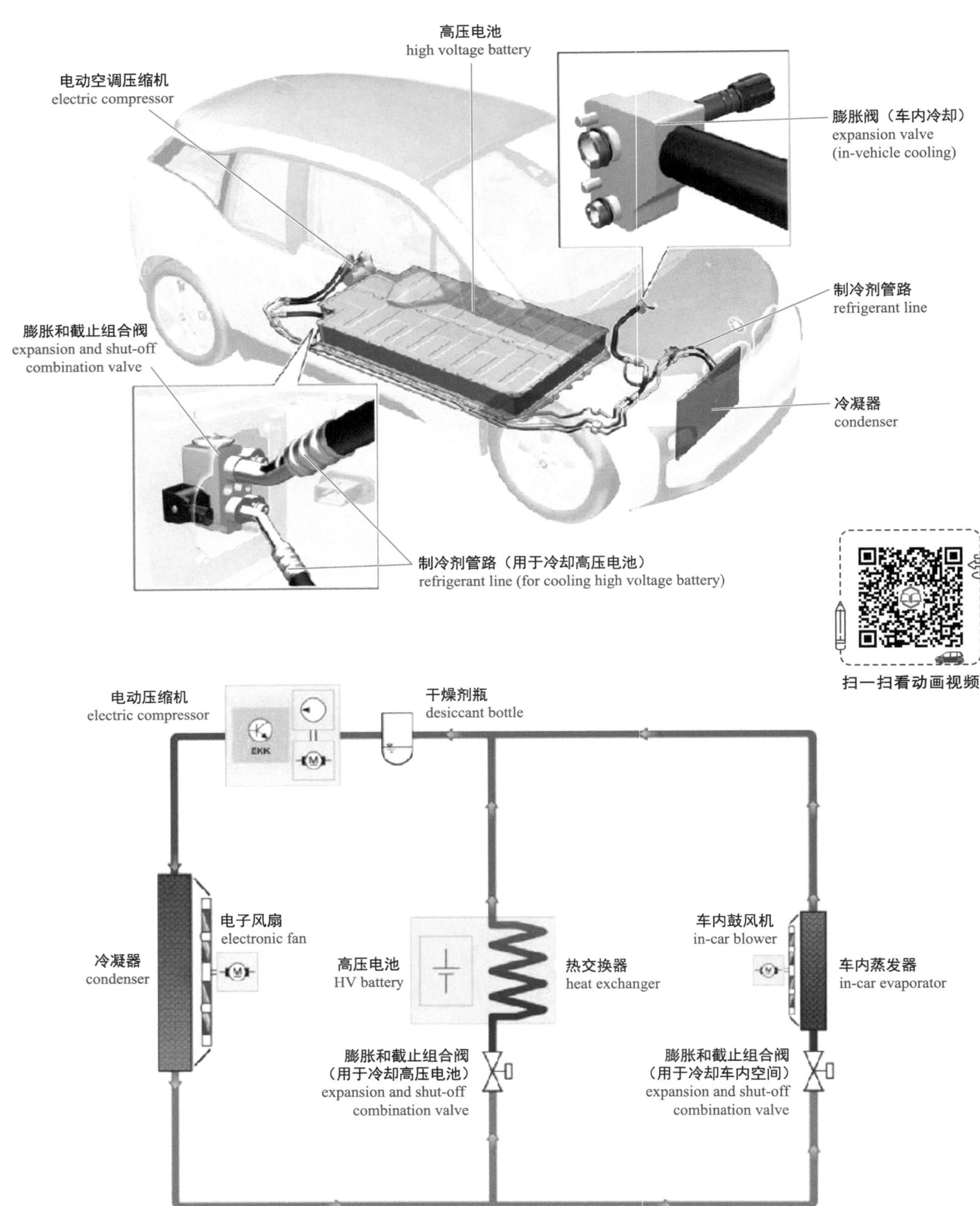
高压电池
high voltage battery
电动空调压缩机
electric compressor
膨胀阀（车内冷却）
expansion valve
(in-vehicle cooling)
制冷剂管路
refrigerant line
膨胀和截止组合阀
expansion and shut-off
combination valve
冷凝器
condenser
制冷剂管路（用于冷却高压电池）
refrigerant line (for cooling high voltage battery)
扫一扫看动画视频
电动压缩机
electric compressor
EKK
干燥剂瓶
desiccant bottle
电子风扇
electronic fan
冷凝器
condenser
高压电池
HV battery
热交换器
heat exchanger
车内鼓风机
in-car blower
车内蒸发器
in-car evaporator
膨胀和截止组合阀
（用于冷却高压电池）
expansion and shut-off
combination valve
膨胀和截止组合阀
（用于冷却车内空间）
expansion and shut-off
combination valve

2.11.7 电驱总成冷却系统

车辆通过一个冷却系统对驱动组件进行冷却。电机电子装置所要求的温度比电机低，因此选择按该顺序串联。由于电动驱动装置和便捷充电电子装置不同时运行，因此选择了并联。增程电机和增程电机电子装置首先串联连接。由于这两个组件与便捷充电电子装置和电机电子装置不同时运行，因此与其并联连接，驱动组件冷却液循环回路内的冷却液通过一个电动冷却液泵进行泵送。如果行驶风不足以冷却冷却液散热器内的冷却液，还可以接通电风扇辅助散热。

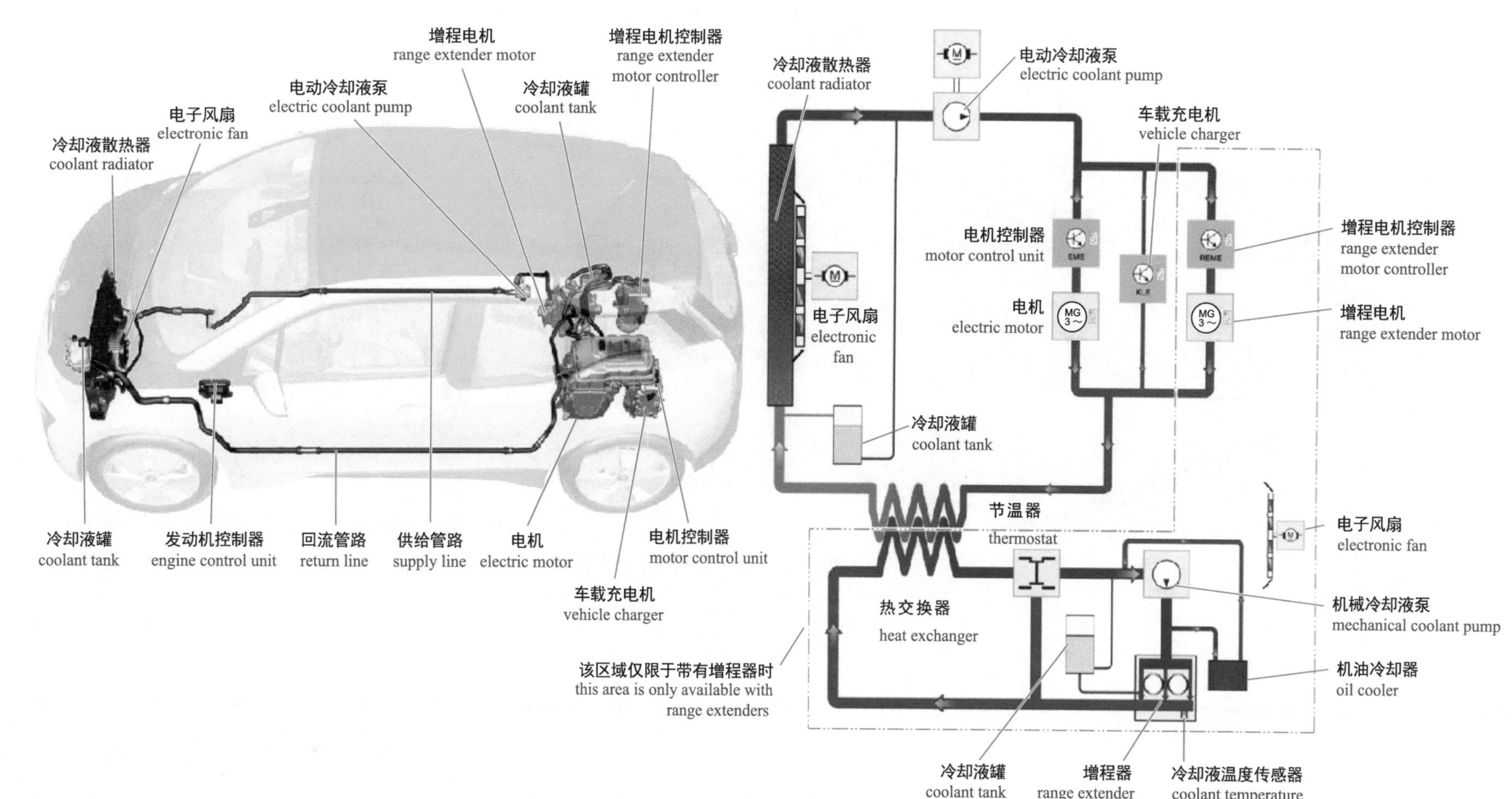
增程电机
range extender motor
增程电机控制器
range extender
motor controller
电动冷却液泵
electric coolant pump
冷却液罐
coolant tank
电子风扇
electronic fan
冷却液散热器
coolant radiator
冷却液罐
coolant tank
发动机控制器
engine control unit
回流管路
return line
供给管路
supply line
电机
electric motor
电机控制器
motor control unit
车载充电机
vehicle charger
冷却液散热器
coolant radiator
电动冷却液泵
electric coolant pump
车载充电机
vehicle charger
电机控制器
motor control unit
电机
electric motor
增程电机控制器
range extender
motor controller
增程电机
range extender motor
电子风扇
electronic
fan
冷却液罐
coolant tank
节温器
thermostat
电子风扇
electronic fan
热交换器
heat exchanger
机械冷却液泵
mechanical coolant pump
该区域仅限于带有增程器时
this area is only available with
range extenders
机油冷却器
oil cooler
冷却液罐
coolant tank
增程器
range extender
冷却液温度传感器
coolant temperature

2.12 电动化系统

2.12.1 纯电动汽车

纯电动汽车（battery electric vehicle，BEV）是完全由可充电电池（如铅酸电池、镍氢电池或锂离子电池）提供动力源的汽车。

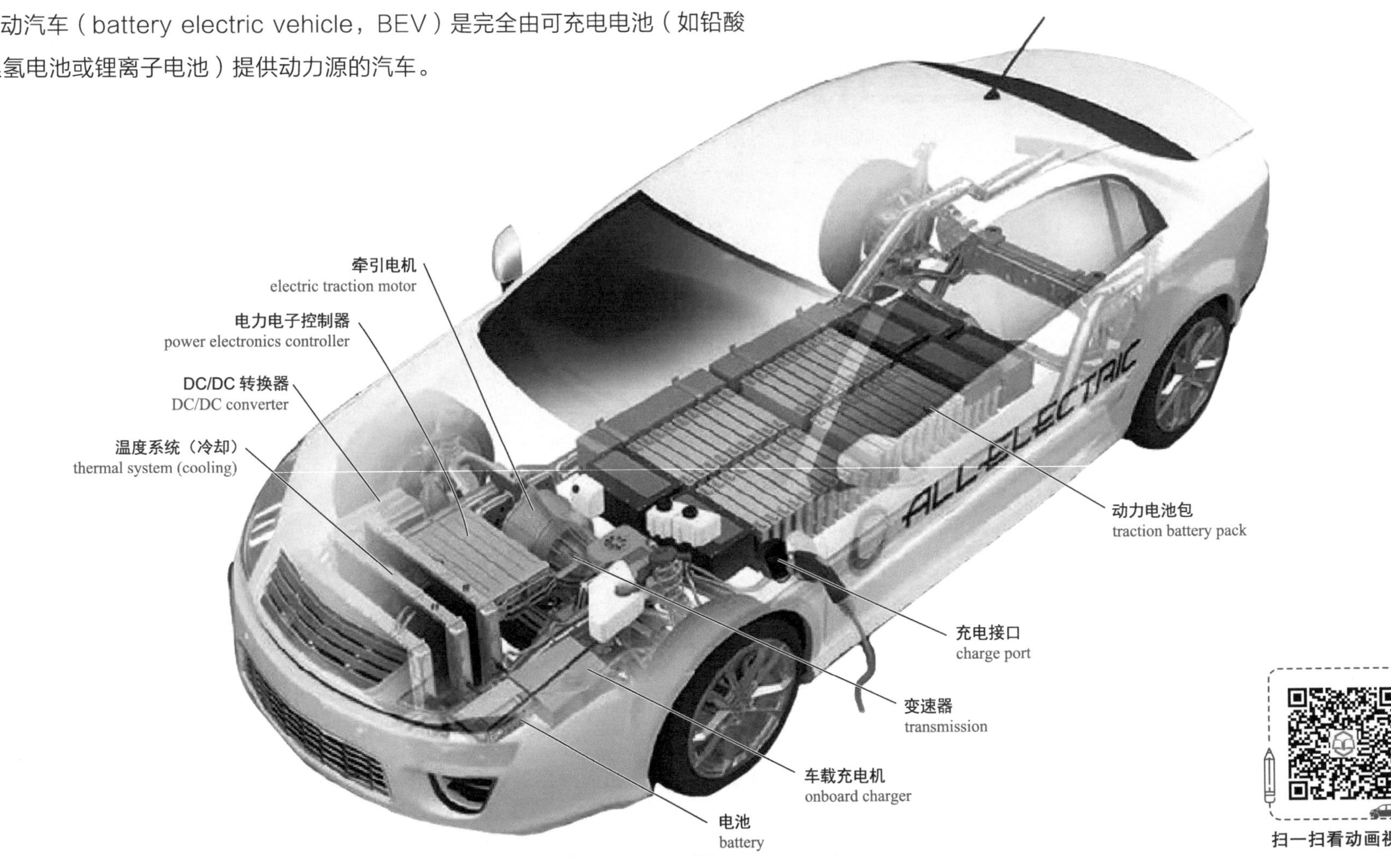
牵引电机
electric traction motor
电力电子控制器
power electronics controller
DC/DC 转换器
DC/DC converter
温度系统（冷却）
thermal system (cooling)
ALL ELECTRIC
动力电池包
traction battery pack
充电接口
charge port
变速器
transmission
车载充电机
onboard charger
电池
battery

扫一扫看动画视频

2.12.2 混合动力汽车

（1）概述

混合动力电动汽车是指使用电动机和传统发动机联合驱动的汽车，按动力耦合方式的不同可以分为串联式混合动力、并联式混合动力和混联式混合动力三种。以上类型的HEV如果不能外接充电补充电能，则称为“油电混动汽车”；如果能外插充电，则称为“插电混动汽车（plug in hybrid electric vehicle，PHEV）”；发动机作为增程器充电而不直接驱动车辆的混动汽车被称为“增程电动汽车（ranqe extend electric vehicle，REEV）”。

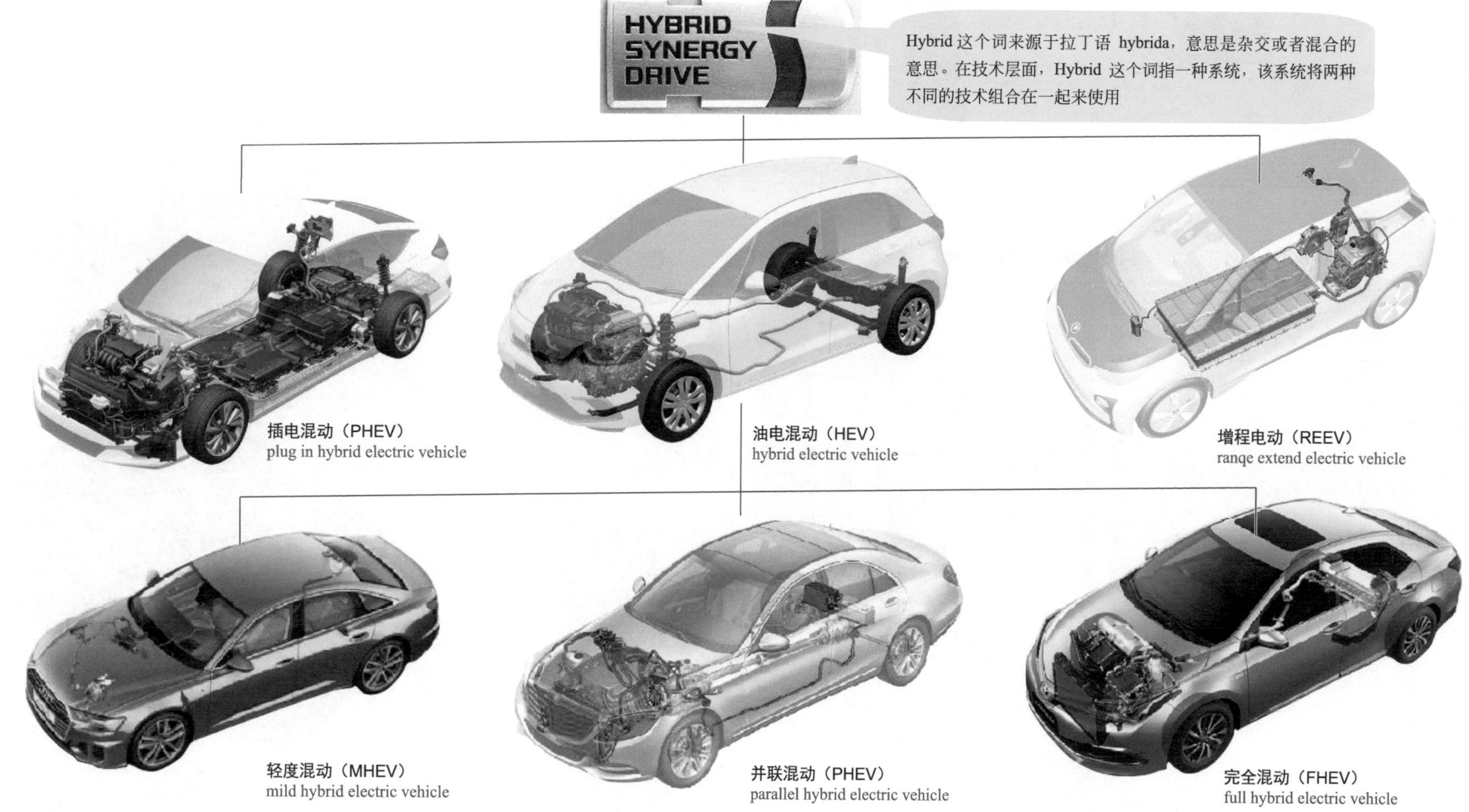
HYBRID
SYNERGY
DRIVE
Hybrid 这个词来源于拉丁语 hybrida，意思是杂交或者混合的意思。在技术层面，Hybrid 这个词指一种系统，该系统将两种不同的技术组合在一起来使用
插电混动（PHEV）
plug in hybrid electric vehicle
油电混动（HEV）
hybrid electric vehicle
增程电动（REEV）
ranqe extend electric vehicle
轻度混动（MHEV）
mild hybrid electric vehicle
并联混动（PHEV）
parallel hybrid electric vehicle
完全混动（FHEV）
full hybrid electric vehicle

（2）增程式电动汽车

增程式电动汽车实际上就属于串联式混合动力汽车（SHEV），这种车辆的驱动力只来源于电动机。其结构特点是发动机带动发电机发电，电能通过电机控制器输送给电动机，由电动机驱动汽车行驶。另外，动力电池也可以单独向电动机提供电能驱动汽车行驶。

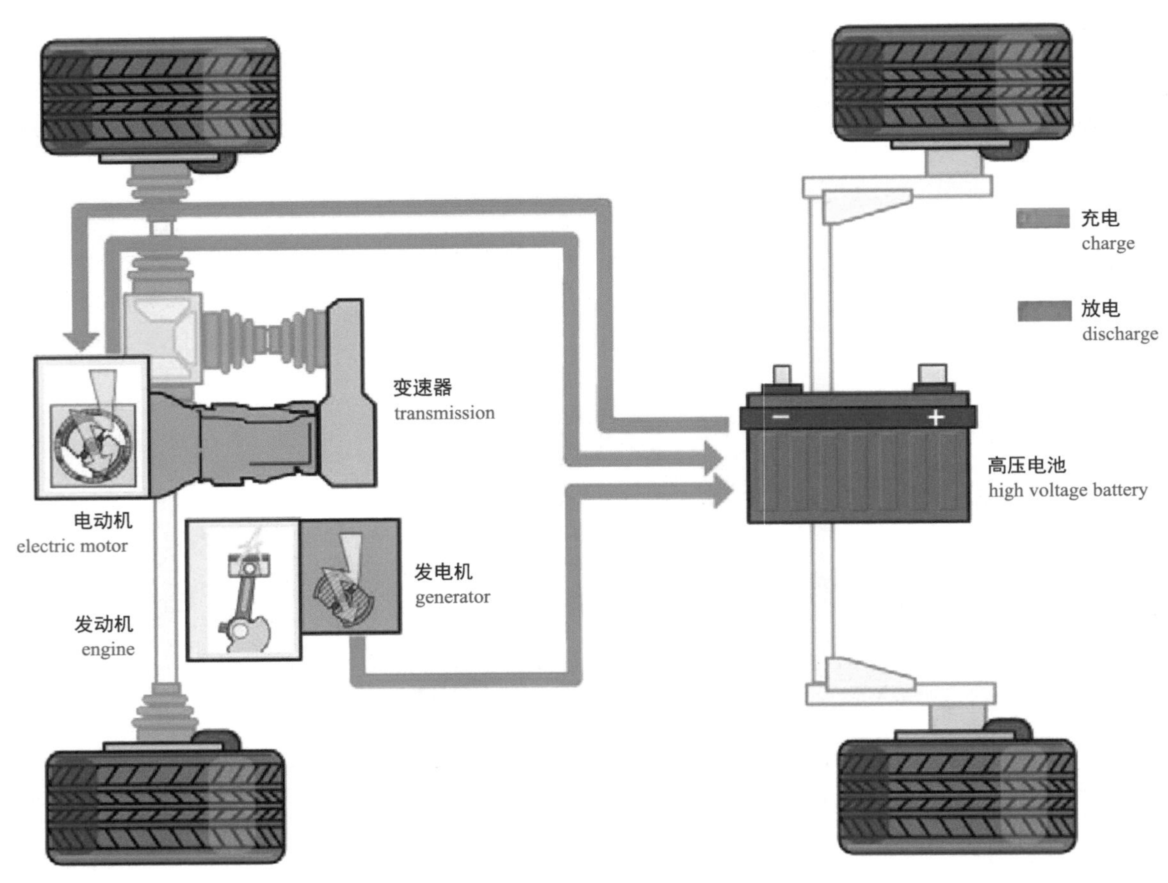
充电
charge
放电
discharge
变速器
transmission
高压电池
high voltage battery
电动机
electric motor
发电机
generator
发动机
engine

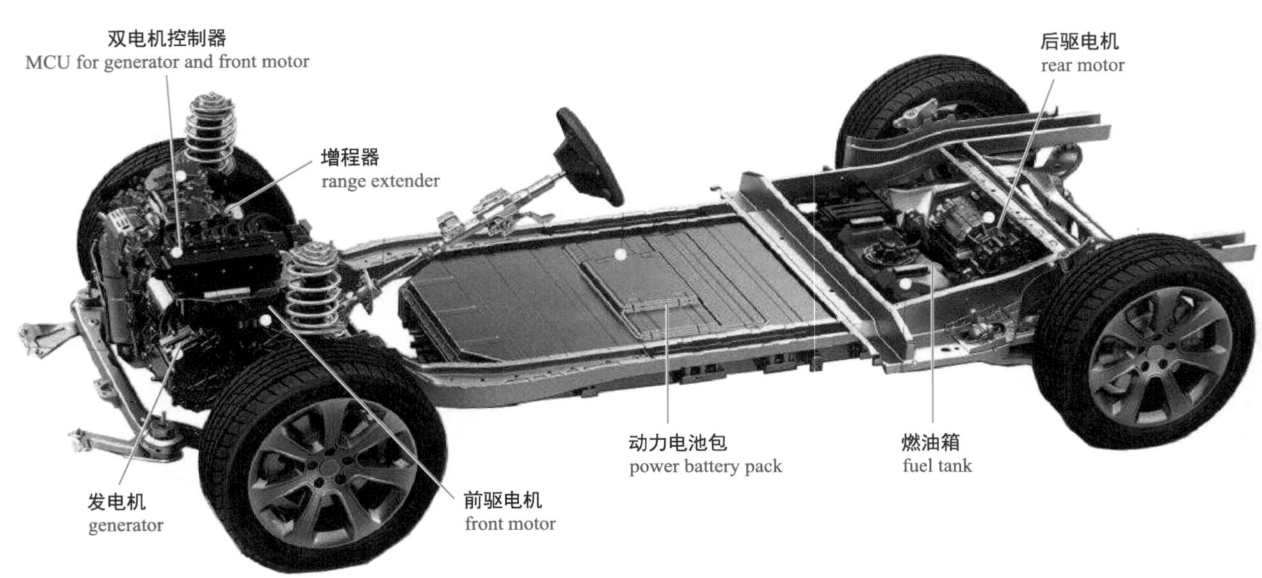
双电机控制器
MCU for generator and front motor
后驱电机
rear motor
增程器
range extender
动力电池包
power battery pack
燃油箱
fuel tank
发电机
generator
前驱电机
front motor

（3）并联式混合动力汽车

并联式混合动力汽车（PHEV）是驱动力由电动机及发动机同时或单独供给的混合动力（电动）汽车，结构特点是并联式驱动系统可以单独使用发动机或电动机作为动力源，也可以同时使用电动机和发动机作为动力源驱动汽车行驶。

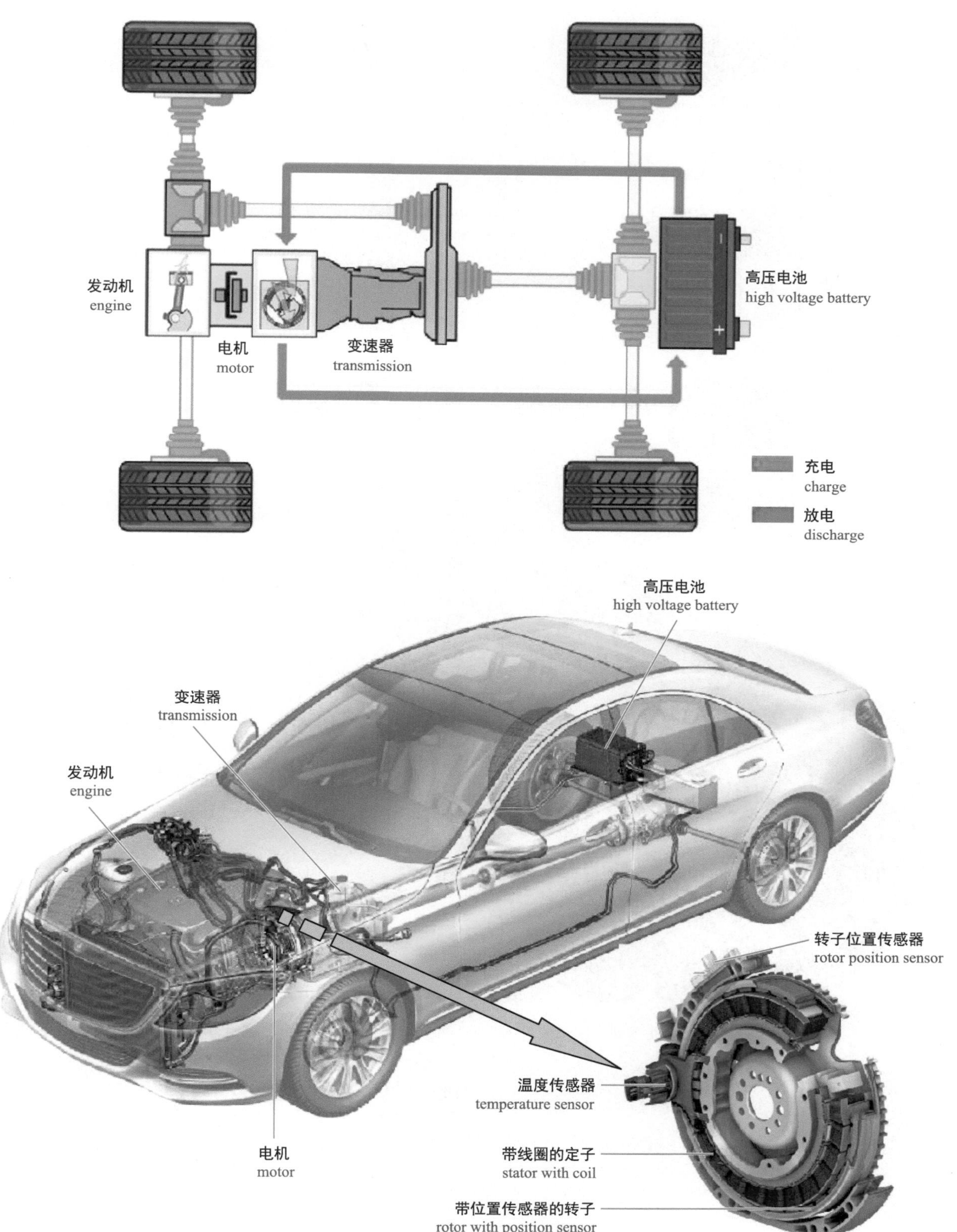

发动机
engine
电机
motor
变速器
transmission
高压电池
high voltage battery
充电
charge
放电
discharge
高压电池
high voltage battery
变速器
transmission
发动机
engine
转子位置传感器
rotor position sensor
温度传感器
temperature sensor
电机
motor
带线圈的定子
stator with coil
带位置传感器的转子
rotor with position sensor

（4）混联式混合动力汽车

混联式混合动力汽车（CHEV）是同时具有串联式、并联式驱动方式的混合动力（电动）汽车。其结构特点是可以在串联混合模式下工作，也可以在并联混合模式下工作，同时兼顾了串联式和并联式的特点。

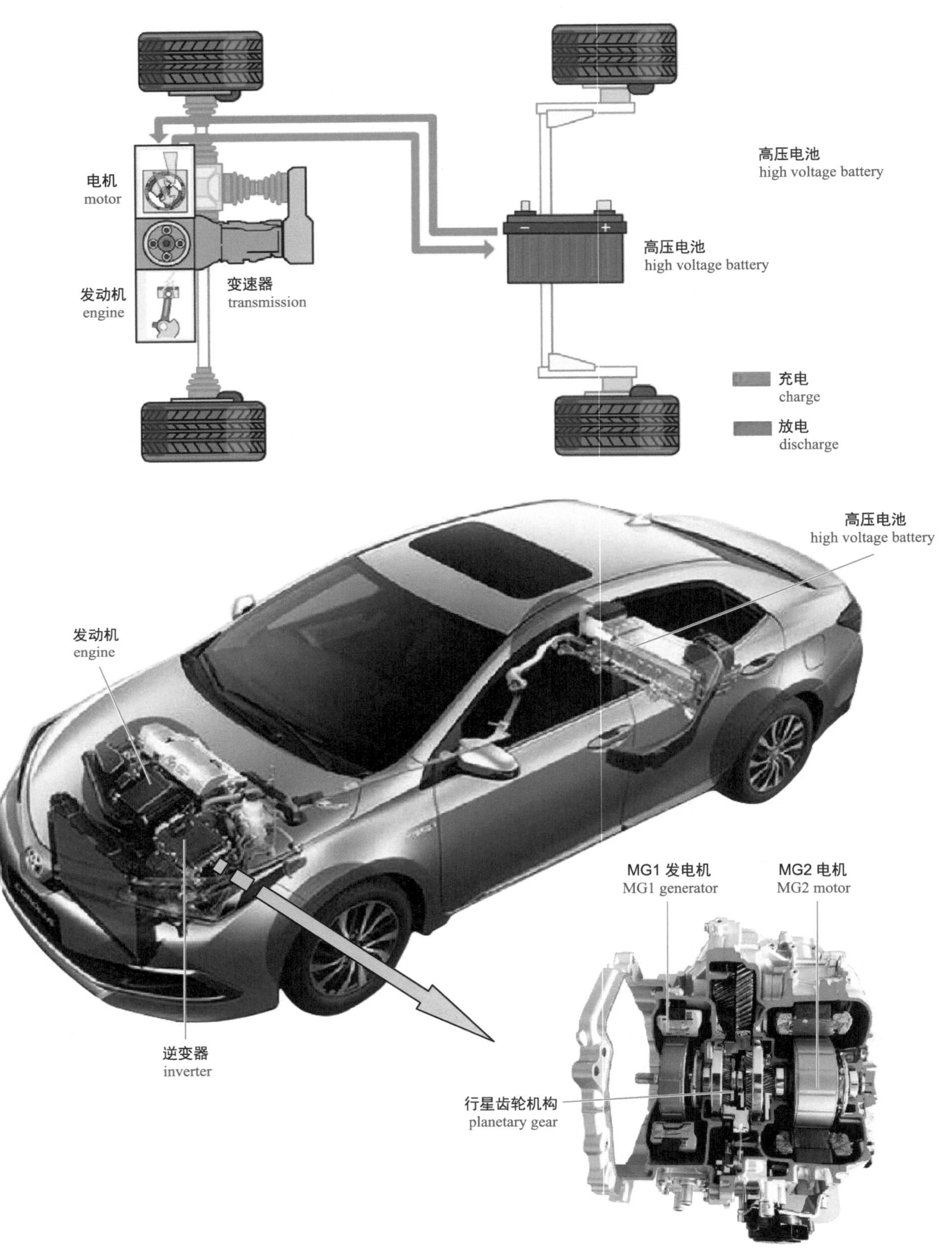

高压电池
high voltage battery
电机
motor
发动机
engine
变速器
transmission
高压电池
high voltage battery
充电
charge
放电
discharge
高压电池
high voltage battery
发动机
engine
逆变器
inverter
MG1 发电机
MG1 generator
MG2 电机
MG2 motor
行星齿轮机构
planetary gear

（5）轻度混合动力汽车

MHEV（mild hybrid electric vehicle）车型一般采用48V-BSG（belt driven starter generator）混动系统。整个系统由一台集成在发动机前端轮系上的48V-BSG电机、一个48V-12V DC/DC转换器、一个48V高压电池包（早期多为镍氢电池，现在多应用锂电池）、制动能量回收系统、冷却散热装置、混动模块控制系统（HCU，集成在ECU内）等组成。

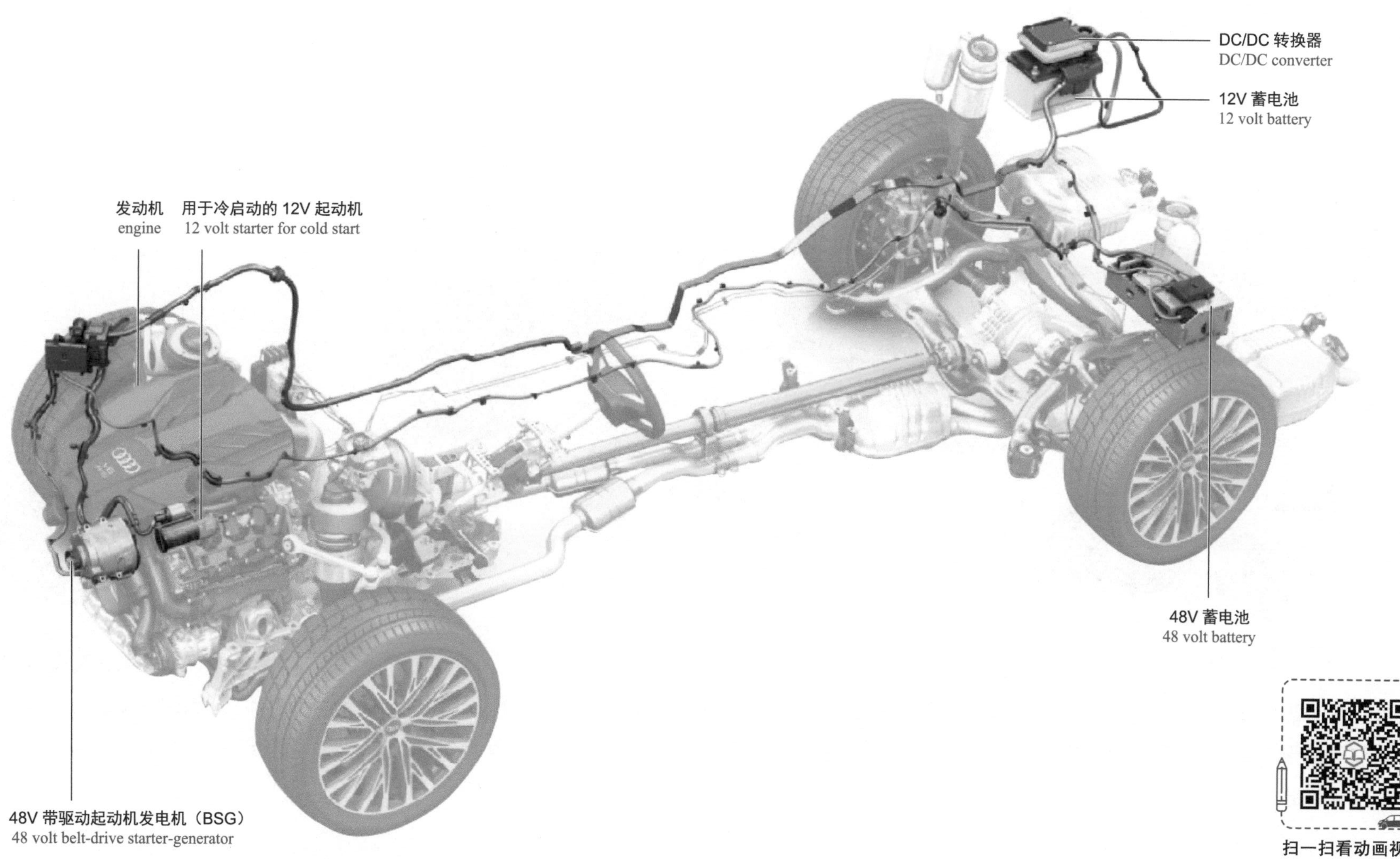
DC/DC 转换器
DC/DC converter
12V 蓄电池
12 volt battery
发动机
engine
用于冷启动的 12V 起动机
12 volt starter for cold start
48V 蓄电池
48 volt battery
48V 带驱动起动机发电机（BSG）
48 volt belt-drive starter-generator
扫一扫看动画视频

（6）插电式混合动力汽车

混合动力技术的一种扩展被称为插电式混合动力汽车（plug-in hybrid electric vehicle，PHEV），它综合了纯电动汽车（EV）和混合动力汽车（HEV）的优点，既可实现纯电动、零排放行驶，也能通过混动模式增加车辆的续驶里程。它既有传统汽车的发动机、变速器、传动系统、油路、油箱，也有纯电动汽车的电池、电动机、控制电路。而且其电池容量比较大，有充电接口，既可以通过发动机进行充电，也可以通过车载充电机连接市电供电系统为其进行充电。

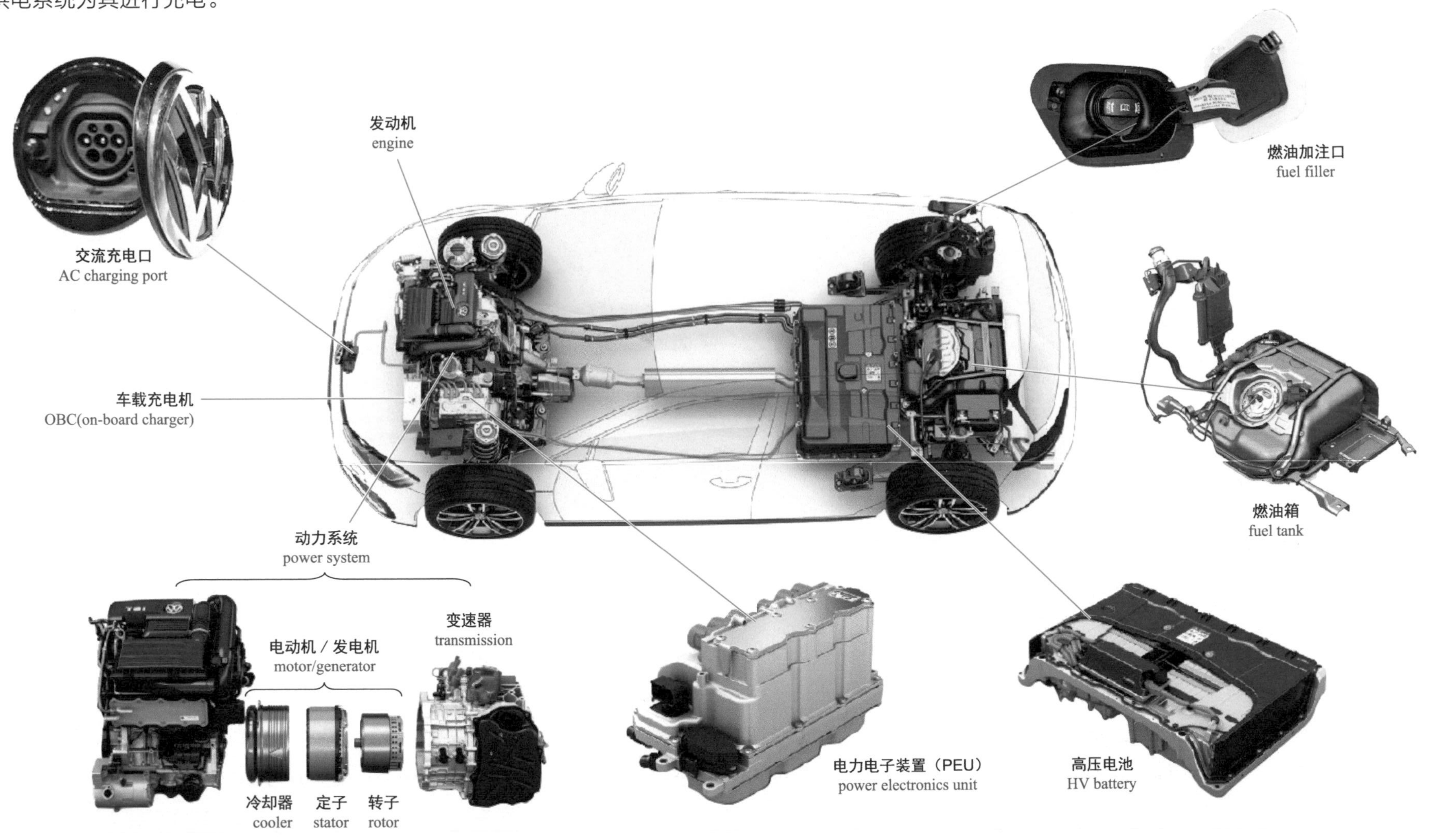
发动机
engine
燃油加注口
fuel filler
交流充电口
AC charging port
车载充电机
OBC(on-board charger)
燃油箱
fuel tank
动力系统
power system
变速器
transmission
电动机 / 发电机
motor/generator
冷却器
cooler
定子
stator
转子
rotor
电力电子装置（PEU）
power electronics unit
高压电池
HV battery

2.12.3 氢燃料电池汽车

燃料电池汽车是利用氢气和空气中的氧在催化剂的作用下在燃料电池中经电化学反应产生的电能，并将其作为主要动力源驱动的汽车。

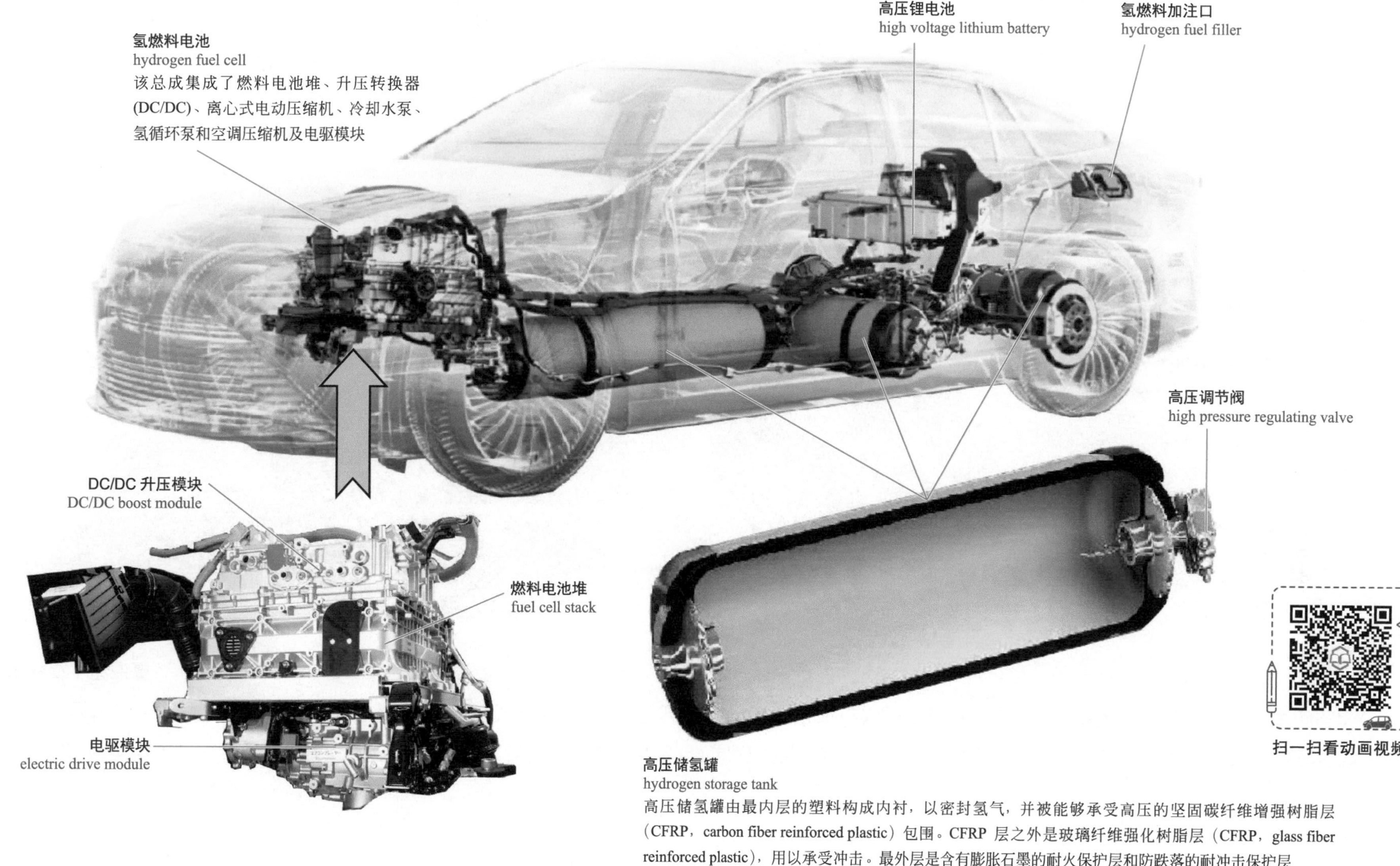

氢燃料电池
hydrogen fuel cell
该总成集成了燃料电池堆、升压转换器(DC/DC)、离心式电动压缩机、冷却水泵、氢循环泵和空调压缩机及电驱模块
高压锂电池
high voltage lithium battery
氢燃料加注口
hydrogen fuel filler
高压调节阀
high pressure regulating valve
DC/DC 升压模块
DC/DC boost module
燃料电池堆
fuel cell stack
电驱模块
electric drive module
高压储氢罐
hydrogen storage tank
高压储氢罐由最内层的塑料构成内衬，以密封氢气，并被能够承受高压的坚固碳纤维增强树脂层（CFRP，carbon fiber reinforced plastic）包围。CFRP 层之外是玻璃纤维强化树脂层（CFRP，glass fiber reinforced plastic），用以承受冲击。最外层是含有膨胀石墨的耐火保护层和防跌落的耐冲击保护层
扫一扫看动画视频

2.12.4 动力电池

（1）电池封装形式

动力电池也叫高压电池，这是区别于传统12V车载供电的低压蓄电池的称呼。高压电池的电芯目前选用三元锂电池的为多，其次为铁锂电池，镍氢电池，氢燃料电池等。高压电池单体的封装形式常见有圆柱体、方形金属壳（硬包）、方形铝塑（软包）等，高压电池包一般安装于汽车的底部，呈方块形或T形布置。

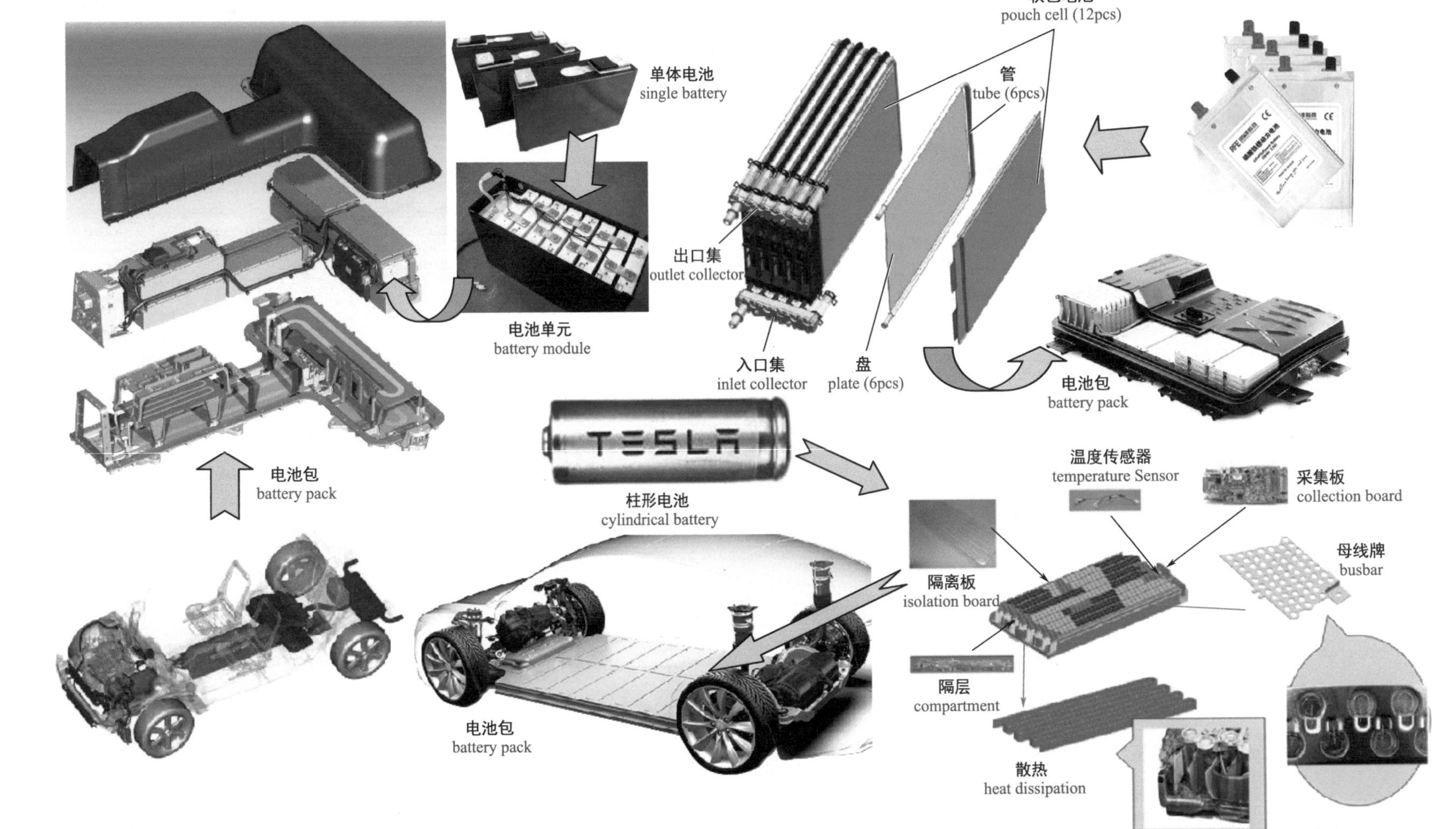
单体电池
single battery
电池单元
battery module
出口集
outlet collector
入口集
inlet collector
盘
plate (6pcs)
管
tube (6pcs)
软包电池
pouch cell (12pcs)
电池包
battery pack
电池包
battery pack
TESLA
柱形电池
cylindrical battery
电池包
battery pack
温度传感器
temperature Sensor
采集板
collection board
母线牌
busbar
隔离板
isolation board
隔层
compartment
散热
heat dissipation

（2）三元锂电池

三元锂电池（ternary lithium battery）是指以镍钴锰酸（NCM）锂或镍钴铝酸（NCA）锂为正极材料，以石墨为负极材料，以六氟磷酸锂为主的锂盐作为电解质的锂电池。因为其正极材料包含了镍、钴、锰/铝三种金属元素，因此得名“三元”。新能源汽车主要配套NCM电池，以方形和软包为主，从早期的镍钴锰比例5 ： 2 ： 3逐渐发展为高镍体系的8 ： 1 ： 1。松下生产的圆柱形NCA18650、21700主要供应特斯拉。

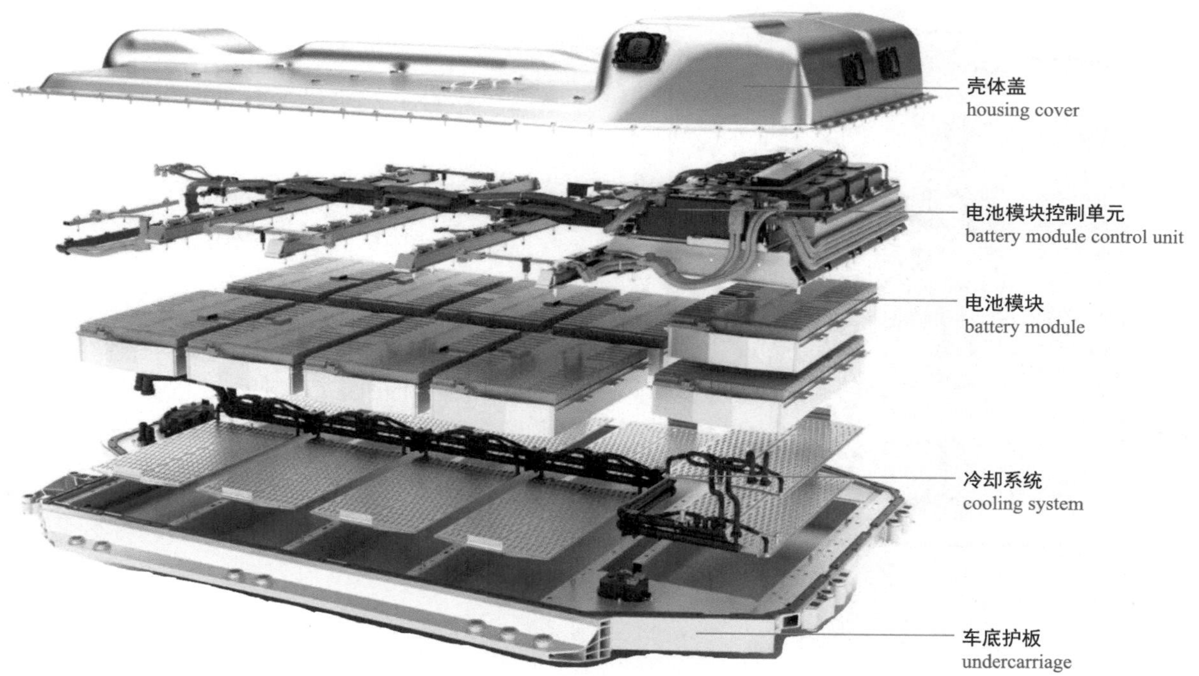
壳体盖
housing cover
电池模块控制单元
battery module control unit
电池模块
battery module
冷却系统
cooling system
车底护板
undercarriage

锂电池主要是通过氧化还原反应将化学能转化为电能，锂离子在电池内部不停地嵌入、脱出正负极材料层，形成循环。

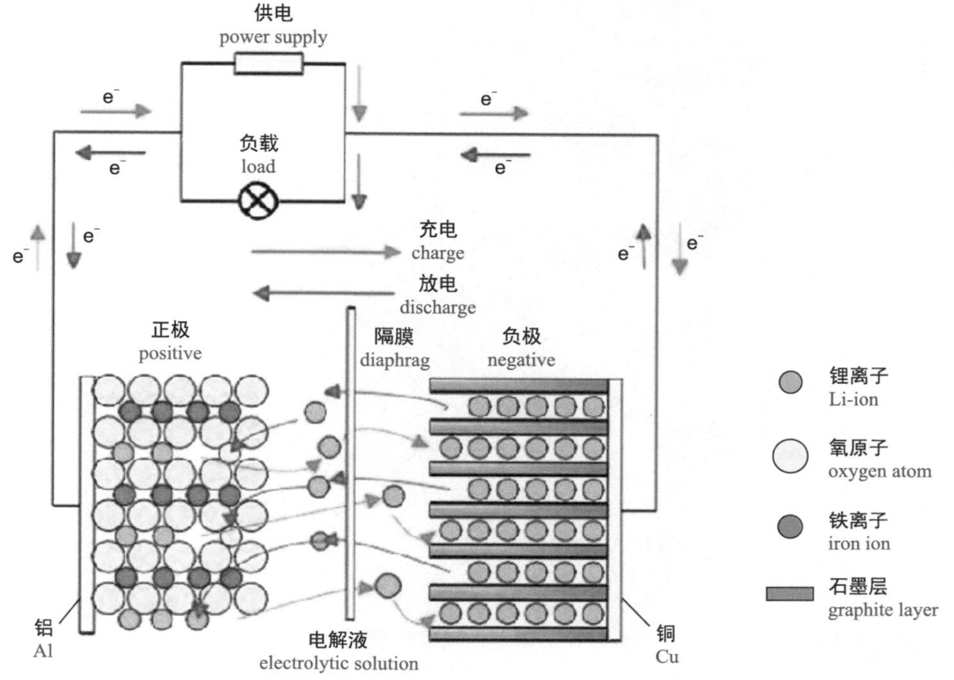
供电
power supply
负载
load
充电
charge
放电
discharge
正极
positive
隔膜
diaphrag
负极
negative
铝
Al
电解液
electrolytic solution
铜
Cu
锂离子
Li-ion
氧原子
oxygen atom
铁离子
iron ion
石墨层
graphite layer

第2章 动力系统

（3）磷酸铁锂电池

磷酸铁锂电池是锂电池家族中的一类电池，正极材料主要为磷酸铁锂材料。磷酸铁锂电池的全名是磷酸铁锂锂离子电池，用作锂离子电池的正极材料主要有：$LiCoO_2$、$LiMn_2O_4$、$LiNiO_2$及$LiFePO_4$。这些组成电池正极材料的金属元素中，钴（Co）最贵，并且存储量不多，镍（Ni）、锰（Mn）较便宜，而铁（Fe）最便宜。

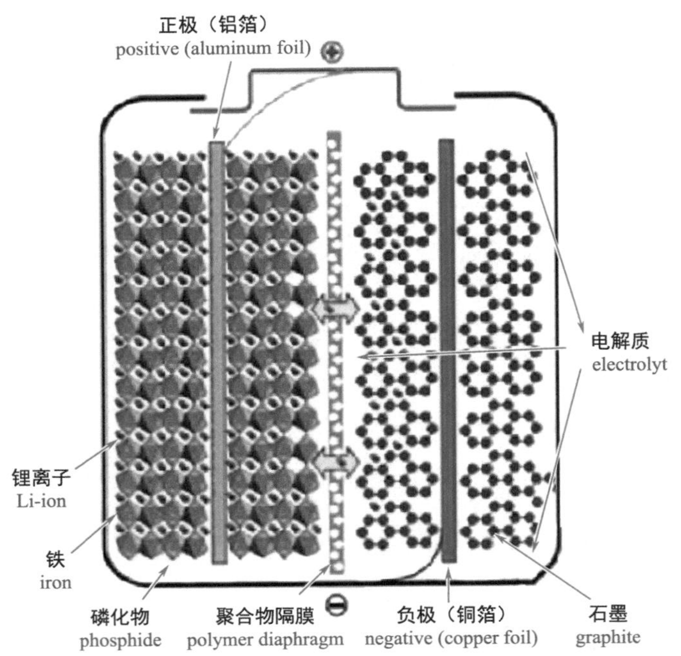
正极（铝箔）
positive (aluminum foil)
电解质
electrolyt
锂离子
Li-ion
铁
iron
磷化物
phosphide
聚合物隔膜
polymer diaphragm
负极（铜箔）
negative (copper foil)
石墨
graphite

橄榄石结构的$LiFePO_4$作为电池的正极，由铝箔与电池正极连接，中间是聚合物的隔膜，它把正极与负极隔开，但锂离子Li^+可以通过而电子e^-不能通过，右边是由碳（石墨）组成的电池负极，由铜箔与电池的负极连接。电池的上下端之间是电池的电解质，电池由金属外壳密闭封装。$LiFePO_4$电池在充电时，正极中的锂离子Li^+通过聚合物隔膜向负极迁移；在放电过程中，负极中的锂离子Li^+通过隔膜向正极迁移。

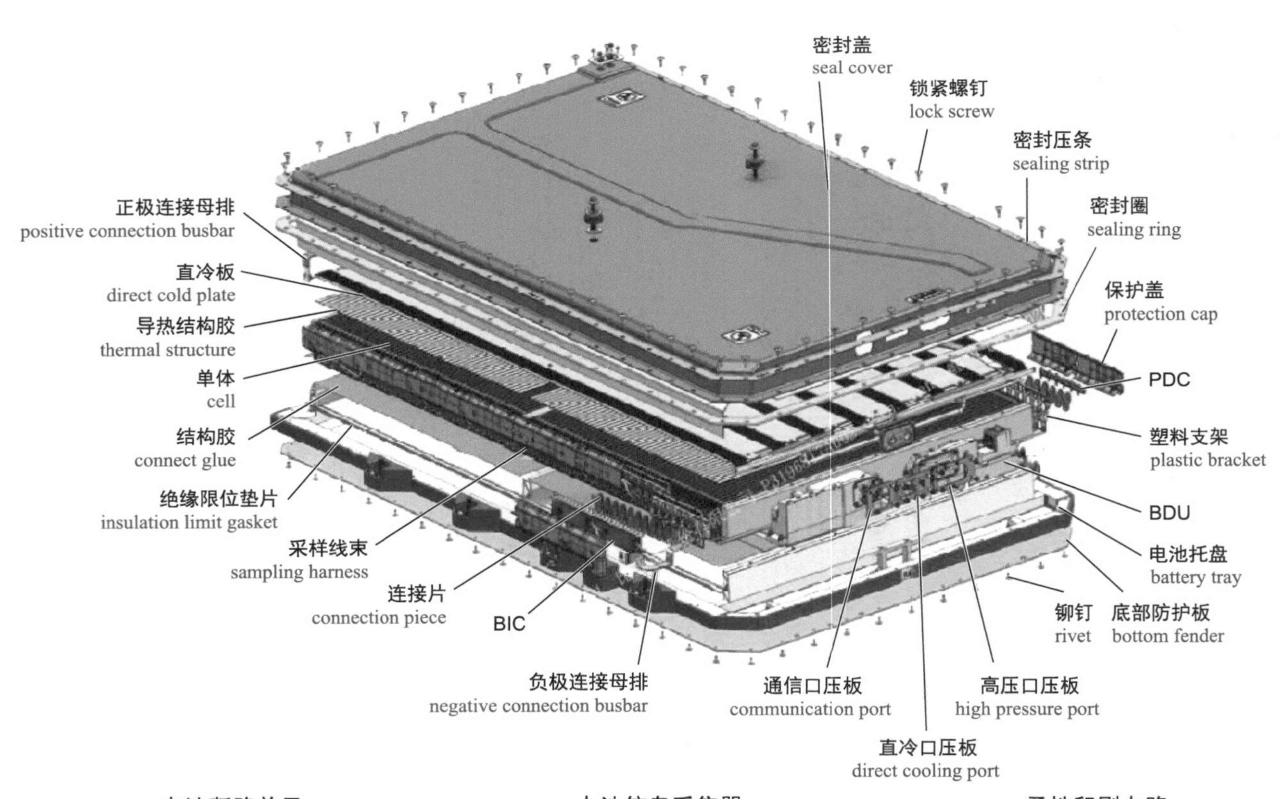
密封盖
seal cover
锁紧螺钉
lock screw
密封压条
sealing strip
密封圈
sealing ring
保护盖
protection cap
PDC
塑料支架
plastic bracket
BDU
电池托盘
battery tray
铆钉
rivet
底部防护板
bottom fender
正极连接母排
positive connection busbar
直冷板
direct cold plate
导热结构胶
thermal structure
单体
cell
结构胶
connect glue
绝缘限位垫片
insulation limit gasket
采样线束
sampling harness
连接片
connection piece
BIC
负极连接母排
negative connection busbar
通信口压板
communication port
高压口压板
high pressure port
直冷口压板
direct cooling port

电池断路单元
BDU Battery Disconnect Unit

电池信息采集器
BIC Battery information collection

柔性印刷电路
FPC Flexible Printed Circuit

（4）镍氢电池

镍氢电池正极活性物质为$Ni(OH)_2$（称NiO电极），负极活性物质为金属氢化物，也称储氢合金（电极称储氢电极），电解液为6mol/L氢氧化钾溶液。镍氢电池主要用在早期的油电混合动力汽车上。

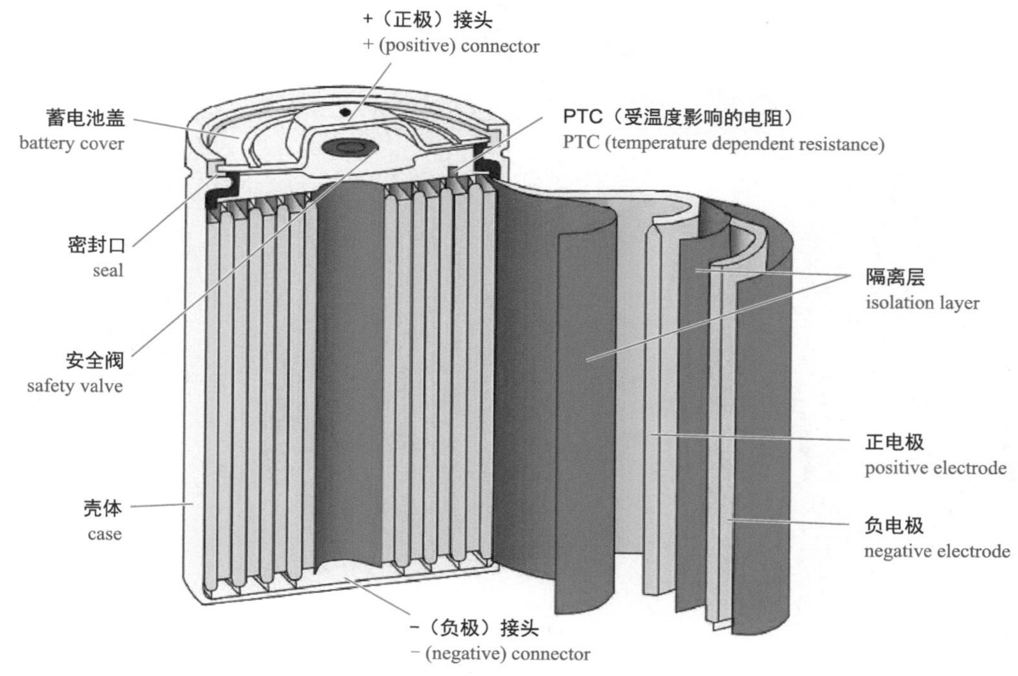

+（正极）接头
+ (positive) connector
蓄电池盖
battery cover
PTC（受温度影响的电阻）
PTC (temperature dependent resistance)
密封口
seal
安全阀
safety valve
隔离层
isolation layer
正电极
positive electrode
壳体
case
负电极
negative electrode
-（负极）接头
- (negative) connector

镍氢（NiMH）蓄电池的单电池的源电压是由电极上过量的带电氢粒子产生的。镍氧氢化合物（氢氧化镍）用作正电极。负电极由能对氢进行可逆存储的金属合金组成。充电过程中，氢粒子从负电极迁移至正电极，并吸附在电极材料上。放电过程相同，但顺序相反。

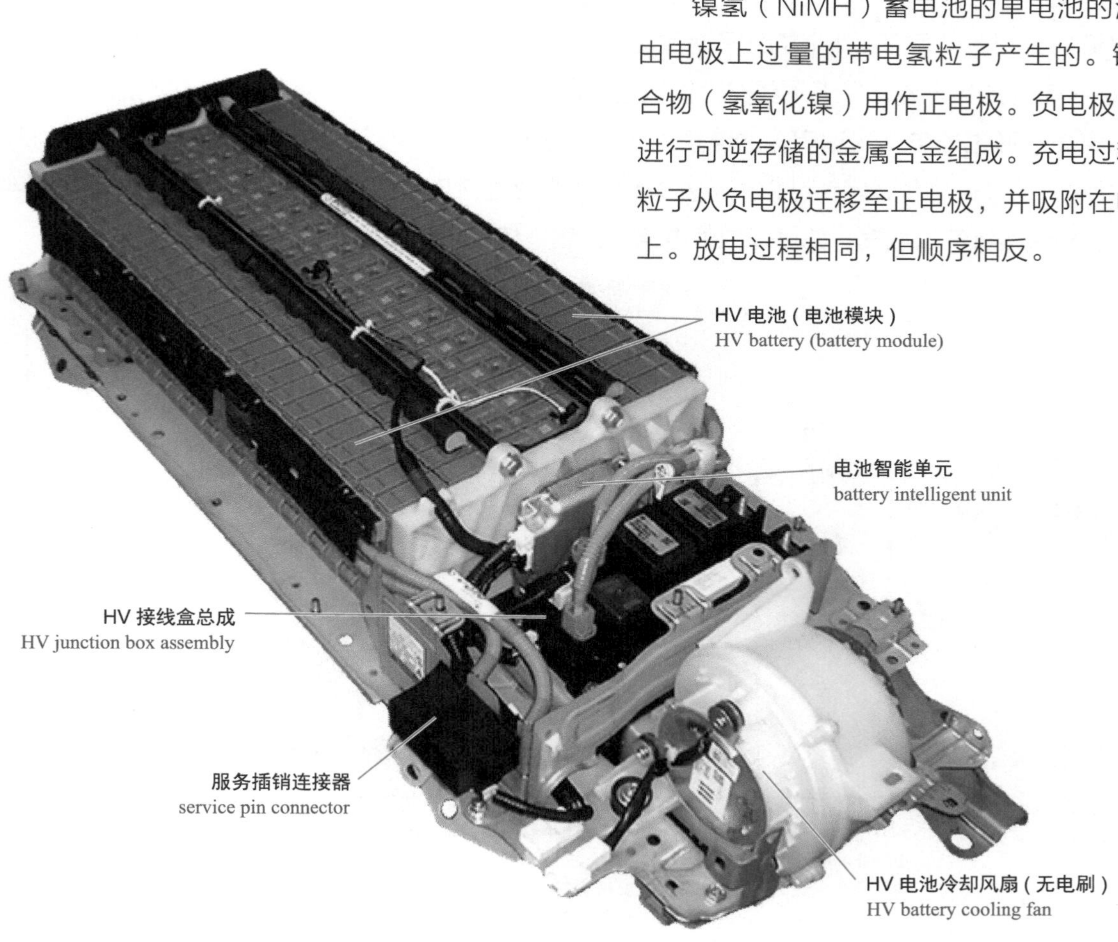

HV 电池（电池模块）
HV battery (battery module)
电池智能单元
battery intelligent unit
HV 接线盒总成
HV junction box assembly
服务插销连接器
service pin connector
HV 电池冷却风扇（无电刷）
HV battery cooling fan

第2章

动力系统

（5）氢燃料电池

燃料电池本质是水电解的“逆”装置，主要由三部分组成，即阳极、阴极、电解质。其阳极为氢电极，阴极为氧电极。通常，阳极和阴极上都含有一定量的催化剂，用来加速电极上发生的电化学反应。

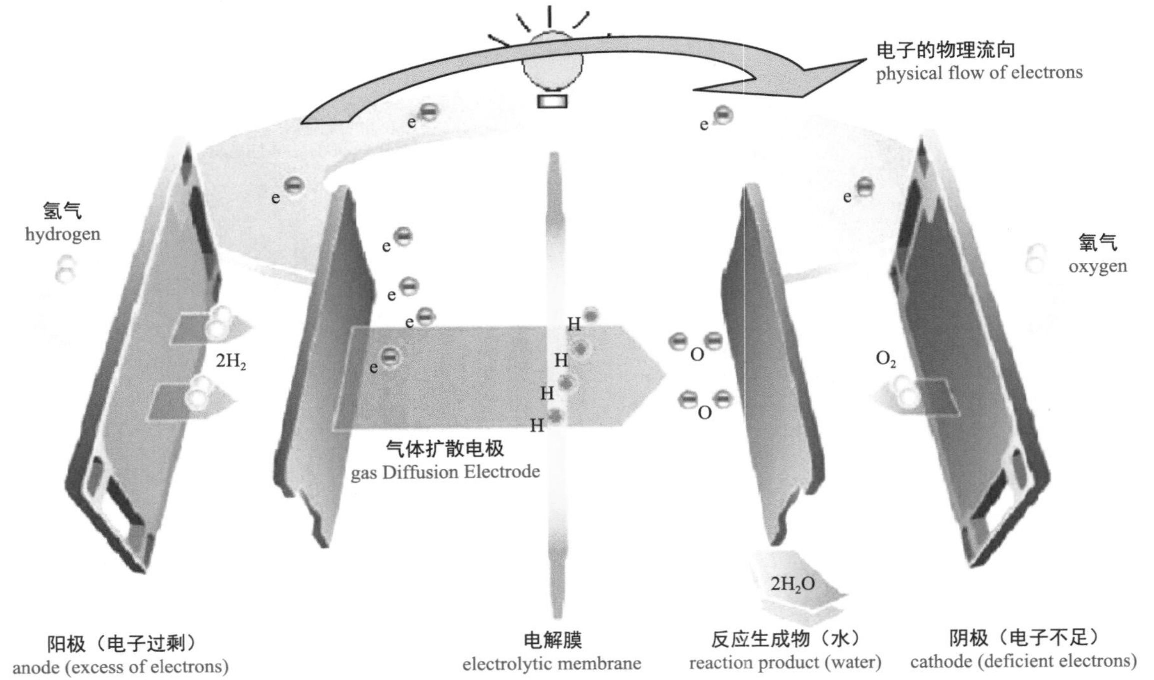
电子的物理流向
physical flow of electrons
氢气
hydrogen
氧气
oxygen
$2H_2$
O_2
气体扩散电极
gas Diffusion Electrode
$2H_2O$
阳极（电子过剩）
anode (excess of electrons)
电解膜
electrolytic membrane
反应生成物（水）
reaction product (water)
阴极（电子不足）
cathode (deficient electrons)

以质子交换膜燃料电池（PEMFC）为例，其工作原理如下。氢气通过管道或导气板到达阳极；在阳极催化剂的作用下，1个氢分子解离为2个氢质子，并释放出2个电子，阳极反应为：$H_2 \rightarrow 2H^+ + 2e$。在电池的另一端，氧气（或空气）通过管道或导气板到达阴极，在阴极催化剂的作用下，氧分子和氢离子与通过外电路到达阴极的电子发生反应生成水，阴极反应为：$1/2O_2 + 2H^+ + 2e \rightarrow H_2O$。总的化学反应为：$H_2 + 1/2O_2 = H_2O$，电子在外电路形成直流电。因此，只要源源不断地向燃料电池阳极和阴极供给氢气和氧气，就可以向外电路的负载连续地输出电能。

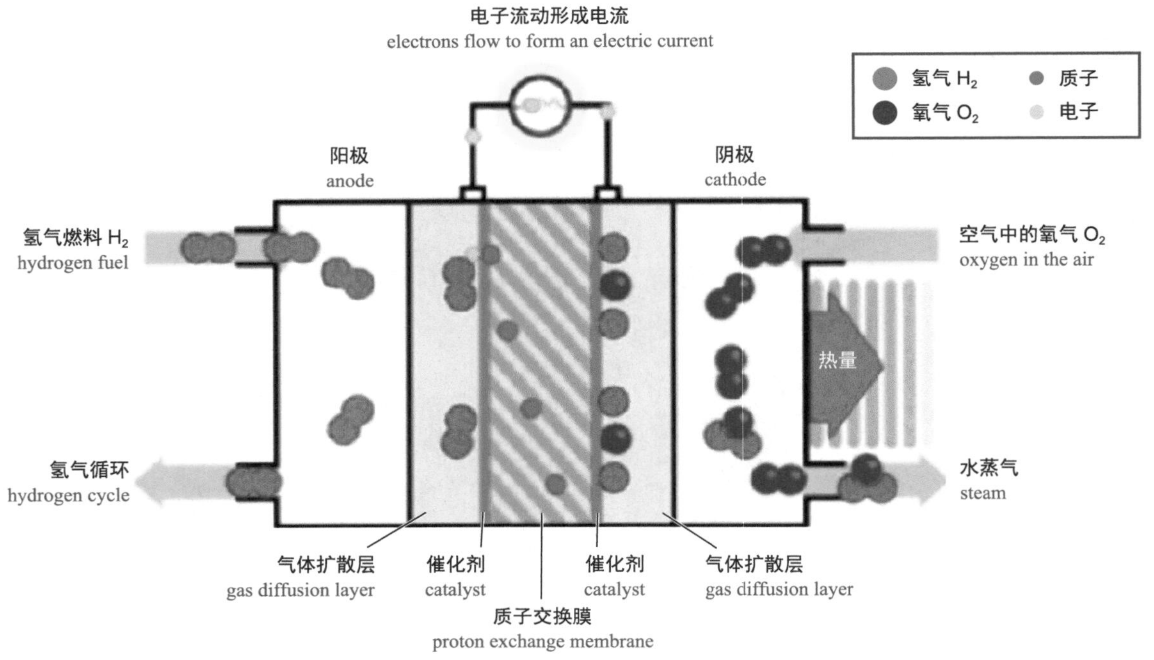
电子流动形成电流
electrons flow to form an electric current
氢气 H_2
氧气 O_2
质子
电子
阳极
anode
阴极
cathode
氢气燃料 H_2
hydrogen fuel
空气中的氧气 O_2
oxygen in the air
热量
氢气循环
hydrogen cycle
水蒸气
steam
气体扩散层
gas diffusion layer
催化剂
catalyst
催化剂
catalyst
气体扩散层
gas diffusion layer
质子交换膜
proton exchange membrane

2.12.5 高压充电

（1）慢充与快充

电动汽车的充电系统一般有交流和直流两种充电方式。交流充电也叫慢充，因为车载充电机安装空间和制造成本的原因，有些厂商已经有取消交流充电功能的趋势。交流充电主要是通过交流充电桩、壁挂式充电盒以及家用供电插座接入交流充电口，通过高压电控总成将交流电转为直流高压电给动力电池充电。直流充电也叫快充，公共场所和高速服务区等地安装的充电站一般是这种类型。直流充电主要是通过充电站的充电柜将直流高压电直接通过直流充电口给动力电池充电。

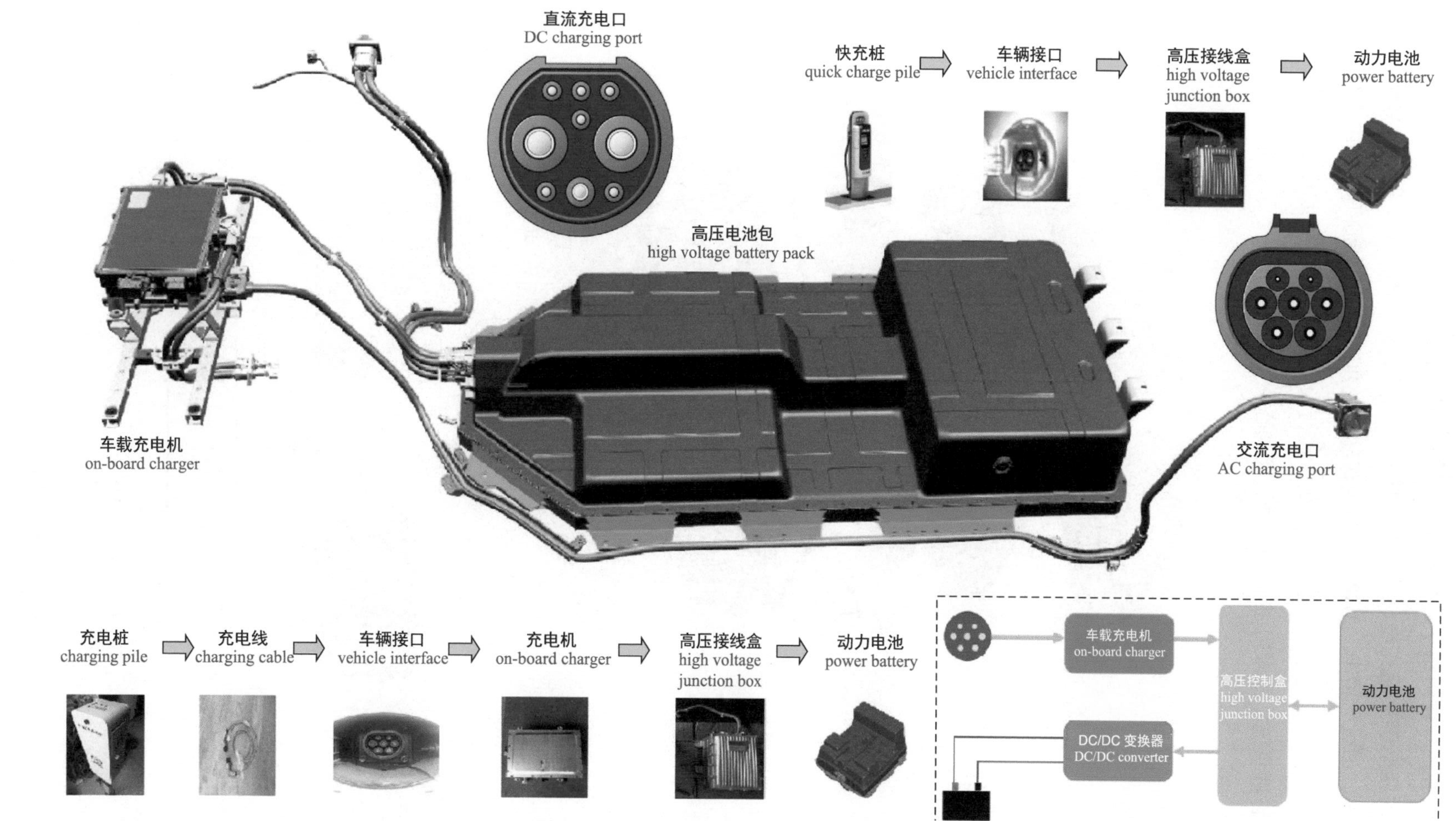
直流充电口
DC charging port
快充桩
quick charge pile
车辆接口
vehicle interface
高压接线盒
high voltage
junction box
动力电池
power battery
高压电池包
high voltage battery pack
车载充电机
on-board charger
交流充电口
AC charging port
充电桩
charging pile
充电线
charging cable
车辆接口
vehicle interface
充电机
on-board charger
高压接线盒
high voltage
junction box
动力电池
power battery
车载充电机
on-board charger
高压控制盒
high voltage
junction box
动力电池
power battery
DC/DC 变换器
DC/DC converter

（2）车载充电机

充电机按照充电系统是否安装在车上，分为车载充电系统和非车载充电系统两种。车载充电系统安装在车辆内部，具有体积小、冷却和封闭性好、重量轻等优点，但功率普遍较小，充电所耗时间长，主要用于交流充电；非车载充电系统安装在新能源汽车外部，具有规模大、使用范围广、功率大等优点，但其体积大、重量大，不易移动，主要适用于新能源汽车的快速充电即直流充电。车载充电机是指固定安装在电动汽车上的充电机，具有为电动汽车动力电池安全、自动充满电的能力，充电机依据电池管理系统（BMS）提供的数据，能动态调节充电电流或电压参数，执行相应的动作，完成充电过程。

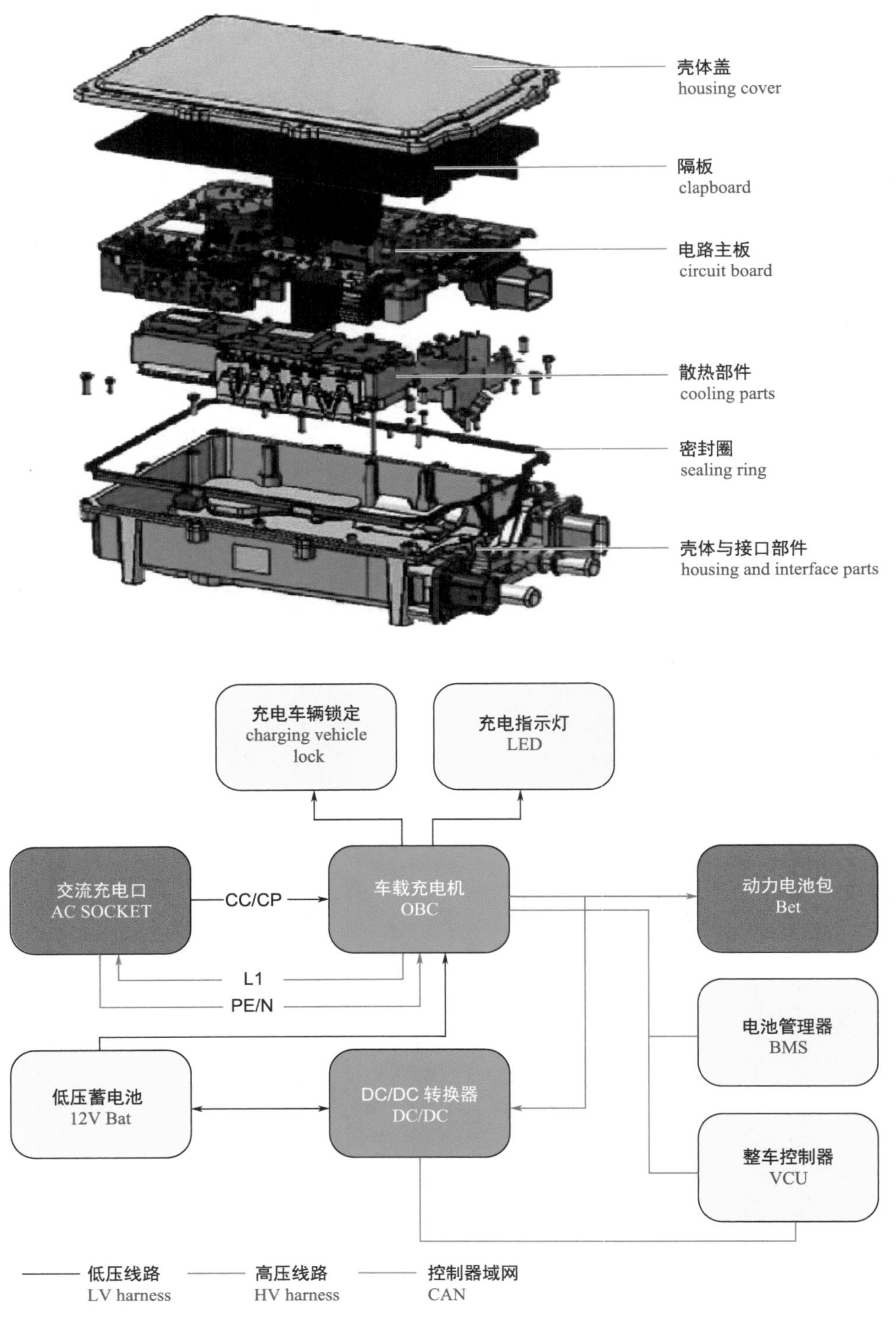

壳体盖
housing cover
隔板
clapboard
电路主板
circuit board
散热部件
cooling parts
密封圈
sealing ring
壳体与接口部件
housing and interface parts
充电车辆锁定
charging vehicle lock
充电指示灯
LED
交流充电口
AC SOCKET
CC/CP
车载充电机
OBC
动力电池包
Bet
L1
PE/N
电池管理器
BMS
低压蓄电池
12V Bat
DC/DC 转换器
DC/DC
整车控制器
VCU
低压线路
LV harness
高压线路
HV harness
控制器域网
CAN

2.12.6 电驱系统

（1）概述

电动机/发电机由转子、定子组成，受电机控制器的驱动，其所需能源来自高压电池。

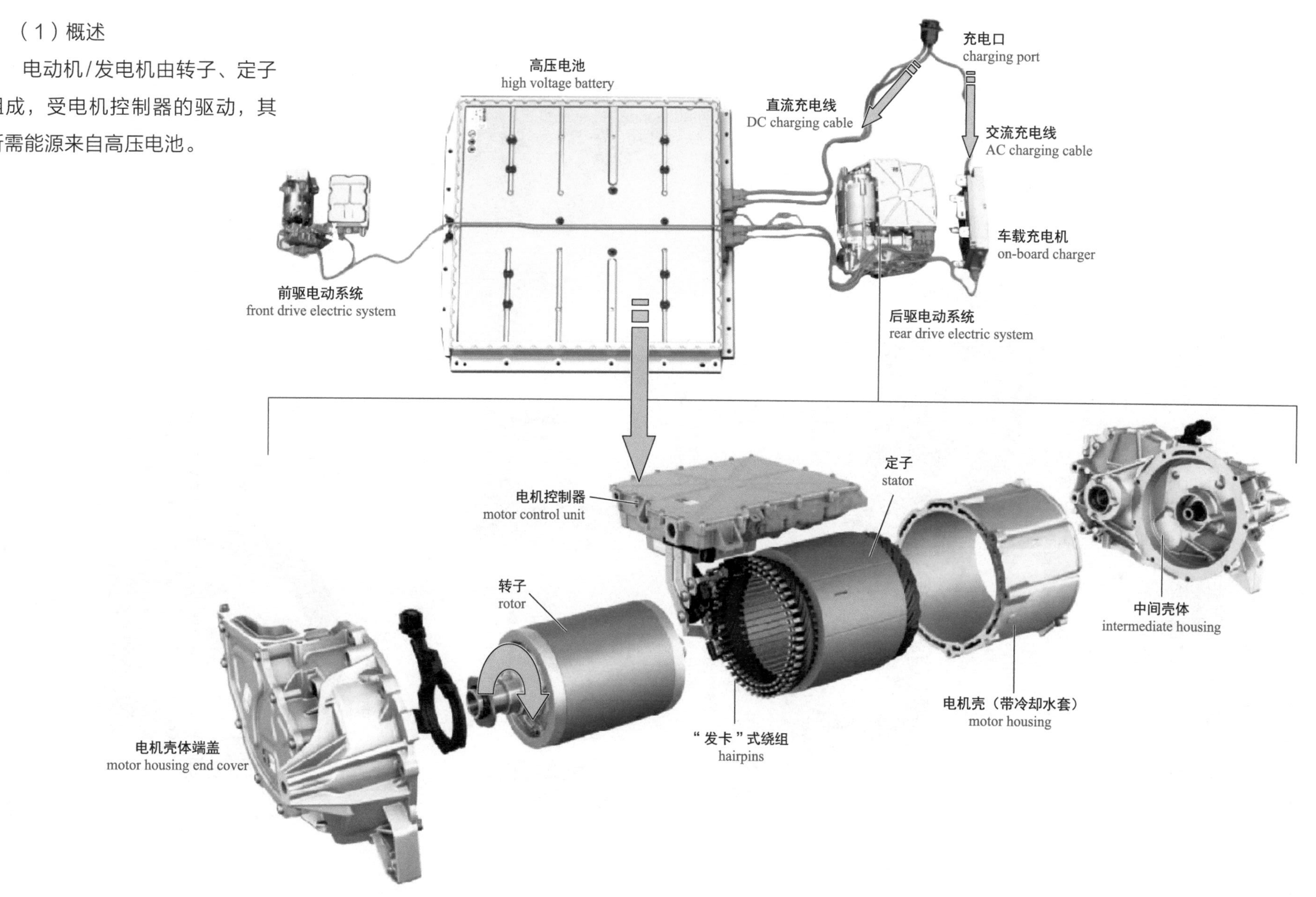
高压电池
high voltage battery
充电口
charging port
直流充电线
DC charging cable
交流充电线
AC charging cable
车载充电机
on-board charger
前驱电动系统
front drive electric system
后驱电动系统
rear drive electric system
电机控制器
motor control unit
定子
stator
转子
rotor
中间壳体
intermediate housing
电机壳（带冷却水套）
motor housing
“发卡”式绕组
hairpins
电机壳体端盖
motor housing end cover

（2）永磁同步电机

永磁同步电机（permanent magnet synchronous motor，PMSM）的永磁铁被镶入转子中，旋转磁场和定子线圈共同作用产生转矩；电机旋变被同轴安装在电机上，转子位置传感器用来检测转子旋转的角度。此旋转角度被发送到电机控制模块；电机温度传感器检测电机定子内部的温度，此温度信息被发送给电机控制模块。

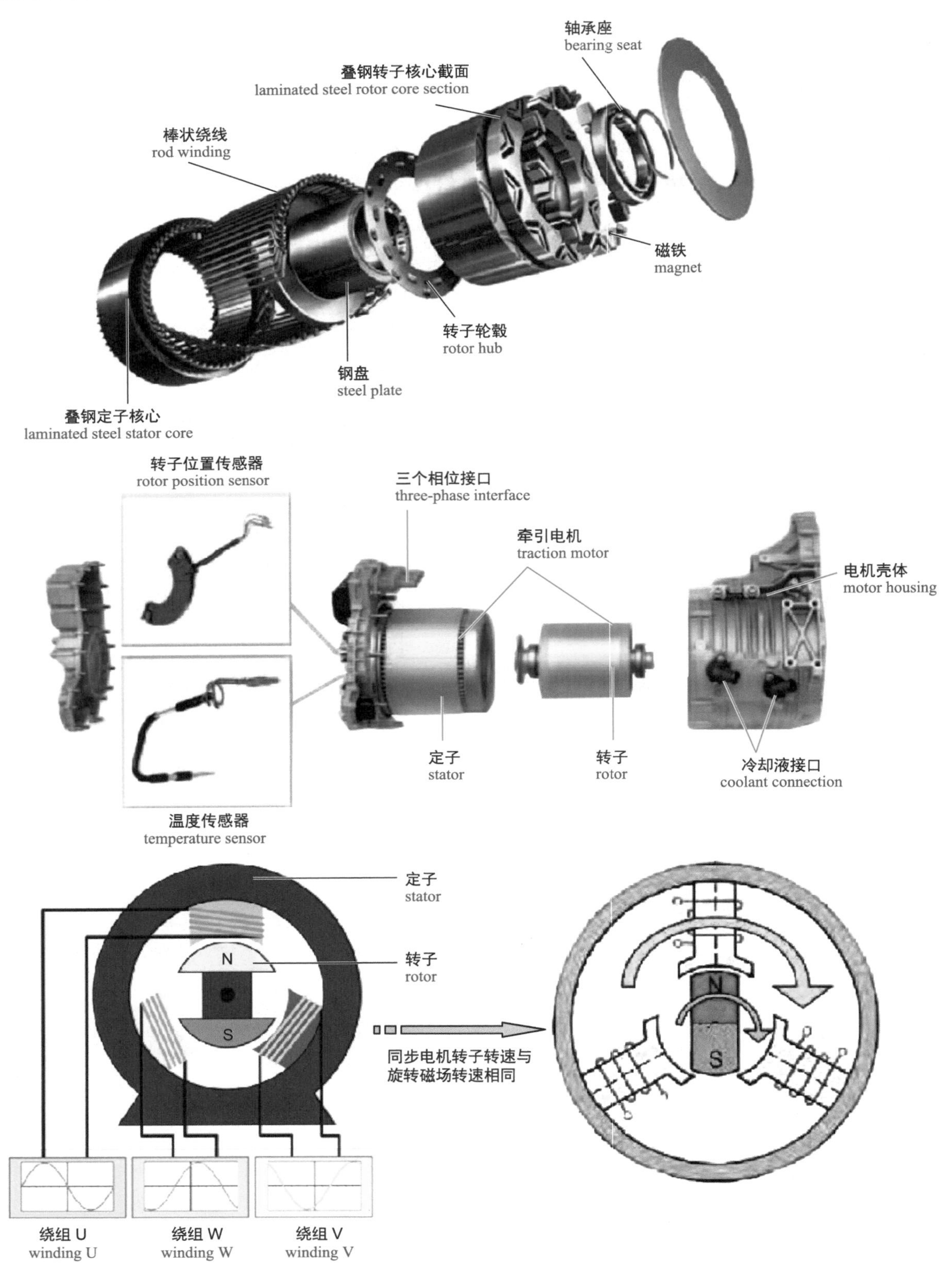

轴承座
bearing seat
叠钢转子核心截面
laminated steel rotor core section
棒状绕线
rod winding
磁铁
magnet
转子轮毂
rotor hub
钢盘
steel plate
叠钢定子核心
laminated steel stator core
转子位置传感器
rotor position sensor
三个相位接口
three-phase interface
牵引电机
traction motor
电机壳体
motor housing
定子
stator
转子
rotor
冷却液接口
coolant connection
温度传感器
temperature sensor
定子
stator
转子
rotor
N
S
同步电机转子转速与
旋转磁场转速相同
绕组 U
winding U
绕组 W
winding W
绕组 V
winding V

（3）交流异步电机

三相交流异步电机也叫感应电机，由外壳固定的定子 [带有3个呈120° 布置铜绕组（U，V，W）]，和里面的转子组成。定子通电产生磁场，转子则在定子产生的磁场中做“导体切割磁感线运动”，产生了感应电流。这个电流在旋转的磁场中又受到安培力的作用，使转子转动，但是转子的转速和定子产生的磁场的速度不一样，也就是“异步”。

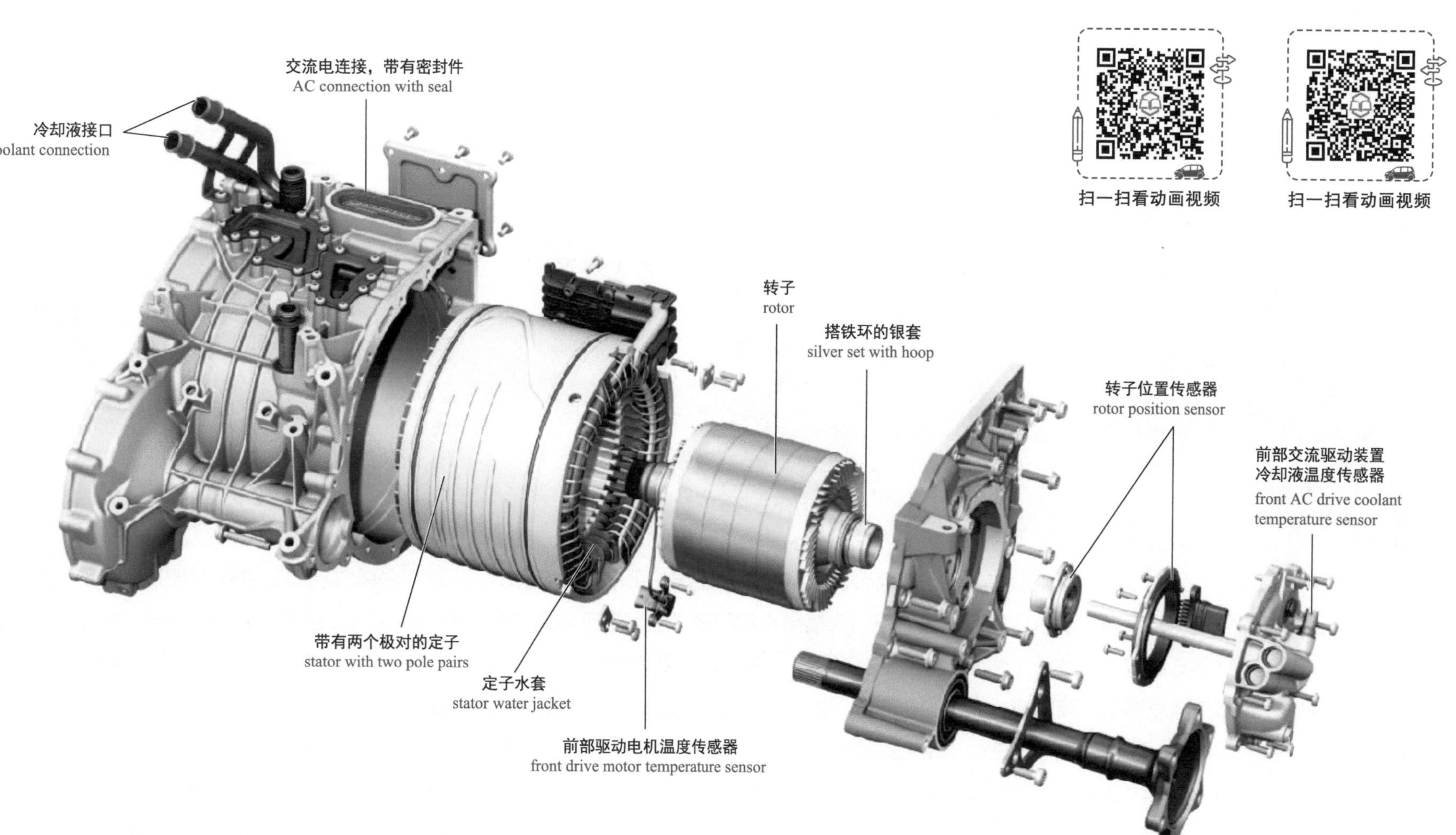

交流电连接，带有密封件
AC connection with seal
冷却液接口
coolant connection
转子
rotor
搭铁环的银套
silver set with hoop
转子位置传感器
rotor position sensor
前部交流驱动装置
冷却液温度传感器
front AC drive coolant
temperature sensor
带有两个极对的定子
stator with two pole pairs
定子水套
stator water jacket
前部驱动电机温度传感器
front drive motor temperature sensor
扫一扫看动画视频
扫一扫看动画视频

（4）电力电子单元

电力电子单元（power electronic unit，PEU），也称为动力控制单元、功率电子装置，随着其日趋集成化，也称为N合一电控总成。常被集成的其他系统有MCU（电机控制单元）、DC/DC（直流转换器）、OBC（车载充电机）、PDU（高压配电箱）、BMS（电池管理系统）、VCU（整车控制器）、PTC（车载加热器）等。多合一集成后的电机控制包括：为集成控制器各个支路提供配电，如熔断器、TM接触器、电除霜回路供电、电动转向回路供电、电动空调回路供电等；为控制电路提供电源（如VCU），为驱动电路提供隔离电源；接收控制信号，驱动IGBT并反馈状态，提供隔离及保护；接收VCU控制指令，并做出反馈，检测电机系统转速、温度等传感器信息，通过指令传输电机控制信号；为电机控制器提供散热，保障控制器安全。功率电子装置连接在前桥和后桥的低温冷却循环管路上，这样能对功率电子装置内部的各部件起到良好的冷却作用。

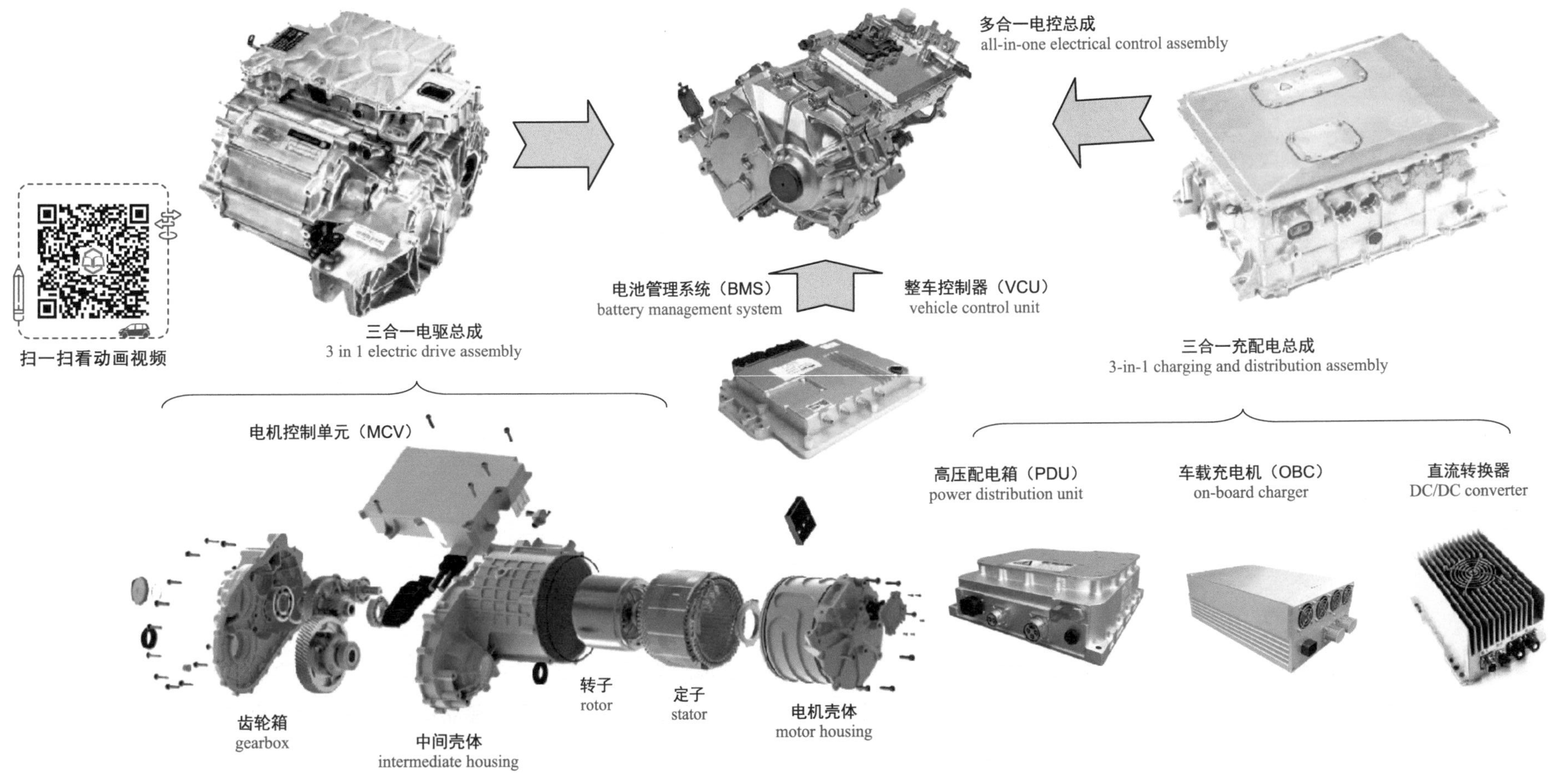
扫一扫看动画视频
三合一电驱总成
3 in 1 electric drive assembly
多合一电控总成
all-in-one electrical control assembly
电池管理系统（BMS）
battery management system
整车控制器（VCU）
vehicle control unit
三合一充配电总成
3-in-1 charging and distribution assembly
电机控制单元（MCV）
高压配电箱（PDU）
power distribution unit
车载充电机（OBC）
on-board charger
直流转换器
DC/DC converter
齿轮箱
gearbox
中间壳体
intermediate housing
转子
rotor
定子
stator
电机壳体
motor housing

2.12.7 整车控制器

新能源汽车根据其动力源可分为纯电动汽车（EV）和混合动力车（HEV/PHEV）。整车控制器是新能源汽车的核心控制部件，主要功能是解析驾驶员需求，监控汽车行驶状态，协调控制单元如BMS、MCU、EMS、TCU 等的工作，实现整车的上下电、驱动控制、能量回收、附件控制和故障诊断等功能。

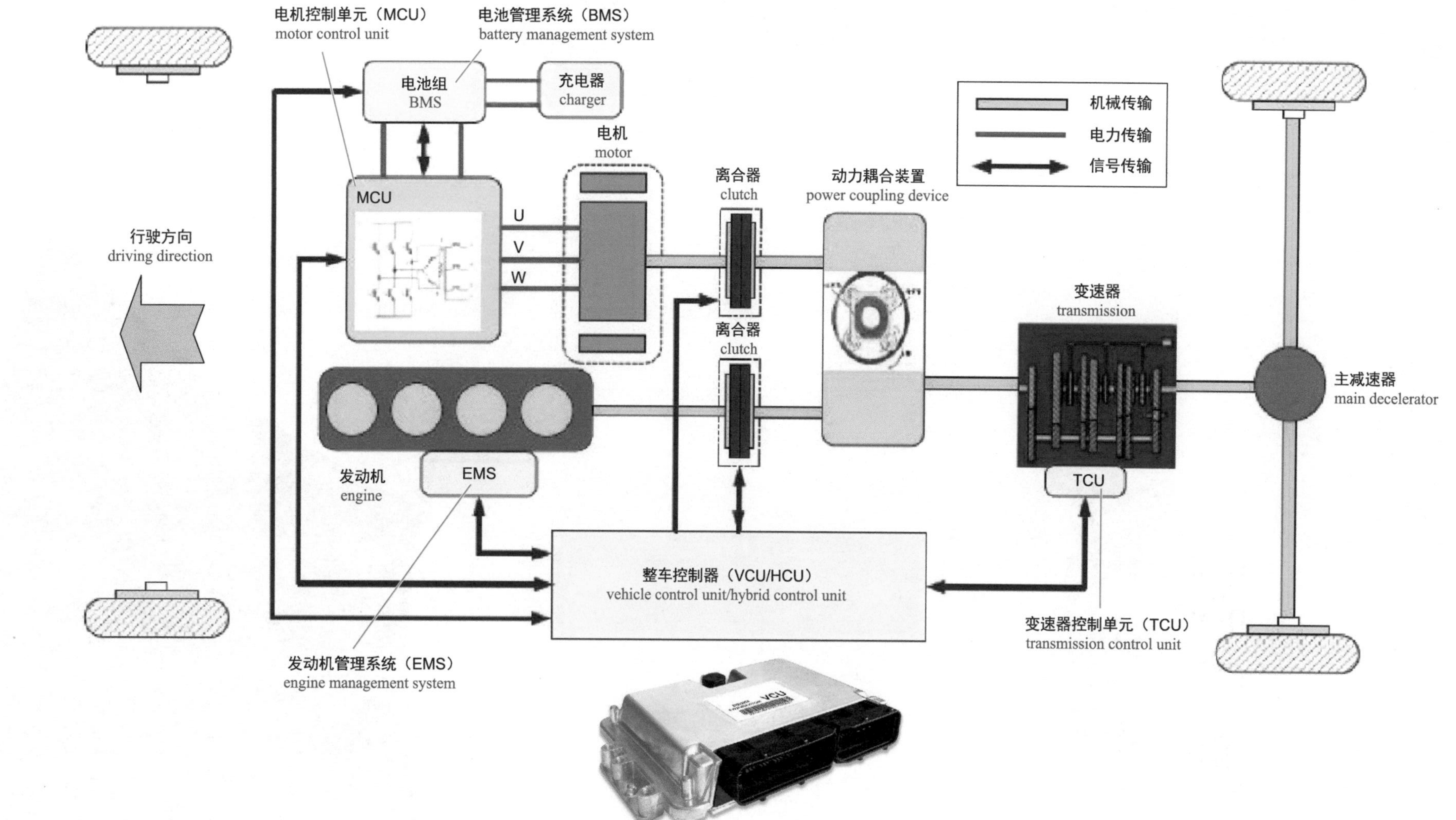
电机控制单元（MCU）
motor control unit
电池管理系统（BMS）
battery management system
电池组
BMS
充电器
charger
机械传输
电力传输
信号传输
电机
motor
MCU
U
V
W
离合器
clutch
动力耦合装置
power coupling device
行驶方向
driving direction
变速器
transmission
离合器
clutch
主减速器
main decelerator
发动机
engine
EMS
TCU
整车控制器（VCU/HCU）
vehicle control unit/hybrid control unit
变速器控制单元（TCU）
transmission control unit
发动机管理系统（EMS）
engine management system
VCU

第 3 章
底盘系统

- 3.1　底盘概述
- 3.2　传动系统
- 3.3　行驶系统
- 3.4　转向系统
- 3.5　制动系统

Automobile
Structure
Principle

3.1 底盘概述

汽车底盘由传动、行驶、转向、制动四大系统组成，用于支承和安装汽车发动机及其各部件的总成，形成汽车的整体造型，且接收发动机的动力，使汽车能够运动，保证正常行驶。不同运动风格的车型的底盘配置略有差异。

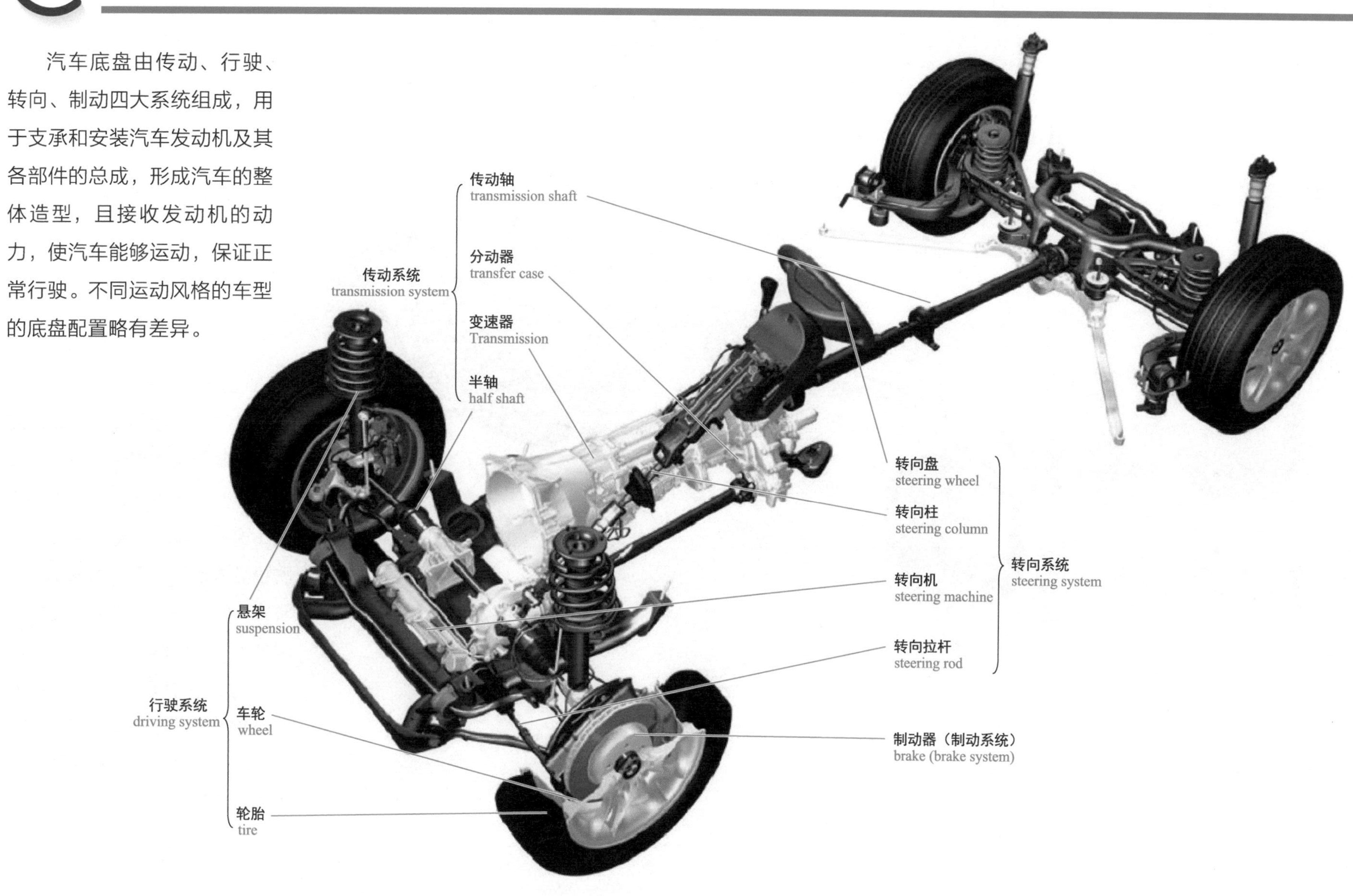
传动系统
transmission system
传动轴
transmission shaft
分动器
transfer case
变速器
Transmission
半轴
half shaft
转向盘
steering wheel
转向柱
steering column
转向机
steering machine
转向拉杆
steering rod
转向系统
steering system
制动器（制动系统）
brake (brake system)
行驶系统
driving system
悬架
suspension
车轮
wheel
轮胎
tire

3.1.1 传动系统

汽车传动系统包括从发动机飞轮端（燃油车）或电机输出轴（电动车）到车轮之间的所有传动部件，如离合器（MT）、变速器、差减速器总成、分动器（四驱）、传动轴（后驱）、半轴等，它的作用主要是将发动机输出的动力传递给车轮。一般电动车传动系比燃油车的要简单，前置前驱车型的传动系比前置后驱及四驱车型的要简单。

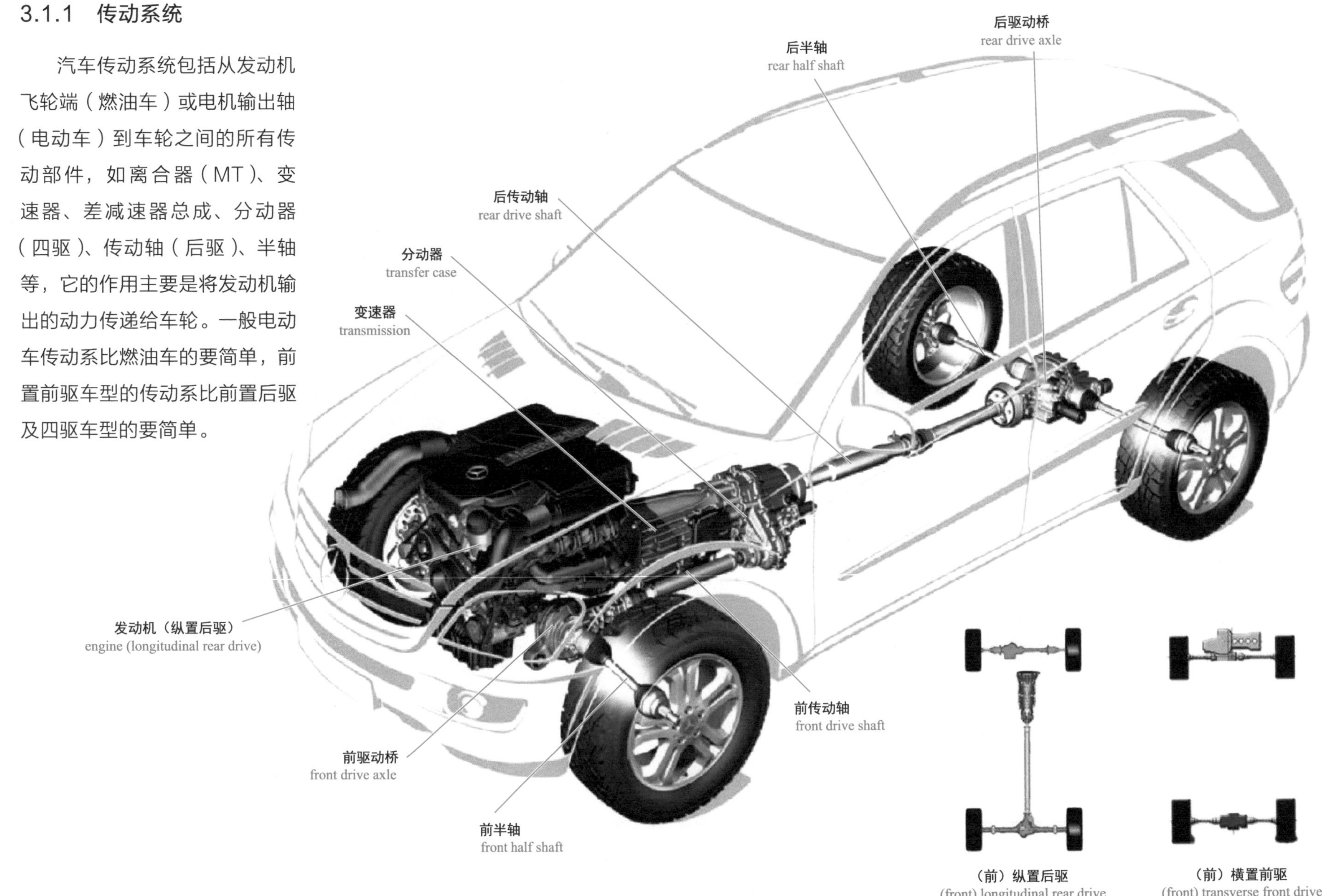
后驱动桥
rear drive axle
后半轴
rear half shaft
后传动轴
rear drive shaft
分动器
transfer case
变速器
transmission
发动机（纵置后驱）
engine (longitudinal rear drive)
前驱动桥
front drive axle
前半轴
front half shaft
前传动轴
front drive shaft
（前）纵置后驱
(front) longitudinal rear drive
（前）横置前驱
(front) transverse front drive

3.1.2 行驶系统

汽车行驶系统由车架（非承载式车身）、副车架（承载式车身）、悬架、车桥和车轮等组成。其作用是将汽车构成一个整体，支承汽车的总质量，将传动系统传来的转矩转化为汽车行驶的驱动力，承受并传递路面对车轮的各种反作用力；减振缓冲，保证汽车平顺行驶。

右后悬架
right rear suspension
后车轮
rear wheel
左后悬架
left rear suspension
副车架
subframe
横向稳定杆
anti-roll bar

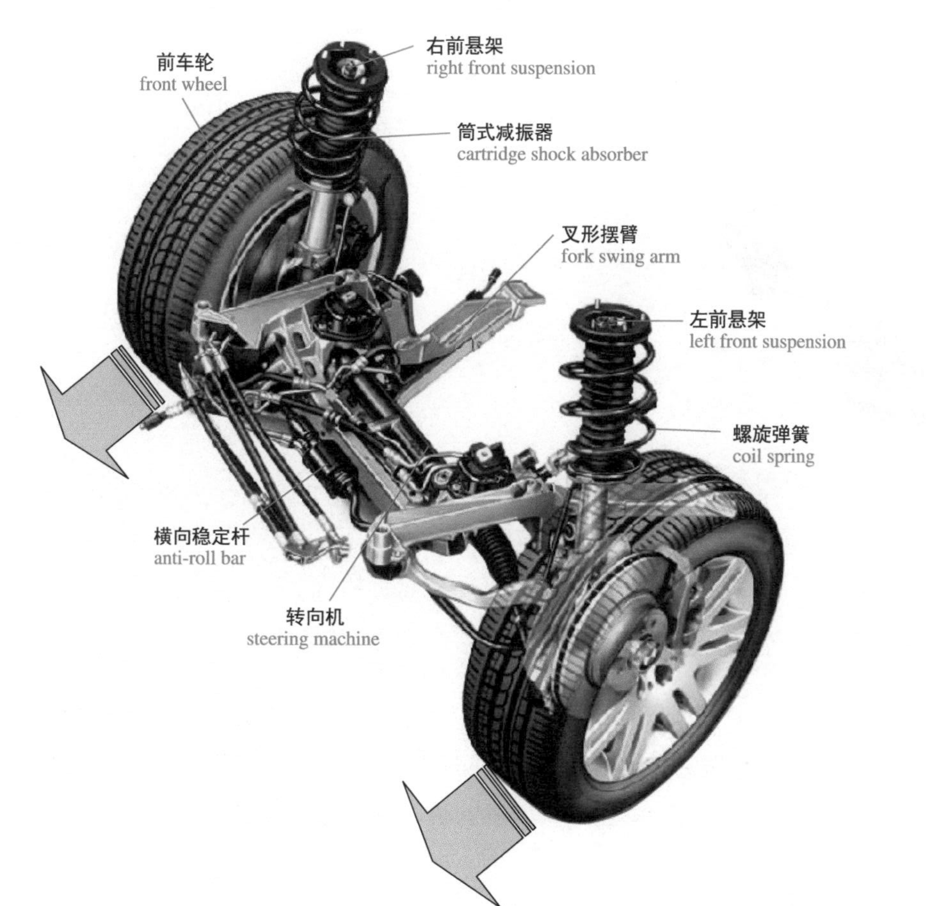
前车轮
front wheel
右前悬架
right front suspension
筒式减振器
cartridge shock absorber
叉形摆臂
fork swing arm
左前悬架
left front suspension
螺旋弹簧
coil spring
横向稳定杆
anti-roll bar
转向机
steering machine

3.1.3 转向系统

汽车转向系统主要由转向机、转向传动机构与转向操纵机构组成，主要作用是使汽车按驾驶员选定的方向行驶。现在的汽车普遍使用电子助力转向系统（EPS）控制的转向装置，有的豪华车型的转向系统还具有全轮转向功能。

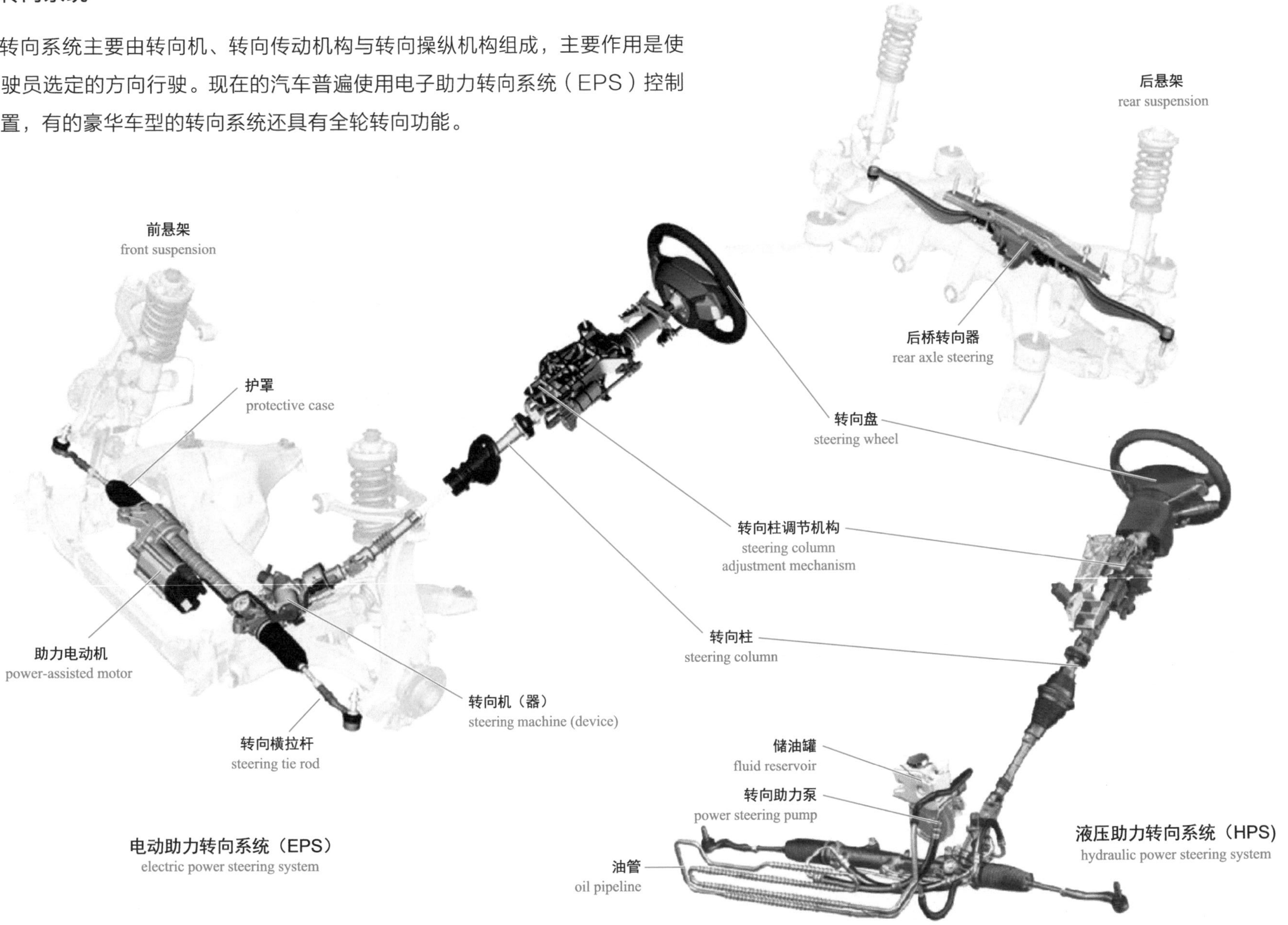

前悬架
front suspension
护罩
protective case
助力电动机
power-assisted motor
转向横拉杆
steering tie rod
转向机（器）
steering machine (device)
电动助力转向系统（EPS）
electric power steering system

后悬架
rear suspension
后桥转向器
rear axle steering
转向盘
steering wheel
转向柱调节机构
steering column adjustment mechanism
转向柱
steering column
储油罐
fluid reservoir
转向助力泵
power steering pump
油管
oil pipeline
液压助力转向系统（HPS）
hydraulic power steering system

3.1.4 制动系统

汽车制动一般包括行车制动与驻车制动两套相互独立的系统，制动系统由制动器、制动控制装置等组成。现在汽车的制动系统一般采用防抱死制动系统（ABS，antilock brake system），高端一些的配置一般都采用稳定控制系统（electronic stability program，ESP）。

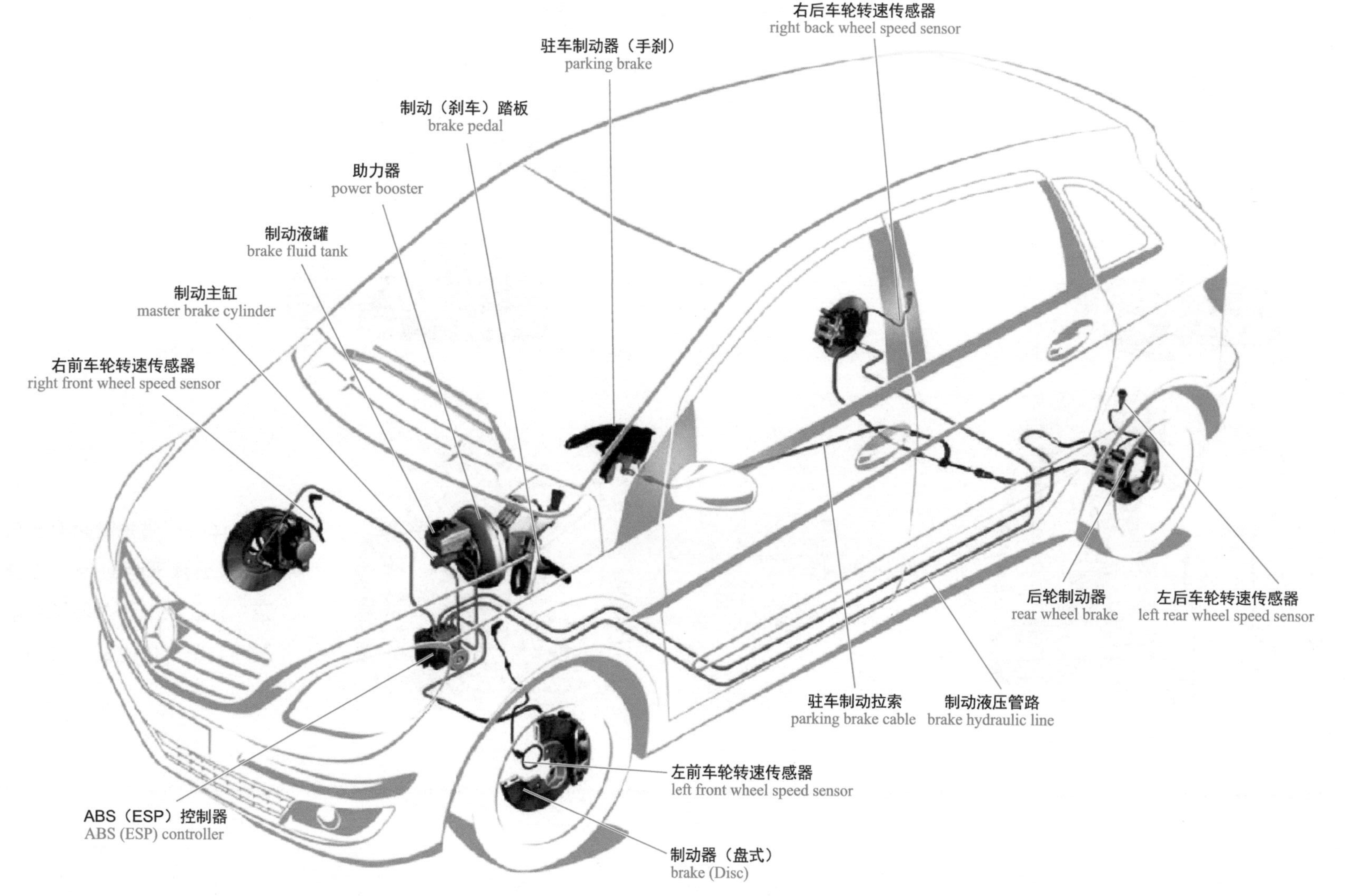
右后车轮转速传感器
right back wheel speed sensor
驻车制动器（手刹）
parking brake
制动（刹车）踏板
brake pedal
助力器
power booster
制动液罐
brake fluid tank
制动主缸
master brake cylinder
右前车轮转速传感器
right front wheel speed sensor
后轮制动器
rear wheel brake
左后车轮转速传感器
left rear wheel speed sensor
驻车制动拉索
parking brake cable
制动液压管路
brake hydraulic line
左前车轮转速传感器
left front wheel speed sensor
ABS（ESP）控制器
ABS (ESP) controller
制动器（盘式）
brake (Disc)

3.2 传动系统

3.2.1 概述

发动机输出的动力，先经过离合器，由变速器变矩和变速后，经传动轴把动力传递到主减速器上，最后通过差速器和半轴把动力传递到驱动轮上。

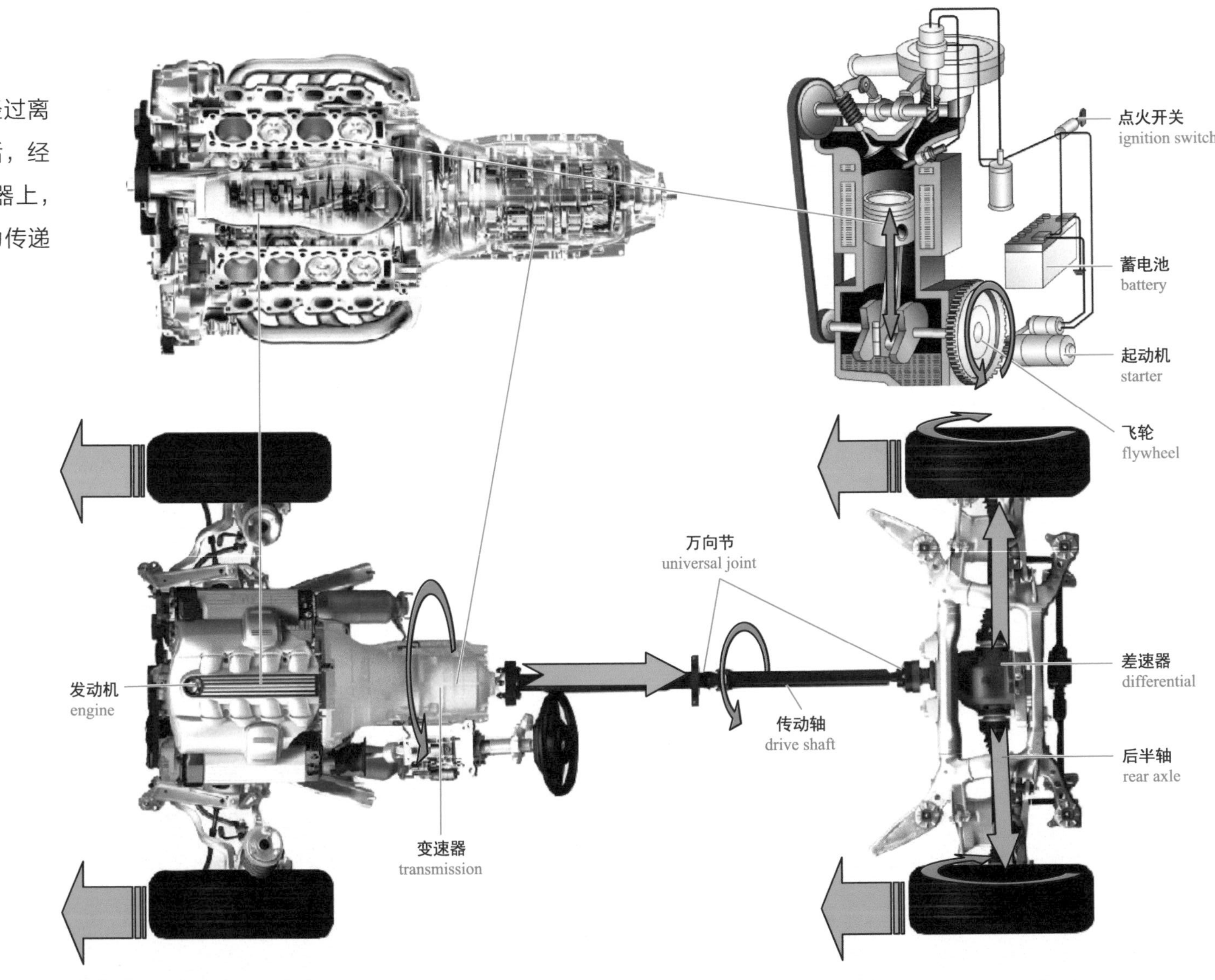
点火开关
ignition switch
蓄电池
battery
起动机
starter
飞轮
flywheel
万向节
universal joint
差速器
differential
传动轴
drive shaft
后半轴
rear axle
发动机
engine
变速器
transmission

3.2.2 布置形式

传动系的布置形式随着汽车的用途、发动机的结构和安装位置不同而不同。汽车上广泛采用的传动系布置形式有：发动机前置后驱动（FR）、发动机前置前驱动（FF）、发动机后置后驱动（RR）、发动机中置后驱动（MR）及四轮驱动（4WD）等。

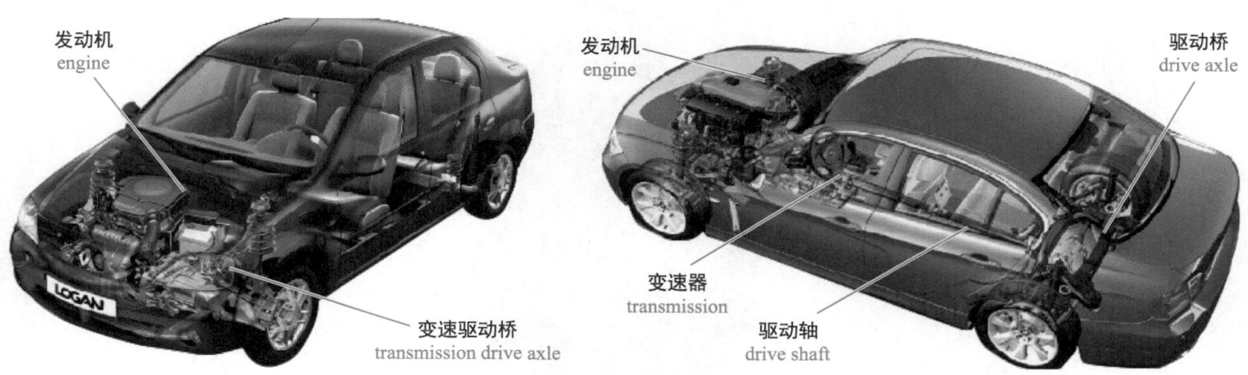
发动机
engine
变速驱动桥
transmission drive axle
发动机
engine
驱动桥
drive axle
变速器
transmission
驱动轴
drive shaft

前置前驱型：低、中级车中最常用的驱动形式，一般变速器与驱动桥的变速器装于一起，故称变速驱动桥，有手动和自动之分

前置后驱型：中高级、高级车中最常见的驱动形式。发动机输出的转矩经离合器与变速器，再经传动轴传到后桥驱动桥上，驱动后轮

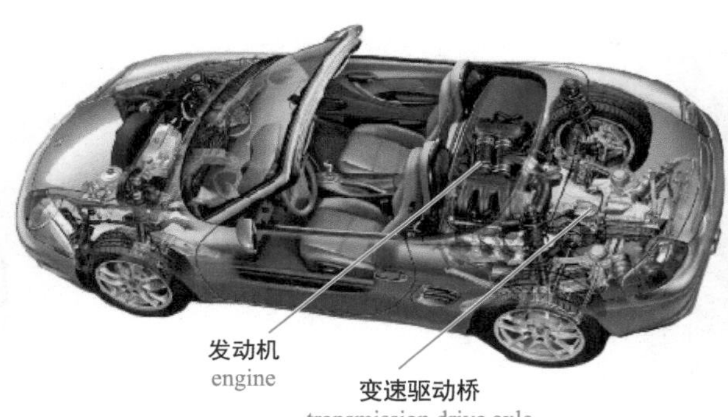
发动机
engine
变速驱动桥
transmission drive axle

中置后驱型：多见于高级跑车中，发动机居于前后桥的中部，通过变速器驱动后轮

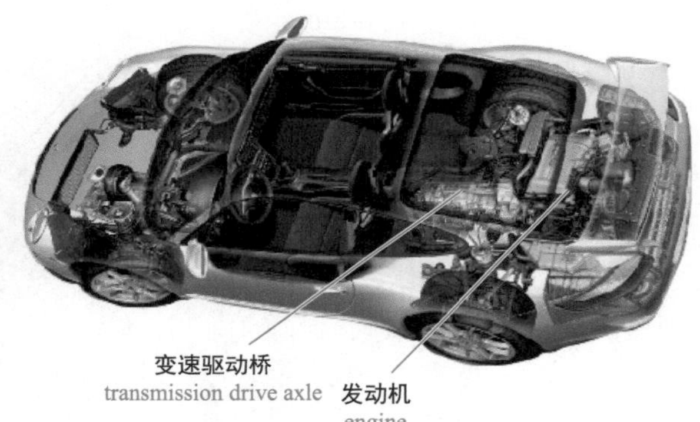
变速驱动桥
transmission drive axle
发动机
engine

后置后驱型：在高级跑车如保时捷、法拉利跑车中多见

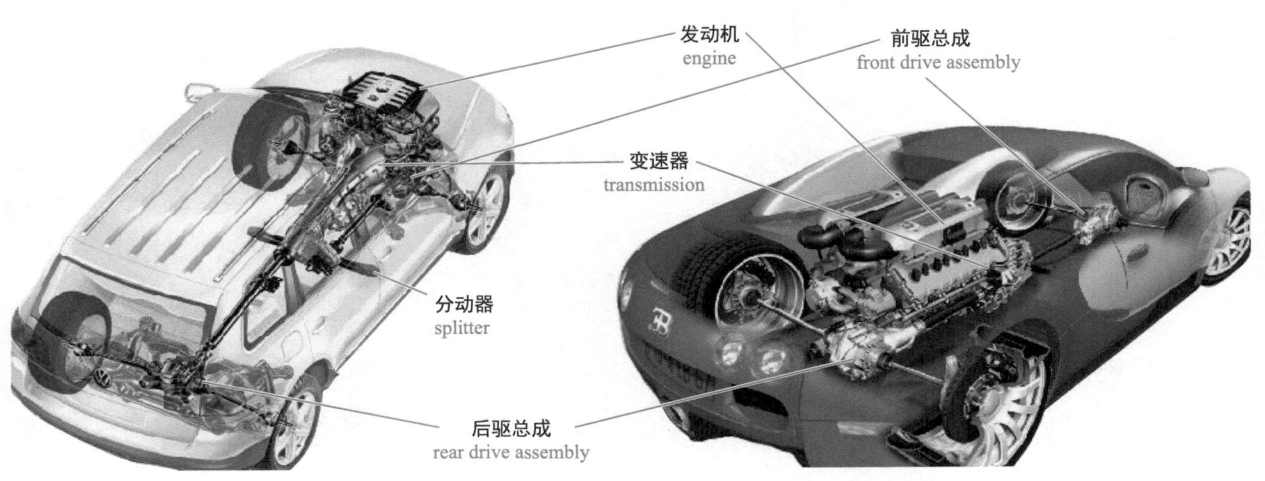
发动机
engine
前驱总成
front drive assembly
变速器
transmission
分动器
splitter
后驱总成
rear drive assembly

四轮驱动型：多用于高级豪华轿车、高端 SUV 车型与越野车型中，为了分配动力，一般布置有分动器

3.2.3 离合器

汽车离合器位于发动机和变速器之间的飞轮壳内，用螺钉将离合器总成固定在飞轮的后平面上，离合器的输出轴就是变速器的输入轴。在汽车行驶过程中，驾驶员可根据需要踩下或松开离合器踏板，使发动机与变速器暂时分离或逐渐接合，以切断或传递发动机向变速器输入的动力。离合器内部结构及组成部件如图所示。

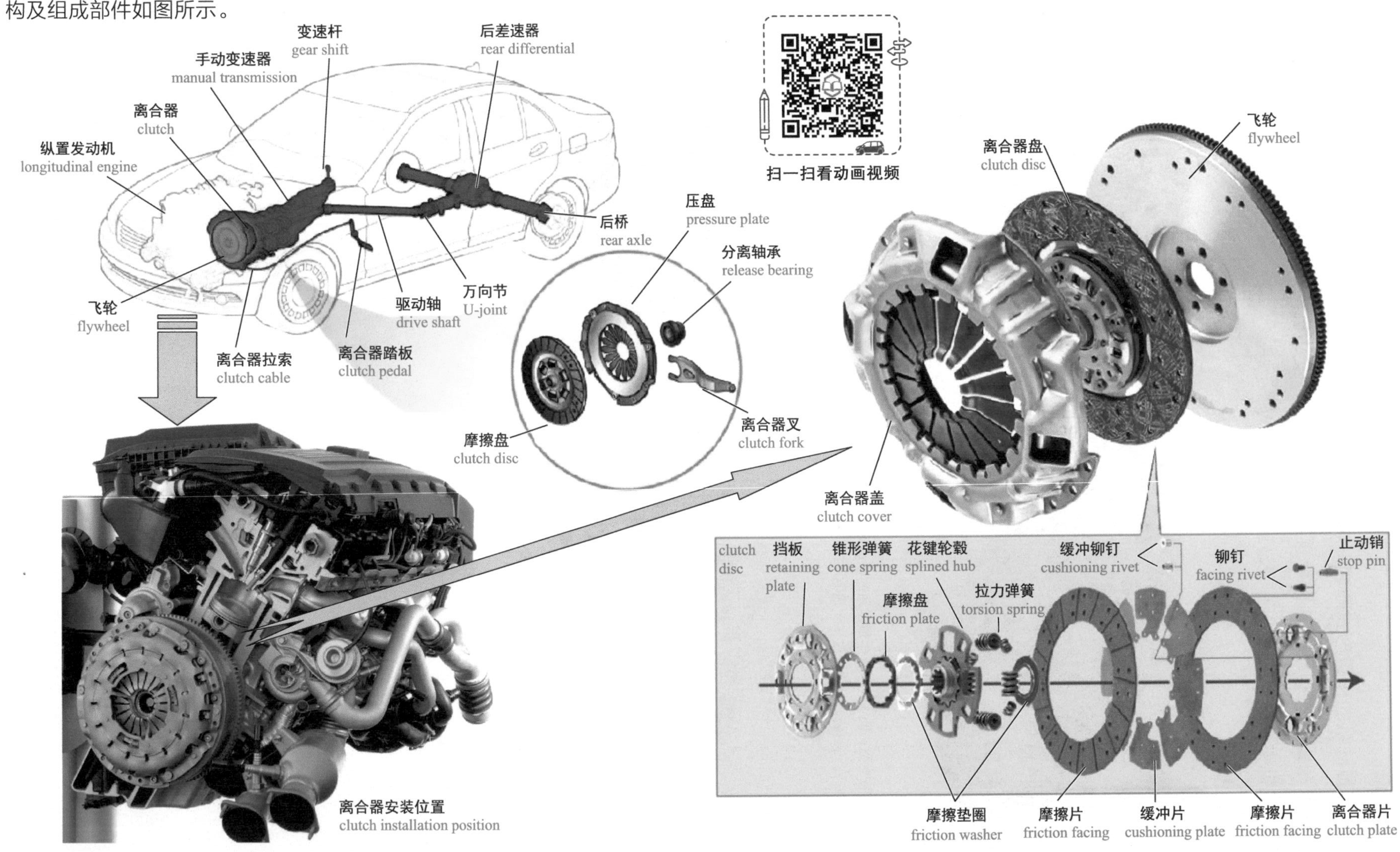

变速杆 gear shift
后差速器 rear differential
手动变速器 manual transmission
离合器 clutch
纵置发动机 longitudinal engine
后桥 rear axle
万向节 U-joint
驱动轴 drive shaft
飞轮 flywheel
离合器拉索 clutch cable
离合器踏板 clutch pedal
扫一扫看动画视频
压盘 pressure plate
分离轴承 release bearing
摩擦盘 clutch disc
离合器叉 clutch fork
离合器盘 clutch disc
飞轮 flywheel
离合器盖 clutch cover
离合器安装位置 clutch installation position
clutch disc
挡板 retaining plate
锥形弹簧 cone spring
花键轮毂 splined hub
摩擦盘 friction plate
拉力弹簧 torsion spring
缓冲铆钉 cushioning rivet
铆钉 facing rivet
止动销 stop pin
摩擦垫圈 friction washer
摩擦片 friction facing
缓冲片 cushioning plate
摩擦片 friction facing
离合器片 clutch plate

3.2.4 变速器原理

变速器内有多个不同的齿轮，将不同大小的齿轮组合一起，就能实现对发动机转矩和转速的调整。用低转矩可以换来高转速，用低转速则可以换来高转矩。变速器的作用主要表现在三方面：首先是改变传动比，扩大驱动轮的转矩和转速的变化范围，满足不同行驶条件对牵引力的需要；其次是在发动机转向不变的情况下，满足倒车的需要；最后是实现空挡，中断动力传递，在发动机启动、怠速运转、汽车换挡或需要停车进行动力输出时，变速器可以不输出动力，中断向驱动轮的动力传递。

驱动齿轮
drive gear
从动齿轮
driven gear
从动齿轮
driven gear
驱动齿轮
drive gear

转速：驱动齿轮大于从动齿轮
驱动力：驱动齿轮小于从动齿轮

转速：驱动齿轮小于从动齿轮
驱动力：驱动齿轮大于从动齿轮

3.2.5 手动变速器

手动变速器（manual transmission，MT）又称机械式变速器，即必须用手拨动变速杆（俗称“挡把”）才能改变变速器内的齿轮啮合位置，改变传动比，从而达到变速的目的。手动变速在操纵时必须踩下离合，方可拨得动变速杆。手动变速器是利用大小不同的齿轮配合而达到变速的。最常见的手动变速器多为5挡位（4个前进挡 、1个倒挡），也有的汽车采用6挡位变速器。

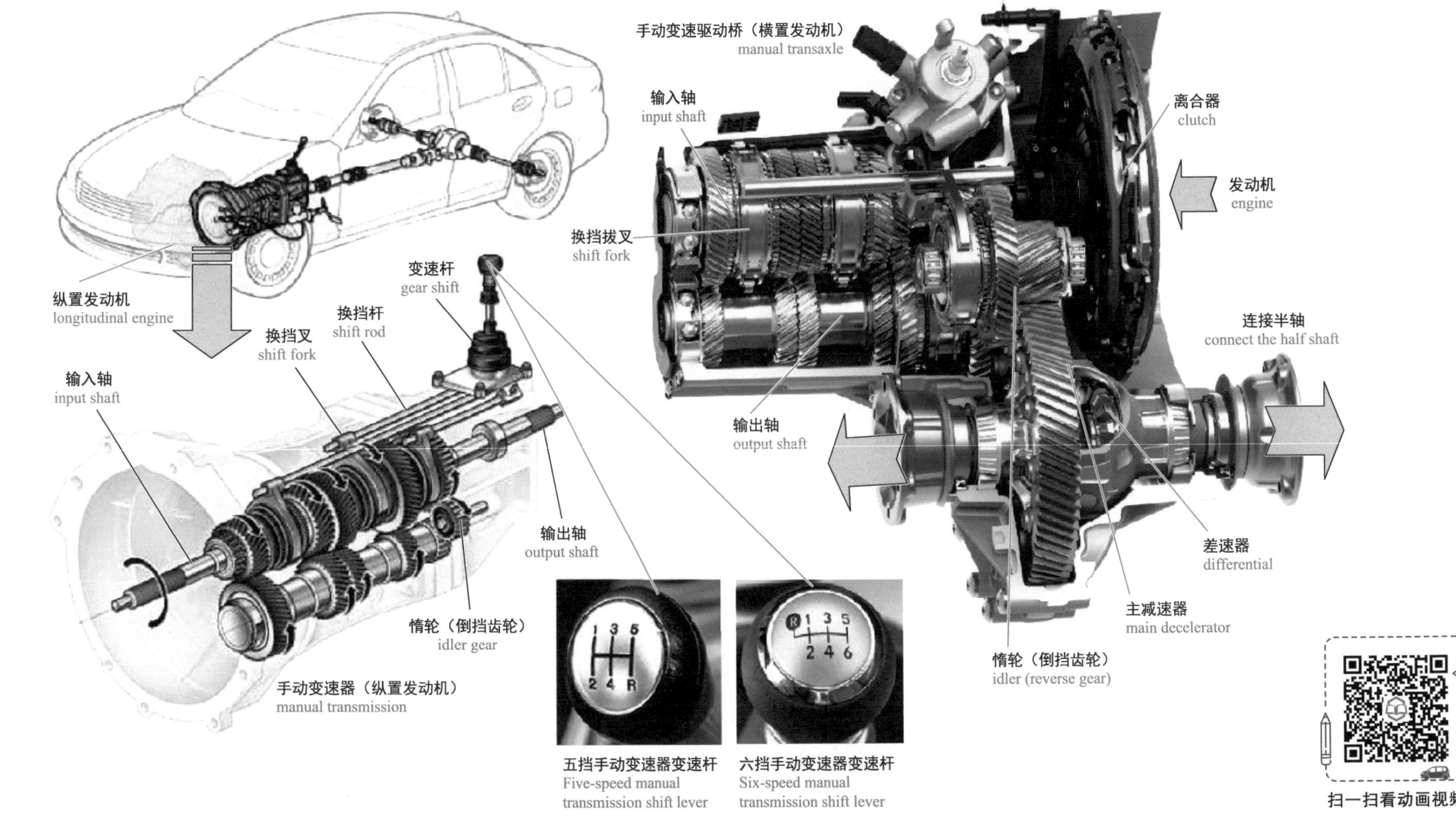
纵置发动机
longitudinal engine
输入轴
input shaft
换挡叉
shift fork
换挡杆
shift rod
变速杆
gear shift
输出轴
output shaft
惰轮（倒挡齿轮）
idler gear
手动变速器（纵置发动机）
manual transmission
手动变速驱动桥（横置发动机）
manual transaxle
输入轴
input shaft
换挡拔叉
shift fork
输出轴
output shaft
离合器
clutch
发动机
engine
连接半轴
connect the half shaft
差速器
differential
主减速器
main decelerator
惰轮（倒挡齿轮）
idler (reverse gear)
五挡手动变速器变速杆
Five-speed manual
transmission shift lever
六挡手动变速器变速杆
Six-speed manual
transmission shift lever
扫一扫看动画视频

3.2.6 换挡同步器

在输入轴上的齿轮通过同步器和滑套啮合到输出轴的齿轮之前，它必须首先与该齿轮同步。在换挡过程中，齿轮副通过齿轮上的锥形环和同步器上的滑套进行同步。

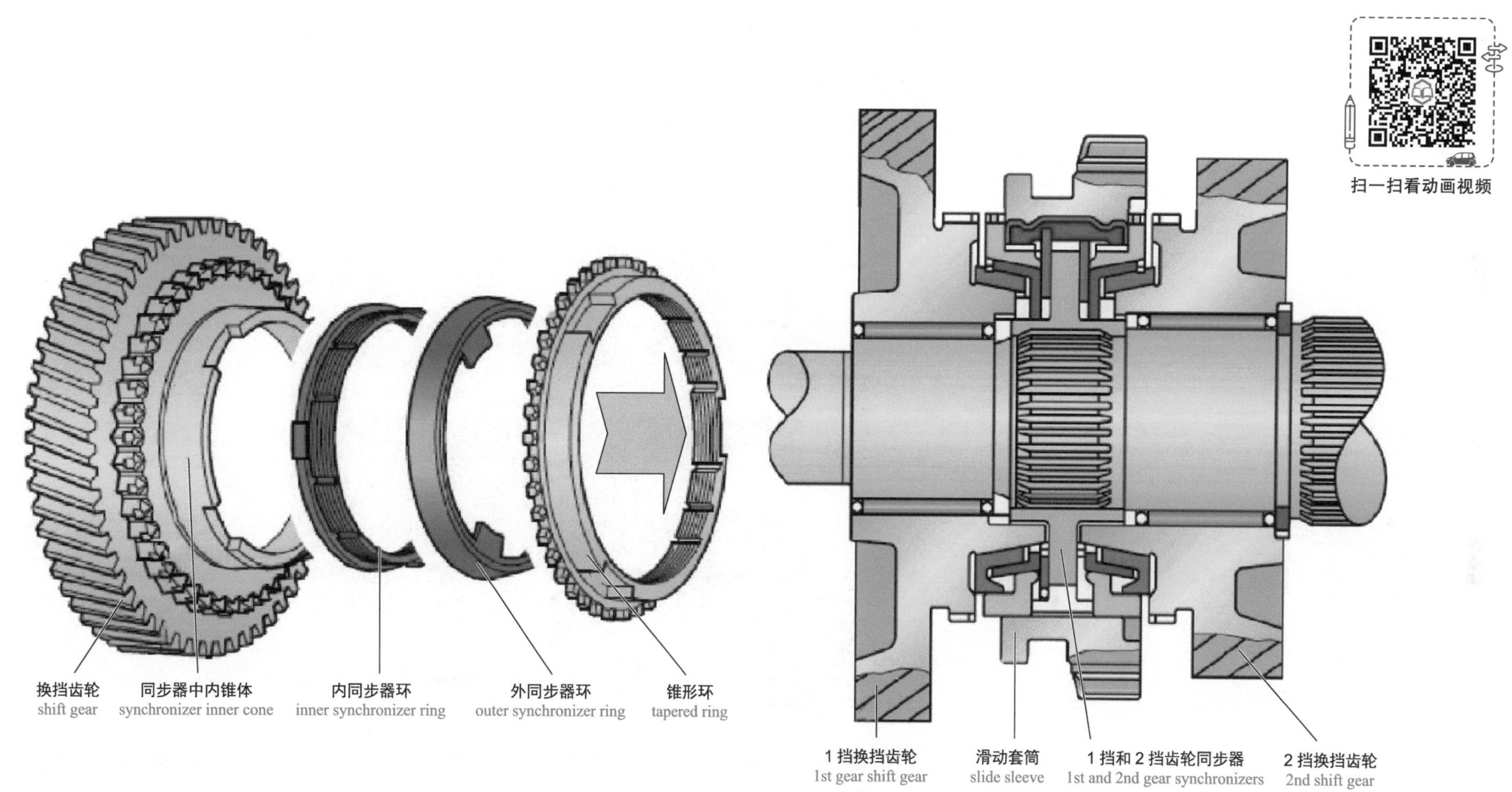
扫一扫看动画视频
换挡齿轮
shift gear
同步器中内锥体
synchronizer inner cone
内同步器环
inner synchronizer ring
外同步器环
outer synchronizer ring
锥形环
tapered ring
1 挡换挡齿轮
1st gear shift gear
滑动套筒
slide sleeve
1 挡和 2 挡齿轮同步器
1st and 2nd gear synchronizers
2 挡换挡齿轮
2nd shift gear

3.2.7 五挡手动变速驱动桥

此处示例的是一个用于前轮驱动的五挡变速驱动桥。它是一个双轴变速器，带有附加的倒挡齿轮轴。在输入轴和输出轴上的齿轮是螺旋槽齿轮并连续啮合。所有的换挡齿轮都套在滚针轴承上运转，以保证最大的平滑度。倒挡齿轮是直齿。

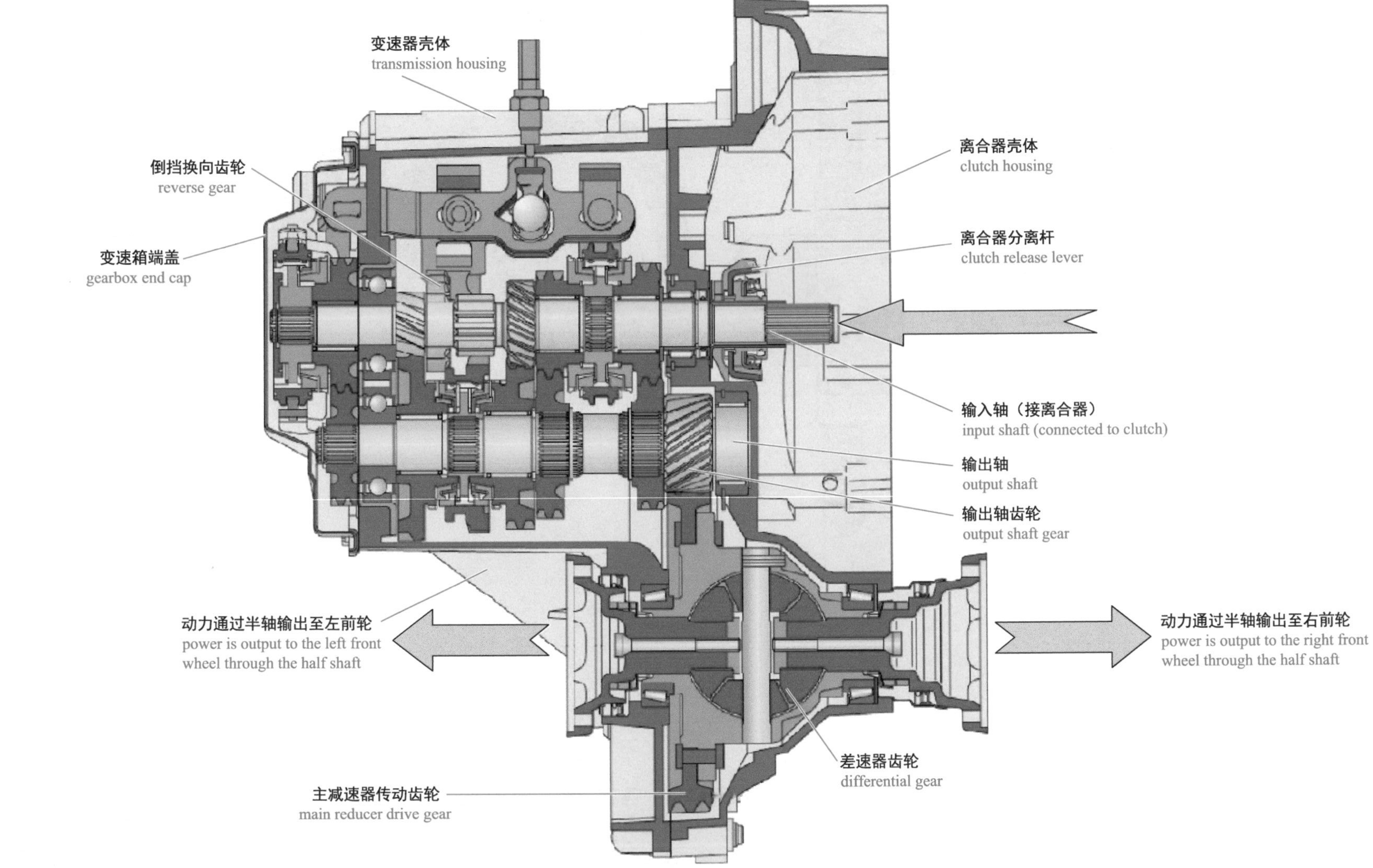
变速器壳体
transmission housing
倒挡换向齿轮
reverse gear
变速箱端盖
gearbox end cap
离合器壳体
clutch housing
离合器分离杆
clutch release lever
输入轴（接离合器）
input shaft (connected to clutch)
输出轴
output shaft
输出轴齿轮
output shaft gear
动力通过半轴输出至左前轮
power is output to the left front wheel through the half shaft
动力通过半轴输出至右前轮
power is output to the right front wheel through the half shaft
差速器齿轮
differential gear
主减速器传动齿轮
main reducer drive gear

3.2.8 五挡手动变速器结构

扫一扫看动画视频

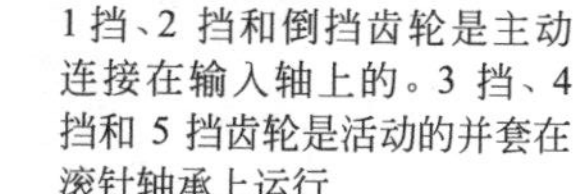

输入轴连同位于离合器壳体内的一个滚柱轴承（活动轴承）和一个开槽滚珠轴承（固定轴承）安装在变速器壳体内的一个轴承总成上

input shaft

5 挡齿轮同步齿轮 5th gear synchro gear

5 挡换挡齿轮 5th gear shift gear

1 挡换挡齿轮 1st gear shift gear

2 挡换挡齿轮 2nd shift gear

3 挡换挡齿轮 3rd gear shift gear

4 挡换挡齿轮 4th gear shift gear

用于减少重量的深钻孔 deep drilling for weight reduction

锁环 lock ring

倒挡齿轮 reverse gear

滚柱轴承 roller bearing

带开槽滚珠轴承的轴承支架 bearing bracket with slotted ball bearing

3 挡 /4 挡齿轮同步器体 3rd/4th gear synchronizer body

1 挡、2 挡和倒挡齿轮是主动连接在输入轴上的。3 挡、4 挡和 5 挡齿轮是活动的并套在滚针轴承上运行

3 挡 /4 挡齿轮和 5 挡齿轮的同步器是通过纵向的键槽与输入轴主动连接的。其中一个齿轮啮合后，对应的“换向齿轮”也连接到输入轴。锁环保持齿轮的位置

输出轴有一个固定 / 换向轴承。与输入轴一样，输出轴在变速器壳体中的轴承中，连同离合器壳体中的一个滚柱轴承和输入轴一起安装在轴承总成的开槽滚珠轴承（固定），一起运转

output shaft

1 挡换挡齿轮 1st gear shift gear

2 挡换挡齿轮 2nd shift gear

3 挡换挡齿轮 3rd gear shift gear

4 挡换挡齿轮 4th gear shift gear

5 挡齿轮 5th gear

用于减少重量的深钻孔 deep drilling for weight reduction

锁环 lock ring

带开槽滚珠轴承的轴承支架 bearing bracket with slotted ball bearing

1 挡 /2 挡同步器 1st/2nd gear synchronizer

主传动齿轮 main drive gear

滚柱齿轮 roller gear

3 挡、4 挡和 5 挡齿轮以及 1 挡 /2 挡齿轮的同步器是在旋转的方向上以较小间隙的齿轮主动连接到输出轴上。1 挡和 2 挡齿轮是空转齿轮，套在输出轴的滚针轴承上转动。锁环保持齿轮的位置

3.2.9 五挡手动变速器原理

发动机转矩通过输入轴传递到变速器。根据所选择的挡位，转矩通过相应的齿轮副传递到输出轴上并从这里传递到主传动齿轮和差速器。根据所选择的挡位，转矩和发动机转速作用在驱动轮上。

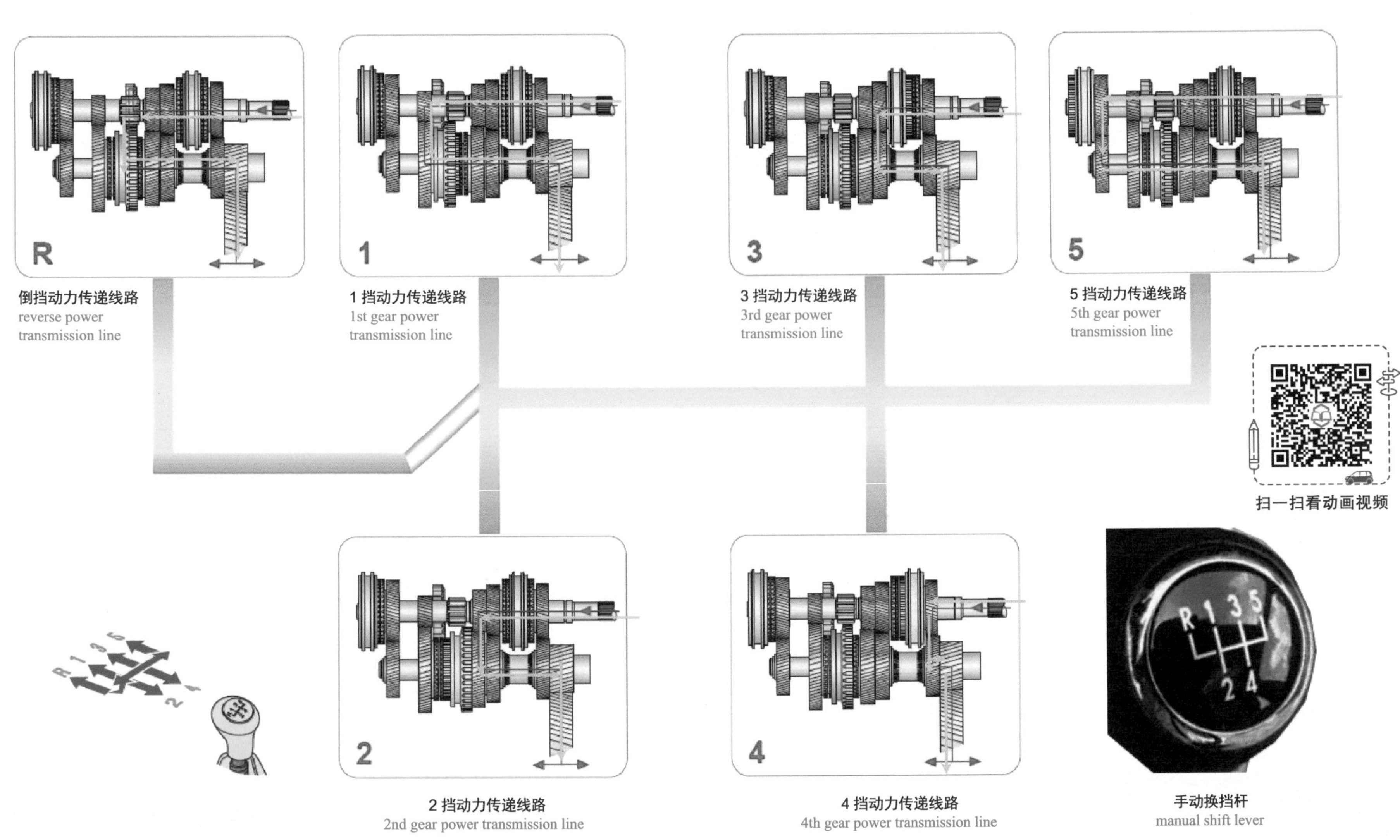

R
倒挡动力传递线路
reverse power transmission line
1
1 挡动力传递线路
1st gear power transmission line
3
3 挡动力传递线路
3rd gear power transmission line
5
5 挡动力传递线路
5th gear power transmission line
扫一扫看动画视频
2
2 挡动力传递线路
2nd gear power transmission line
4
4 挡动力传递线路
4th gear power transmission line
R 1 3 5
2 4
手动换挡杆
manual shift lever

3.2.10 自动变速器

在车辆行驶过程中，自动变速器的齿轮传动比（挡位）的变换是由变速器控制系统自动完成的，无须驾驶员手动换挡。

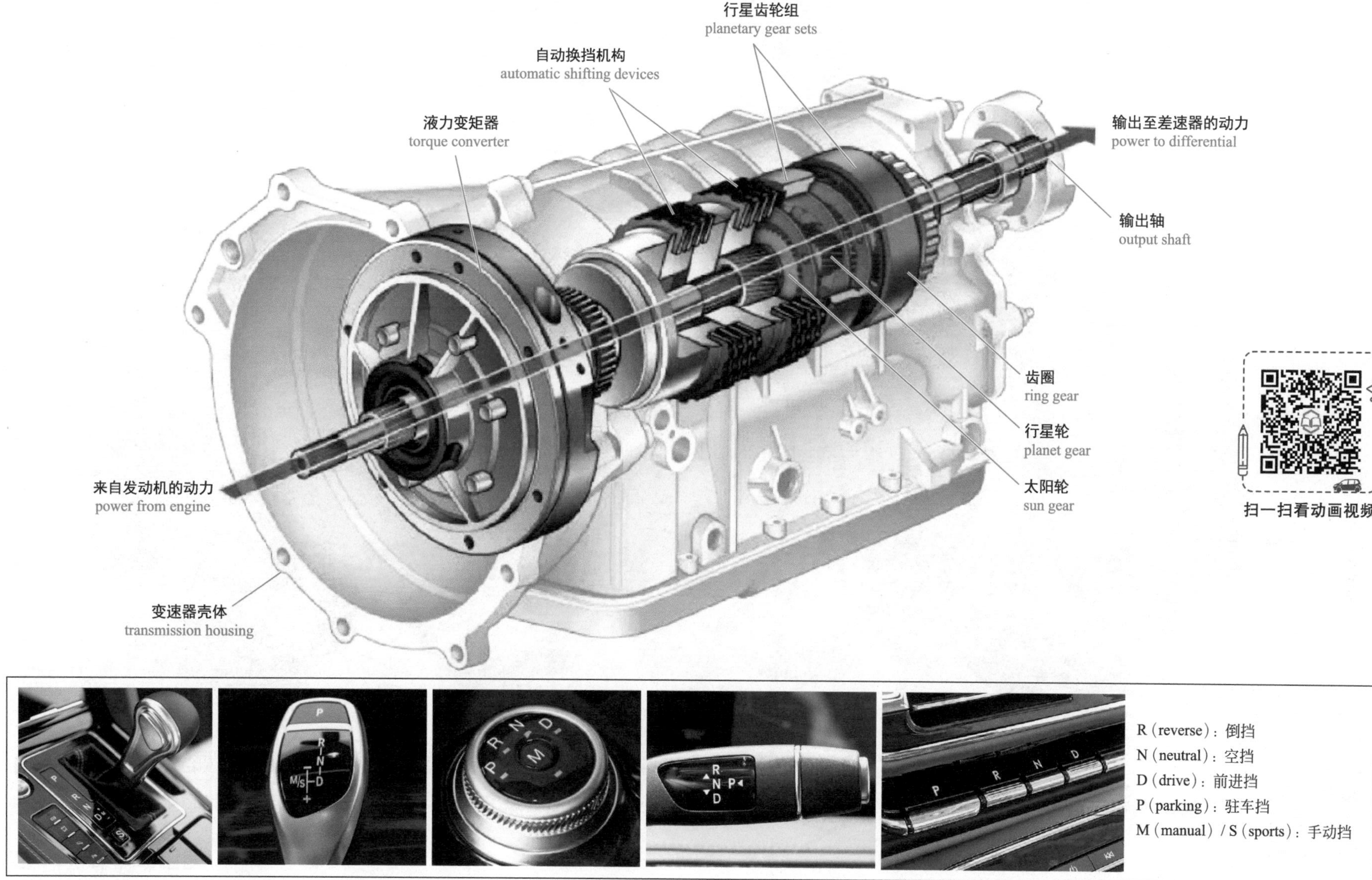
行星齿轮组
planetary gear sets
自动换挡机构
automatic shifting devices
液力变矩器
torque converter
输出至差速器的动力
power to differential
输出轴
output shaft
齿圈
ring gear
行星轮
planet gear
太阳轮
sun gear
来自发动机的动力
power from engine
变速器壳体
transmission housing
扫一扫看动画视频
R（reverse）：倒挡
N（neutral）：空挡
D（drive）：前进挡
P（parking）：驻车挡
M（manual）/ S（sports）：手动挡

3.2.11 液力变矩器

液力变矩器由下列部件组成：泵轮、导轮、涡轮和锁止离合器等总成。该部件的作用是从发动机获取转矩并传送到行星齿轮箱。它同时还用作液压启动离合器并增强转矩。其壳体内充满了自动变速器油液，这些油液通过自动变速器油泵不断保持循环。

扫一扫看动画视频

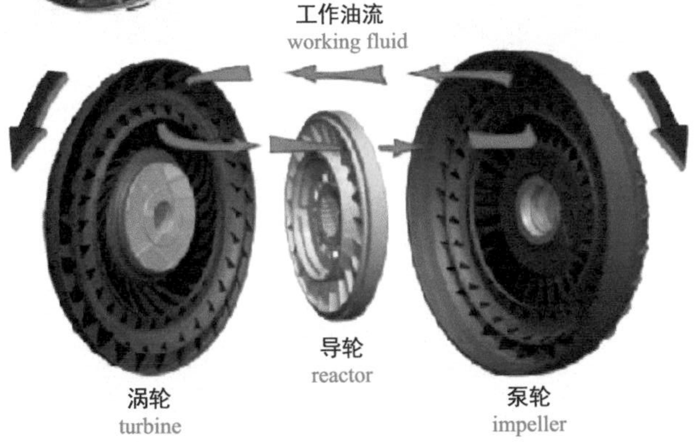

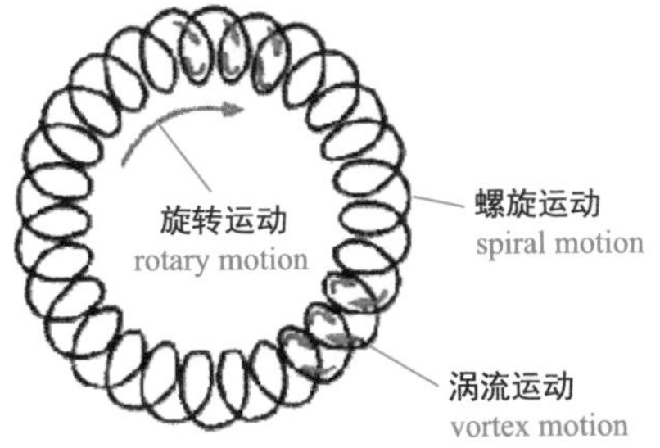

泵轮
impeller
导轮
reactor
涡轮
turbine
锁止离合器
lockup clutch
壳体
case
动力输出
power output
工作油流
working fluid
涡轮
turbine
导轮
reactor
泵轮
impeller
旋转运动
rotary motion
螺旋运动
spiral motion
涡流运动
vortex motion

液力偶合器中油运动方式
how the oil moves in the fluid coupling

3.2.12 行星齿轮组

行星齿轮组包括行星轮（带行星架）、太阳轮以及内齿圈，这三个部件中的任一个固定，动力便可以在其他两个之间进行传递。

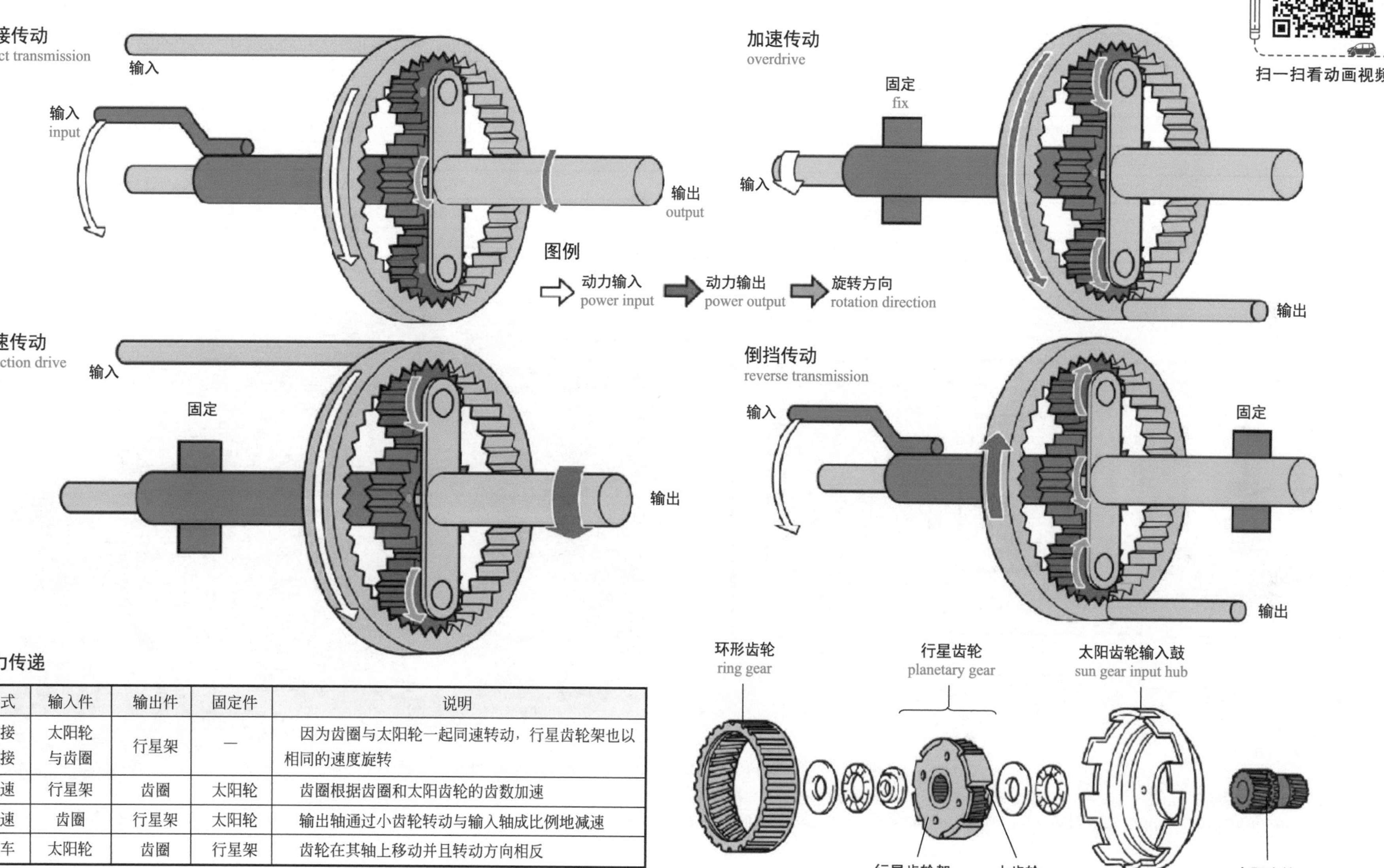

扫一扫看动画视频
直接传动
direct transmission
输入
输入
input
输出
output
加速传动
overdrive
固定
fix
输入
输出
图例
动力输入
power input
动力输出
power output
旋转方向
rotation direction
减速传动
reduction drive
输入
固定
输出
倒挡传动
reverse transmission
输入
固定
输出
环形齿轮
ring gear
行星齿轮
planetary gear
太阳齿轮输入鼓
sun gear input hub
行星齿轮架
planetary gear carrier
小齿轮
small gear
太阳齿轮
sun gear

动力传递

模式	输入件	输出件	固定件	说明
直接连接	太阳轮与齿圈	行星架	—	因为齿圈与太阳轮一起同速转动，行星齿轮架也以相同的速度旋转
加速	行星架	齿圈	太阳轮	齿圈根据齿圈和太阳齿轮的齿数加速
减速	齿圈	行星架	太阳轮	输出轴通过小齿轮转动与输入轴成比例地减速
倒车	太阳轮	齿圈	行星架	齿轮在其轴上移动并且转动方向相反

说明：图中箭头长度表示转速，宽度表示转矩，越长转速越快，越宽转矩越大。

3.2.13 六挡自动变速器结构

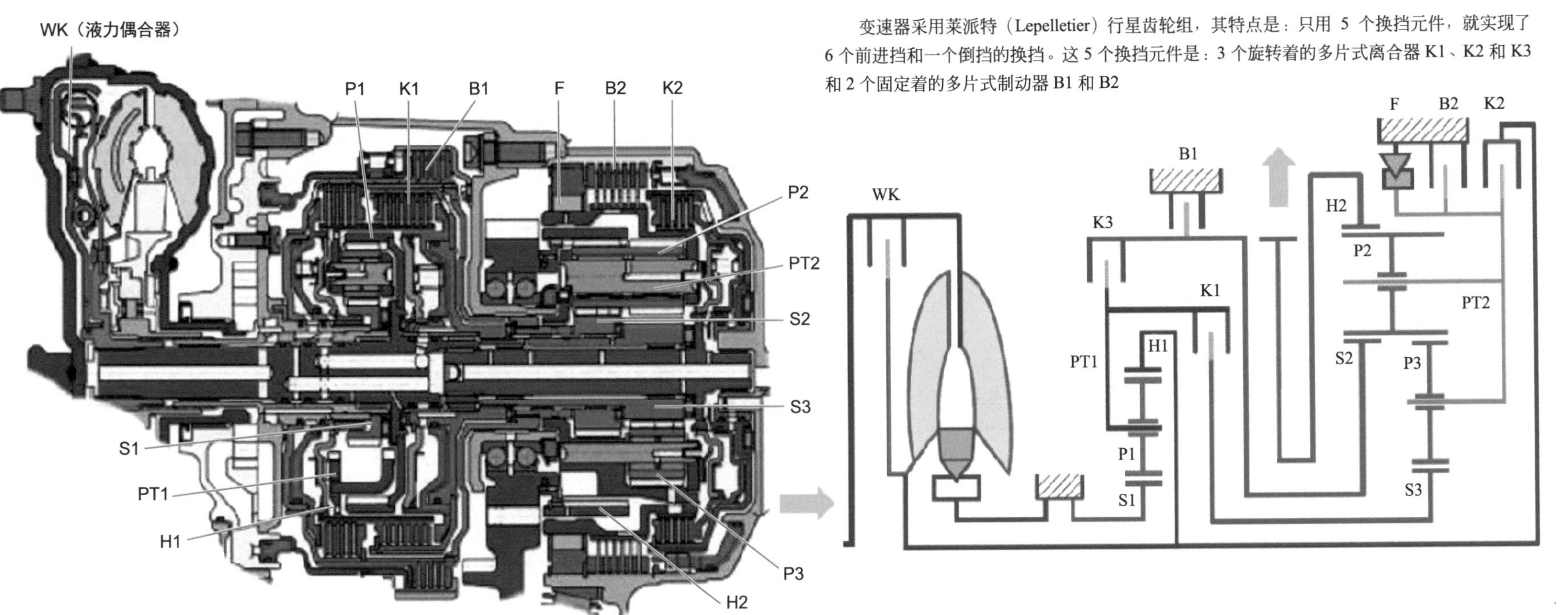
WK（液力偶合器）
P1
K1
B1
F
B2
K2
P2
PT2
S2
S3
S1
PT1
H1
P3
H2
WK
B1
K3
K1
PT1
H1
P1
S1
H2
P2
PT2
S2
P3
S3

变速器采用莱派特（Lepelletier）行星齿轮组，其特点是：只用 5 个换挡元件，就实现了 6 个前进挡和一个倒挡的换挡。这 5 个换挡元件是：3 个旋转着的多片式离合器 K1、K2 和 K3 和 2 个固定着的多片式制动器 B1 和 B2

部件连接

机构	部件	连接装置	机构	部件	连接装置
初级行星齿轮组	H1—齿圈 1	涡轮轴（驱动装置）/离合器K2	次级行星齿轮组	H2—齿圈 2	输出装置
	P1—行星齿轮 1	行星齿轮组内的动力传递装置		P2—行星齿轮 2，长	行星齿轮组内的动力传递装置
	S1—太阳轮 1	固定不动		P3—行星齿轮 3，短	行星齿轮组内的动力传递装置
	PT1—行星齿轮架 1	离合器K1和K3		S2—太阳轮 2，大	离合器K3/制动器B1
制动器	B1—制动器 1	固定住大太阳轮S2（次级行星齿轮组），在1挡（有发动机制动）和R挡时工作		S3—太阳轮 3，小	离合器K1
	B2—制动器 2	固定住行星齿轮架PT2（次级行星齿轮组），在1挡（有发动机制动）和R挡时工作		PT2—行星齿轮架 2	离合器K2/制动器B2/单向离合器F
离合器	K1—离合器 1	行星齿轮架PT1（初级齿轮组），带有小太阳轮S3（次级行星齿轮组），在1、2、3和4挡时工作	离合器	K2—离合器 2	涡轮轴（驱动装置），带有次级行星齿轮组的行星齿轮架PT2在4、5、6挡时工作
	K3—离合器 3	行星齿轮架PT1（初级齿轮组），带有大太阳轮S2（次级行星齿轮组），在3、5和R挡时工作		F—单向离合器	固定住行星齿轮架PT2（次级行星齿轮组），逆着输入转速方向在1挡拖车时使用（无发动机制动）

3.2.14 六挡自动变速器动力流

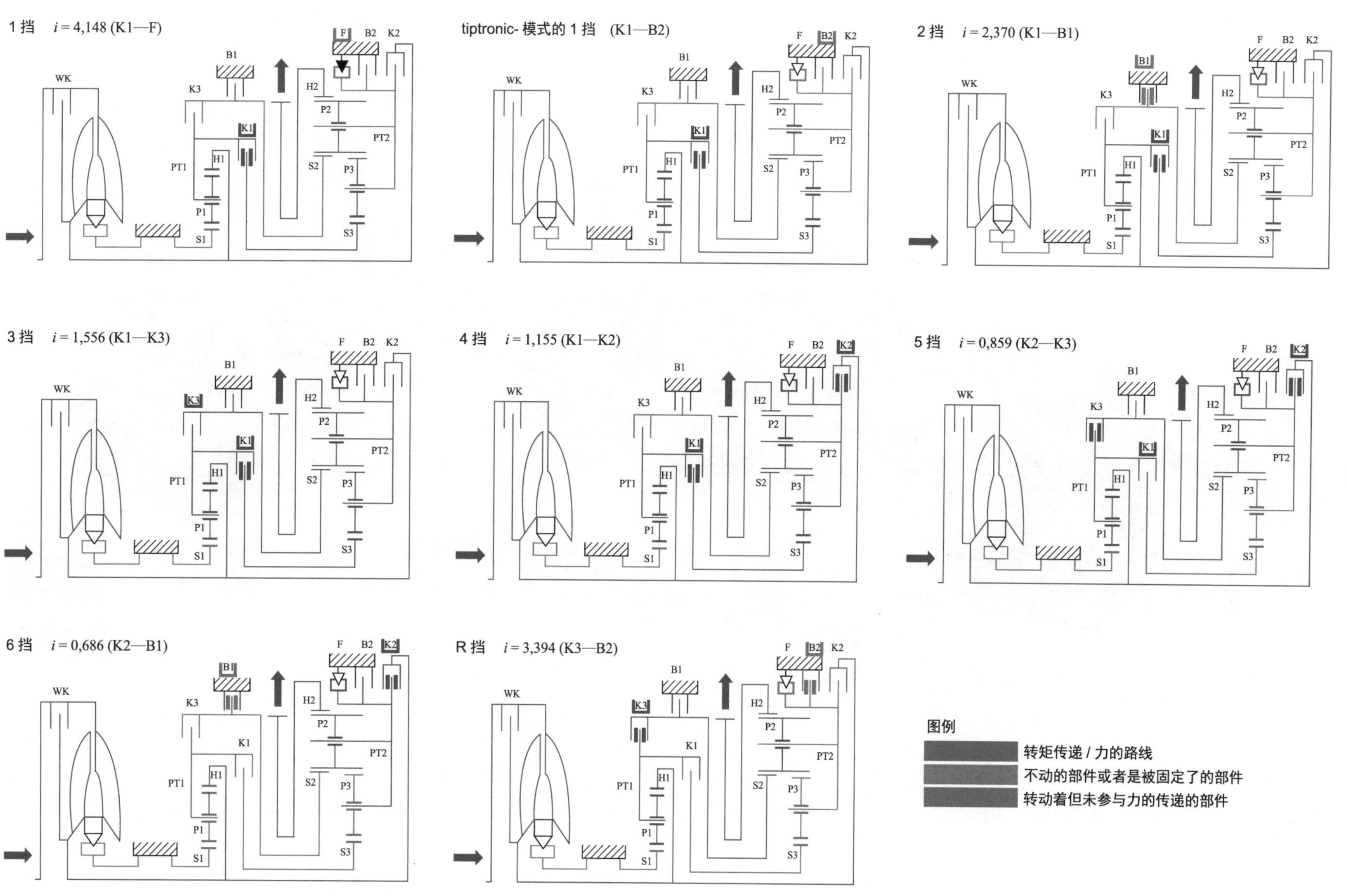
1 挡 i = 4,148 (K1—F)
tiptronic- 模式的 1 挡 (K1—B2)
2 挡 i = 2,370 (K1—B1)
3 挡 i = 1,556 (K1—K3)
4 挡 i = 1,155 (K1—K2)
5 挡 i = 0,859 (K2—K3)
6 挡 i = 0,686 (K2—B1)
R 挡 i = 3,394 (K3—B2)
WK
B1
K3
K1
H1
PT1
P1
S1
H2
P2
S2
PT2
P3
S3
F
B2
K2
图例
转矩传递 / 力的路线
不动的部件或者是被固定了的部件
转动着但未参与力的传递的部件

3.2.15 七挡湿式双离合变速器

双离合变速器简称DCT，英文全称为dual clutch transmission，也称直接换挡变速器（DSG，direct shift gearbox），因为它通过两组离合器来切换不同的挡位，所以叫作双离合变速器。两个离合器中的一个离合器对应奇数挡，另一个对应偶数挡。当车辆挂入一个挡位时，另一个离合器及对应的下一个挡位已经位于预备状态，只要当前挡位分离就可以立刻接合下一个挡位。

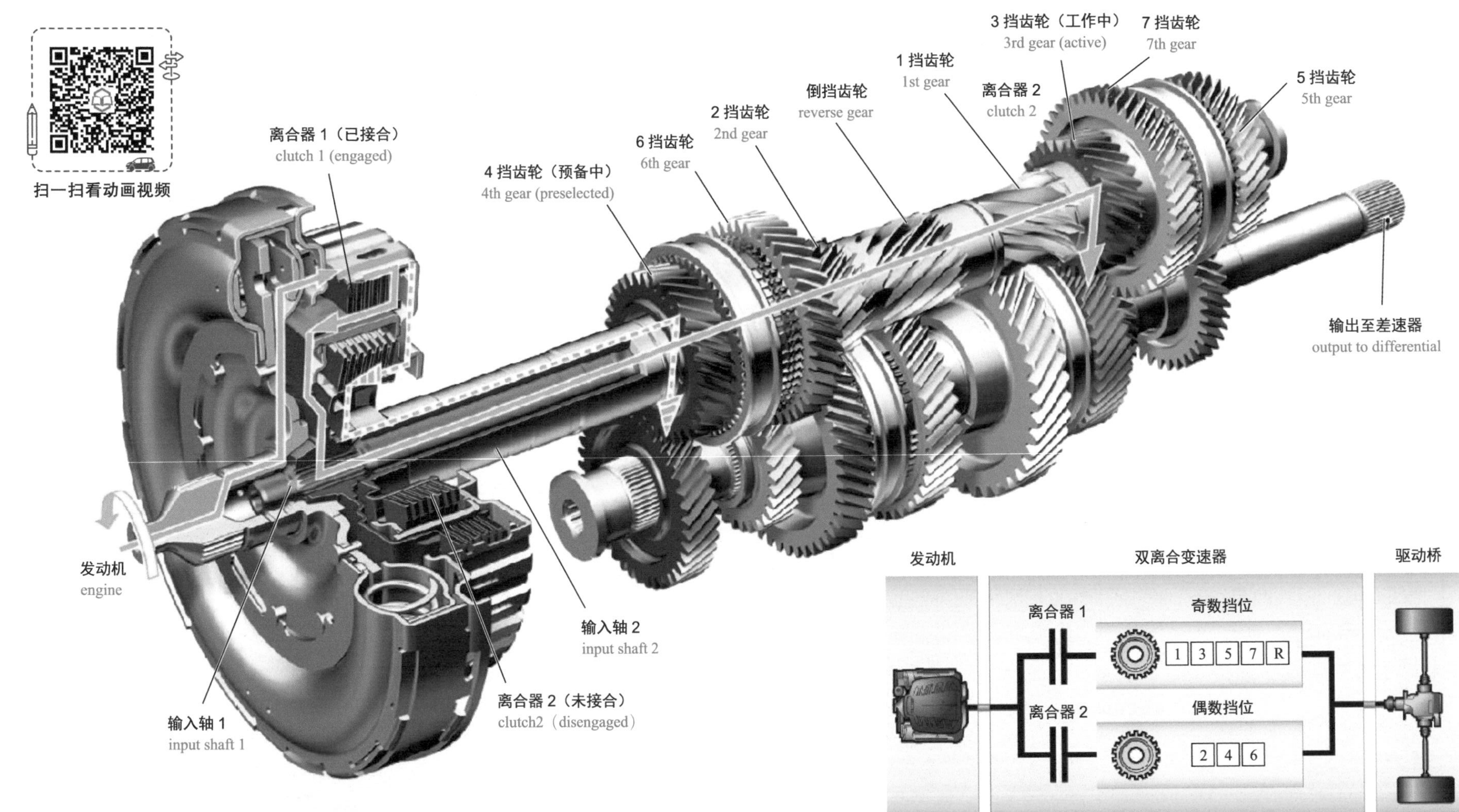
扫一扫看动画视频
离合器 1（已接合）
clutch 1 (engaged)
4 挡齿轮（预备中）
4th gear (preselected)
6 挡齿轮
6th gear
2 挡齿轮
2nd gear
倒挡齿轮
reverse gear
1 挡齿轮
1st gear
离合器 2
clutch 2
3 挡齿轮（工作中）
3rd gear (active)
7 挡齿轮
7th gear
5 挡齿轮
5th gear
输出至差速器
output to differential
发动机
engine
输入轴 1
input shaft 1
离合器 2（未接合）
clutch2（disengaged）
输入轴 2
input shaft 2
发动机
双离合变速器
驱动桥
离合器 1
奇数挡位
1 3 5 7 R
离合器 2
偶数挡位
2 4 6

3.2.16 六挡湿式双离合变速器

发动机转矩由双质量飞轮借助于花键传递到双离合器的输入毂上。从双离合器开始，根据具体是在使用哪一挡位行车，发动机转矩就传递到输入轴（1或2），然后再传递到相应的输出轴（1或2），输入轴采用同轴布置形式，且奇数挡位和偶数挡位是混合地分布在两个输出轴上的。

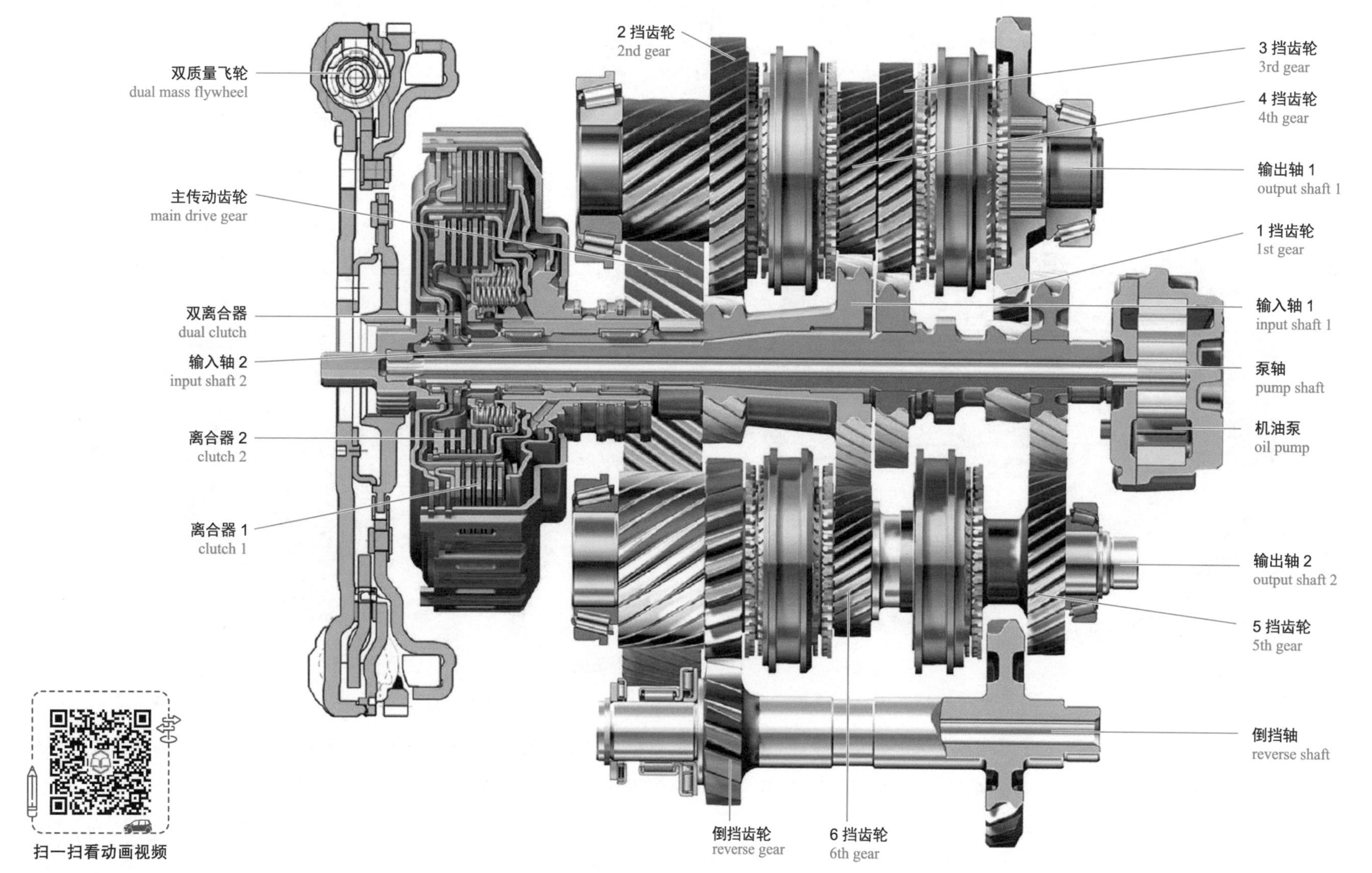
双质量飞轮
dual mass flywheel
主传动齿轮
main drive gear
双离合器
dual clutch
输入轴 2
input shaft 2
离合器 2
clutch 2
离合器 1
clutch 1
2 挡齿轮
2nd gear
3 挡齿轮
3rd gear
4 挡齿轮
4th gear
输出轴 1
output shaft 1
1 挡齿轮
1st gear
输入轴 1
input shaft 1
泵轴
pump shaft
机油泵
oil pump
输出轴 2
output shaft 2
5 挡齿轮
5th gear
倒挡轴
reverse shaft
倒挡齿轮
reverse gear
6 挡齿轮
6th gear

扫一扫看动画视频

3.2.17 双离合器结构

双离合器分为湿式与干式，其不同之处在于双离合器摩擦片的冷却方式：湿式离合器的两组离合器片在一个密封的油槽中，通过浸泡着离合器片的变速器油吸收热量，而干式离合器的摩擦片则没有密封油槽，需要通过风冷散热。

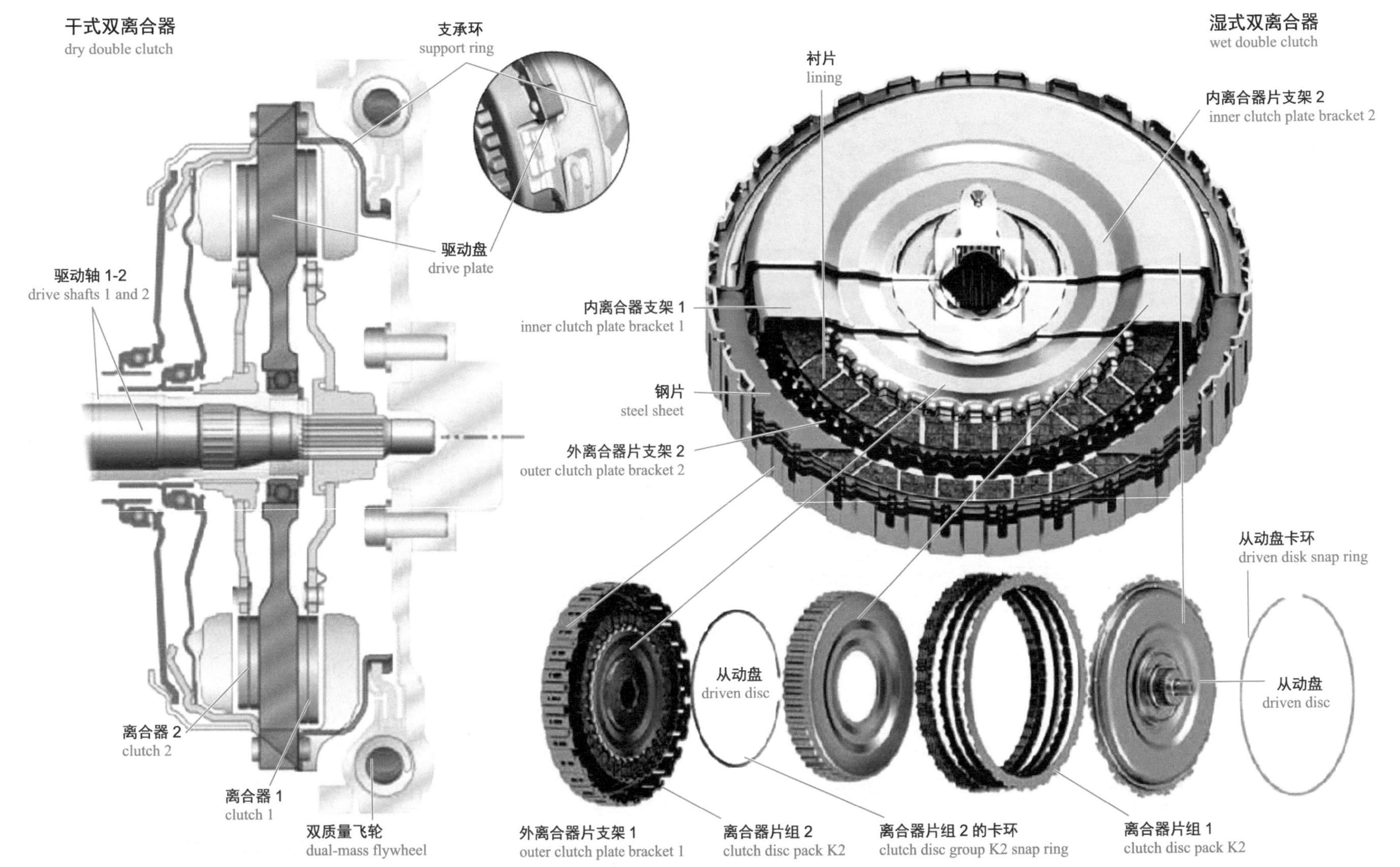
干式双离合器
dry double clutch
支承环
support ring
驱动盘
drive plate
驱动轴 1-2
drive shafts 1 and 2
离合器 2
clutch 2
离合器 1
clutch 1
双质量飞轮
dual-mass flywheel
湿式双离合器
wet double clutch
衬片
lining
内离合器片支架 2
inner clutch plate bracket 2
内离合器支架 1
inner clutch plate bracket 1
钢片
steel sheet
外离合器片支架 2
outer clutch plate bracket 2
从动盘卡环
driven disk snap ring
从动盘
driven disc
从动盘
driven disc
外离合器片支架 1
outer clutch plate bracket 1
离合器片组 2
clutch disc pack K2
离合器片组 2 的卡环
clutch disc group K2 snap ring
离合器片组 1
clutch disc pack K2

3.2.18　双离合变速器原理

双离合器变速器可以看作是由两个完全独立的分变速器构成。每个分变速器的工作原理与传统手动变速器相同，并各自配有一个膜片式离合器。两个膜片式离合器浸在DSG油中运行，挂入1、3、5或7挡时通过离合器1进行动力传输，挂入2、4、6或倒挡时通过离合器2进行动力传递。在机械操作上总是同时挂入两个挡位，在行驶模式下原则上只有一个分变速器通过离合器1或2进行动力啮合，因此实现了牵引力无中断的换挡过程。在另一个分变速器中根据行驶状况挂入下一个更高或更低的挡位，与之相应的离合器也处于待接合状态。

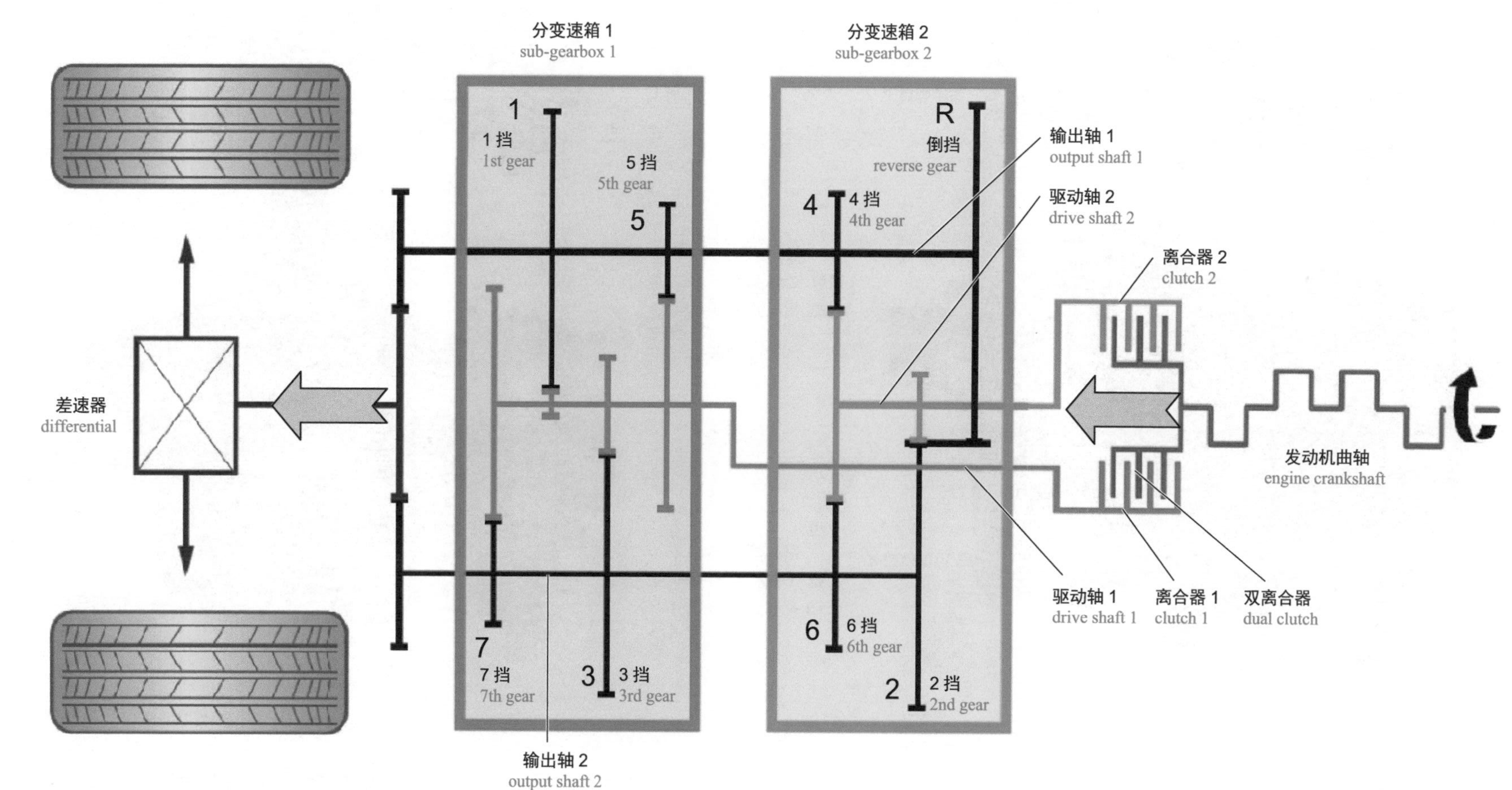

分变速箱 1
sub-gearbox 1
分变速箱 2
sub-gearbox 2
1
1 挡
1st gear
5 挡
5th gear
5
R
倒挡
reverse gear
4
4 挡
4th gear
输出轴 1
output shaft 1
驱动轴 2
drive shaft 2
离合器 2
clutch 2
差速器
differential
发动机曲轴
engine crankshaft
驱动轴 1
drive shaft 1
离合器 1
clutch 1
双离合器
dual clutch
6
6 挡
6th gear
7
7 挡
7th gear
3
3 挡
3rd gear
2
2 挡
2nd gear
输出轴 2
output shaft 2

3.2.19 七挡双离合变速器动力流

七挡湿式双离合变速器1至4挡位动力传递线路如下。

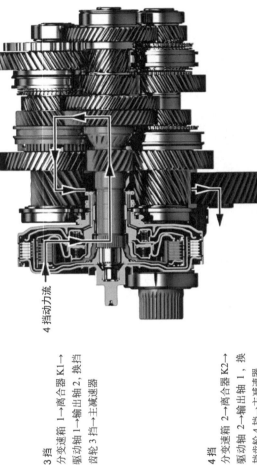

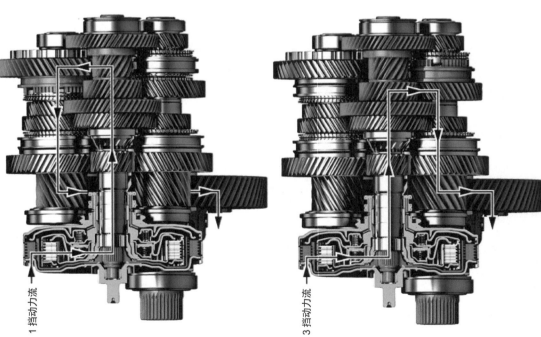

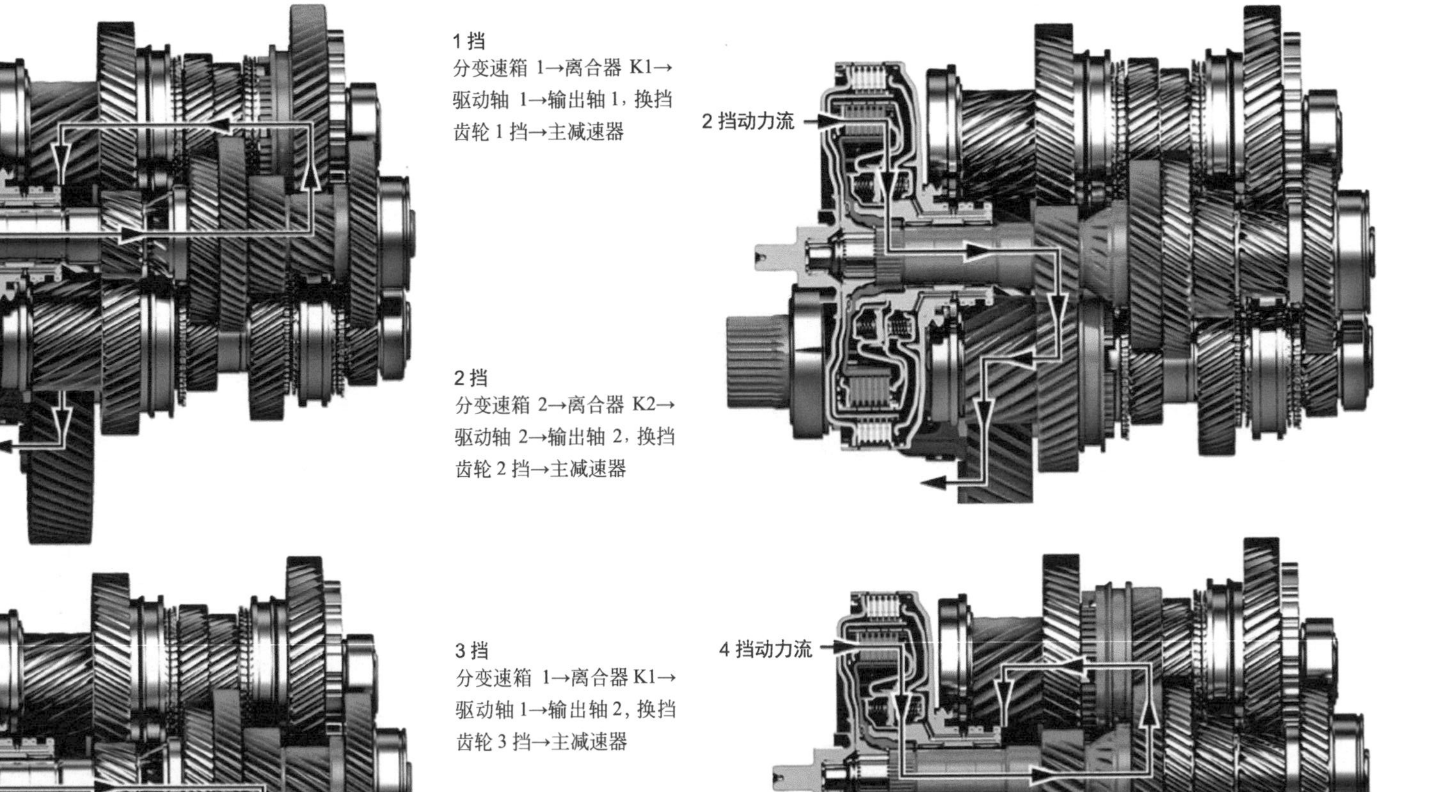
1 挡动力流
2 挡动力流
3 挡动力流
4 挡动力流

1 挡
分变速箱 1→离合器 K1→驱动轴 1→输出轴 1，换挡齿轮 1 挡→主减速器

2 挡
分变速箱 2→离合器 K2→驱动轴 2→输出轴 2，换挡齿轮 2 挡→主减速器

3 挡
分变速箱 1→离合器 K1→驱动轴 1→输出轴 2，换挡齿轮 3 挡→主减速器

4 挡
分变速箱 2→离合器 K2→驱动轴 2→输出轴 1，换挡齿轮 4 挡→主减速器

七挡湿式双离合变速器5至7及倒挡位动力传递线路如下。

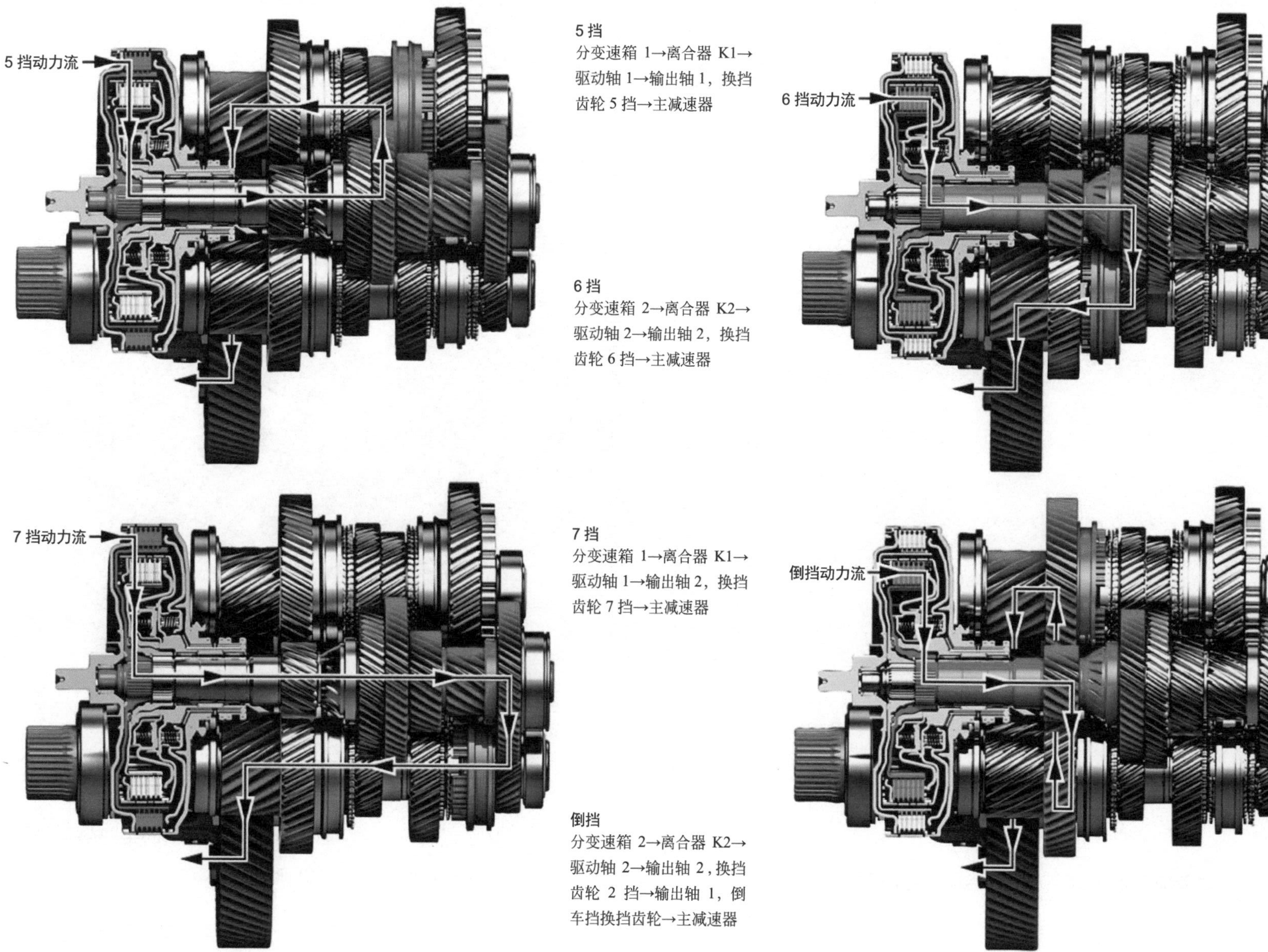
5 挡动力流
6 挡动力流
7 挡动力流
倒挡动力流

5 挡
分变速箱 1→离合器 K1→驱动轴 1→输出轴 1，换挡齿轮 5 挡→主减速器

6 挡
分变速箱 2→离合器 K2→驱动轴 2→输出轴 2，换挡齿轮 6 挡→主减速器

7 挡
分变速箱 1→离合器 K1→驱动轴 1→输出轴 2，换挡齿轮 7 挡→主减速器

倒挡
分变速箱 2→离合器 K2→驱动轴 2→输出轴 2，换挡齿轮 2 挡→输出轴 1，倒车挡换挡齿轮→主减速器

3.2.20 无级变速器结构

无级变速器（continuously variable transmission，CVT）采用传动带和可变槽宽的棘轮进行动力传递，即当棘轮改变槽宽时，相应改变驱动轮与从动轮上传动带的接触半径进行变速。

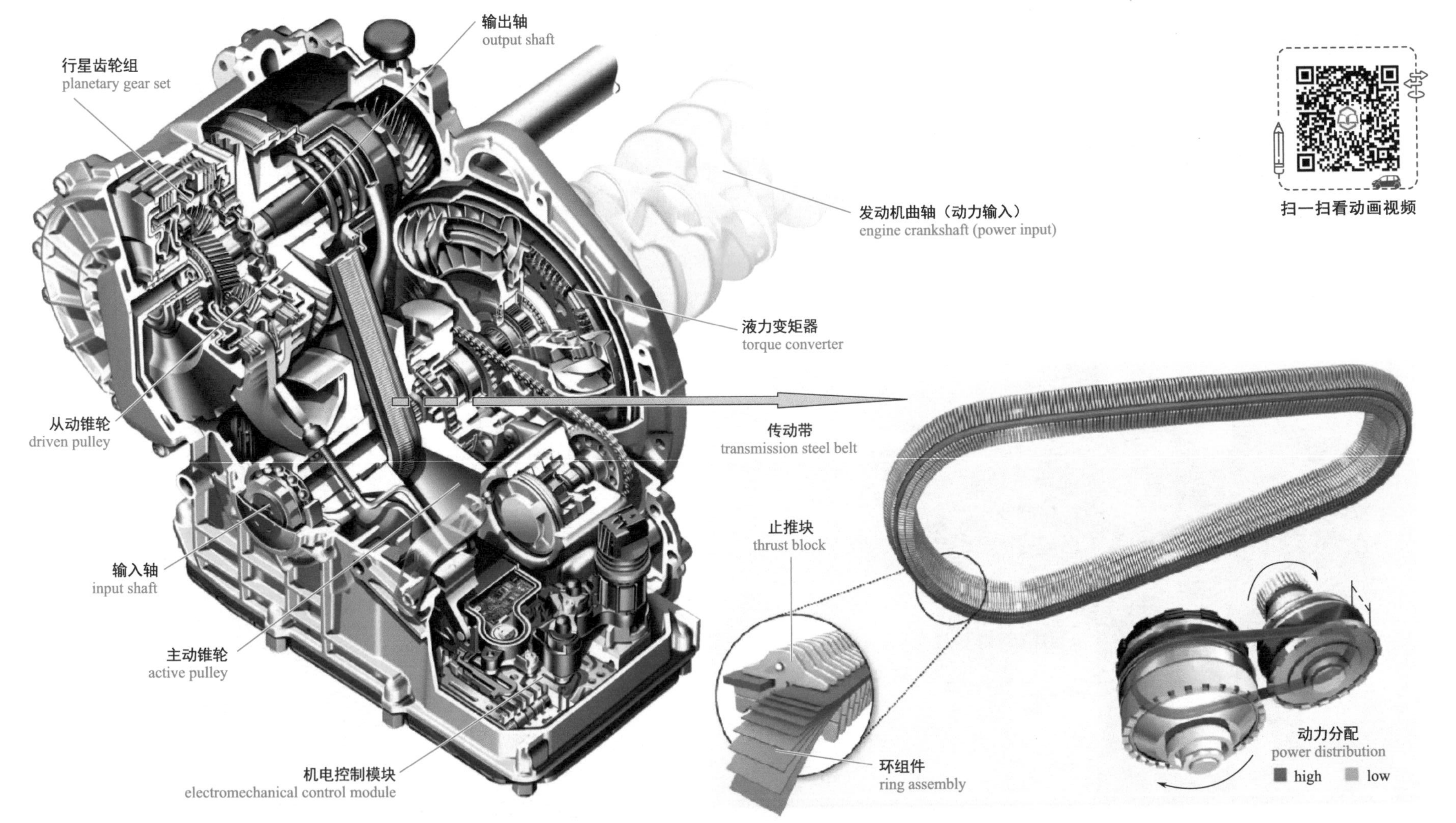
输出轴
output shaft
行星齿轮组
planetary gear set
发动机曲轴（动力输入）
engine crankshaft (power input)
扫一扫看动画视频
液力变矩器
torque converter
从动锥轮
driven pulley
传动带
transmission steel belt
止推块
thrust block
输入轴
input shaft
主动锥轮
active pulley
动力分配
power distribution
high
low
环组件
ring assembly
机电控制模块
electromechanical control module

3.2.21 无级变速器原理

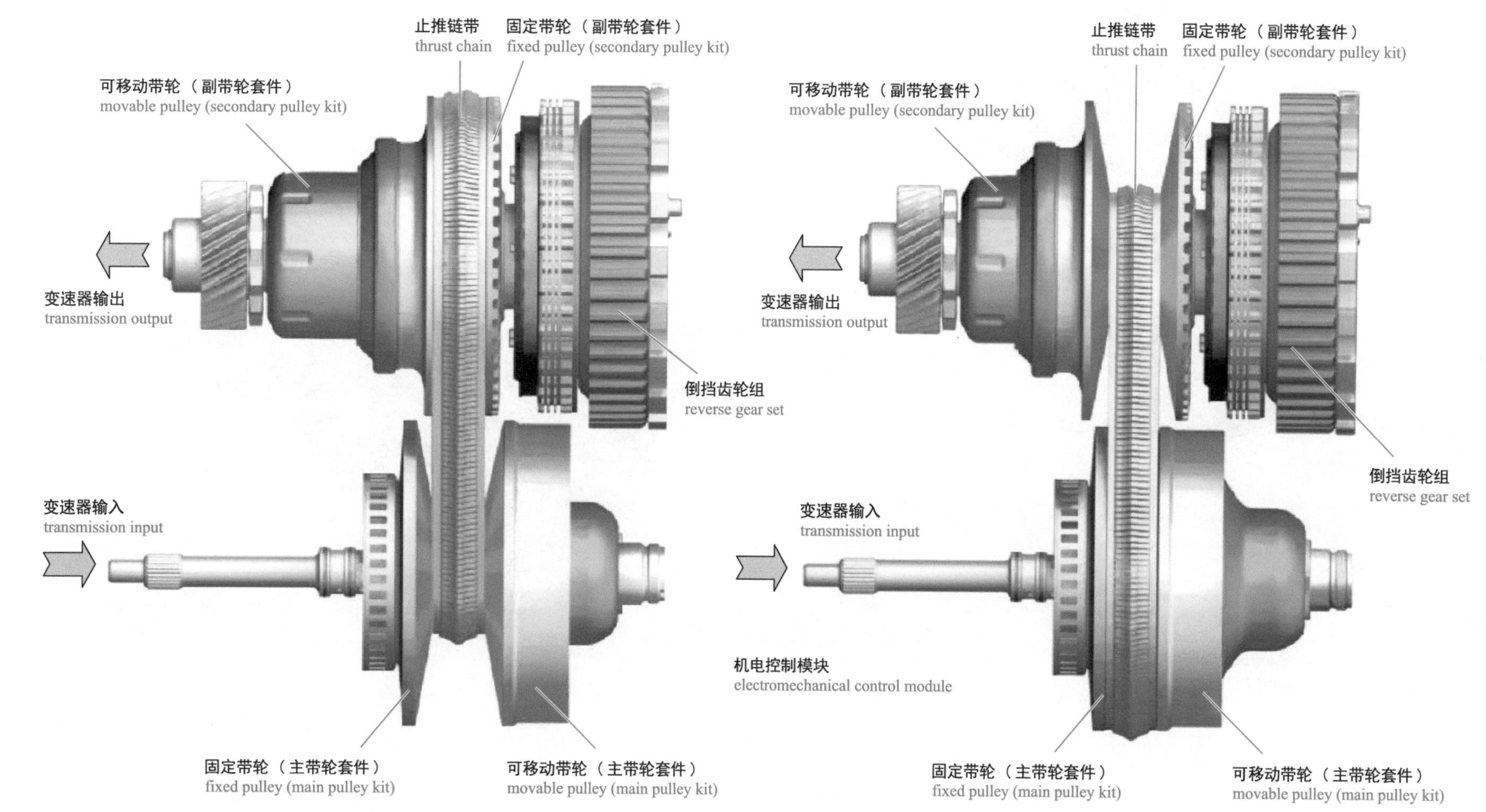
止推链带
thrust chain
固定带轮（副带轮套件）
fixed pulley (secondary pulley kit)
可移动带轮（副带轮套件）
movable pulley (secondary pulley kit)
变速器输出
transmission output
倒挡齿轮组
reverse gear set
变速器输入
transmission input
固定带轮（主带轮套件）
fixed pulley (main pulley kit)
可移动带轮（主带轮套件）
movable pulley (main pulley kit)
止推链带
thrust chain
固定带轮（副带轮套件）
fixed pulley (secondary pulley kit)
可移动带轮（副带轮套件）
movable pulley (secondary pulley kit)
变速器输出
transmission output
倒挡齿轮组
reverse gear set
变速器输入
transmission input
机电控制模块
electromechanical control module
固定带轮（主带轮套件）
fixed pulley (main pulley kit)
可移动带轮（主带轮套件）
movable pulley (main pulley kit)

变速器传动比变慢

传动比必须由主压力调节，次压力控制止推链带所需的接触压力。无级变速箱 (CVT) 主控制电磁阀将机油压力施加至压力阀，所需的机油压力经供给压力阀供至带轮套件。主带轮套件上的油压下降会导致可移动带从固定带移开，从而减少止推链带的主工作半径。同时，副带轮装置上的可移动带向固定带移动，从而增加副侧的工作半径

变速器传动比变快

无级变速箱 (CVT) 控制单元通过无级变速箱主控制电磁阀促动主压力阀，这会使主带轮套件被施加更高的压力。施加高压使得主带轮套件的可移动带轮移向固定带轮，从而增大止推链带的主工作半径。同时，副带轮套件的可移动带轮移向固定带轮，从而减少了止推链带的副工作半径

3.2.22 四轮驱动

四轮驱动，顾名思义就是采用四个车轮作为驱动轮，简称四驱（4 wheel drive，4WD），也有称为全轮驱动的，英文简称AWD，或车身标记为4×4，都表示该车带有四驱功能。由于四驱汽车的四个车轮都可以驱动汽车，因此在一些复杂路段出现前轮或后轮打滑时，另外两个轮子还可以继续驱动汽车行驶，有利于摆脱困境。在冰雪或湿滑路面行驶时，也不容易出现打滑现象，比一般的两驱车型稳定。

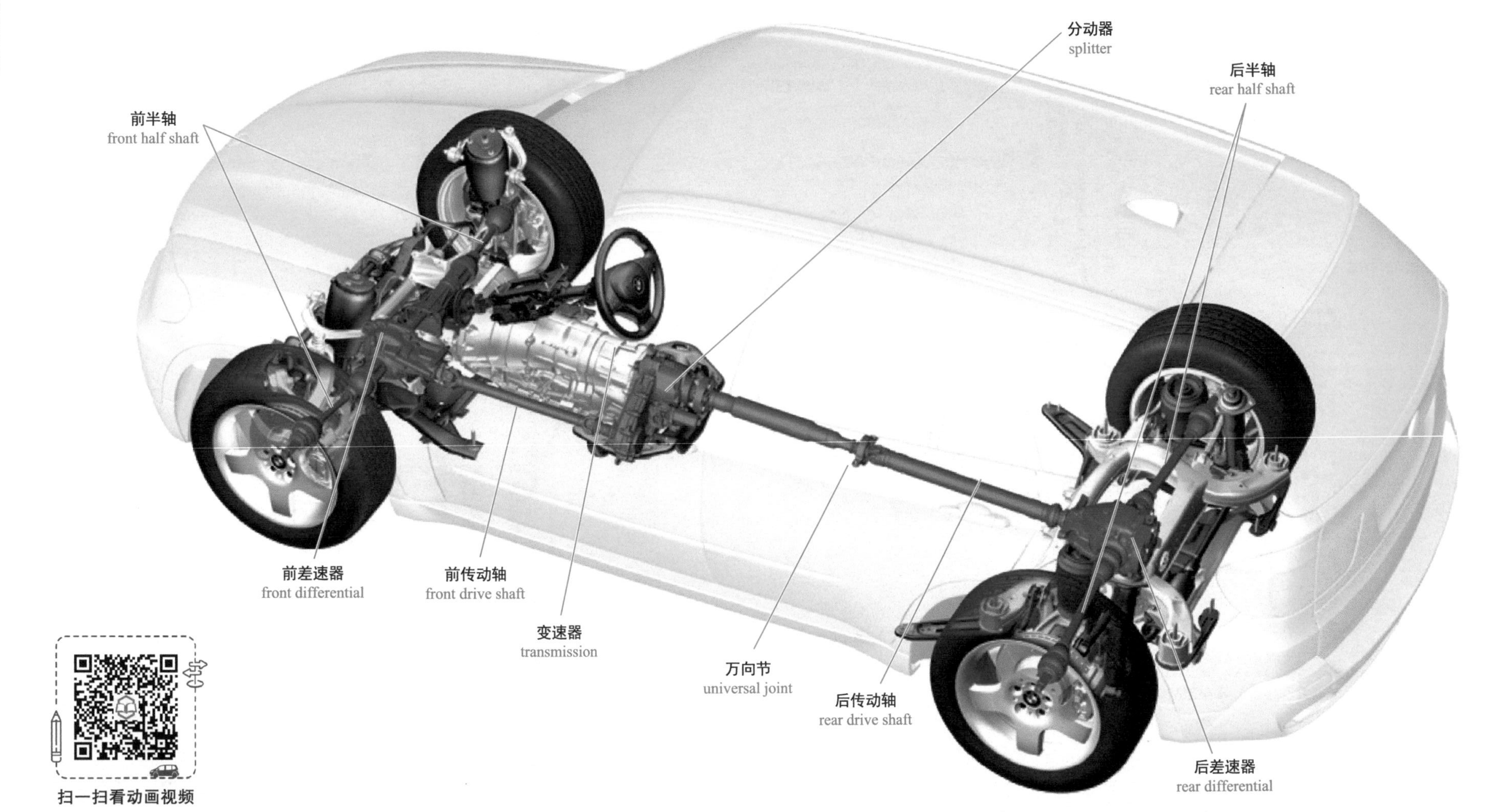
分动器
splitter
后半轴
rear half shaft
前半轴
front half shaft
前差速器
front differential
前传动轴
front drive shaft
变速器
transmission
万向节
universal joint
后传动轴
rear drive shaft
后差速器
rear differential

扫一扫看动画视频

3.2.23 适时四驱

适时四驱只有在适当的情况下，才会转换成四轮驱动，其他驾驶情况下，都仍然是两轮驱动。适时四驱系统会根据车辆的行驶路况，自动切换为两驱或四驱模式，不需要人为操作。

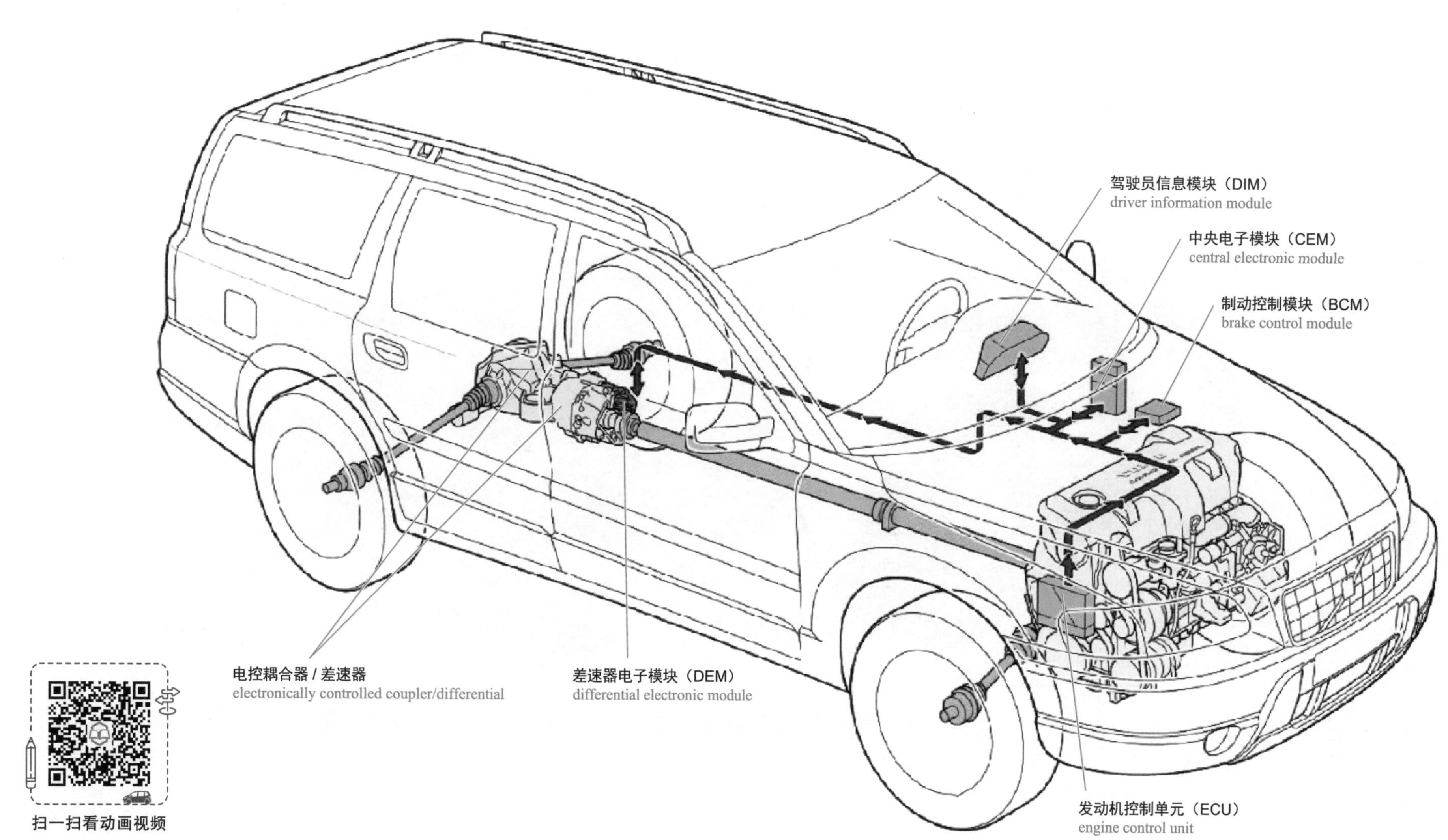
驾驶员信息模块（DIM）
driver information module
中央电子模块（CEM）
central electronic module
制动控制模块（BCM）
brake control module
电控耦合器 / 差速器
electronically controlled coupler/differential
差速器电子模块（DEM）
differential electronic module
发动机控制单元（ECU）
engine control unit

扫一扫看动画视频

3.2.24 全时四驱

全时四驱指的是车辆在整个行驶过程中一直保持四轮驱动的形式，发动机输出转矩以固定的比例分配到前后轮，这种驱动模式能随时拥有较好的越野和操控性能，但不能够根据路面情况做出转矩分配的调整，并且油耗较高。

扫一扫看动画视频

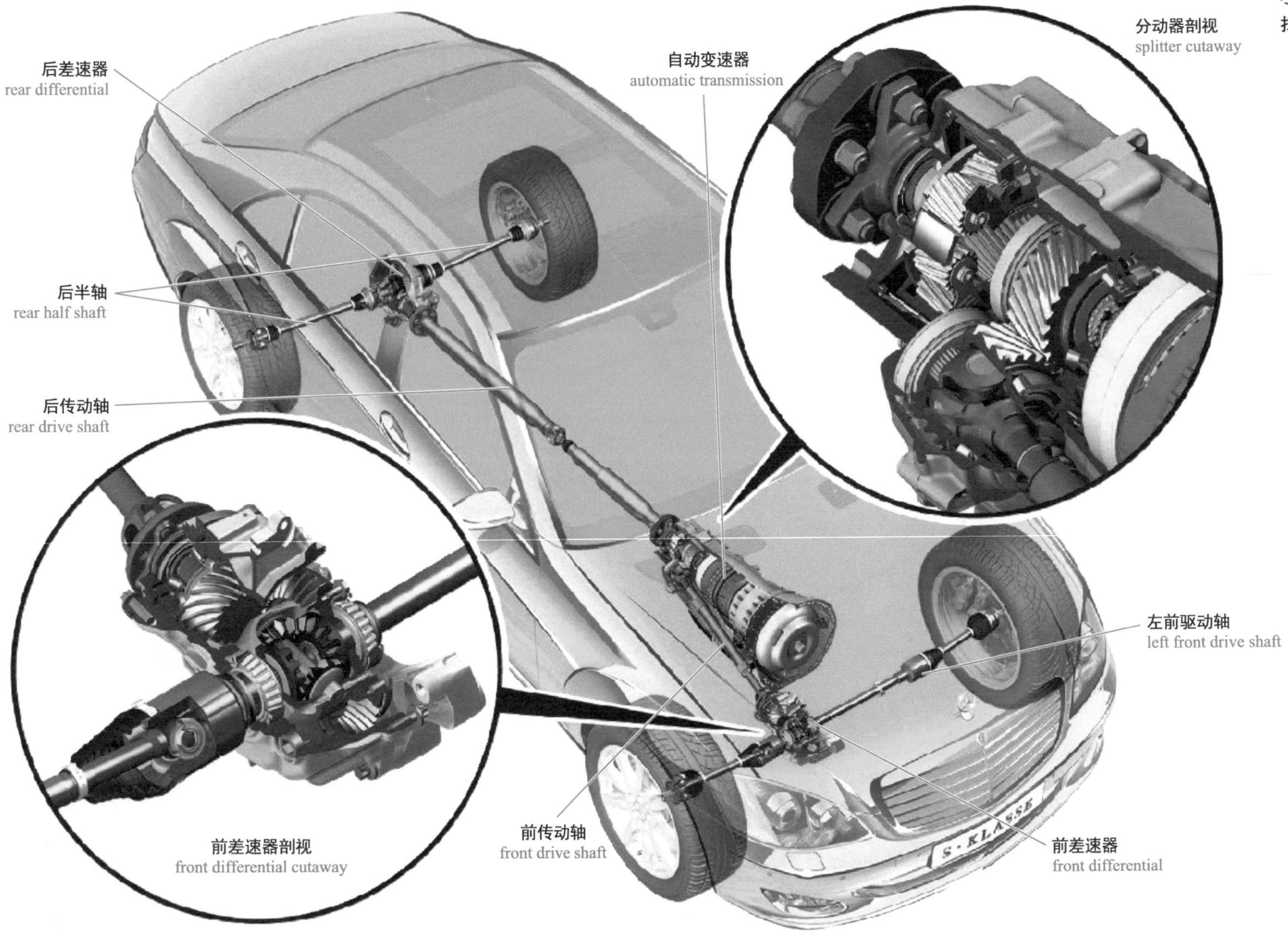

后差速器
rear differential
后半轴
rear half shaft
后传动轴
rear drive shaft
自动变速器
automatic transmission
分动器剖视
splitter cutaway
左前驱动轴
left front drive shaft
前差速器剖视
front differential cutaway
前传动轴
front drive shaft
前差速器
front differential

3.2.25 分时四驱

扫一扫看动画视频

分时四驱（part-time 4WD）是指可以由驾驶者根据路面情况，通过接通或断开分动器来变换两驱或四驱模式。分时四驱平常只利用前轮或是后轮的两轮驱动来行驶以降低油耗，在积雪或石砾路面上能切换成四轮驱动来行使，提高车辆通过性。

前差速器 front differential
前传动轴 front drive shaft
分动器 splitter
后差速器 rear differential
纵置发动机 longitudinal engine
变速器 transmission
传动轴 drive shaft
后传动轴 rear drive shaft

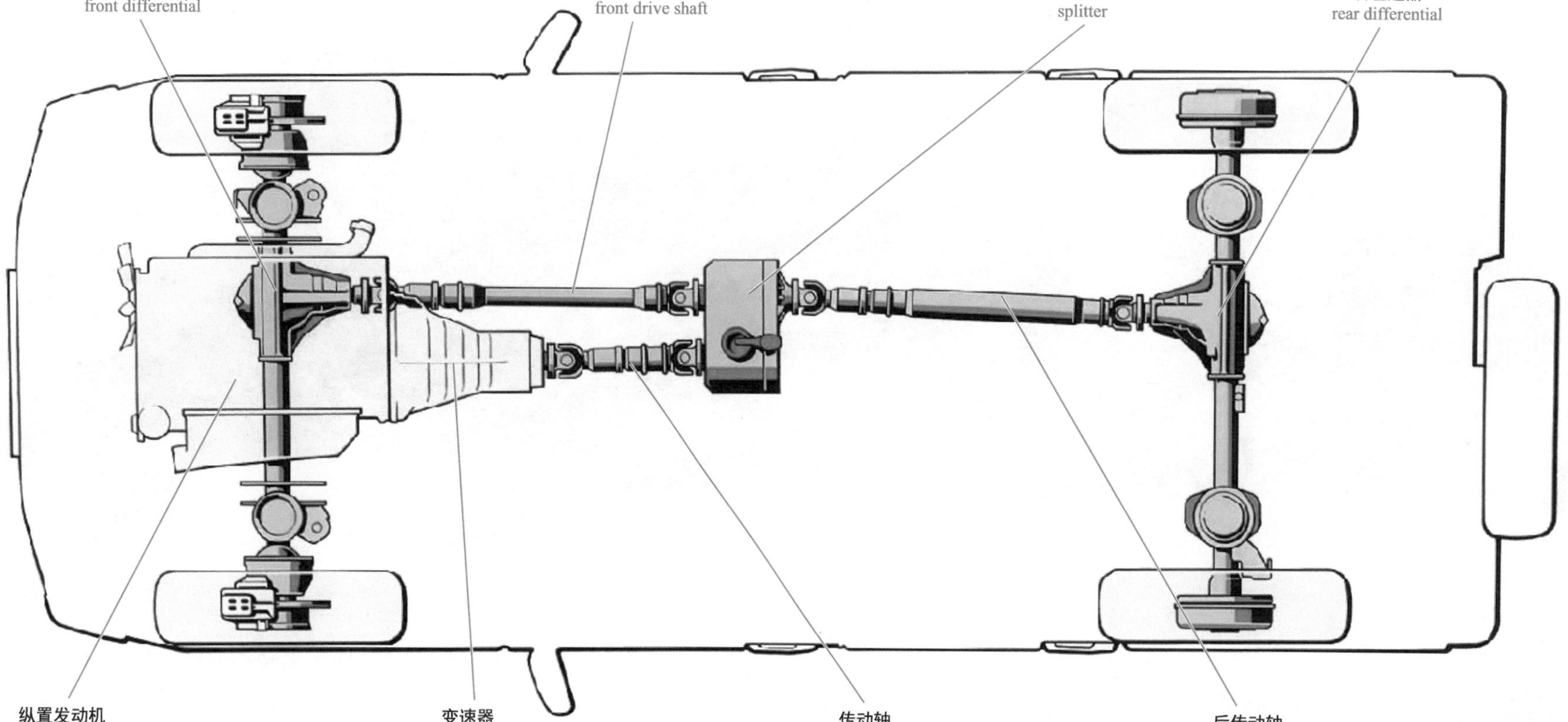

3.2.26　分动器

在多轴驱动的汽车上，为了将变速器输出的动力分配到各驱动桥，一般装有分动器。它位于变速器之后，用于传递和分配动力至各驱动桥，兼作副变速器之用。带轴间差速器的分动器在前后输出轴和变速器之间有一个行星齿轮式轴间差速器。输出轴可以以不同的转速旋转，并按一定的比例将转矩分配给前后驱动桥。

扫一扫看动画视频

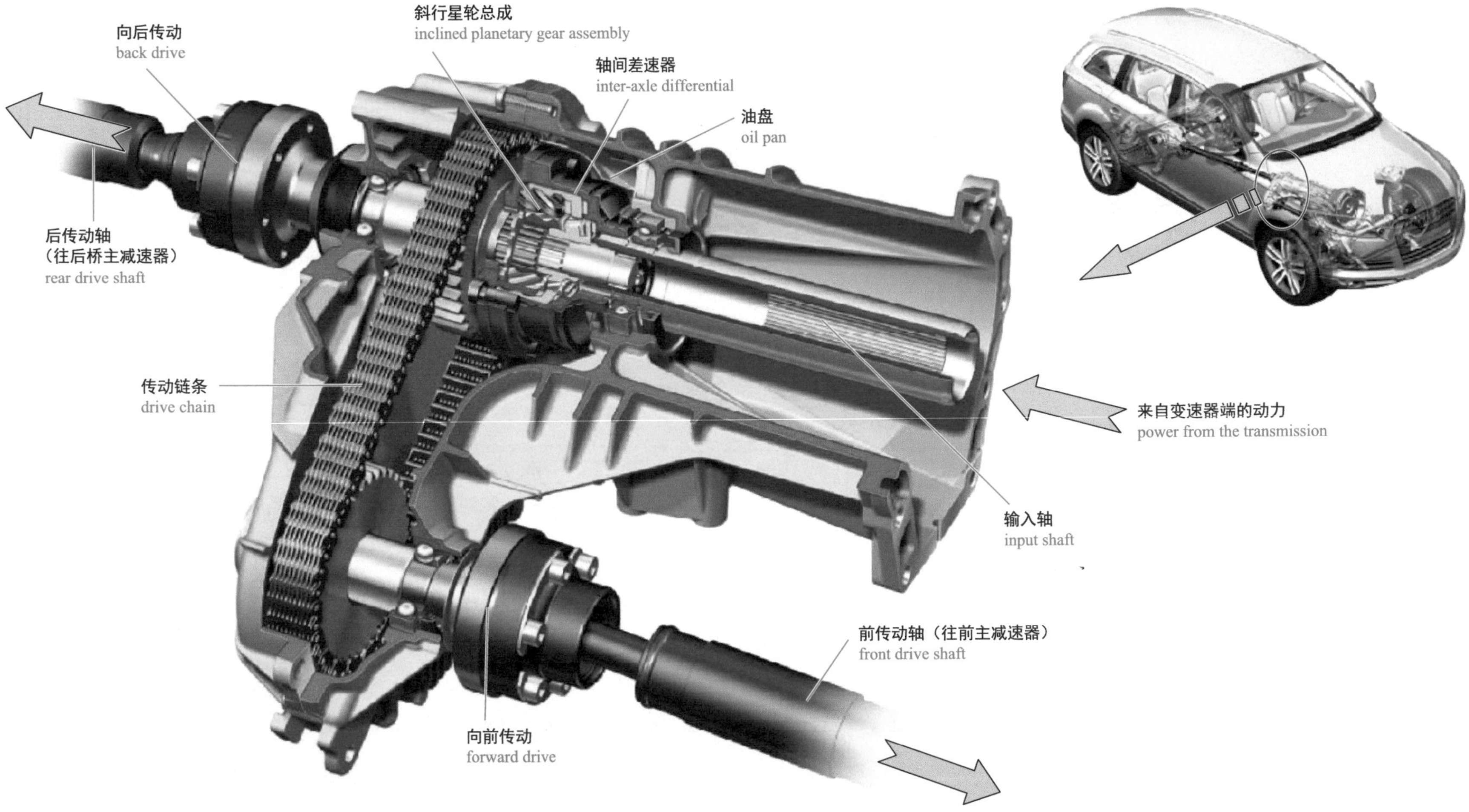

向后传动
back drive
斜行星轮总成
inclined planetary gear assembly
轴间差速器
inter-axle differential
油盘
oil pan
后传动轴
（往后桥主减速器）
rear drive shaft
传动链条
drive chain
来自变速器端的动力
power from the transmission
输入轴
input shaft
前传动轴（往前主减速器）
front drive shaft
向前传动
forward drive

3.2.27 耦合器

四轮驱动耦合器集成在后驱动桥中，前轮驱动一般通过前桥差速器进行。与此同时，转矩通过法兰锥齿轮系统，从该差速器传递至桥间传动轴。它连接到四轮驱动耦合器上。根据四轮驱动耦合器的开口度大小，由行驶工况决定传递到后桥驱动的转矩大小。

扫一扫看动画视频

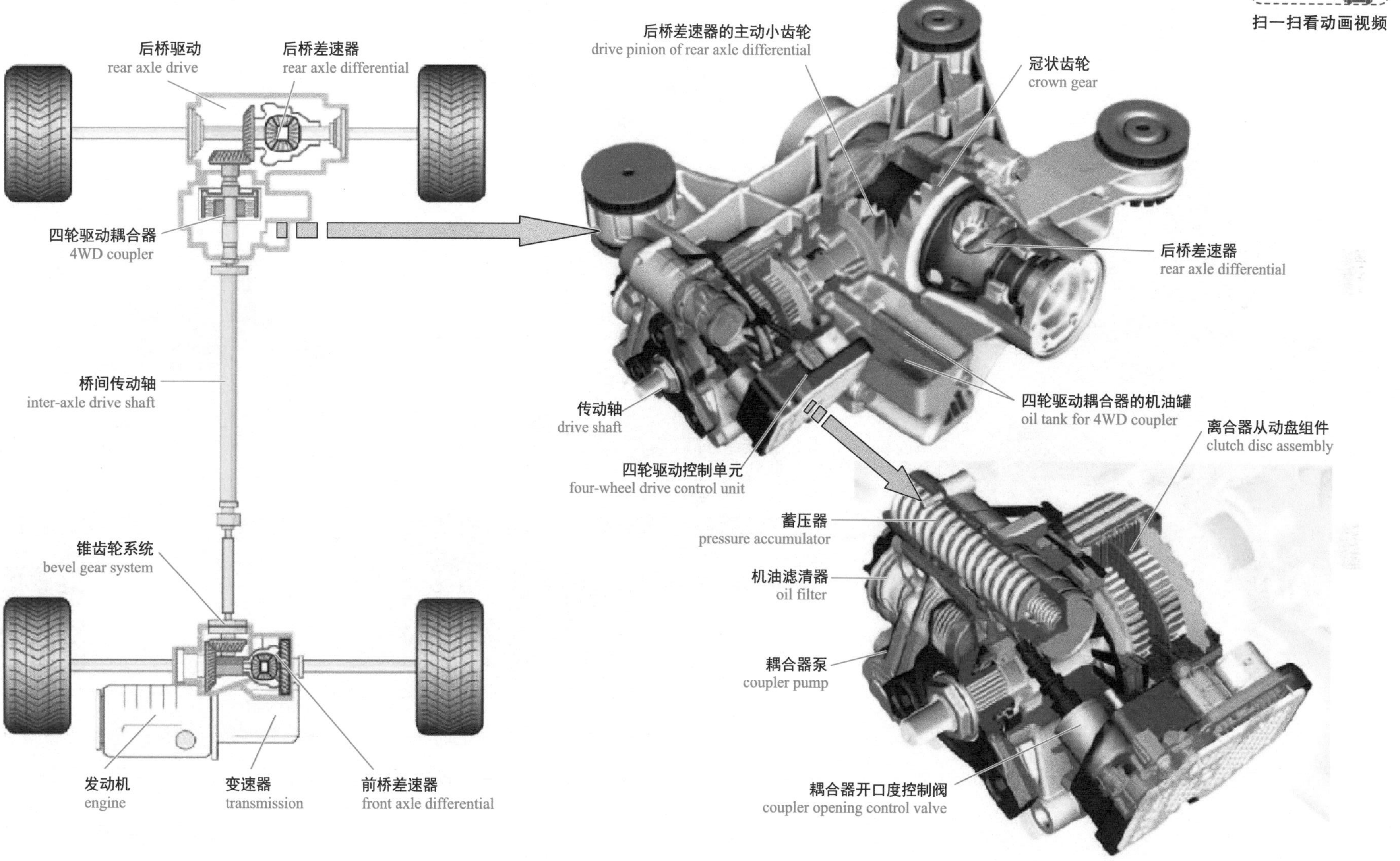
后桥驱动
rear axle drive
后桥差速器
rear axle differential
四轮驱动耦合器
4WD coupler
桥间传动轴
inter-axle drive shaft
锥齿轮系统
bevel gear system
发动机
engine
变速器
transmission
前桥差速器
front axle differential
后桥差速器的主动小齿轮
drive pinion of rear axle differential
冠状齿轮
crown gear
后桥差速器
rear axle differential
传动轴
drive shaft
四轮驱动耦合器的机油罐
oil tank for 4WD coupler
离合器从动盘组件
clutch disc assembly
四轮驱动控制单元
four-wheel drive control unit
蓄压器
pressure accumulator
机油滤清器
oil filter
耦合器泵
coupler pump
耦合器开口度控制阀
coupler opening control valve

3.2.28 传动轴与驱动轴

传动轴是由轴管、伸缩套和万向节组成。伸缩套能自动调节变速器与驱动桥之间的距离。万向节调节变速器输出轴与驱动桥输入轴两轴线的夹角，并实现两轴的等角速传动。驱动轴也称半轴，一般位于车辆差减速器与左右驱动轮之间。

扫一扫看动画视频

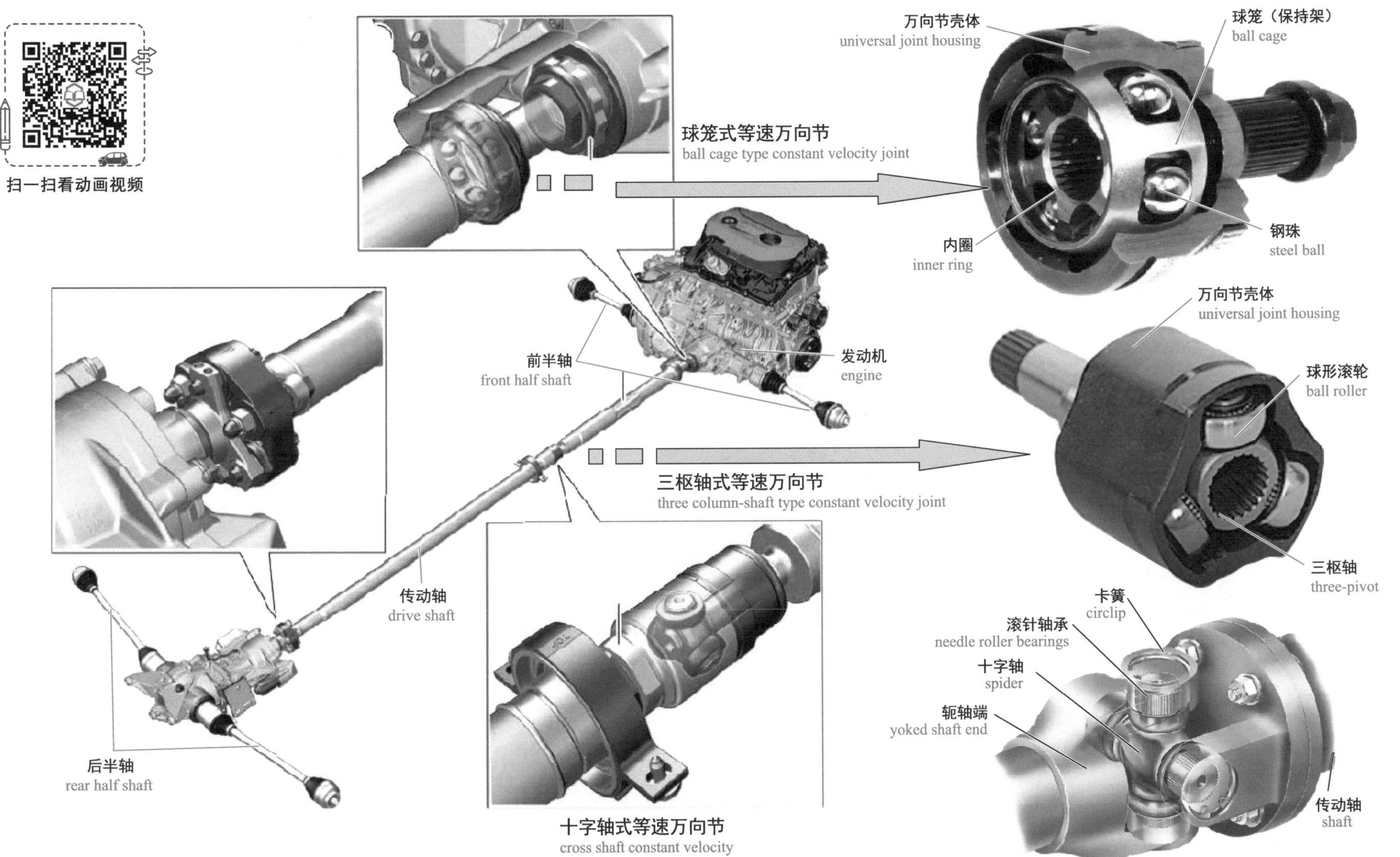
球笼式等速万向节
ball cage type constant velocity joint
万向节壳体
universal joint housing
球笼（保持架）
ball cage
钢珠
steel ball
内圈
inner ring
发动机
engine
前半轴
front half shaft
万向节壳体
universal joint housing
球形滚轮
ball roller
三枢轴式等速万向节
three column-shaft type constant velocity joint
三枢轴
three-pivot
传动轴
drive shaft
后半轴
rear half shaft
卡簧
circlip
滚针轴承
needle roller bearings
十字轴
spider
轭轴端
yoked shaft end
传动轴
shaft
十字轴式等速万向节
cross shaft constant velocity

3.2.29 差速器与减速器

扫一扫看动画视频

驱动桥的主要构件为差减总成，差减总成由差速器与减速器组成。后驱车安装在后桥上，前驱车安装在变速器内部

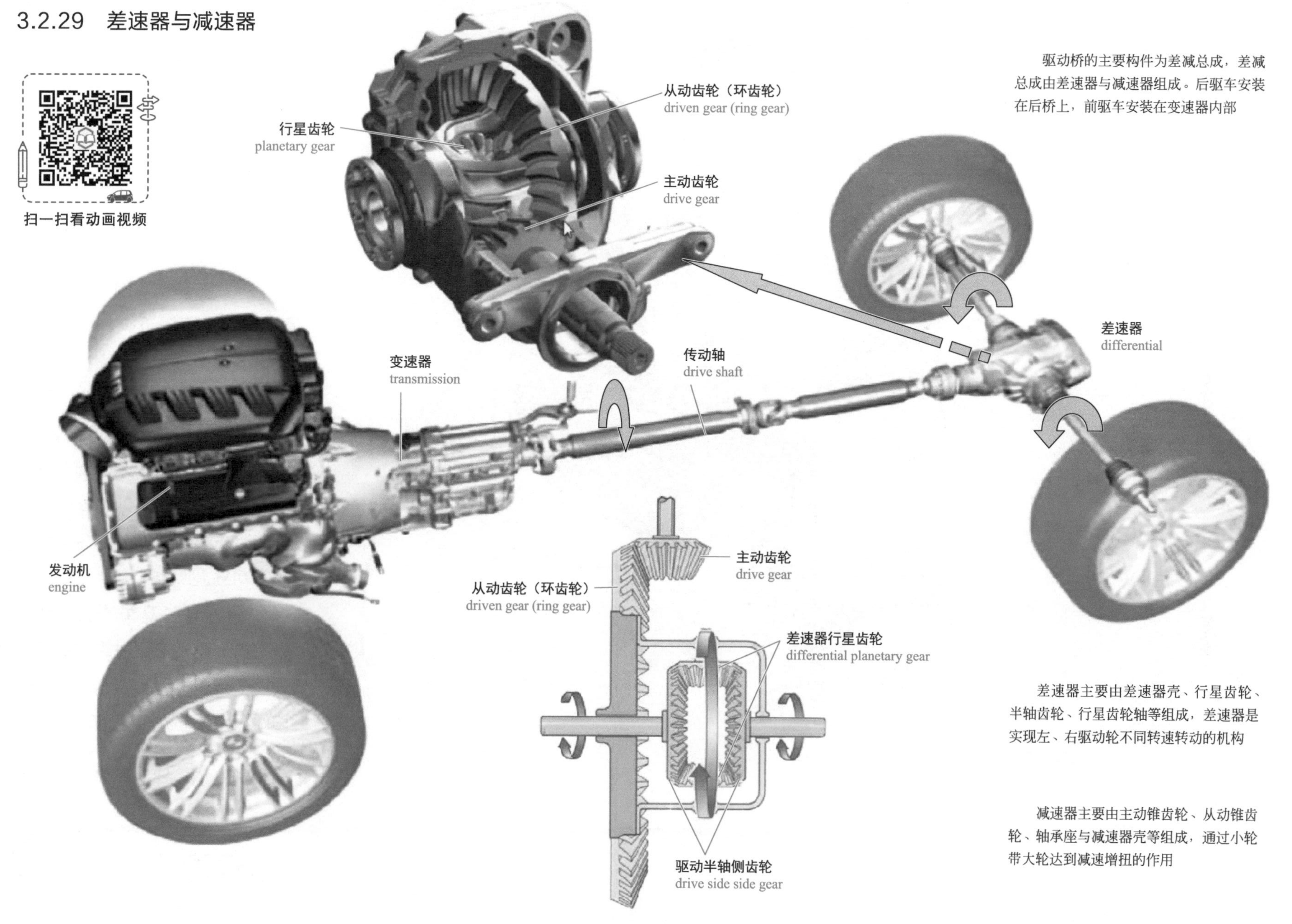
行星齿轮
planetary gear
从动齿轮（环齿轮）
driven gear (ring gear)
主动齿轮
drive gear
差速器
differential
传动轴
drive shaft
变速器
transmission
发动机
engine
主动齿轮
drive gear
从动齿轮（环齿轮）
driven gear (ring gear)
差速器行星齿轮
differential planetary gear
驱动半轴侧齿轮
drive side side gear

差速器主要由差速器壳、行星齿轮、半轴齿轮、行星齿轮轴等组成，差速器是实现左、右驱动轮不同转速转动的机构

减速器主要由主动锥齿轮、从动锥齿轮、轴承座与减速器壳等组成，通过小轮带大轮达到减速增扭的作用

3.3 行驶系统

3.3.1 悬架概述

典型的悬架（悬挂）结构由弹性元件、导向机构以及减振器等组成，个别结构则还有缓冲块、横向稳定杆等。弹性元件又有钢板弹簧、空气弹簧、螺旋弹簧以及扭杆弹簧等形式，而现代轿车悬架多采用螺旋弹簧和扭杆弹簧，高级轿车则一般使用空气弹簧。

汽车悬架的作用是传递作用在车轮和车架之间的力和力矩，并且缓冲由不平路面传给车架或车身的冲击力，并减少由此引起的振动，以保证汽车能平顺地行驶。

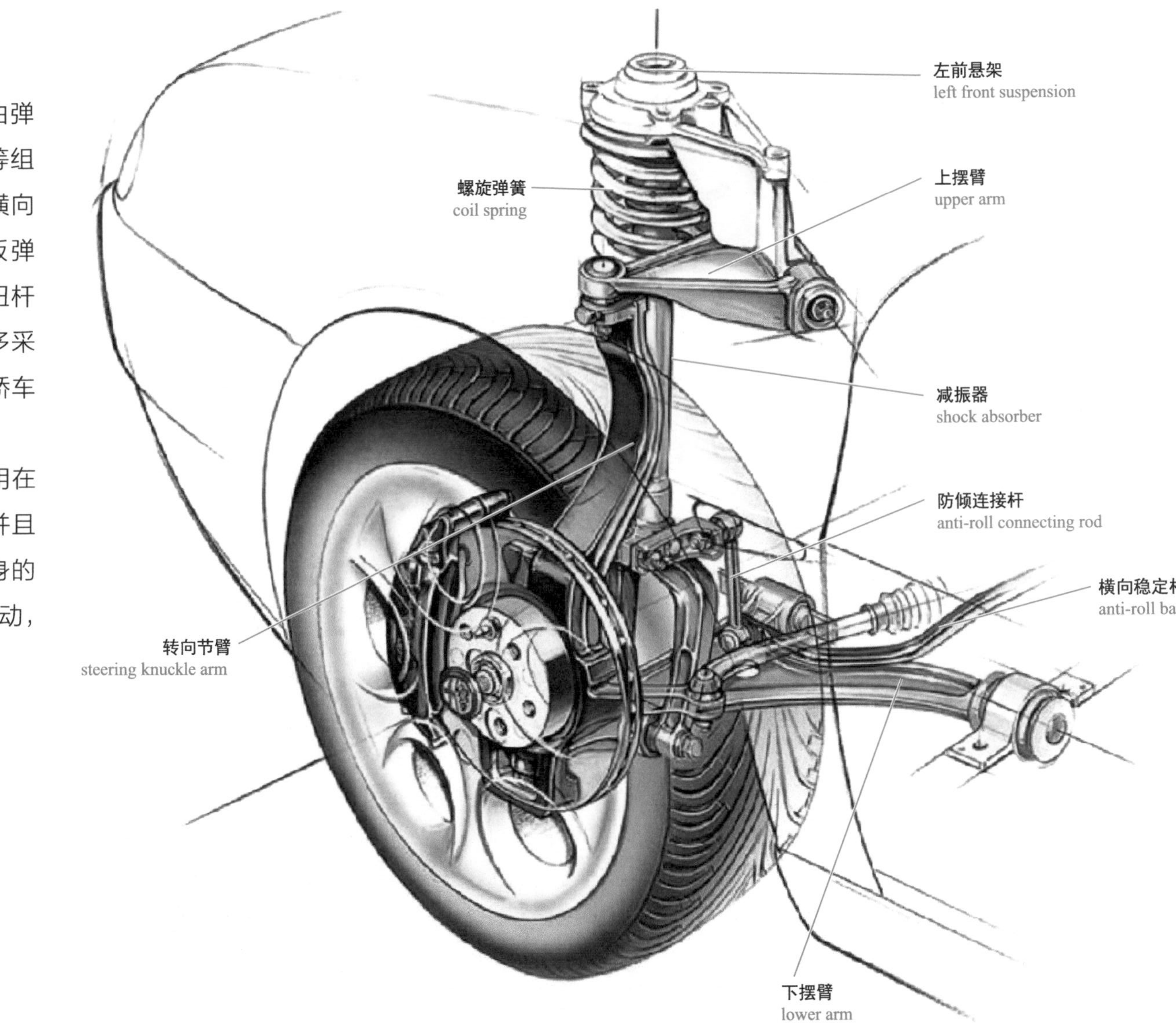
左前悬架
left front suspension
螺旋弹簧
coil spring
上摆臂
upper arm
减振器
shock absorber
防倾连接杆
anti-roll connecting rod
横向稳定杆
anti-roll bar
转向节臂
steering knuckle arm
下摆臂
lower arm

3.3.2 悬架类型

汽车的悬架系统分为非独立悬架和独立悬架两种，还有一种介于二者之间的半独立悬架。非独立悬架的车轮装在一根整体车轴的两端，当一边车轮跳动时，另一侧车轮也相应跳动，在现代轿车中已很少使用，多用在货车和大客车上。独立悬架的车轴分成两段，每只车轮由螺旋弹簧独立安装在车架下面，当一边车轮发生跳动时，另一边车轮不受影响，两边的车轮可以独立运动。独立悬架系统又可分为横臂式、纵臂式、多连杆式、烛式以及麦弗逊式悬架系统等。

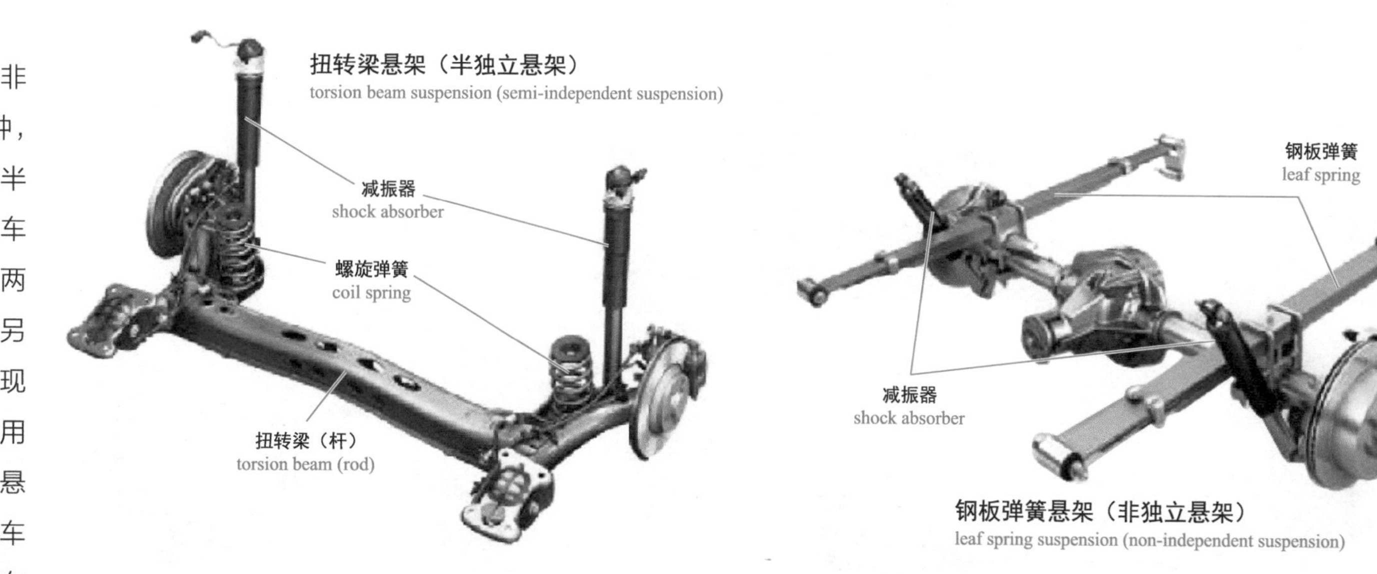
减振器
shock absorber
螺旋弹簧
coil spring
扭转梁（杆）
torsion beam (rod)

扭转梁悬架（半独立悬架）
torsion beam suspension (semi-independent suspension)

钢板弹簧
leaf spring
减振器
shock absorber
横向稳定杆
anti-roll bar
上叉臂
upper wishbone
下叉臂
lower wishbone

钢板弹簧悬架（非独立悬架）
leaf spring suspension (non-independent suspension)

双叉臂悬架（独立悬架）
double wishbone suspension (independent suspension)

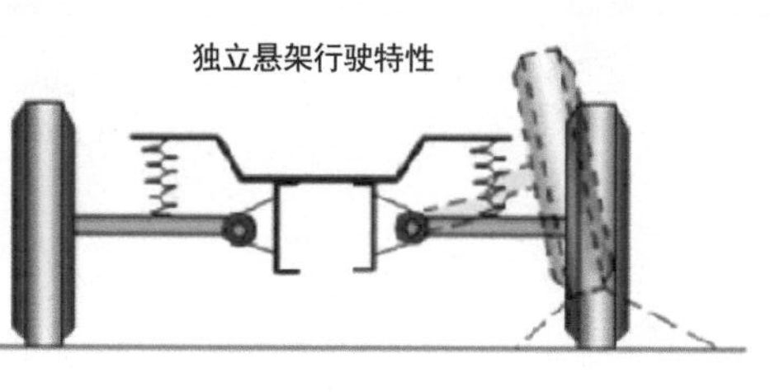

非独立悬架行驶特性

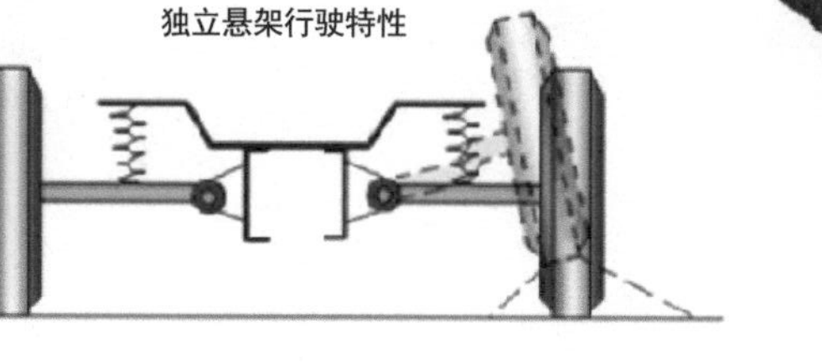

独立悬架行驶特性

3.3.3 麦弗逊悬架

麦弗逊式悬架是当今应用最广泛的轿车前悬架之一，一般用于轿车的前轮。麦弗逊式悬架由螺旋弹簧、减振器、三角形下摆臂组成，绝大部分车型还会加上横向稳定杆。

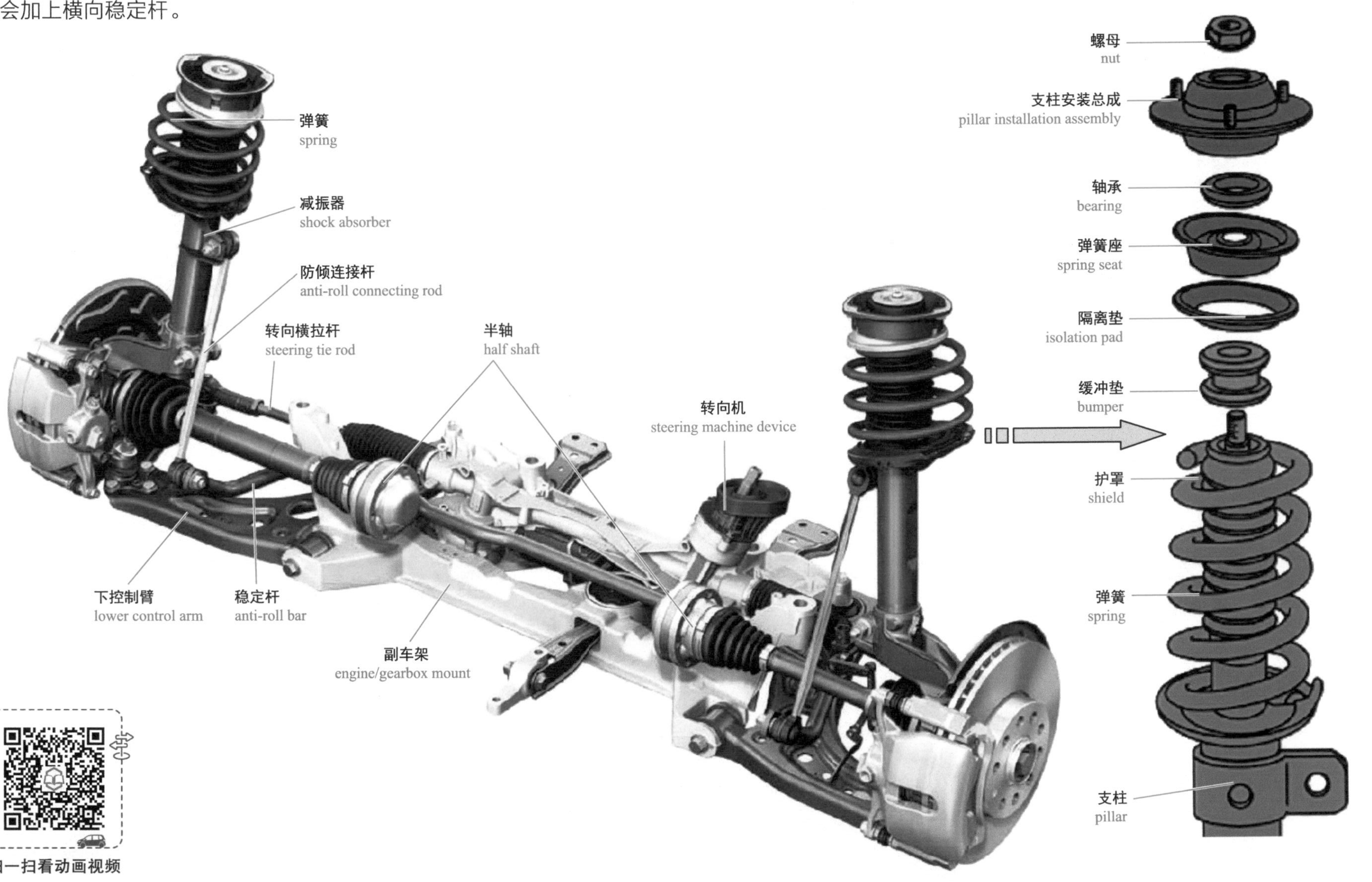

弹簧
spring
减振器
shock absorber
防倾连接杆
anti-roll connecting rod
转向横拉杆
steering tie rod
半轴
half shaft
转向机
steering machine device
下控制臂
lower control arm
稳定杆
anti-roll bar
副车架
engine/gearbox mount
螺母
nut
支柱安装总成
pillar installation assembly
轴承
bearing
弹簧座
spring seat
隔离垫
isolation pad
缓冲垫
bumper
护罩
shield
弹簧
spring
支柱
pillar

扫一扫看动画视频

3.3.4 扭转梁悬架

汽车悬架的金属弹簧有三种形式，分别是螺旋弹簧、钢板弹簧和扭杆弹簧。扭杆弹簧一端与车架固定连接，另一端与悬架控制臂连接，通过扭杆的扭转变形达到缓冲作用。扭杆用合金弹簧钢做成，具有较高的弹性，既可扭曲变形又可复原，实际上起到与螺旋弹簧相同的作用，只是表现形式不同而已。

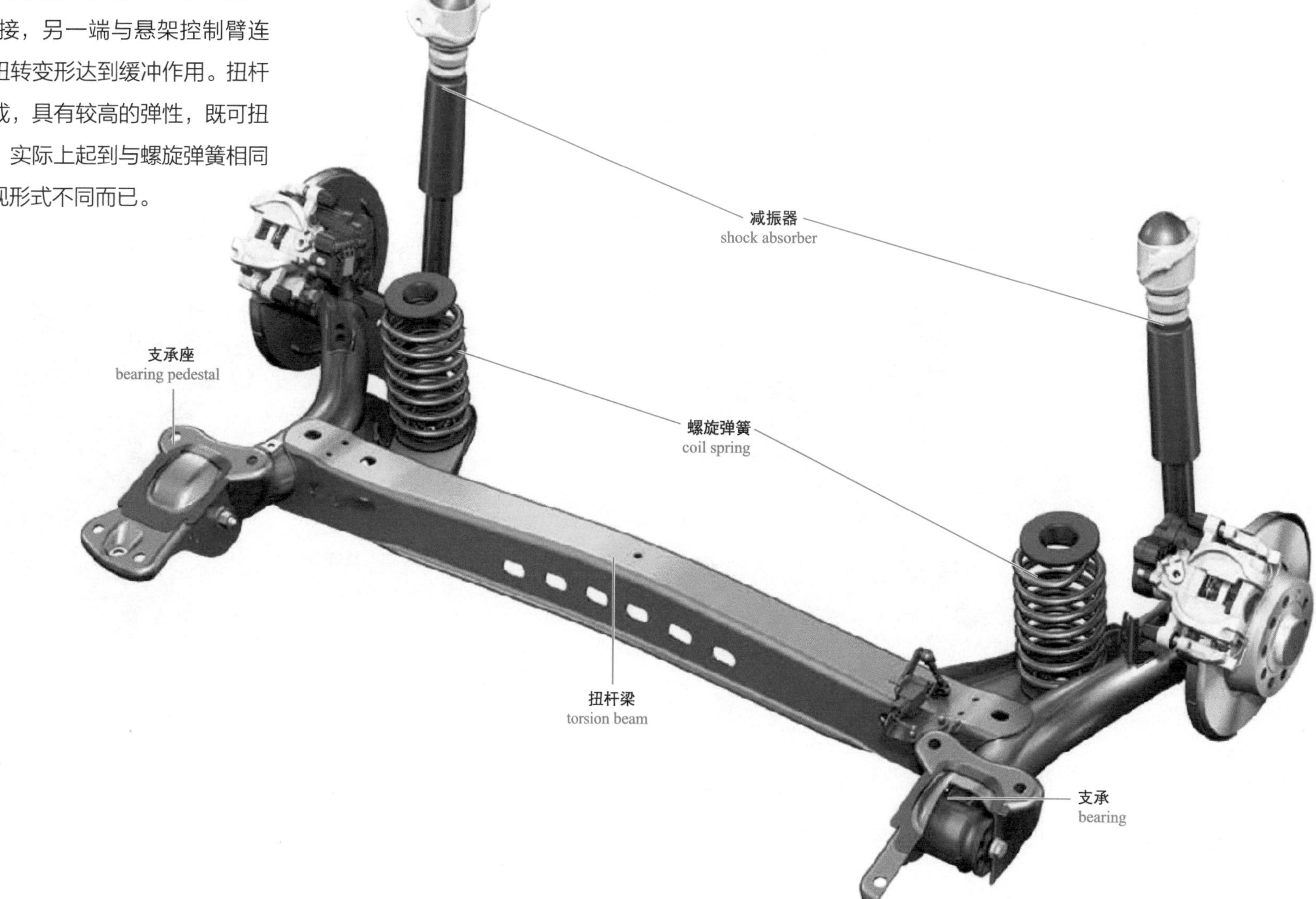
减振器
shock absorber
支承座
bearing pedestal
螺旋弹簧
coil spring
扭杆梁
torsion beam
支承
bearing

扫一扫看动画视频

3.3.5 双叉臂悬架

双叉臂悬架是独立悬架的一种，也叫双叉骨、双愿骨（double wish bone）悬架，双叉臂悬架拥有上下两个不等长的摇臂，双叉臂的臂有做成A字形的或V字形的。V形臂的上下2个V形摆臂以一定的距离，分别安装在车轮上，另一端安装在车架上。

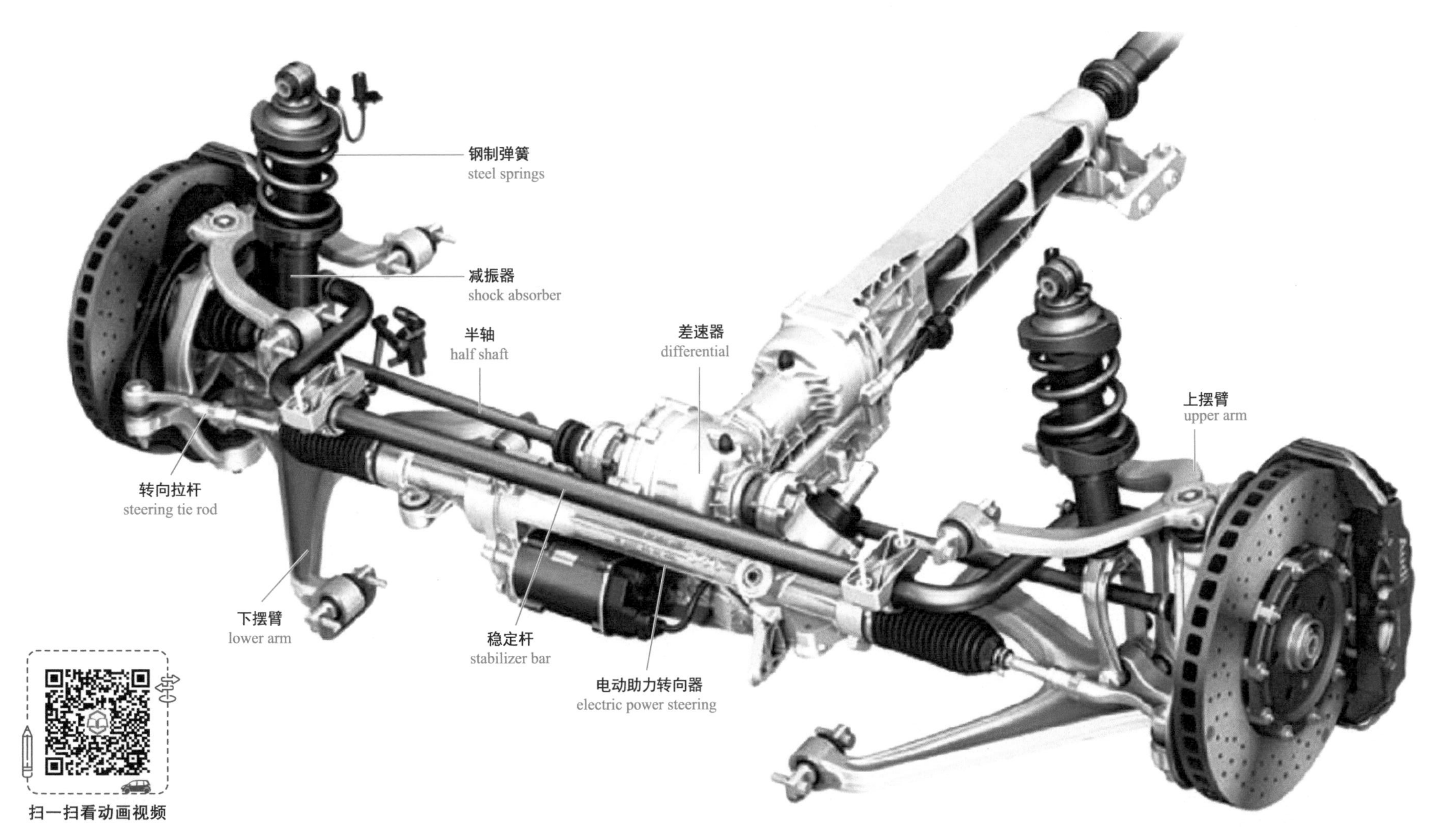
钢制弹簧
steel springs
减振器
shock absorber
半轴
half shaft
差速器
differential
上摆臂
upper arm
转向拉杆
steering tie rod
下摆臂
lower arm
稳定杆
stabilizer bar
电动助力转向器
electric power steering

扫一扫看动画视频

3.3.6 多连杆悬架

多连杆悬架是由连杆、减振器和减振弹簧组成的。它的连杆比一般悬架要多些，一般都把三连杆或更多连杆结构的悬架，称为多连杆。其可分为多连杆前悬架和多连杆后悬架系统，其中前悬架一般为3连杆或4连杆式独立悬架，后悬架则一般为4连杆或5连杆式后悬架系统，其中5连杆式后悬架应用较为广泛。

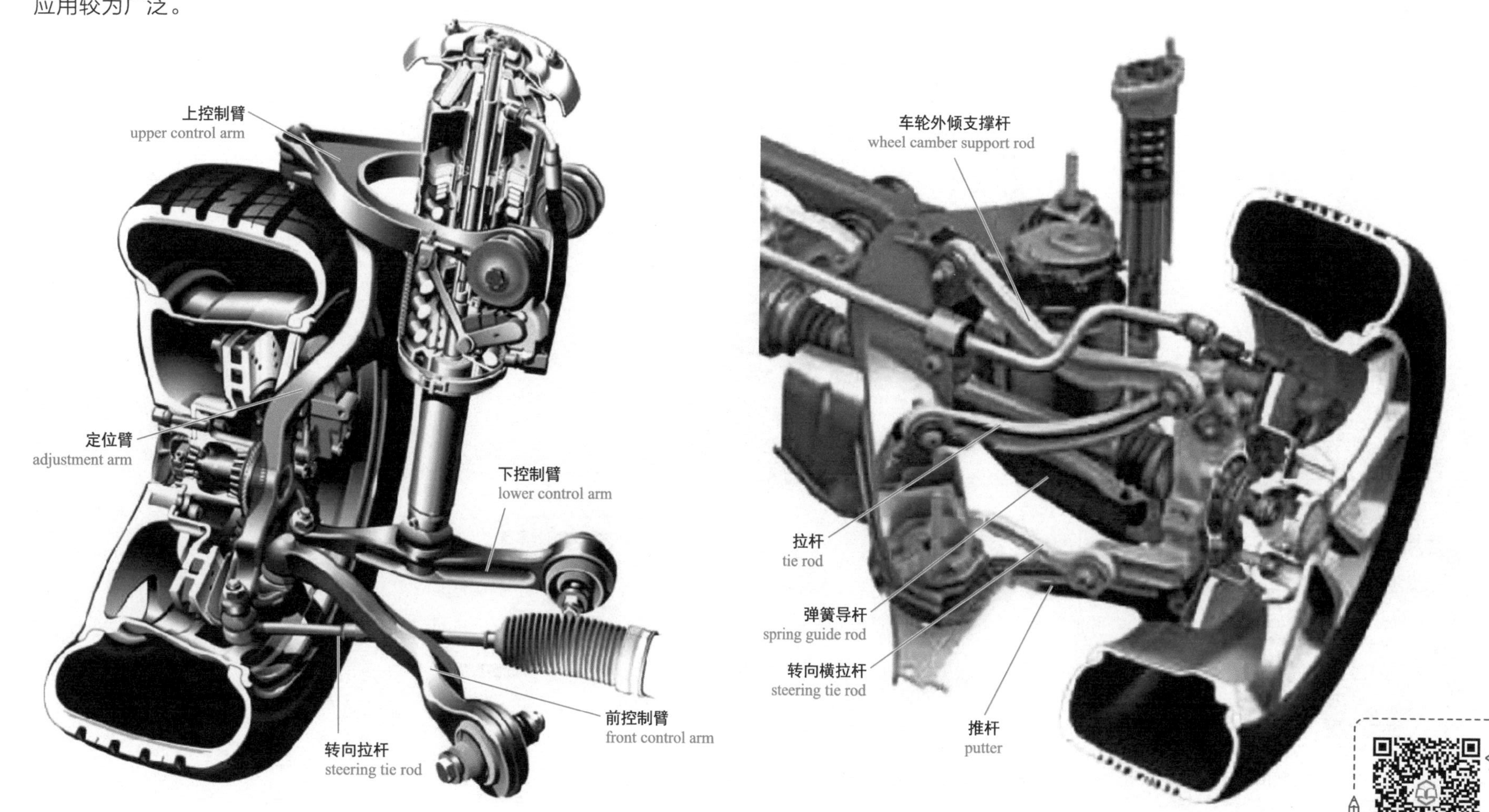

上控制臂
upper control arm
定位臂
adjustment arm
下控制臂
lower control arm
转向拉杆
steering tie rod
前控制臂
front control arm
车轮外倾支撑杆
wheel camber support rod
拉杆
tie rod
弹簧导杆
spring guide rod
转向横拉杆
steering tie rod
推杆
putter
扫一扫看动画视频

4连杆悬架（前桥）
four-link suspension (front axle)

5连杆悬架（后桥）
five-link suspension (rear axle)

3.3.7 稳定杆与减振器

减振器（shock absorber）是为加速车架与车身振动的衰减，以改善汽车的行驶平顺性（舒适性）的装置。在经过不平路面时，虽然吸振弹簧可以过滤路面的振动，但弹簧自身还会有往复运动，而减振器就是用来抑制这种弹簧跳跃的。汽车上使用的减振器有双向作用筒式减振器、充气式减振器和阻尼可调式减振器三种

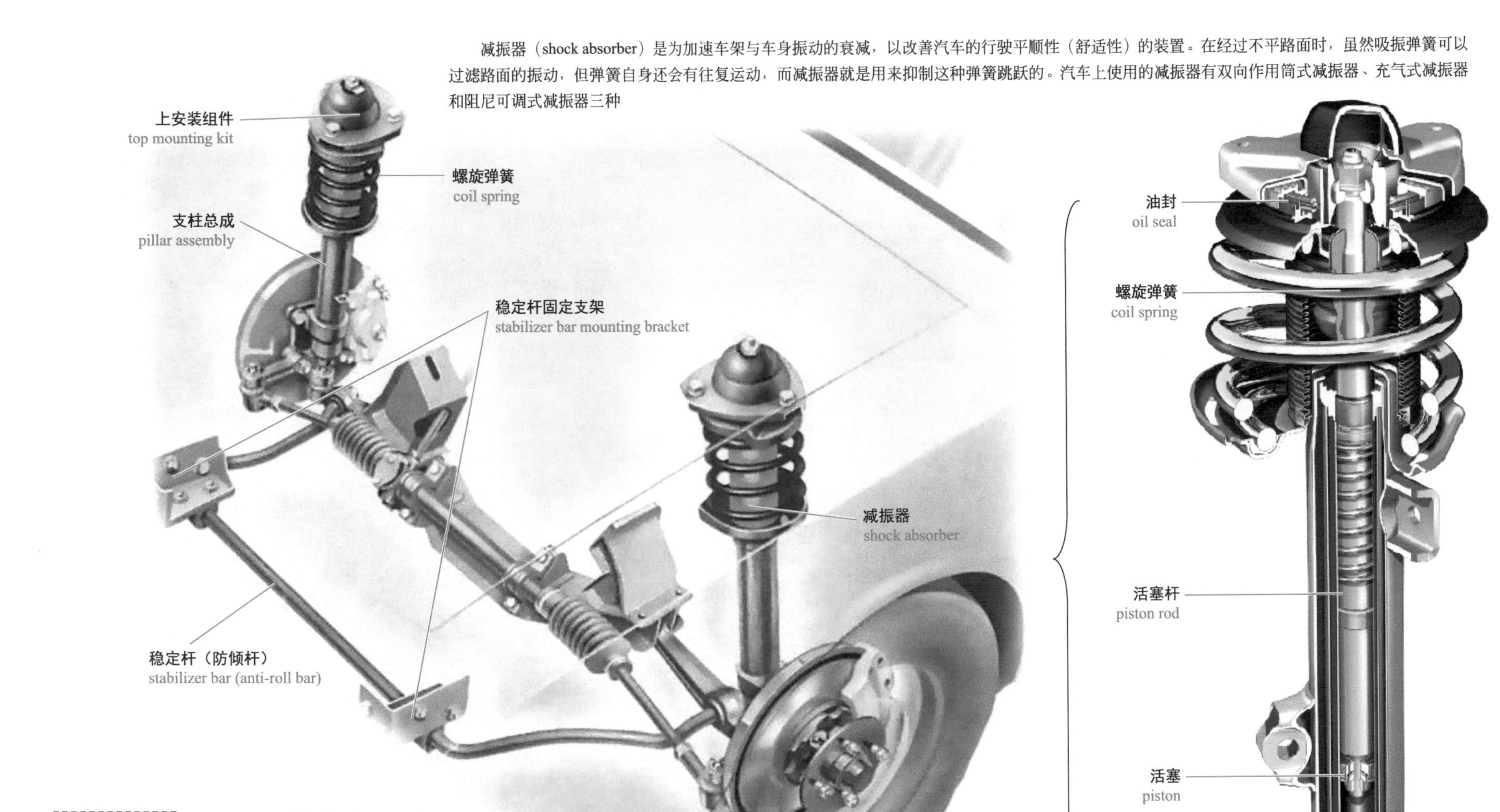
上安装组件
top mounting kit
螺旋弹簧
coil spring
支柱总成
pillar assembly
稳定杆固定支架
stabilizer bar mounting bracket
减振器
shock absorber
稳定杆（防倾杆）
stabilizer bar (anti-roll bar)
油封
oil seal
螺旋弹簧
coil spring
活塞杆
piston rod
活塞
piston

横向稳定杆（sway bar，anti-roll bar，stabilizer bar），又称防倾杆、平衡杆，其功用是防止车身在转弯时发生过大的横向侧倾，尽量使车身保持平衡。当汽车转弯时，车身侧倾，两侧悬架跳动不一致，外侧悬架会压向稳定杆，稳定杆就会发生扭曲，杆身的弹力会阻止车轮抬起，从而使车身尽量保持平衡，起到横向稳定的作用

扫一扫看动画视频

3.3.8 空气悬架

空气悬架指使用空气减振器的悬架，空气弹簧通过充放气实现车辆的抬升和降低。抬高车身能够改善车辆的离地高度，提升车辆的通过性；在车辆行驶时又可以通过降低车身高度，提高车辆行驶的稳定性，而且静止时降低车高，上下车也会变得更加容易。

扫一扫看动画视频

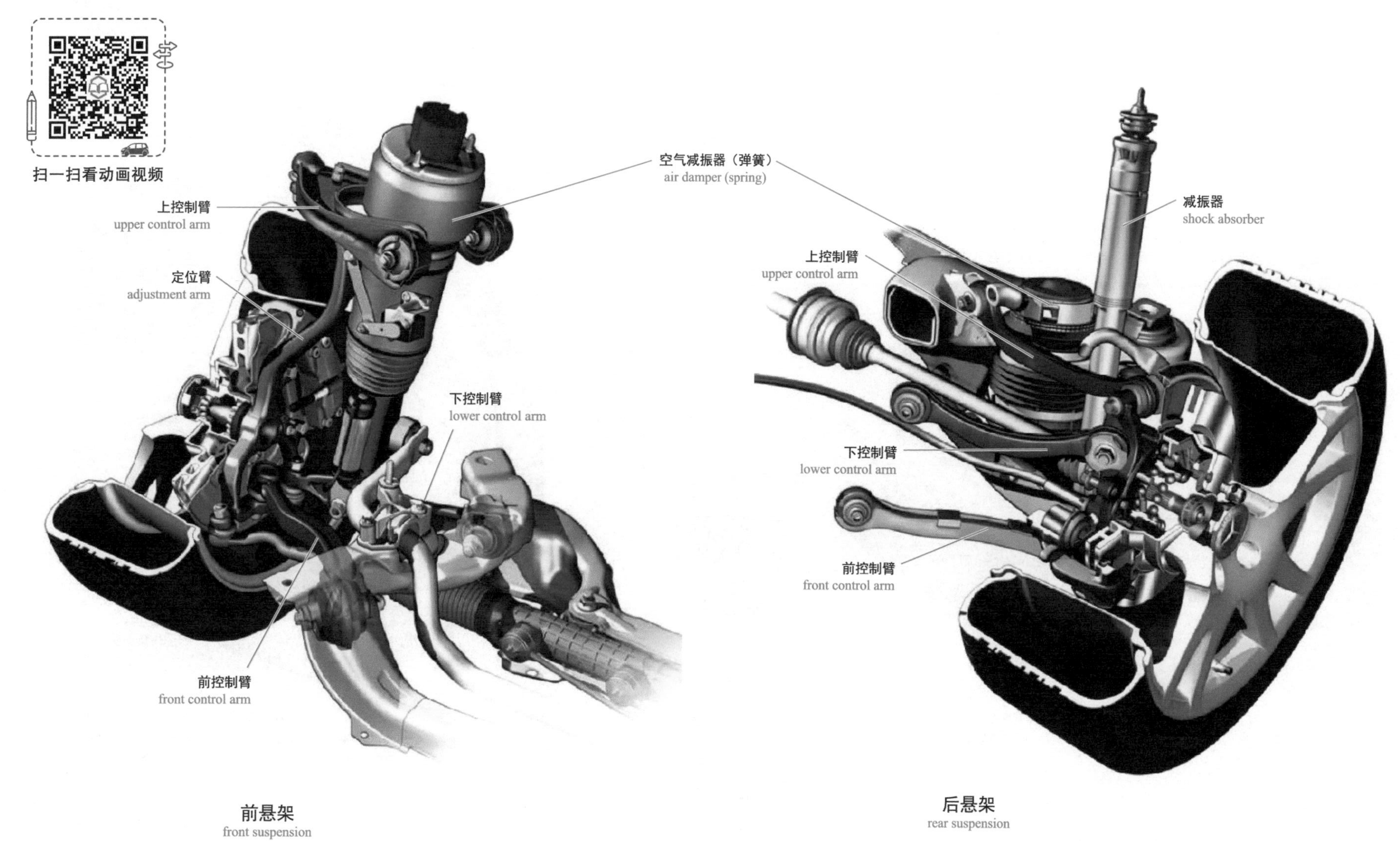

上控制臂
upper control arm
定位臂
adjustment arm
空气减振器（弹簧）
air damper (spring)
下控制臂
lower control arm
前控制臂
front control arm
减振器
shock absorber
上控制臂
upper control arm
下控制臂
lower control arm
前控制臂
front control arm

前悬架
front suspension

后悬架
rear suspension

3.3.9 车轮与轮胎

轮胎是车辆与路面之间力传递的载体，通过轮胎传递驱动力、制动力、转向力等，从而实现了汽车的驱动、制动、转向等操作。现在的轿车轮胎主要使用可充气的无内胎的子午线轮胎

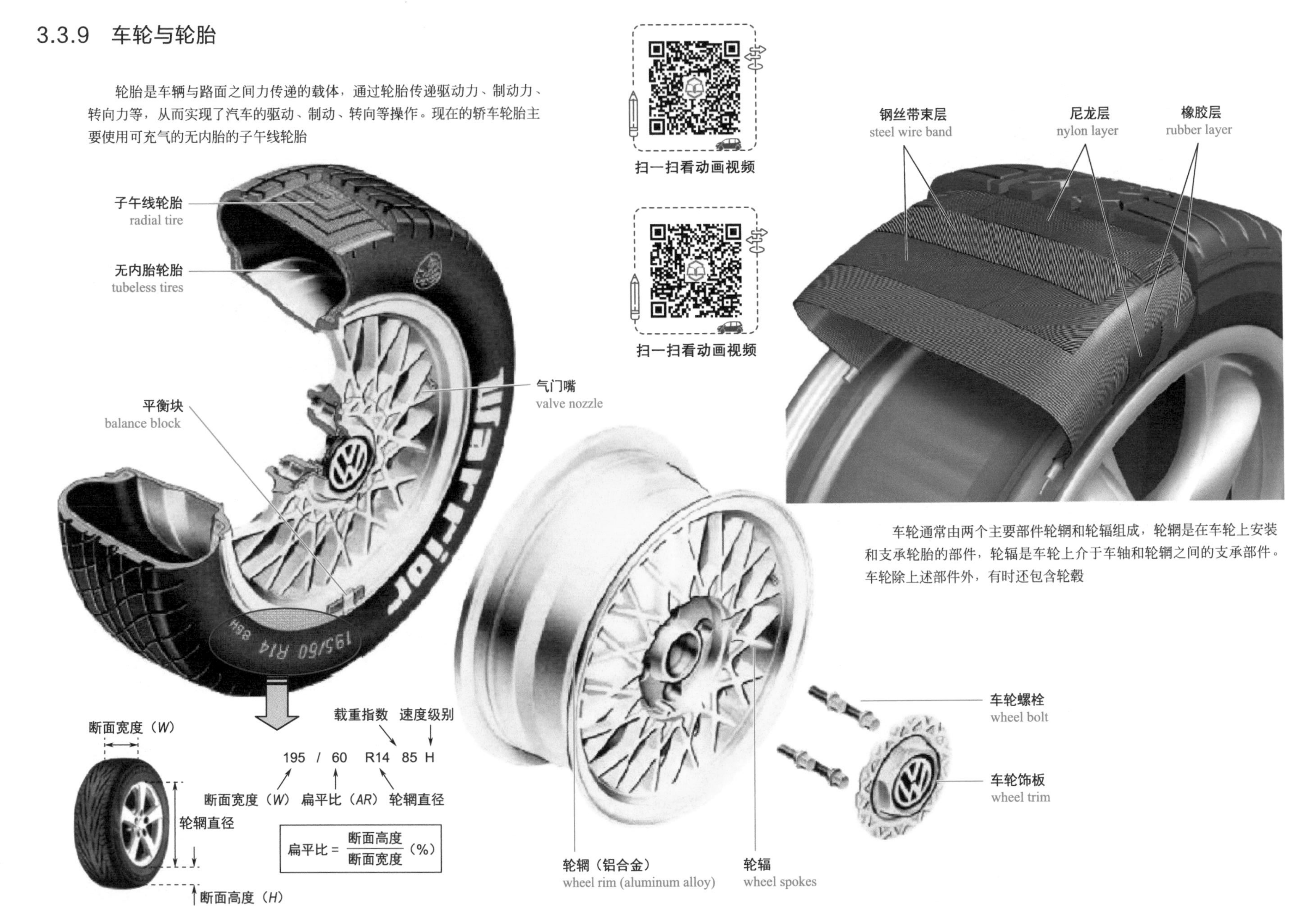

子午线轮胎
radial tire
无内胎轮胎
tubeless tires
平衡块
balance block
气门嘴
valve nozzle
Warrior
195/60 R14 88H
断面宽度（W）
轮辋直径
断面高度（H）
载重指数 速度级别
195 / 60 R14 85 H
断面宽度（W） 扁平比（AR） 轮辋直径
扁平比 = 断面高度 / 断面宽度（%）
扫一扫看动画视频
扫一扫看动画视频
钢丝带束层
steel wire band
尼龙层
nylon layer
橡胶层
rubber layer
轮辋（铝合金）
wheel rim (aluminum alloy)
轮辐
wheel spokes
车轮螺栓
wheel bolt
车轮饰板
wheel trim

车轮通常由两个主要部件轮辋和轮辐组成，轮辋是在车轮上安装和支承轮胎的部件，轮辐是车轮上介于车轴和轮辋之间的支承部件。车轮除上述部件外，有时还包含轮毂

3.3.10 车轮定位

车辆的四轮、转向机构、前后车轴之间的安装应具有一定的相对位置，这个相对位置是由厂家制定的标准值。调整恢复这个位置的安装，就是四轮定位。

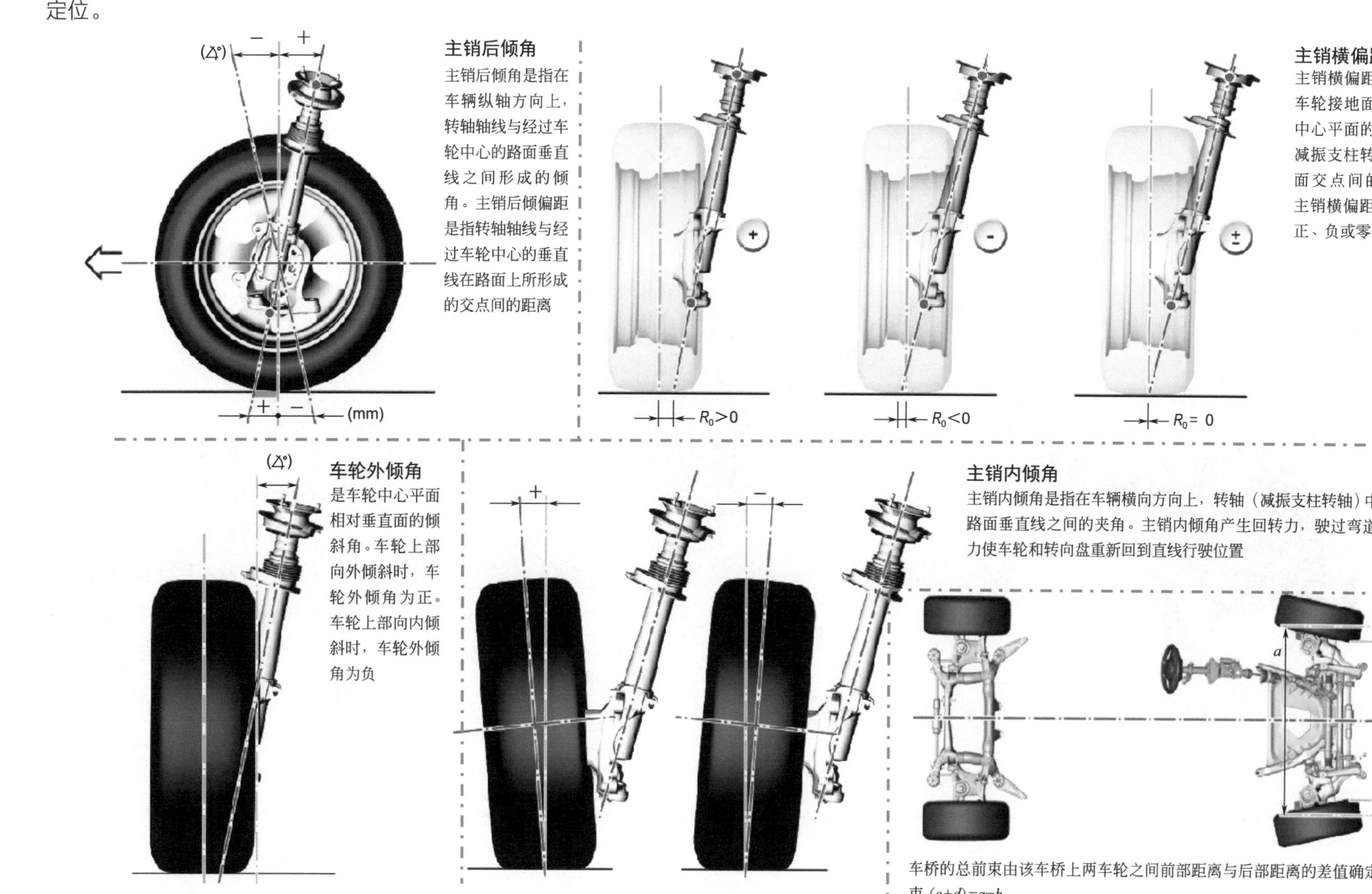
(Δ°)
−
+
(mm)
$R_0>0$
$R_0<0$
$R_0=0$
a
b
c
d

主销后倾角

主销后倾角是指在车辆纵轴方向上，转轴轴线与经过车轮中心的路面垂直线之间形成的倾角。主销后倾偏距是指转轴轴线与经过车轮中心的垂直线在路面上所形成的交点间的距离

主销横偏距

主销横偏距是指从车轮接地面与车轮中心平面的交线至减振支柱转轴与地面交点间的距离。主销横偏距可以为正、负或零

车轮外倾角

是车轮中心平面相对垂直面的倾斜角。车轮上部向外倾斜时，车轮外倾角为正。车轮上部向内倾斜时，车轮外倾角为负

主销内倾角

主销内倾角是指在车辆横向方向上，转轴（减振支柱转轴）中心线与路面垂直线之间的夹角。主销内倾角产生回转力，驶过弯道后回转力使车轮和转向盘重新回到直线行驶位置

车桥的总前束由该车桥上两车轮之间前部距离与后部距离的差值确定。总前束 $(c+d)=a-b$

3.4 转向系统

3.4.1 概述

在汽车行驶或倒车的过程中用来改变方向的装置就是汽车转向系统。转向系统一般由转向机、传动机构与操纵（控制）机构三部分组成。现在的汽车上应用较多的转向系统有齿轮齿条式和循环球式转向机构。

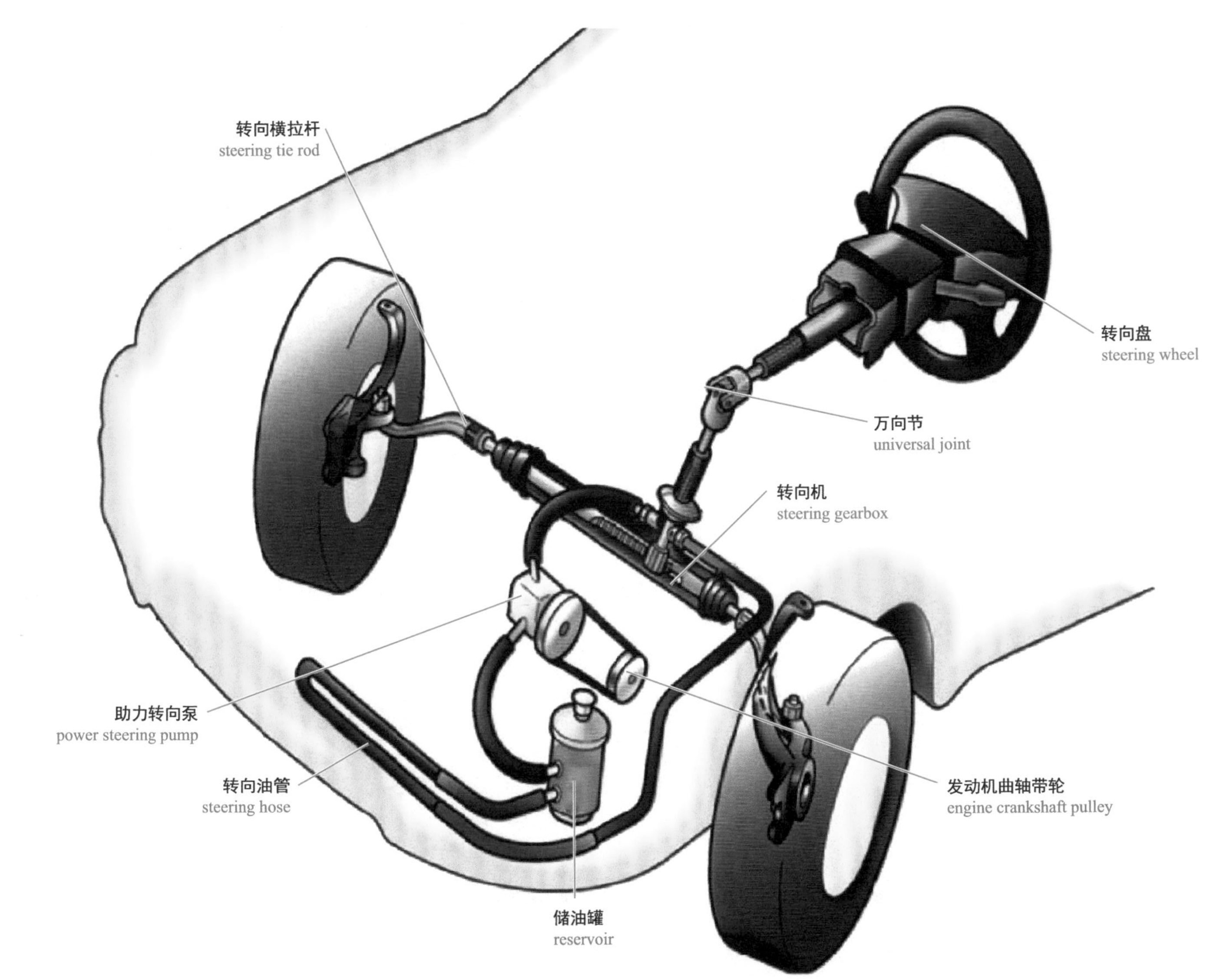
转向横拉杆
steering tie rod
转向盘
steering wheel
万向节
universal joint
转向机
steering gearbox
助力转向泵
power steering pump
转向油管
steering hose
发动机曲轴带轮
engine crankshaft pulley
储油罐
reservoir

3.4.2 循环球式转向机构

循环球式转向机构主要由螺杆、螺母、转向器壳体以及许多小钢球等部件组成。循环球被放置于螺母与螺杆之间的密闭管路内，起到将螺母螺杆之间的滑动摩擦转变为阻力较小的滚动摩擦的作用，由于小钢球在密闭的管路内循环往复地滚动，所以这种转向器就被称为循环球式转向器。目前这种转向机构多应用于货车上面。

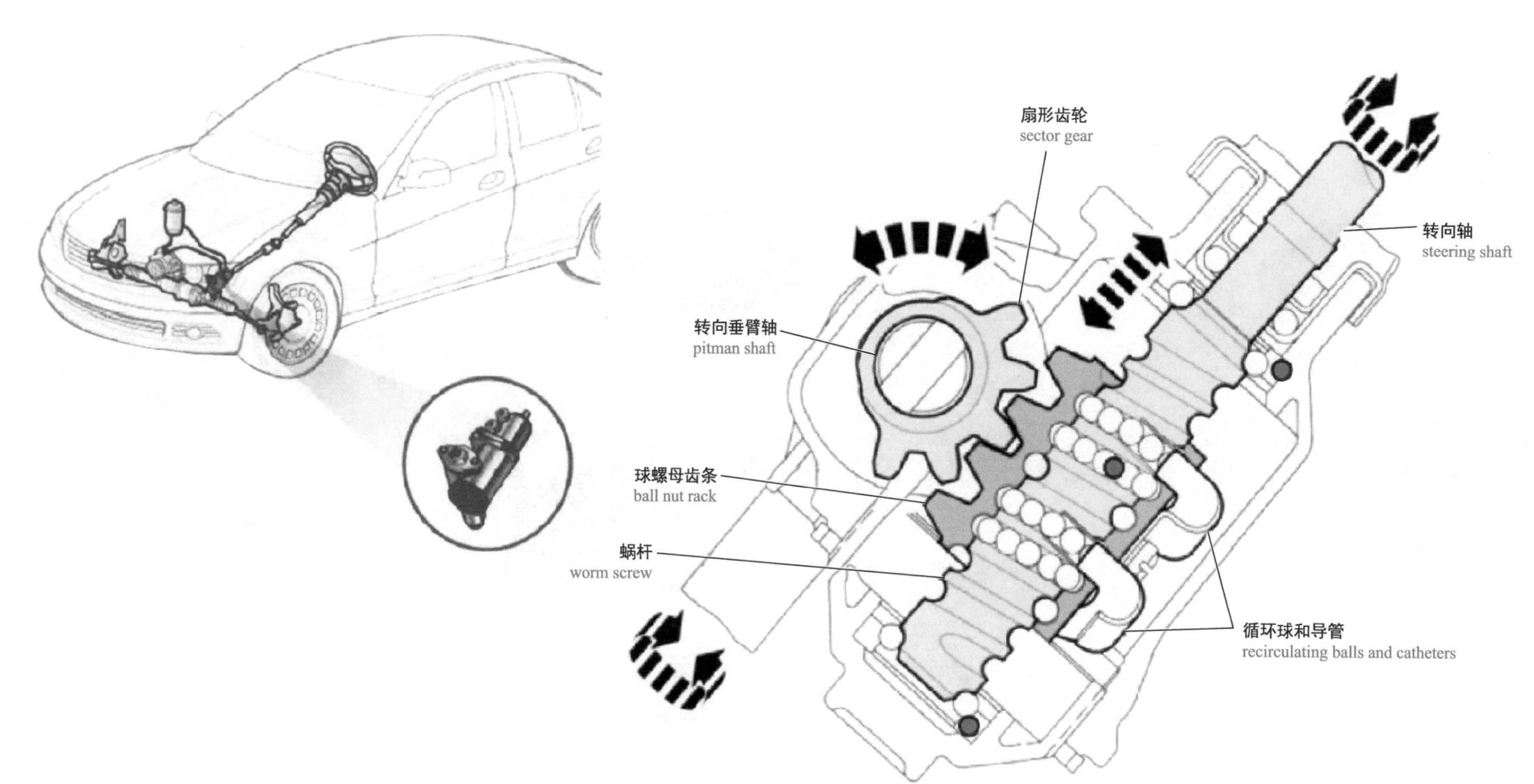
扇形齿轮
sector gear
转向轴
steering shaft
转向垂臂轴
pitman shaft
球螺母齿条
ball nut rack
蜗杆
worm screw
循环球和导管
recirculating balls and catheters

3.4.3 齿轮齿条式转向机构

齿轮齿条式转向器主要由小齿轮、齿条、调整螺钉、外壳及齿条导块等组成。转向器小齿轮在转向主轴的下端，与转向齿条啮合。当旋转转向盘时，转向器中的小齿轮便转动，带动转向器中的齿条朝转向盘转动的方向移动，转向器齿条的动作通过转向器齿条端头和转向拉杆端头，传递到转向节臂上使车轮转动。

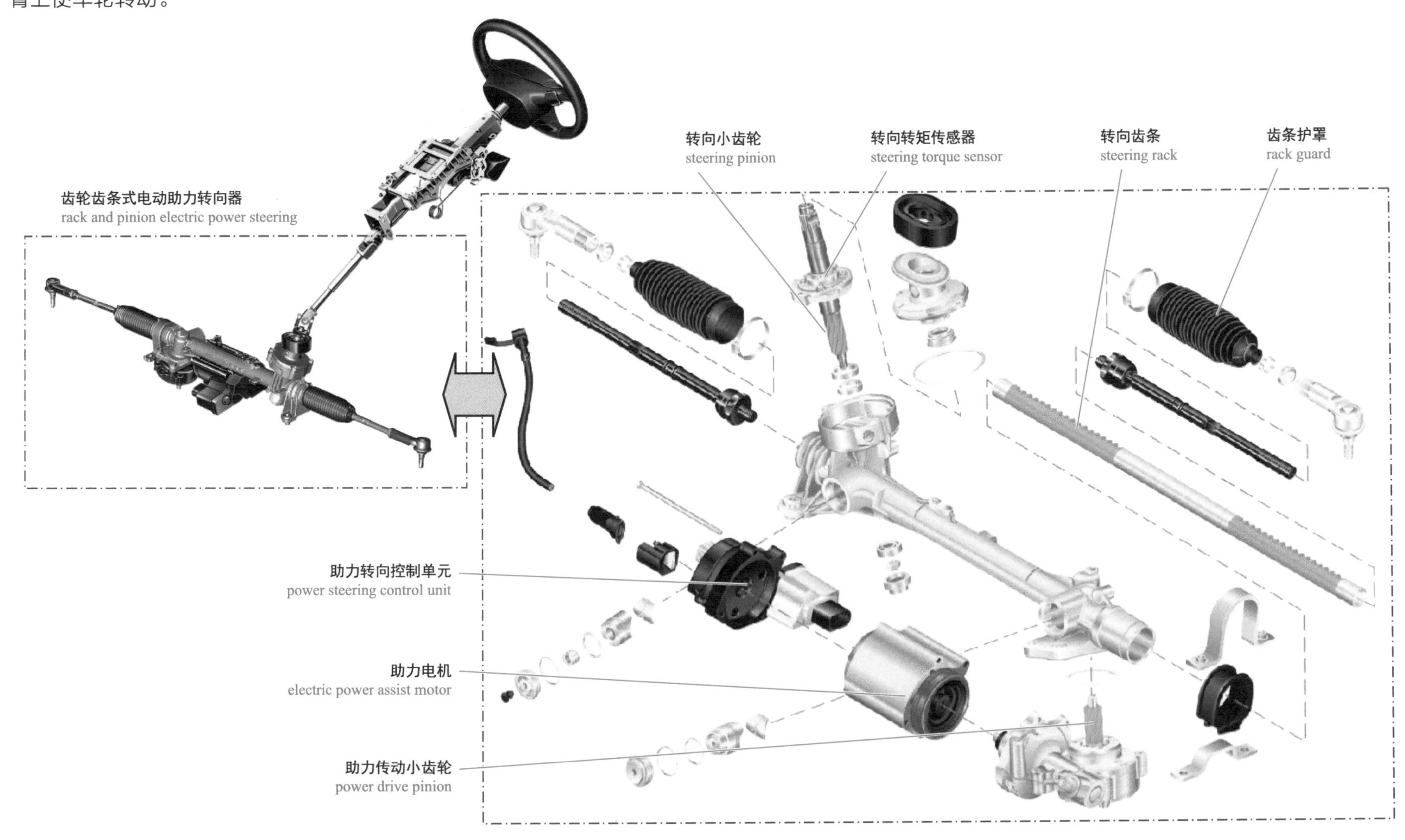
齿轮齿条式电动助力转向器
rack and pinion electric power steering
转向小齿轮
steering pinion
转向转矩传感器
steering torque sensor
转向齿条
steering rack
齿条护罩
rack guard
助力转向控制单元
power steering control unit
助力电机
electric power assist motor
助力传动小齿轮
power drive pinion

3.4.4 液压助力转向系统

（1）机械液压助力转向系统

机械式液压助力系统主要包括齿轮齿条转向结构和液压系统（液压助力泵、液压缸、活塞等）两部分。工作原理是通过液压泵（由发动机带带动）提供油压推动活塞，进而产生辅助力推动转向拉杆，辅助车轮转向。

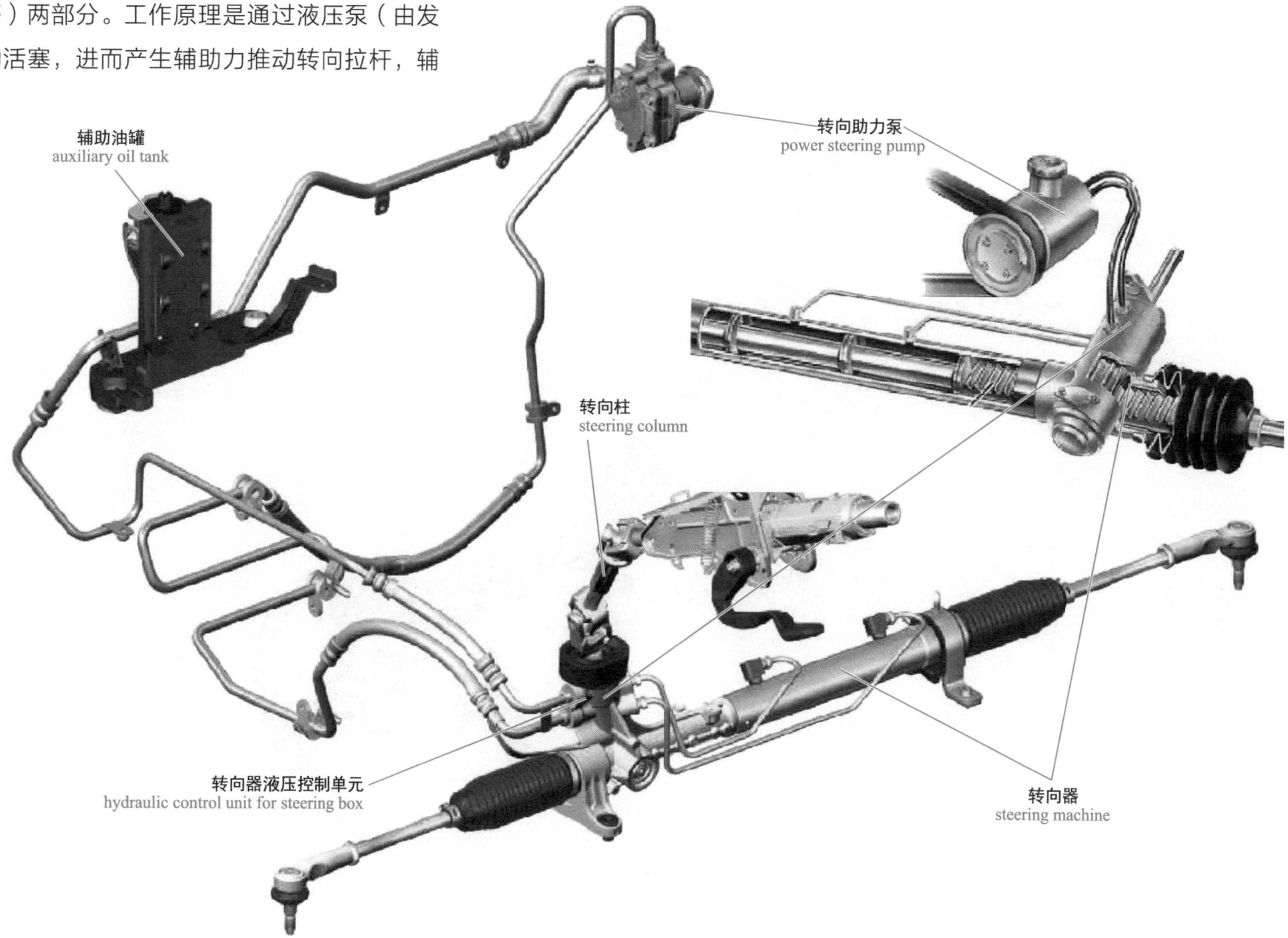

辅助油罐
auxiliary oil tank
转向助力泵
power steering pump
转向柱
steering column
转向器液压控制单元
hydraulic control unit for steering box
转向器
steering machine

扫一扫看动画视频

（2）电动液压助力转向系统

电子式液压助力的结构原理与机械式液压助力大体相同，最大的区别在于提供油压油泵的驱动方式不同。机械式液压助力的液压泵是直接通过发动机带驱动的，而电子式液压助力采用的是由电力驱动的电子泵。电子液压助力转向系统的电子控制单元，利用对车速传感器、转向角度传感器等传感器的信息处理，可以通过改变电子泵的流量来改变转向助力的力度大小。

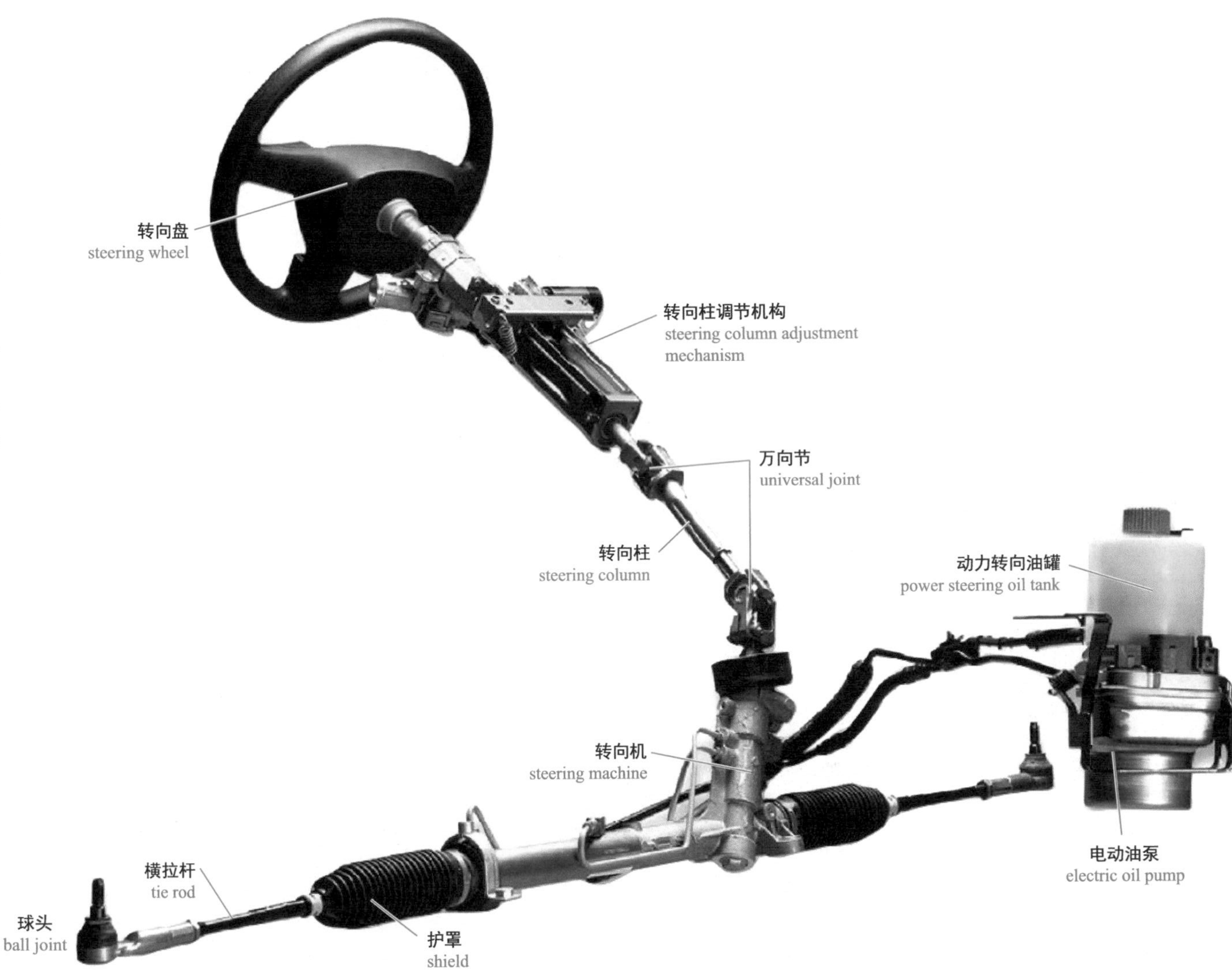
转向盘
steering wheel
转向柱调节机构
steering column adjustment mechanism
万向节
universal joint
转向柱
steering column
动力转向油罐
power steering oil tank
转向机
steering machine
电动油泵
electric oil pump
横拉杆
tie rod
球头
ball joint
护罩
shield

3.4.5 电动助力转向系统

电动助力转向系统（EPS，electric power steering）是一种直接依靠电机提供辅助转矩的动力转向系统，根据助力电机安装位置的不同，可以分为转向轴助力式（C-EPS）、齿轮助力式（P-EPS）、齿条助力式（R-EPS）三种。

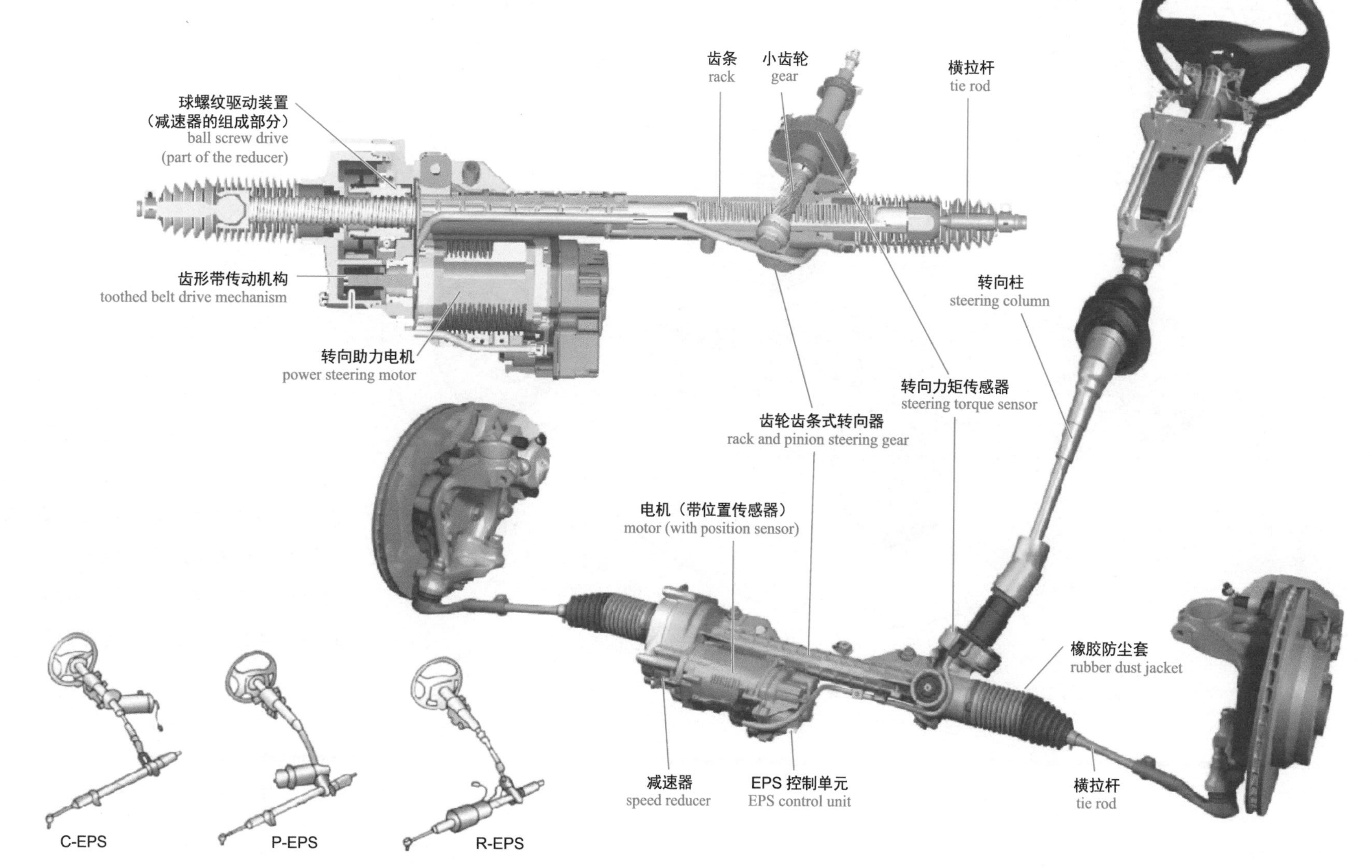

齿条
rack
小齿轮
gear
横拉杆
tie rod
球螺纹驱动装置
（减速器的组成部分）
ball screw drive
(part of the reducer)
齿形带传动机构
toothed belt drive mechanism
转向助力电机
power steering motor
转向柱
steering column
转向力矩传感器
steering torque sensor
齿轮齿条式转向器
rack and pinion steering gear
电机（带位置传感器）
motor (with position sensor)
橡胶防尘套
rubber dust jacket
减速器
speed reducer
EPS 控制单元
EPS control unit
横拉杆
tie rod
C-EPS
P-EPS
R-EPS

3.5 制动系统

3.5.1 概述

作为制动系统，其作用就是让行驶中的汽车按驾驶意愿进行减速甚至停车。其工作原理就是将汽车的动能通过摩擦转换成热能。汽车制动系统主要由供能装置、控制装置、传动装置和制动器等部分组成。

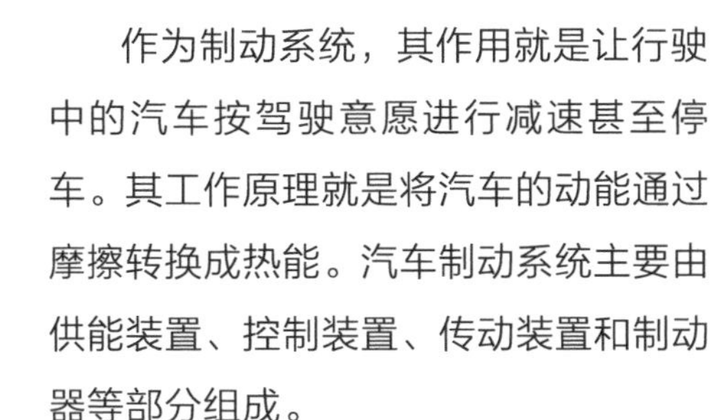
驻车制动杆（手刹）
parking brake lever
后盘式制动器
rear disc brakes
液压油管
hydraulic lines
制动真空助力器
brake booster
制动主缸（总泵）
master cylinder
前盘式制动器
front disc brakes
手刹线
parking brake cables
磨损指示器
wear indicator
制动钳
brake caliper
活塞
piston
制动块（刹车片）
brake pads
制动盘
brake disc
驻车制动蹄
parking brake shoes
鼓式驻车制动器
drum parking brake

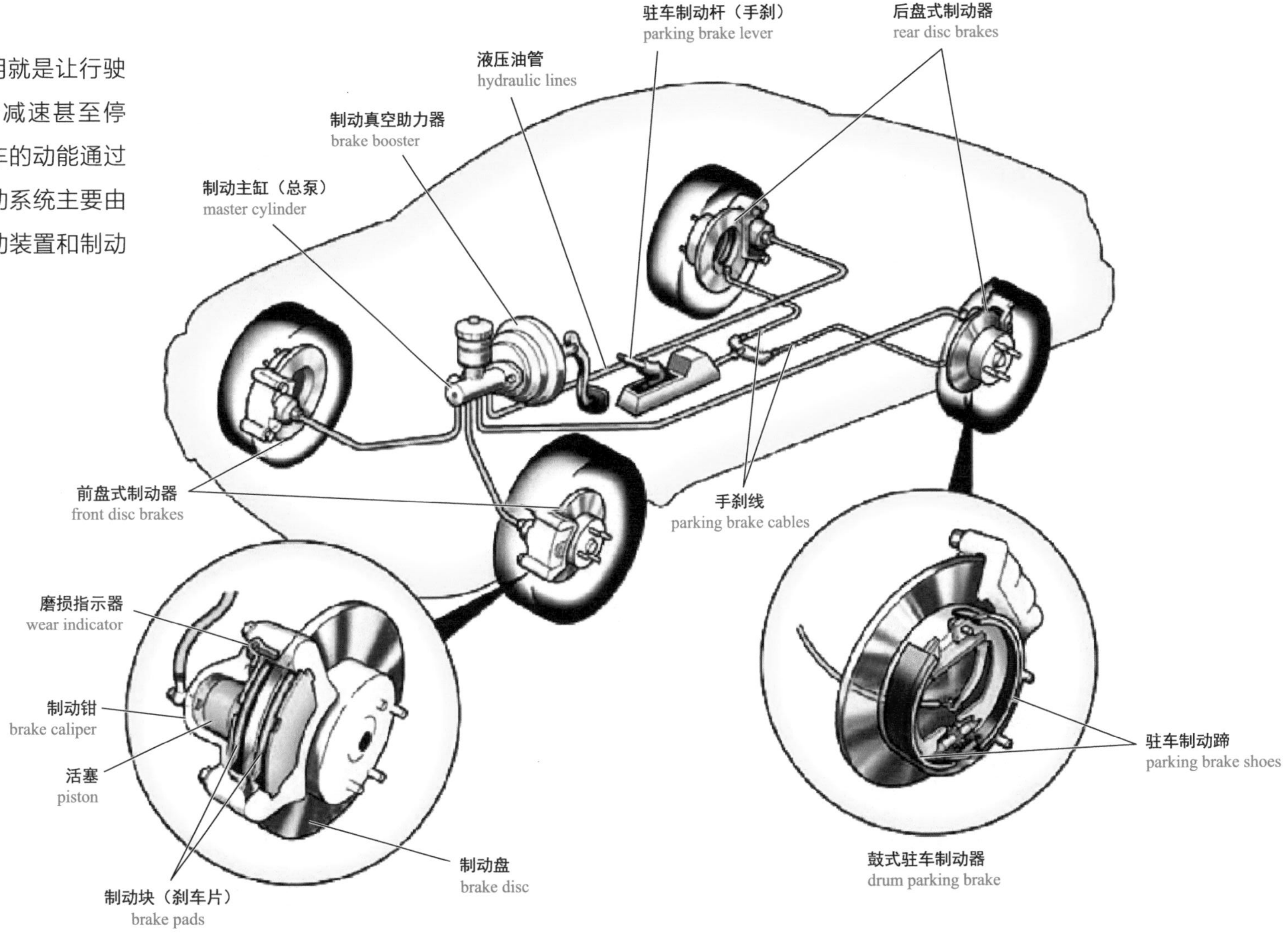

3.5.2　液压制动系统

液压制动是以人力为能源，以液体作为传动介质的一种制动形式。主要由制动踏板、制动主缸、制动轮缸和油管等组成。

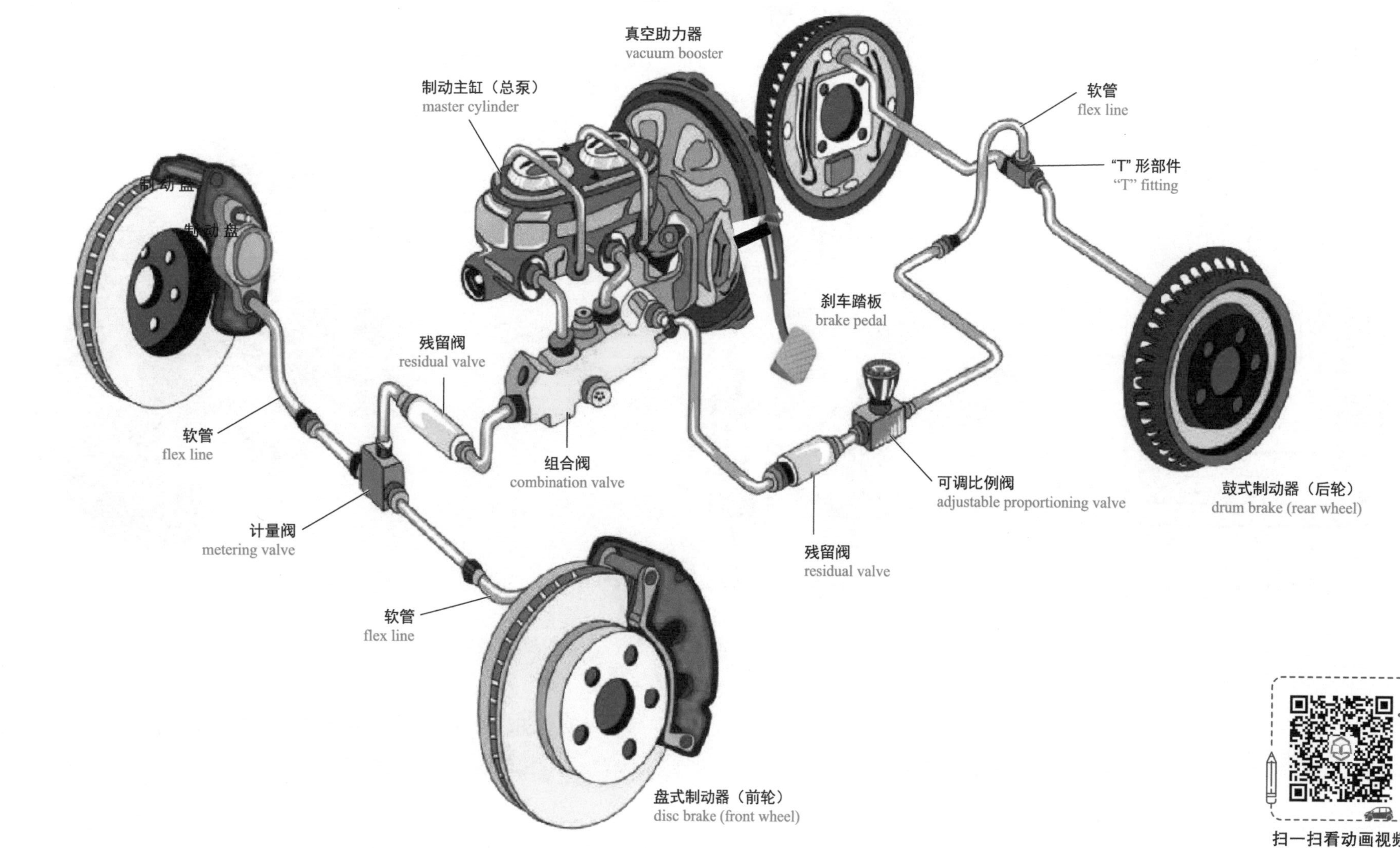

真空助力器
vacuum booster
制动主缸（总泵）
master cylinder
软管
flex line
"T" 形部件
"T" fitting
制动盘
制动盘
剎车踏板
brake pedal
残留阀
residual valve
软管
flex line
组合阀
combination valve
可调比例阀
adjustable proportioning valve
鼓式制动器（后轮）
drum brake (rear wheel)
计量阀
metering valve
残留阀
residual valve
软管
flex line
盘式制动器（前轮）
disc brake (front wheel)
扫一扫看动画视频

3.5.3 盘式制动器

盘式制动器也叫碟式制动器，主要由制动盘、制动钳、摩擦片、分泵、油管等部分构成。盘式制动器通过液压系统把压力施加到制动钳上，使制动摩擦片与随车轮转动的制动盘发生摩擦，从而达到制动的目的。

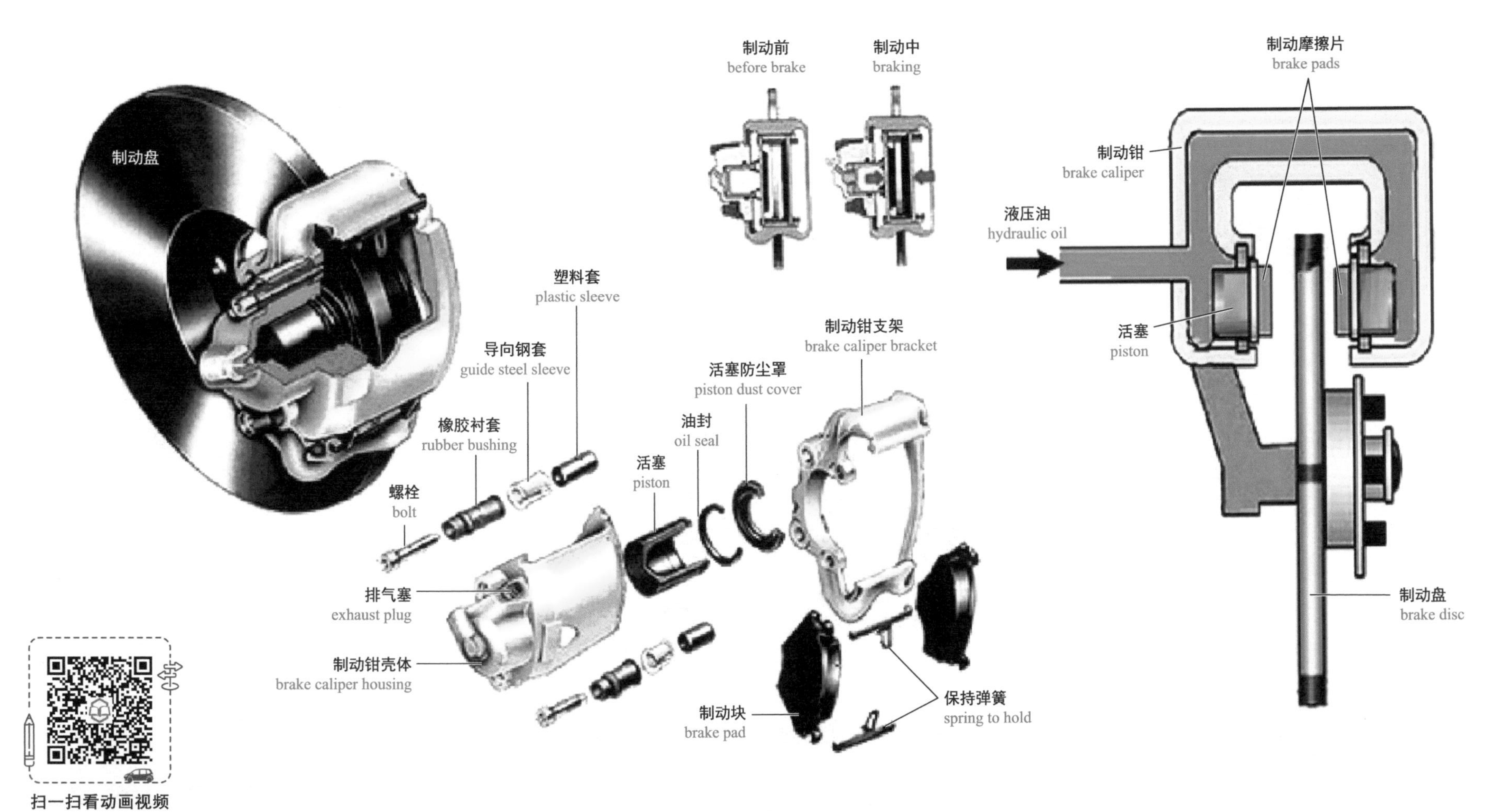
制动盘
制动前
before brake
制动中
braking
制动摩擦片
brake pads
制动钳
brake caliper
液压油
hydraulic oil
活塞
piston
制动盘
brake disc
塑料套
plastic sleeve
导向钢套
guide steel sleeve
橡胶衬套
rubber bushing
螺栓
bolt
活塞
piston
油封
oil seal
活塞防尘罩
piston dust cover
制动钳支架
brake caliper bracket
排气塞
exhaust plug
制动钳壳体
brake caliper housing
制动块
brake pad
保持弹簧
spring to hold

扫一扫看动画视频

3.5.4 鼓式制动器

鼓式制动器摩擦副中的旋转元件为制动鼓，其工作表面为圆柱面。鼓式制动器主要包括制动轮缸、制动蹄、制动鼓、摩擦衬片、回位弹簧等部分，主要是通过液压装置使摩擦片与随车轮转动的制动鼓内侧面发生摩擦，从而起到制动的效果。

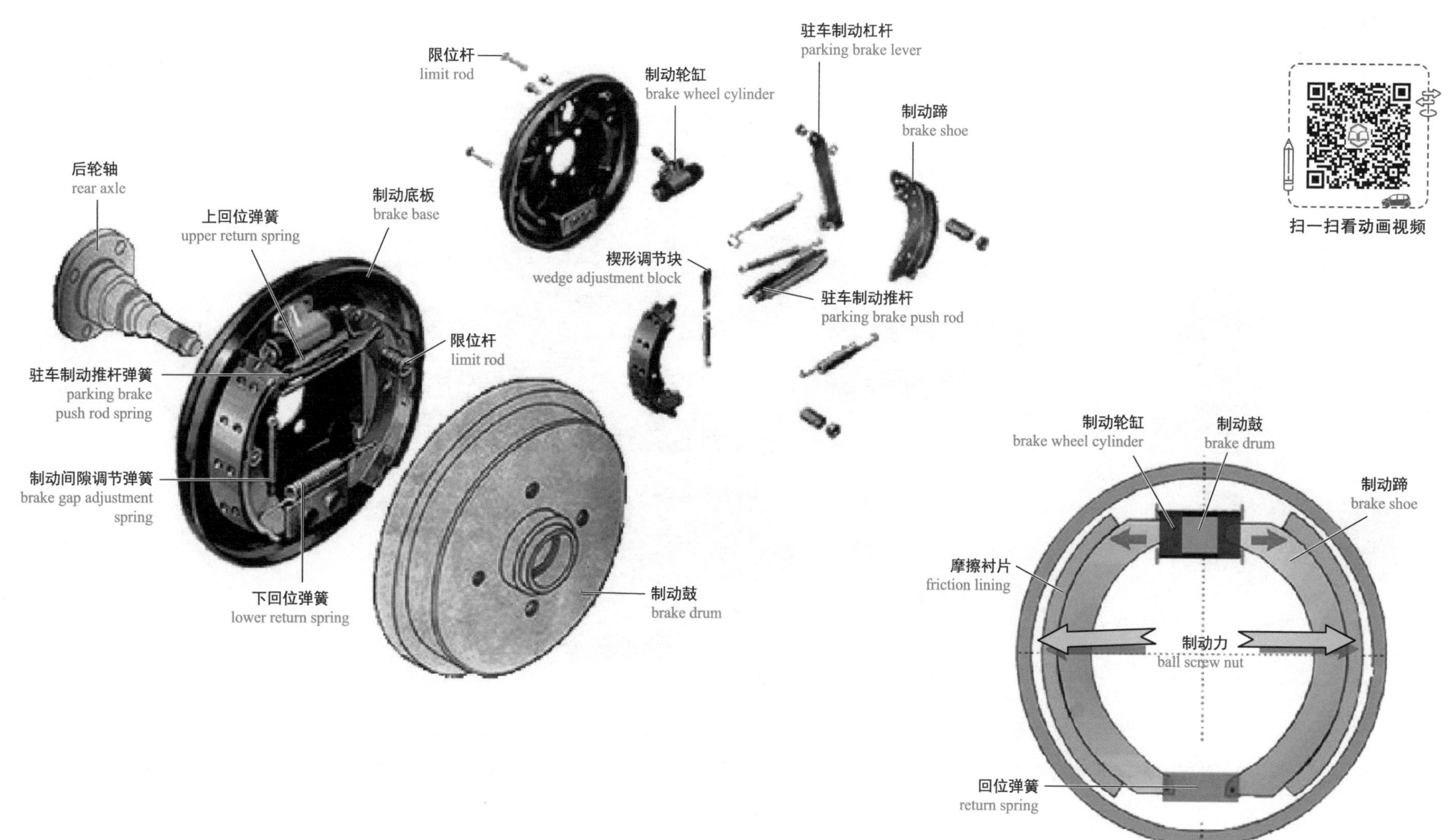
限位杆
limit rod
制动轮缸
brake wheel cylinder
驻车制动杠杆
parking brake lever
制动蹄
brake shoe
扫一扫看动画视频
后轮轴
rear axle
上回位弹簧
upper return spring
制动底板
brake base
楔形调节块
wedge adjustment block
驻车制动推杆
parking brake push rod
限位杆
limit rod
驻车制动推杆弹簧
parking brake
push rod spring
制动间隙调节弹簧
brake gap adjustment
spring
下回位弹簧
lower return spring
制动鼓
brake drum
制动轮缸
brake wheel cylinder
制动鼓
brake drum
制动蹄
brake shoe
摩擦衬片
friction lining
制动力
ball screw nut
回位弹簧
return spring

3.5.5 制动助力器

现在的汽车一般采用真空助力伺服制动系统，使人力和动力并用。传统燃油汽车的制动系统真空助力装置的真空源来自发动机进气歧管，真空度负压一般可达到0.05 ~ 0.07MPa。纯电动车或燃料电池汽车由于不配备发动机总成，所以改用电动真空泵提供真空压力。

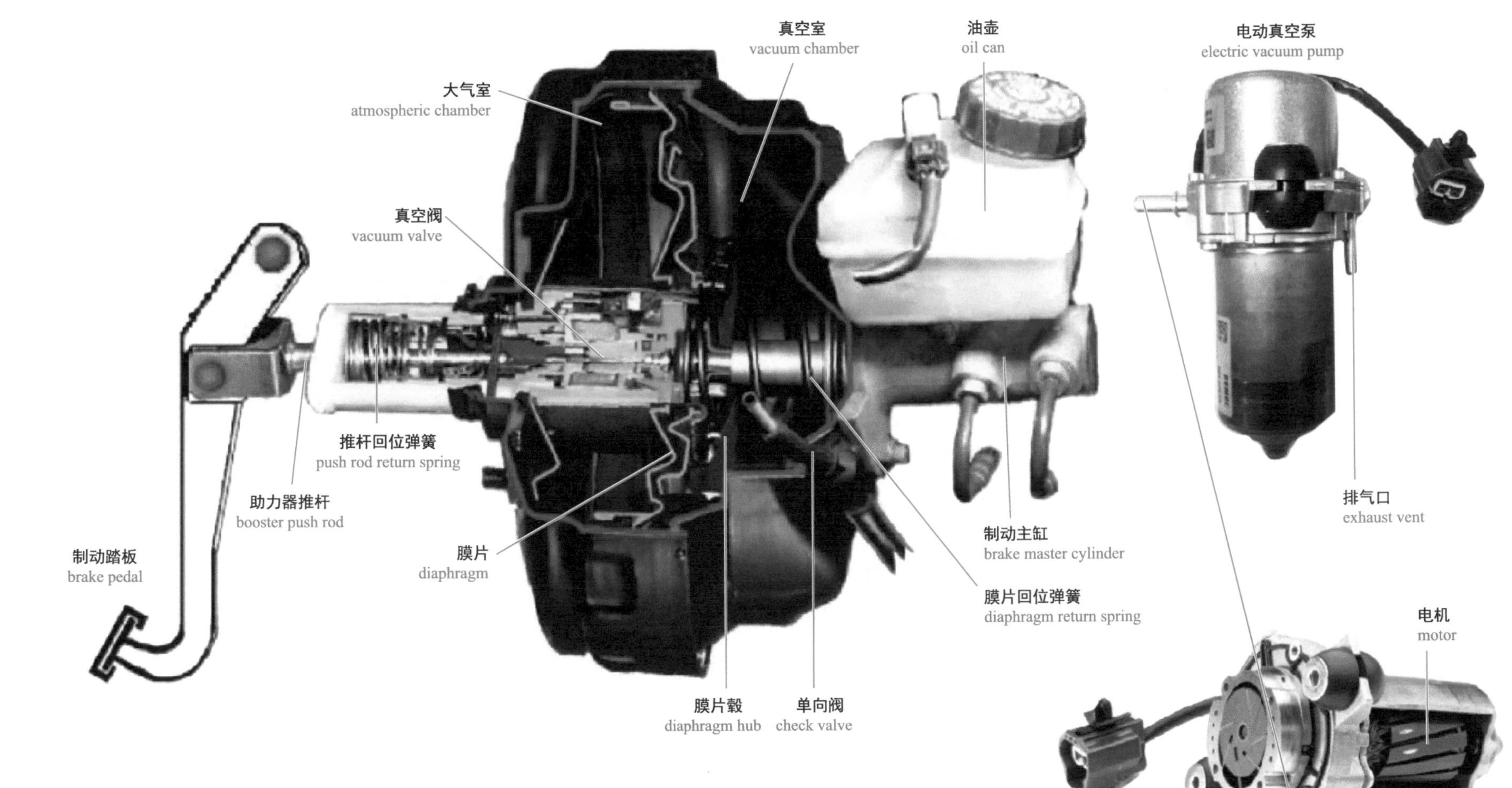
真空室
vacuum chamber
油壶
oil can
电动真空泵
electric vacuum pump
大气室
atmospheric chamber
真空阀
vacuum valve
推杆回位弹簧
push rod return spring
助力器推杆
booster push rod
制动踏板
brake pedal
膜片
diaphragm
排气口
exhaust vent
制动主缸
brake master cylinder
膜片回位弹簧
diaphragm return spring
电机
motor
膜片毂
diaphragm hub
单向阀
check valve
抽气口
suction port

真空伺服气室由前、后壳体组成，两者之间夹装有伺服气室膜片，将伺服气室分成前、后两腔，一侧与大气连通，另一侧与发动机进气管连通。利用发动机工作时吸气形成的真空（负压）形成推力，与踏板上施加的人力一起工作，从而达到提高液压、节省人力的目的。

3.5.6 驻车制动器

驻车制动器也称手制动器、手动刹车，简称手刹，在车辆停稳后用于稳定车辆，避免车辆在斜坡路面停车时由于溜车造成事故。常见的手刹一般置于驾驶员右手下垂位置，便于使用。部分自动挡车型还在驾驶员左脚外侧设计了功能与手刹相同的脚刹。

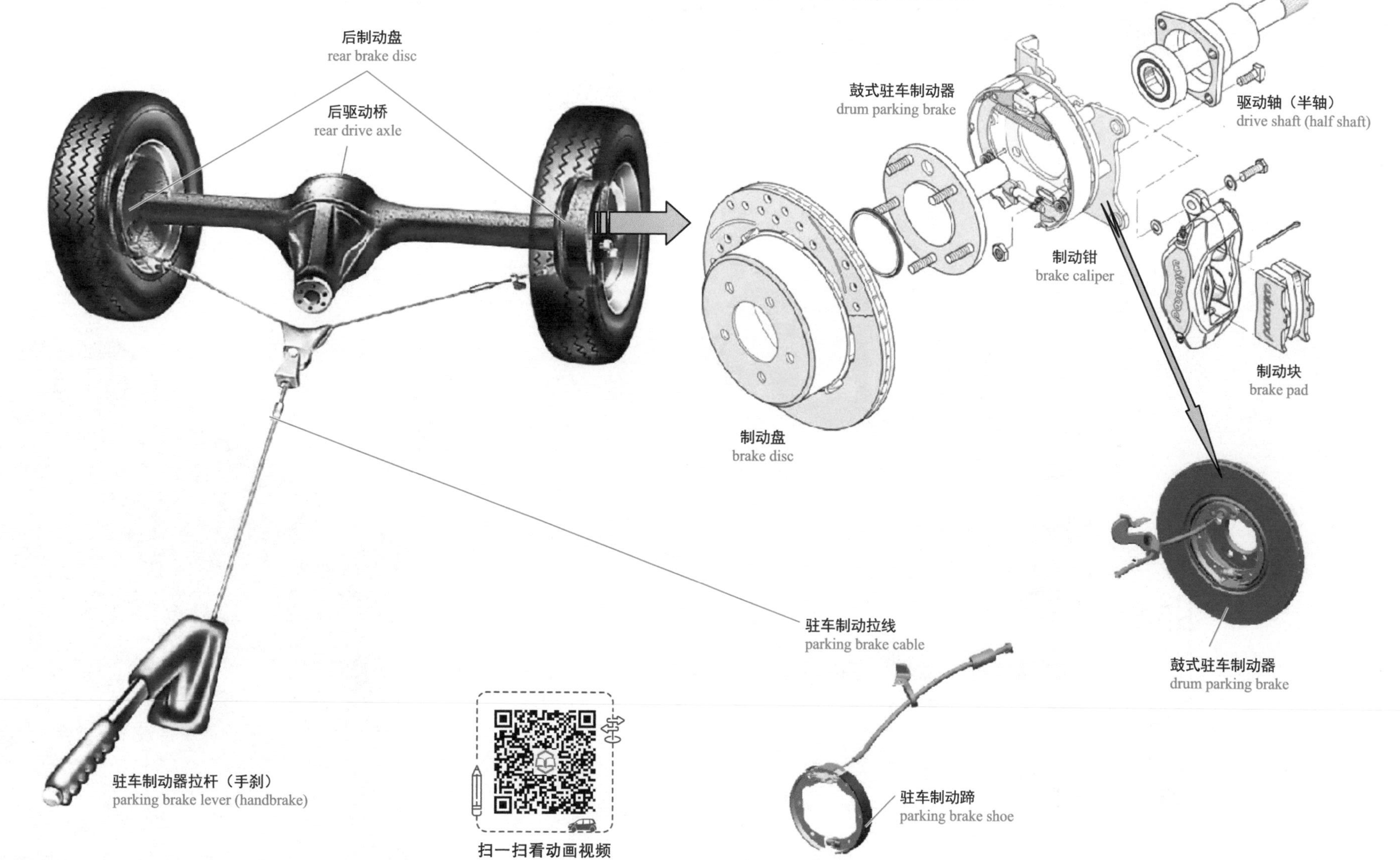
后制动盘
rear brake disc
后驱动桥
rear drive axle
鼓式驻车制动器
drum parking brake
驱动轴（半轴）
drive shaft (half shaft)
制动钳
brake caliper
制动块
brake pad
制动盘
brake disc
驻车制动拉线
parking brake cable
鼓式驻车制动器
drum parking brake
驻车制动器拉杆（手刹）
parking brake lever (handbrake)
扫一扫看动画视频
驻车制动蹄
parking brake shoe

第 4 章 车身系统

4.1 车身概述
4.2 安全系统
4.3 车身内饰
4.4 车身外饰

Automobile
Structure
Principle

4.1 车身概述

车身指的是车辆用来载人装货的部分，安装于车辆底盘之上，车身包括车门、车窗、机舱、座舱、货舱等。轿车与客车的车身一般为一体式结构，货车车身则常分为驾驶室与车厢两部分。

前柱
front pillar

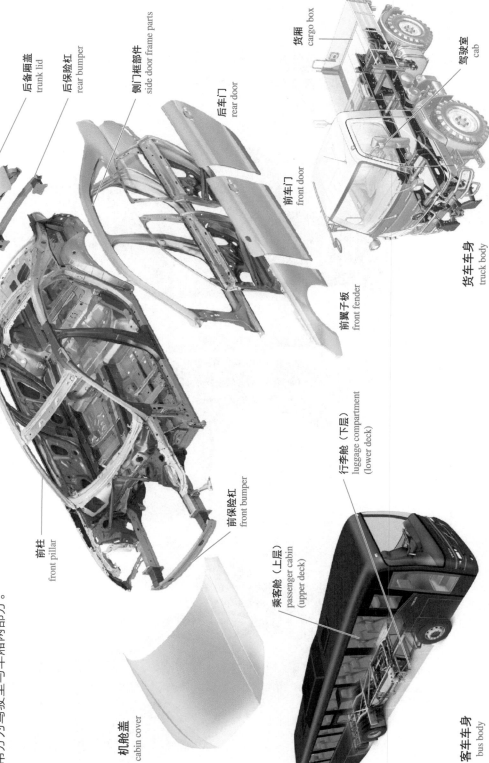

后备厢盖
trunk lid

后保险杠
rear bumper

侧门框部件
side door frame parts

机舱盖
cabin cover

前保险杠
front bumper

后车门
rear door

前车门
front door

前翼子板
front fender

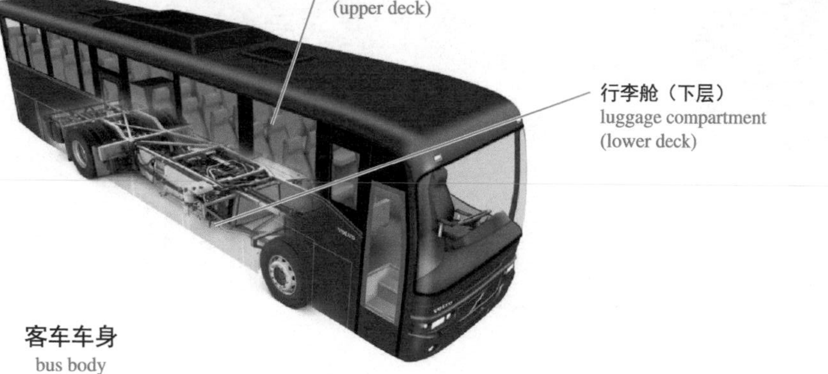
乘客舱（上层）
passenger cabin
(upper deck)
行李舱（下层）
luggage compartment
(lower deck)

客车车身
bus body

货厢
cargo box

驾驶室
cab

货车车身
truck body

4.1.1 车身

（1）非承载式车身

汽车车身按是否带车架可分为非承载式车身与承载式车身。非承载式车身的汽车有刚性车架，又称底盘大梁架。车身本体悬置于车架上，用弹性元件连接。这种车身质量大、高度高，比较笨重，一般用在越野车、皮卡及客货车上。

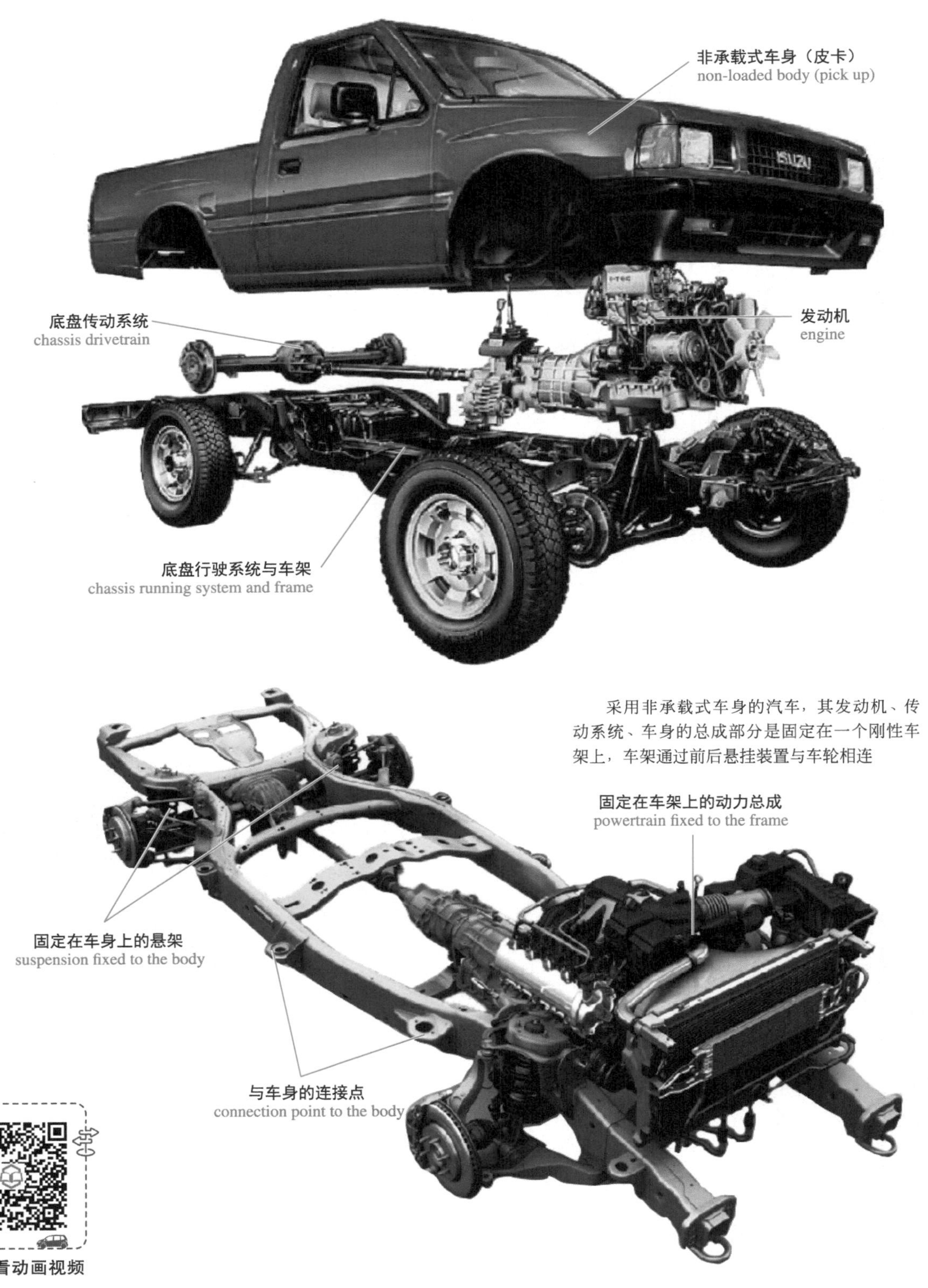
非承载式车身（皮卡）
non-loaded body (pick up)
底盘传动系统
chassis drivetrain
发动机
engine
底盘行驶系统与车架
chassis running system and frame
采用非承载式车身的汽车，其发动机、传动系统、车身的总成部分是固定在一个刚性车架上，车架通过前后悬挂装置与车轮相连
固定在车架上的动力总成
powertrain fixed to the frame
固定在车身上的悬架
suspension fixed to the body
与车身的连接点
connection point to the body

扫一扫看动画视频

（2）承载式车身

承载式车身的汽车没有刚性车架，只是加强了车头、侧围、车尾、底板等部位，车身和底架共同组成了车身本体的刚性空间结构。这种承载式车身除了其固有的承载功能外，还要直接承受各种负荷。这种形式的车身质量小、高度低、汽车质心低、装配简单、高速行驶稳定性较好。绝大多数汽车都使用这种车身。

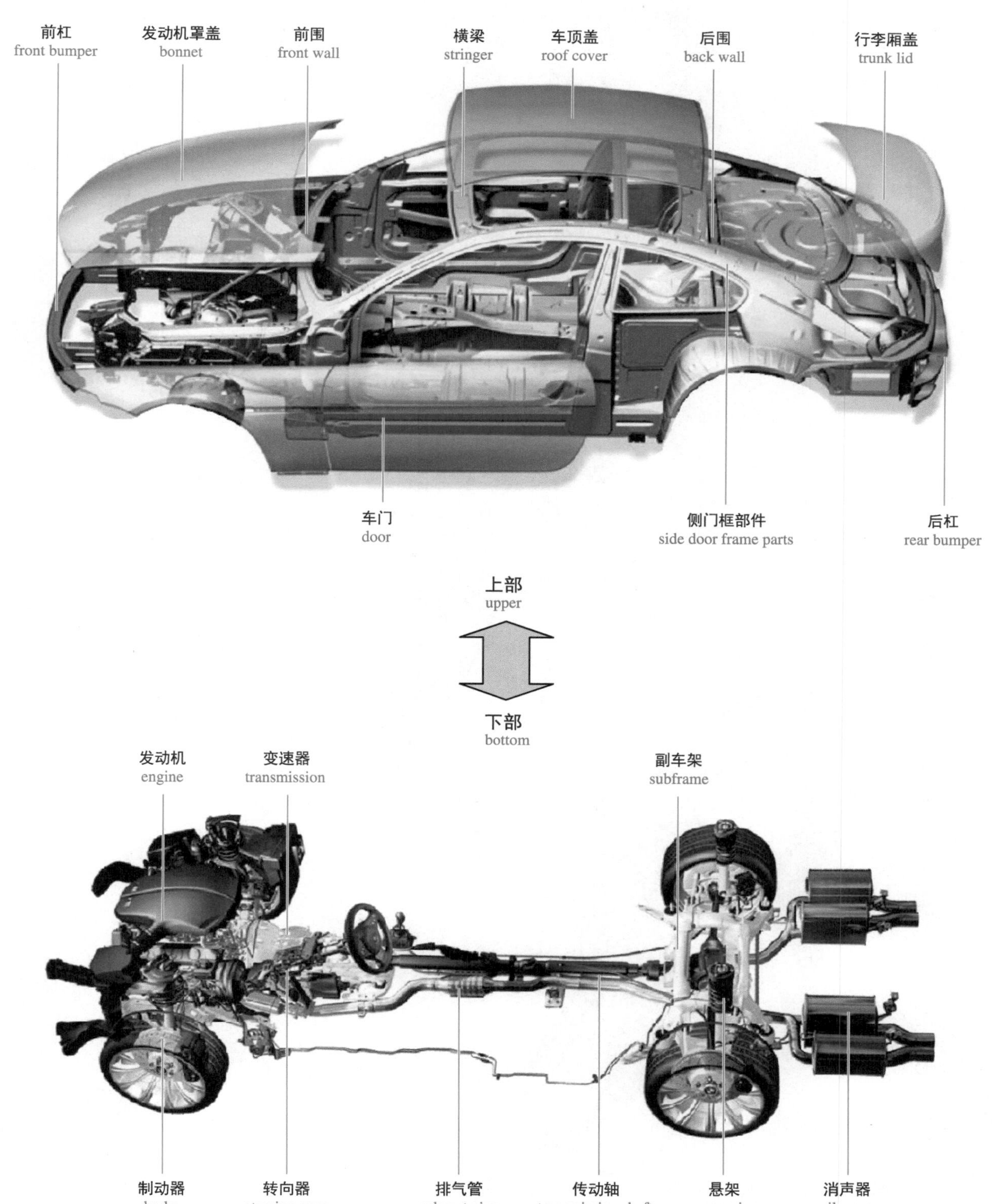
前杠
front bumper
发动机罩盖
bonnet
前围
front wall
横梁
stringer
车顶盖
roof cover
后围
back wall
行李厢盖
trunk lid
车门
door
侧门框部件
side door frame parts
后杠
rear bumper
上部
upper
下部
bottom
发动机
engine
变速器
transmission
副车架
subframe
制动器
brake
转向器
steering gear
排气管
exhaust pipe
传动轴
transmission shaft
悬架
suspension
消声器
silencer

第4章

车身系统

4.1.2 白车身

白车身（body in white）是指车身结构件及覆盖件焊接总成，并包括前翼板、车门、发动机罩、行李厢盖，但不包括附件及装饰件的未涂漆的车身。

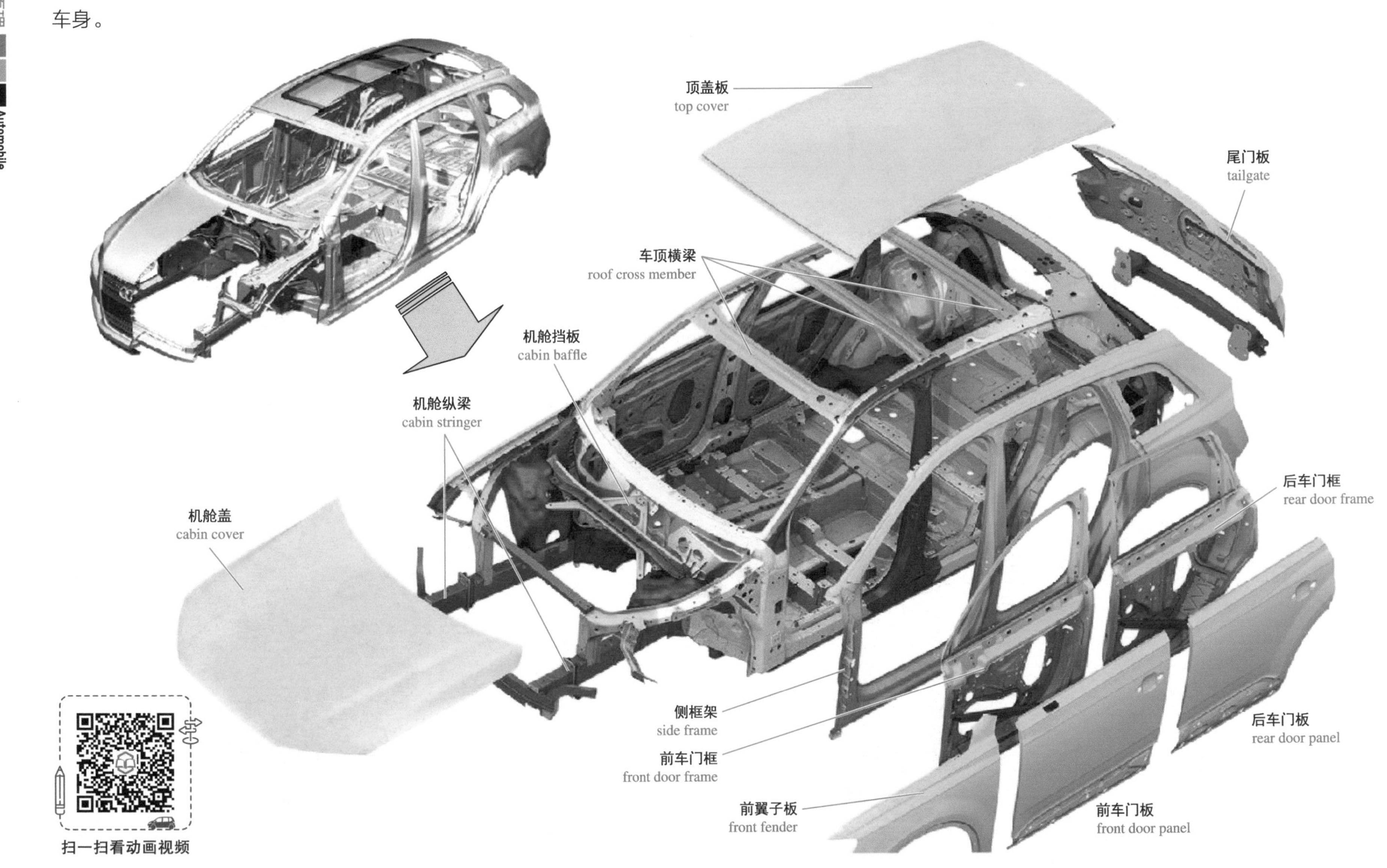
顶盖板
top cover
尾门板
tailgate
车顶横梁
roof cross member
机舱挡板
cabin baffle
机舱纵梁
cabin stringer
机舱盖
cabin cover
后车门框
rear door frame
侧框架
side frame
前车门框
front door frame
后车门板
rear door panel
前翼子板
front fender
前车门板
front door panel

扫一扫看动画视频

4.1.3 汽车车身材料

汽车车身经常用到的材料是钢。钢是含碳量最高为2.06%的铁碳合金。含碳量过高为铸铁。含碳量决定了钢的强度。与其他元素镍、锰、硅、铬等融合，可以形成不同的钢。可以将各种钢按照其力学性能，如抗拉强度、屈服强度进行分类，如普通钢、高强度钢、超高强度钢。出于节约能源和环保的目标，使用较轻的材料如铝合金、镁和碳纤维增强复合材料（CFK），可以减轻车辆的重量。

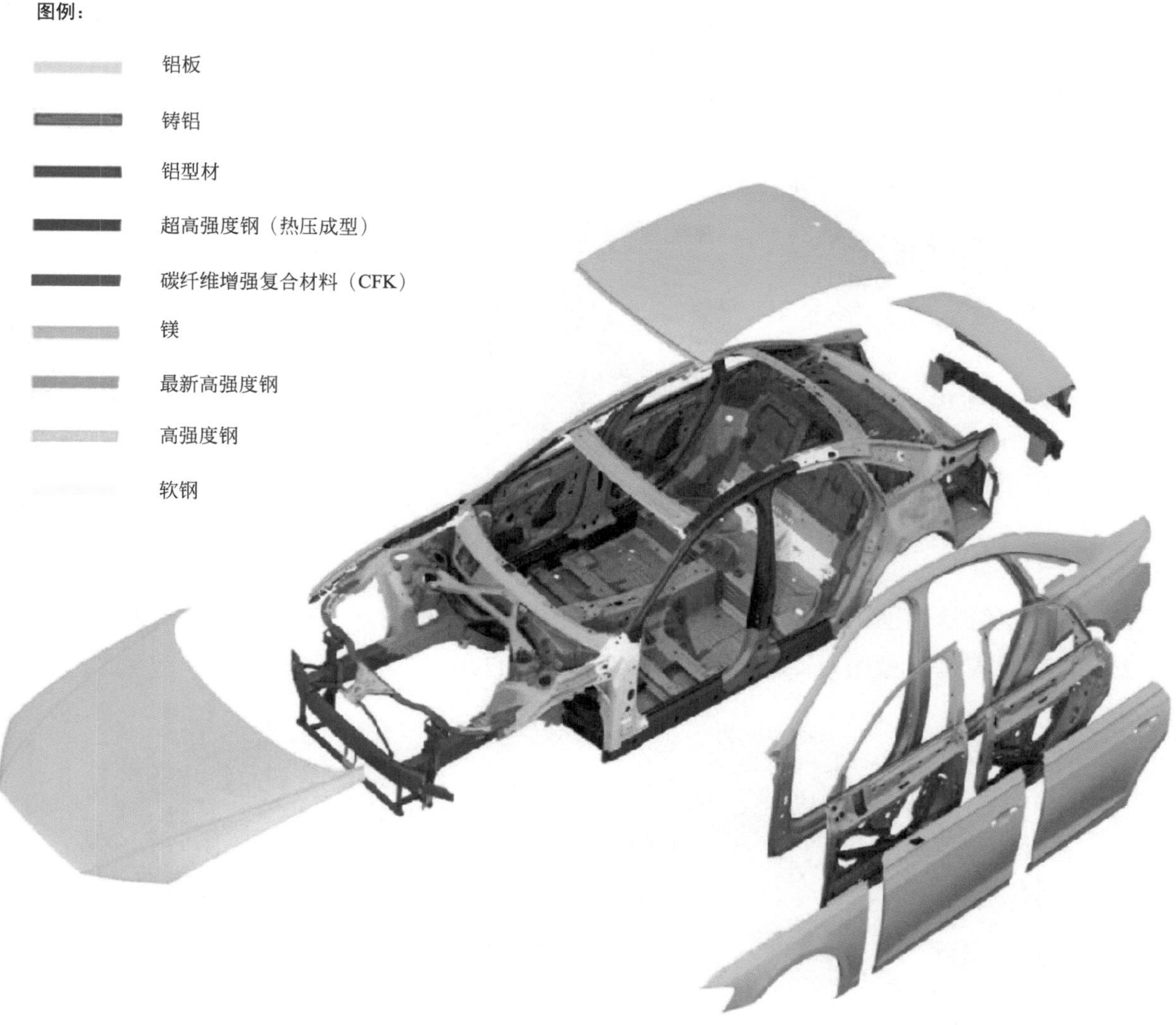
图例：
铝板
铸铝
铝型材
超高强度钢（热压成型）
碳纤维增强复合材料（CFK）
镁
最新高强度钢
高强度钢
软钢

不同强度的钢	抗拉强度/MPa	钢分类
普通钢	＜300	深冲钢
高强度钢	≥300，＜480	烘烤硬化钢
	≥350，＜730	微合金钢，各向同性钢
	≥340，＜480	磷钢，无间隙钢（IF钢）
	≥500，＜600	双相钢（DP钢）含有0.12%的碳、0.5%的硅和1.46%的锰
	≥600，＜800	相变诱发塑性钢（TR IP钢）一般含有0.15%～0.4%碳、1%～2%硅和0.5%～2%的锰
超高强度钢	＞800	多相钢（CP钢）含碳量很低，低于0.2%，并含有微合金元素如锰、硅、钼和硼
超高强度热成型钢	＞1000	马氏体钢

4.2 安全系统

4.2.1 碰撞能量吸收及测试

在汽车碰撞中，重要的是保护车内人员的安全，所以在碰撞中驾乘室的变形越小就越好。汽车在设计时考虑到这一点，在汽车碰撞时，让一部分机构先溃缩，吸收一部分的撞击能量，从而减少传递到驾乘室的撞击力。

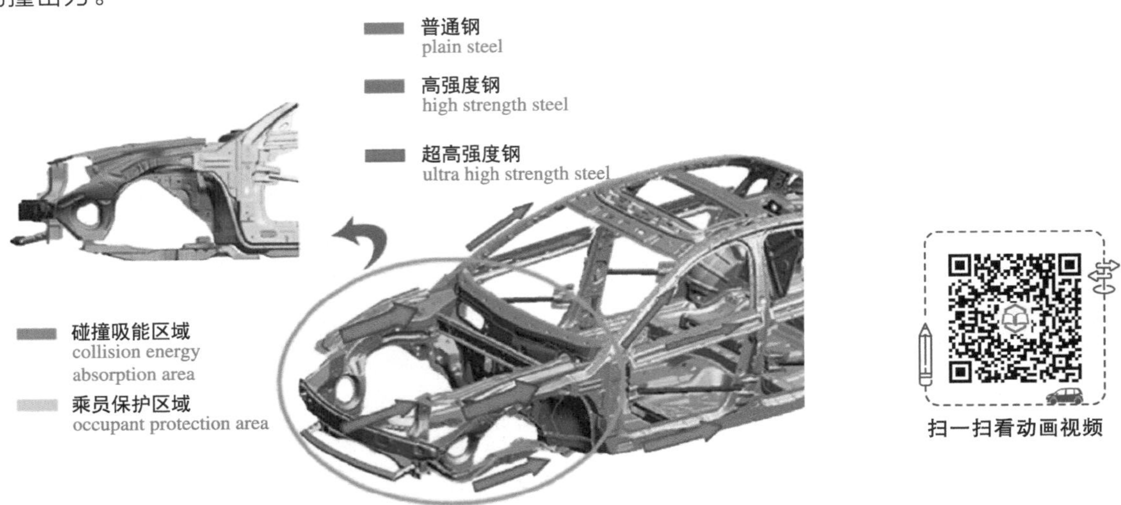
普通钢
plain steel
高强度钢
high strength steel
超高强度钢
ultra high strength steel
碰撞吸能区域
collision energy
absorption area
乘员保护区域
occupant protection area
扫一扫看动画视频

同样是为了保护驾乘室中的人员，在汽车受到撞击时，特殊设计的车身可将撞击力分散、转移，从而减少传递到驾乘室的撞击力，达到保护车内乘员的目的。

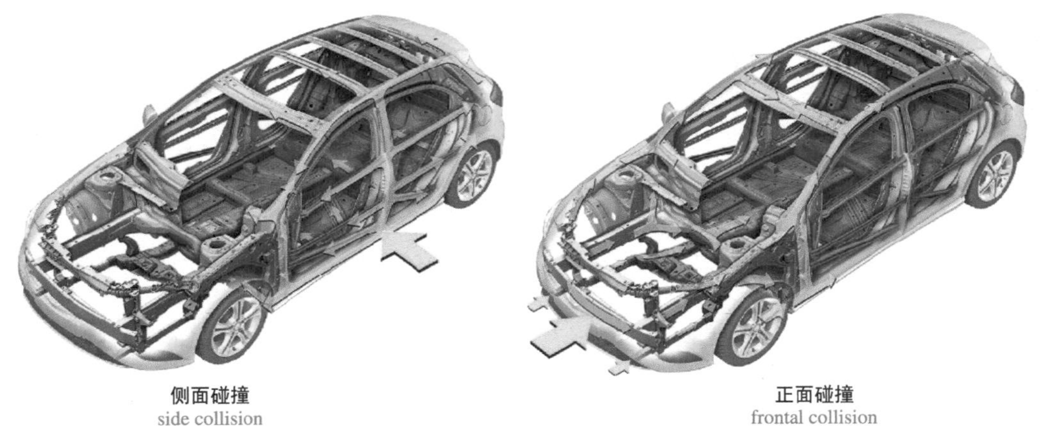

侧面碰撞
side collision

正面碰撞
frontal collision

NCAP是“New Car Assessment Program”的缩写，即新车评价规程，这是最能考验汽车安全性的测试。 NCAP最早始于美国，在1978年USNCAP提出5星评价方法用于在正面碰撞中评价汽车保护车内乘员的性能。NCAP的星级包括成人保护、儿童保护、行人保护三部分，具体内容包括正面和侧面碰撞两个方面。碰撞测试成绩则由星级（★）表示，共有五个星级，星级越高表示该车的碰撞安全性能越好。

C-NCAP
www.c-ncap.org.cn

中国（China）

FOR SAFER CARS
EURO NCAP
www.euroncap.com

欧洲（Europe）

Japan New Car Assessment Program
JNCAP

日本（Japan）

ANCAP
Safety ★★★★★

澳大利亚（Australia）

4.2.2 行人保护系统

扫一扫看动画视频

这是最基本的行人保护技术，主要涉及车身吸能材料的应用，如吸能保险杠、软性的发动机盖材料、大灯及附件无锐角等。其中，在发动机盖断面上采用缓冲结构设计，是国内汽车厂商较为常见的做法。

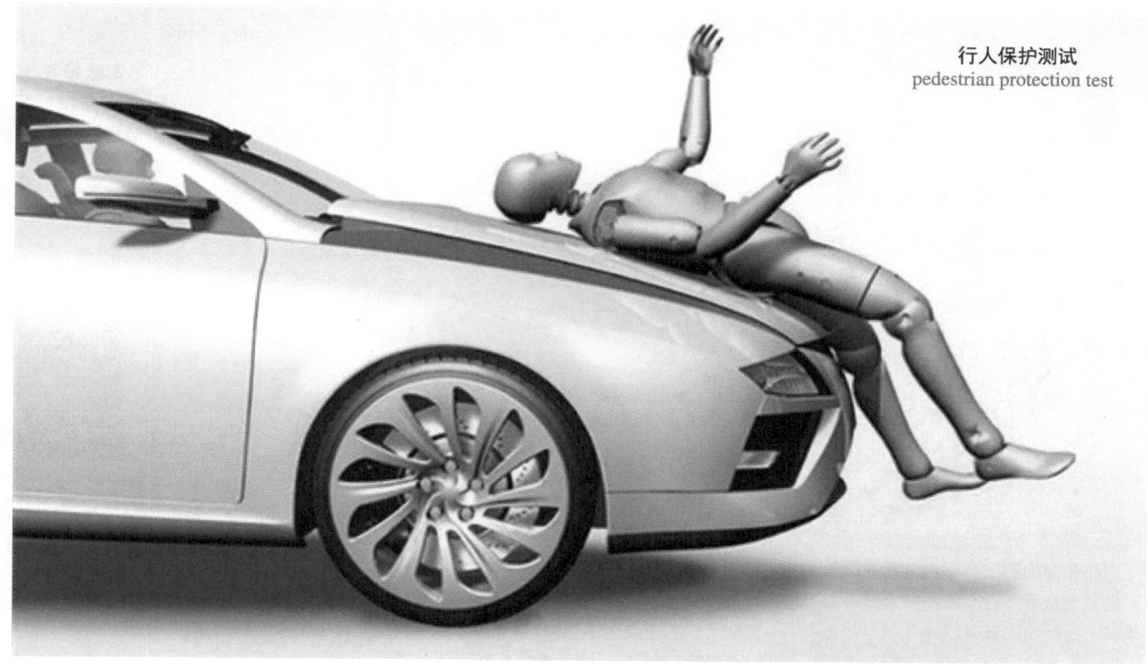

行人保护测试
pedestrian protection test

主动防护发动机盖系统利用发动机盖弹升技术，使发动机在汽车发生碰撞时瞬间鼓起，使人体不是碰撞在坚硬车壳上，而是碰撞在柔性与圆滑的表面上。在检测到撞人之后，车辆就会自动启动发动机盖弹升控制模块，车内配备的弹射装置便可瞬间将发动机盖提高，相当于在人落下时在下面垫了气垫。

行人保护发动机盖弹出装置
pedestrian protection pop-up device

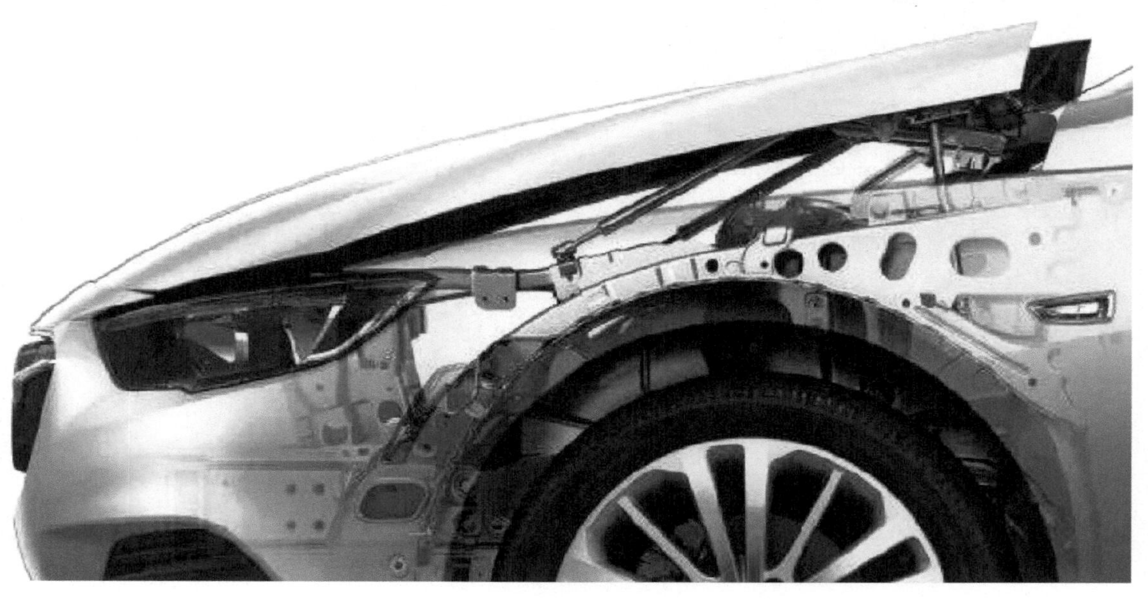

4.2.3 安全带

当发生碰撞事故时，汽车安全带将乘员“约束”在座椅上，使乘员的身体不至于撞到转向盘、仪表板和风窗玻璃上，避免乘员发生二次碰撞，同时避免乘员在车辆发生翻滚等危险情况下被抛离座位。

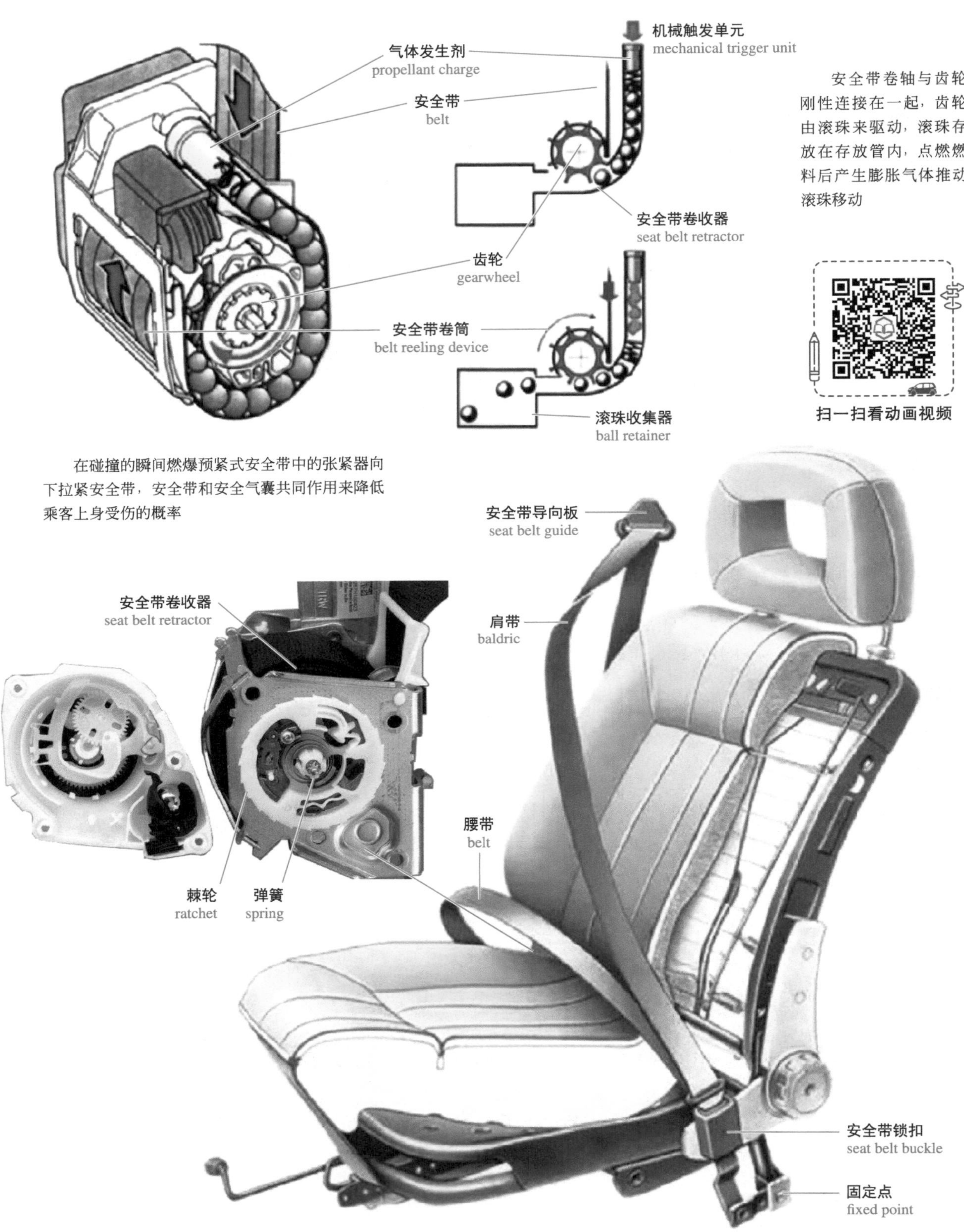

机械触发单元
mechanical trigger unit
气体发生剂
propellant charge
安全带
belt
安全带卷轴与齿轮刚性连接在一起，齿轮由滚珠来驱动，滚珠存放在存放管内，点燃燃料后产生膨胀气体推动滚珠移动
安全带卷收器
seat belt retractor
齿轮
gearwheel
安全带卷筒
belt reeling device
扫一扫看动画视频
滚珠收集器
ball retainer
在碰撞的瞬间燃爆预紧式安全带中的张紧器向下拉紧安全带，安全带和安全气囊共同作用来降低乘客上身受伤的概率
安全带导向板
seat belt guide
安全带卷收器
seat belt retractor
肩带
baldric
腰带
belt
棘轮
ratchet
弹簧
spring
安全带锁扣
seat belt buckle
固定点
fixed point

4.3 车身内饰

4.3.1 概述

内饰件一般是指汽车车厢的隔板、门内装饰板、仪表板总成、扶手、地毯等零部件和材料。它们承担着减振、隔热、吸声和隔声等功能，对提高乘坐的舒适性有着十分重要的作用。

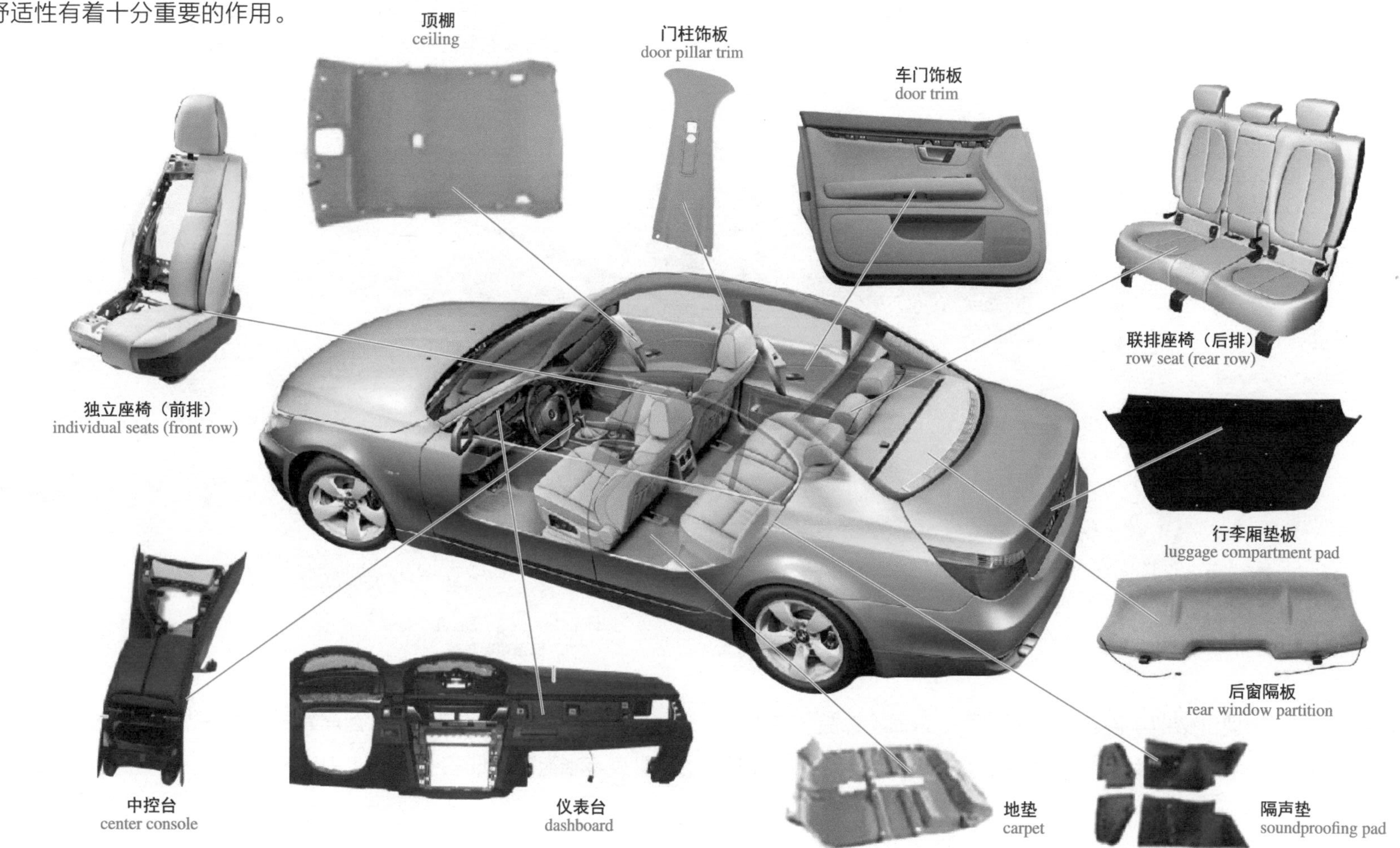

顶棚
ceiling
门柱饰板
door pillar trim
车门饰板
door trim
联排座椅（后排）
row seat (rear row)
独立座椅（前排）
individual seats (front row)
行李厢垫板
luggage compartment pad
后窗隔板
rear window partition
中控台
center console
仪表台
dashboard
地垫
carpet
隔声垫
soundproofing pad

4.3.2 座椅

汽车座椅为司乘人员提供方便操作、安全舒适的驾驶或乘坐位置。汽车座椅按形状可分为独立、联体座椅，按材质分为真皮、仿革和织布座椅等。汽车座椅从最早的固定式座椅，一直发展到现在的多功能的电动调节座椅，有手动（调节）座椅、电动座椅、空调（加热和通风）座椅、按摩座椅、电子记忆调节座椅。

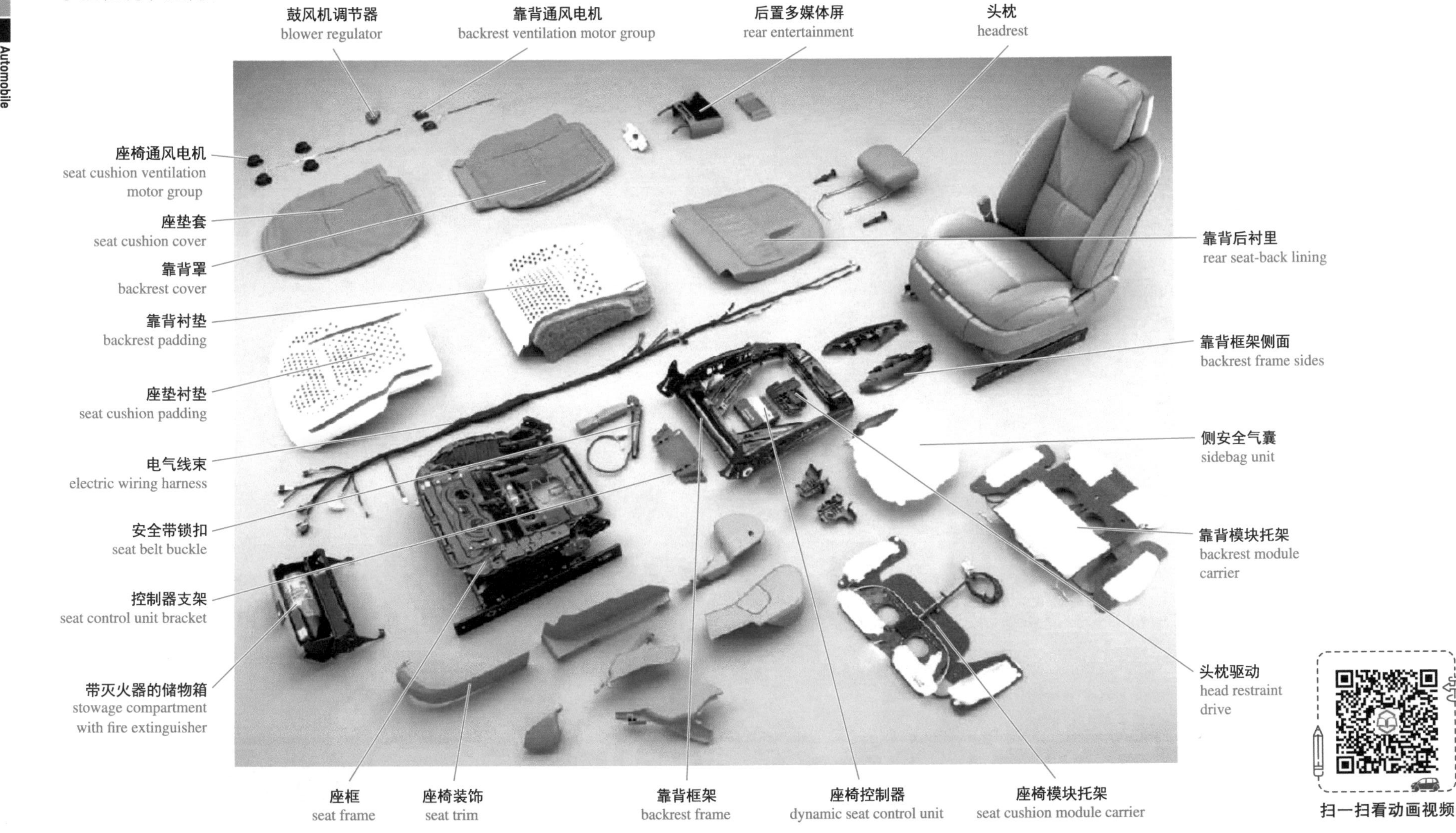
鼓风机调节器
blower regulator
靠背通风电机
backrest ventilation motor group
后置多媒体屏
rear entertainment
头枕
headrest
座椅通风电机
seat cushion ventilation motor group
座垫套
seat cushion cover
靠背罩
backrest cover
靠背衬垫
backrest padding
座垫衬垫
seat cushion padding
电气线束
electric wiring harness
安全带锁扣
seat belt buckle
控制器支架
seat control unit bracket
带灭火器的储物箱
stowage compartment with fire extinguisher
靠背后衬里
rear seat-back lining
靠背框架侧面
backrest frame sides
侧安全气囊
sidebag unit
靠背模块托架
backrest module carrier
头枕驱动
head restraint drive
座框
seat frame
座椅装饰
seat trim
靠背框架
backrest frame
座椅控制器
dynamic seat control unit
座椅模块托架
seat cushion module carrier

扫一扫看动画视频

4.3.3 仪表中控台

仪表板（instrument panel）是汽车驾驶室中安装各种指示仪表和点火开关等的一个总成。它装在仪表嵌板上，或者作为附件装在转向管柱上。中控台位于前排座椅中间，是仪表板的延伸，中控台系统由中控台本体、暖风机封闭板、装饰面板、变速杆球头、扶手总成、后盖板总成及各类功能件等组成。

多媒体显示屏
multimedia display
空调控制面板
air conditioning control panel
后空调中央出风口与控制面板
rear air conditioner central air outlet and control panel
大灯功能开关
headlight function switch
变速器换挡杆
transmission shift lever
电子手刹开关
electronic handbrake switch
扶手箱
handrail box
扬声器
loudspeaker
仪表板电路
instrument panel circuit board
支架
carrier
警告灯
warning lights
燃油油量条形显示模块
bar graph module for tank level
后盖
rear cover
风扇冷却模块
cooling module with fan
图形处理器
graphic processor
仪表显示屏
instrument display
冷却液温度条形显示模块
bar graph module for coolant temperature
前框
front frame

4.4 车身外饰

4.4.1 概述

汽车外饰件主要指前后保险杠、轮眉、格栅、散热器装饰罩、防擦条等通过螺栓或卡扣及双面胶条连接在车身上的部件。外饰件在车身外部，主要起装饰保护作用。

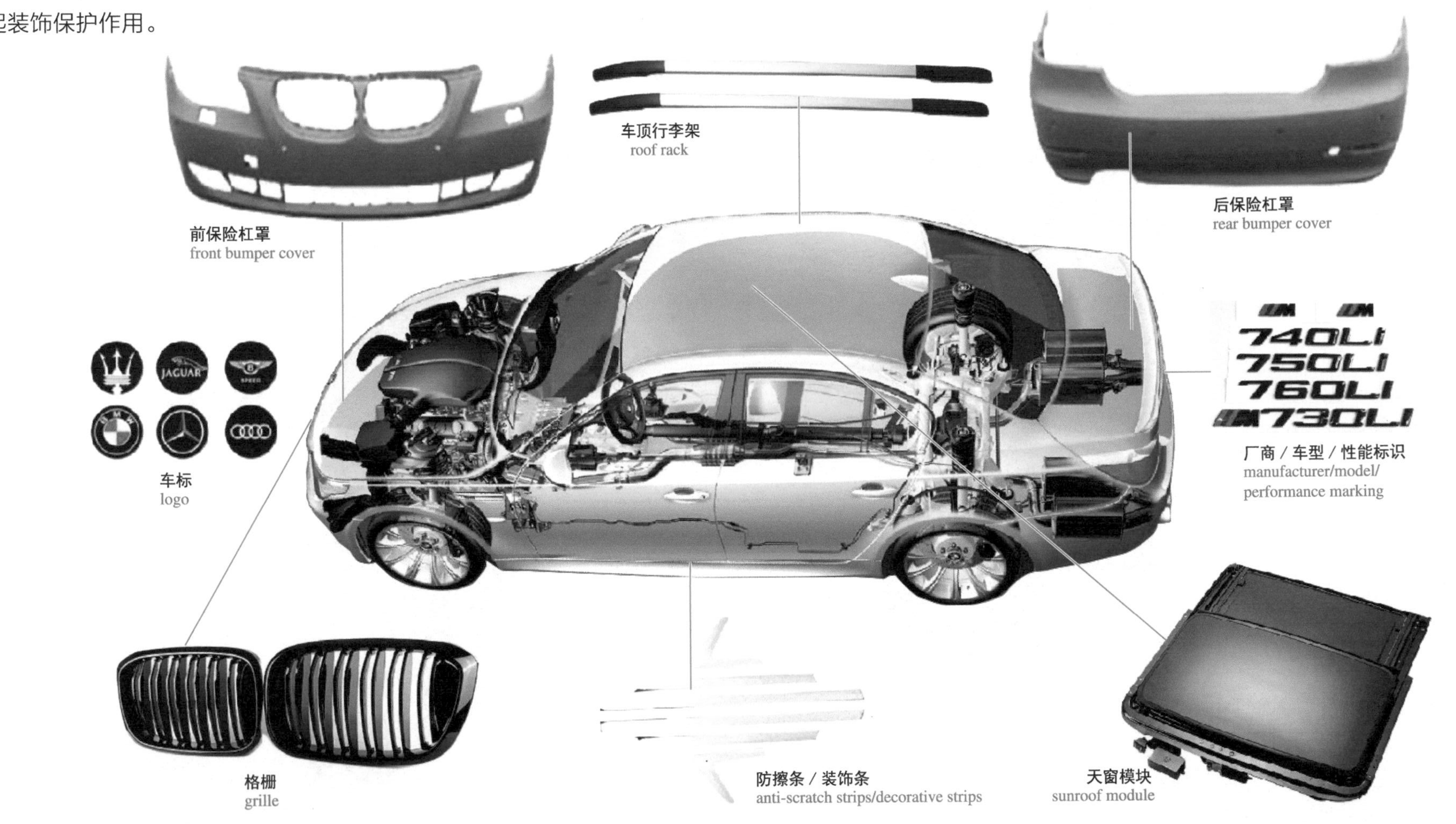
前保险杠罩
front bumper cover
车顶行李架
roof rack
后保险杠罩
rear bumper cover
JAGUAR
车标
logo
740Li
750Li
760Li
730Li
厂商 / 车型 / 性能标识
manufacturer/model/
performance marking
格栅
grille
防擦条 / 装饰条
anti-scratch strips/decorative strips
天窗模块
sunroof module

4.4.2 保险杠

汽车保险杠是吸收和减缓外界冲击力、防护车身前后部的安全装置。轿车的前后保险杠都是塑料制成的。保险杠一般由外板、缓冲材料和横梁三部分组成，其中外板和缓冲材料用塑料制成，横梁用冷轧薄板冲压成U形槽，外板和缓冲材料附着在横梁。

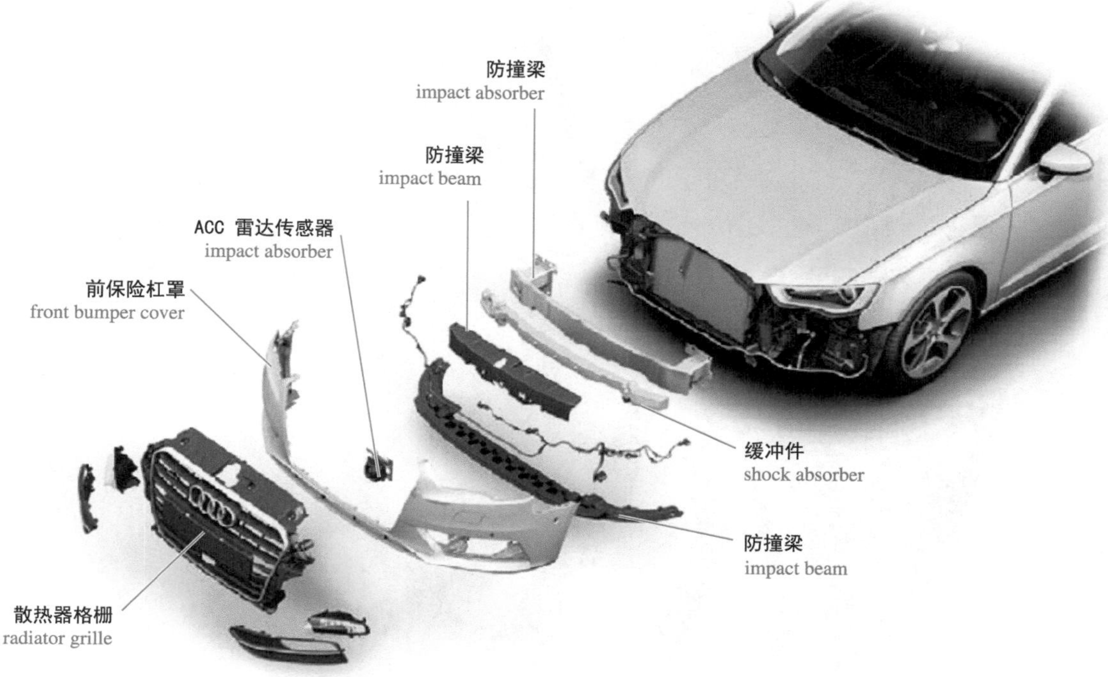
防撞梁
impact absorber
防撞梁
impact beam
ACC 雷达传感器
impact absorber
前保险杠罩
front bumper cover
缓冲件
shock absorber
防撞梁
impact beam
散热器格栅
radiator grille

后保险杠包括一块焊有连接板的盖罩，和一块内置有排气装置尾管扩散器的扰流板。连接板上固定有侧向辅助系统的传感器。保险杠通过连接板安装在车身尾部。保险杠在侧面通过事先安装好的导向件平齐地固定在车身侧围板上。

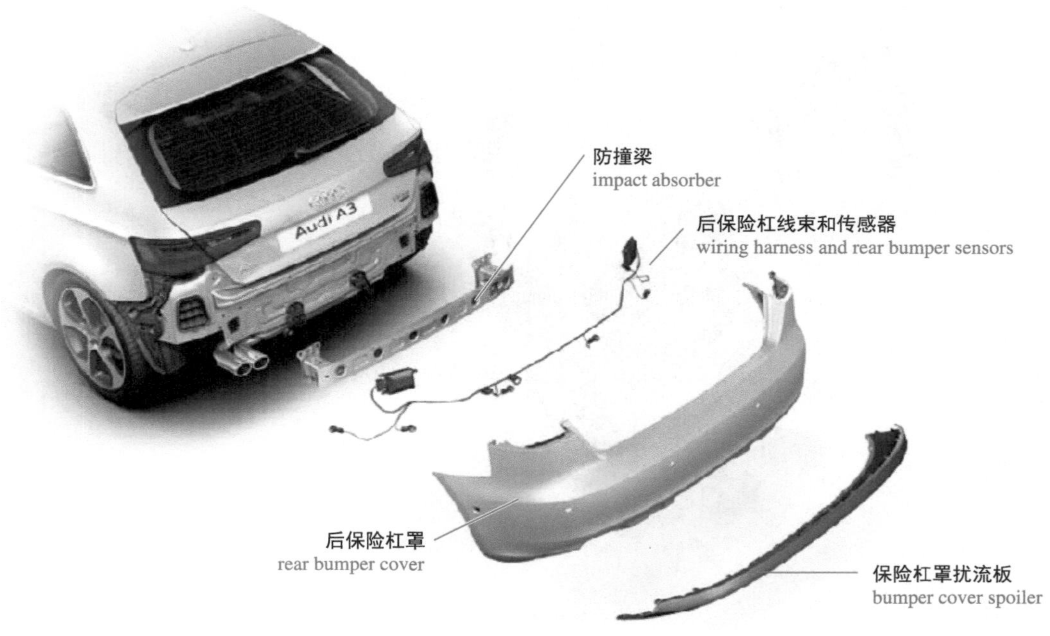
Audi A3
防撞梁
impact absorber
后保险杠线束和传感器
wiring harness and rear bumper sensors
后保险杠罩
rear bumper cover
保险杠罩扰流板
bumper cover spoiler

4.4.3 天窗

汽车天窗安装于车顶，能够有效地使车内空气流通，增加新鲜空气的进入，同时汽车天窗也可以开阔视野以及满足移动摄影摄像的拍摄需求。汽车天窗可大致分为外滑式、内藏式、内藏外翻式、全景式和窗帘式等几种。

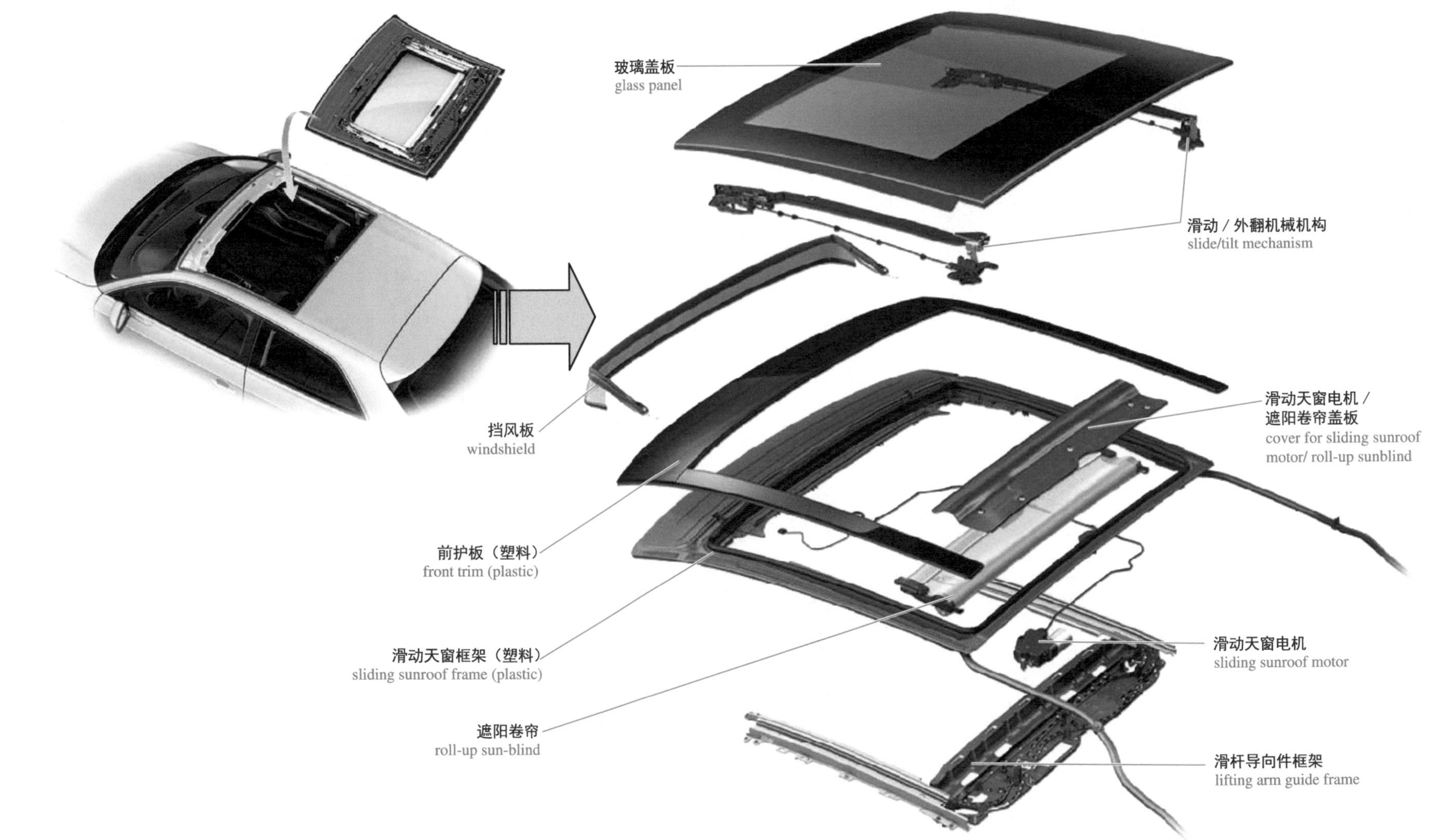
玻璃盖板
glass panel
滑动 / 外翻机械机构
slide/tilt mechanism
挡风板
windshield
滑动天窗电机 / 遮阳卷帘盖板
cover for sliding sunroof motor/ roll-up sunblind
前护板（塑料）
front trim (plastic)
滑动天窗框架（塑料）
sliding sunroof frame (plastic)
滑动天窗电机
sliding sunroof motor
遮阳卷帘
roll-up sun-blind
滑杆导向件框架
lifting arm guide frame

第 5 章
汽车电气

5.1 电气概述

5.2 发动机电气系统

5.3 底盘电气系统

5.4 车身电气系统

5.5 自动驾驶系统

Automobile
Structure
Principle

5.1 电气概述

汽车电气系统由电源系统和用电系统组成，电源系统包括蓄电池、充电装置、配电盒等部件，用电系统则包括汽车上所搭载的一切需要有电源才能工作的电器。

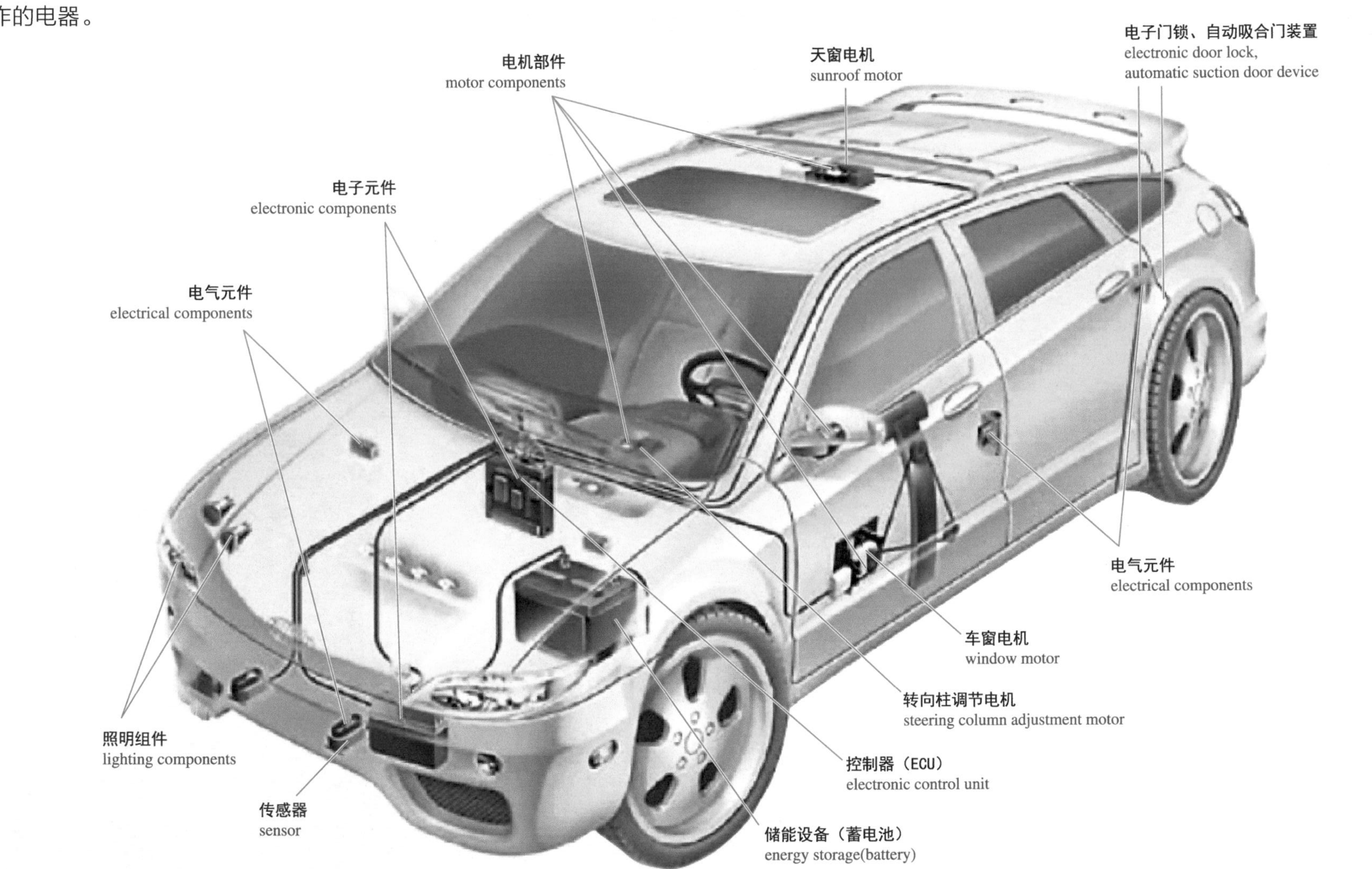
电子门锁、自动吸合门装置
electronic door lock,
automatic suction door device
天窗电机
sunroof motor
电机部件
motor components
电子元件
electronic components
电气元件
electrical components
电气元件
electrical components
车窗电机
window motor
转向柱调节电机
steering column adjustment motor
控制器（ECU）
electronic control unit
储能设备（蓄电池）
energy storage(battery)
照明组件
lighting components
传感器
sensor

5.2 发动机电气系统

5.2.1 启动系统

启动系统将储存在蓄电池内的电能转换为机械能，要实现这种转换，必须使用起动机。起动机的功用是由直流电动机产生动力，经传动机构带动发动机曲轴转动，从而实现发动机的启动。启动系统包括以下部件：蓄电池、点火开关（启动开关）、起动机总成、起动机继电器等。

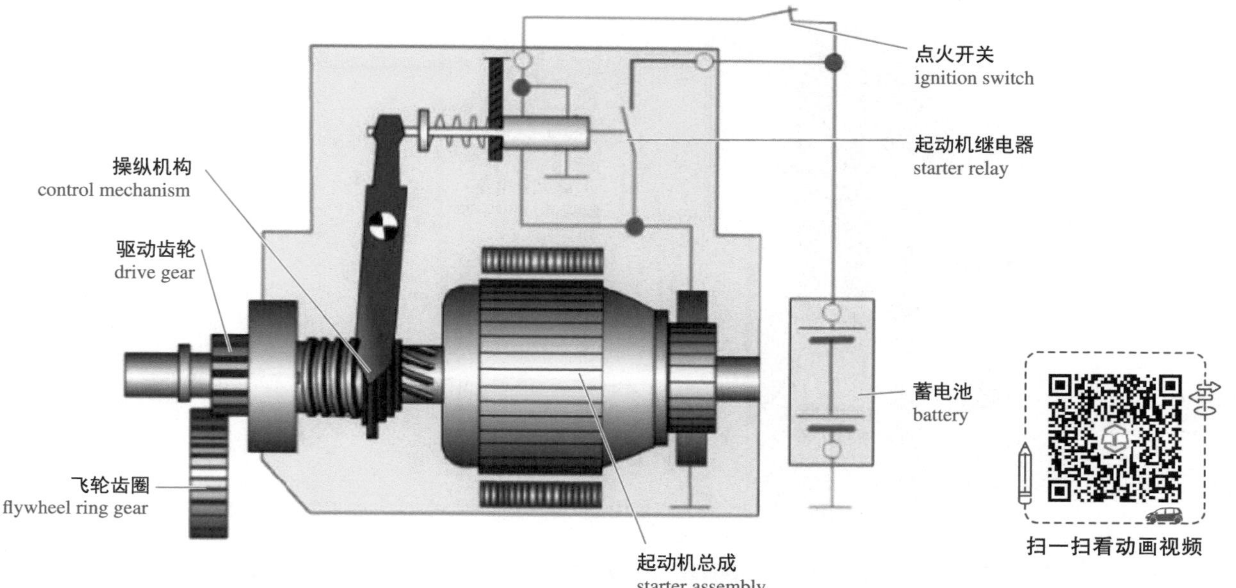

点火开关
ignition switch
起动机继电器
starter relay
操纵机构
control mechanism
驱动齿轮
drive gear
蓄电池
battery
飞轮齿圈
flywheel ring gear
起动机总成
starter assembly
扫一扫看动画视频

起动机可以将蓄电池的电能转化为机械能，驱动发动机飞轮旋转实现发动机的启动。发动机在以自身动力运转之前，必须借助外力旋转。发动机借助外力由静止状态过渡到能自行运转的过程，称为发动机的启动。起动机是启动系统的核心部件。起动机由直流串励电动机、传动机构和控制装置三大部分组成。电动机包括必要的电枢、换向器、磁极、电刷、轴承和外壳等部件。

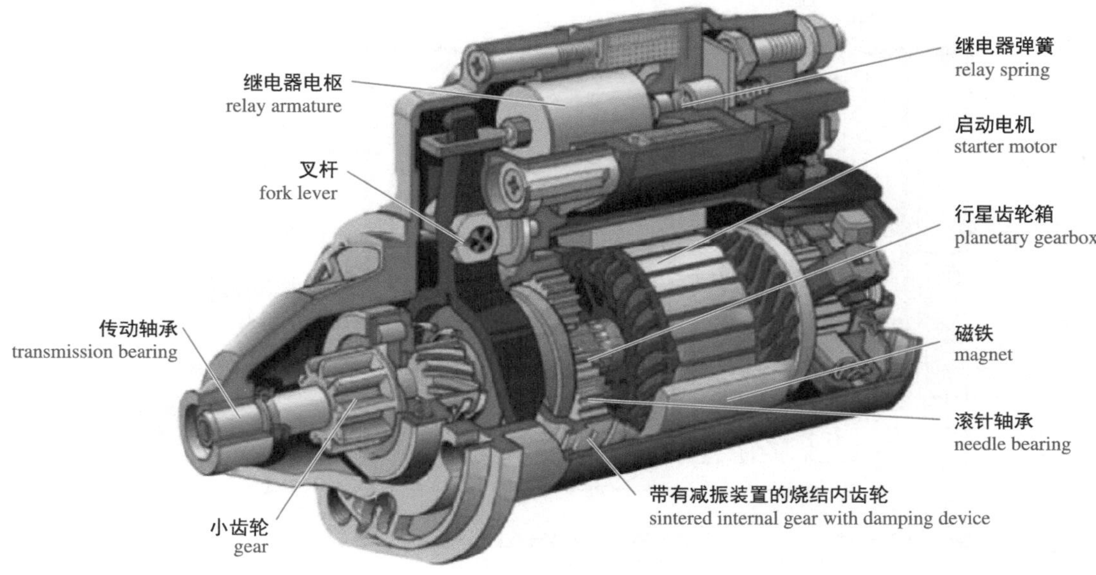

继电器电枢
relay armature
继电器弹簧
relay spring
启动电机
starter motor
叉杆
fork lever
行星齿轮箱
planetary gearbox
传动轴承
transmission bearing
磁铁
magnet
滚针轴承
needle bearing
带有减振装置的烧结内齿轮
sintered internal gear with damping device
小齿轮
gear

第5章 汽车电气

5.2.2 点火系统

汽车点火系统是点燃式发动机为了正常工作，按照各缸点火次序，定时地供给火花塞以足够高能量的高压电（15000 ~ 30000V），使火花塞产生足够强的火花点燃可燃混合气的系统。

机械式点火系统工作过程是由曲轴带动分电器轴转动，分电器轴上的凸轮转动使点火线圈初级触点接通与闭合而产生高压电，然后通过分电器轴上的分火头，根据发动机工作要求按顺序送到各个气缸的火花塞上，火花塞发出电火花点燃燃烧室内的气体。

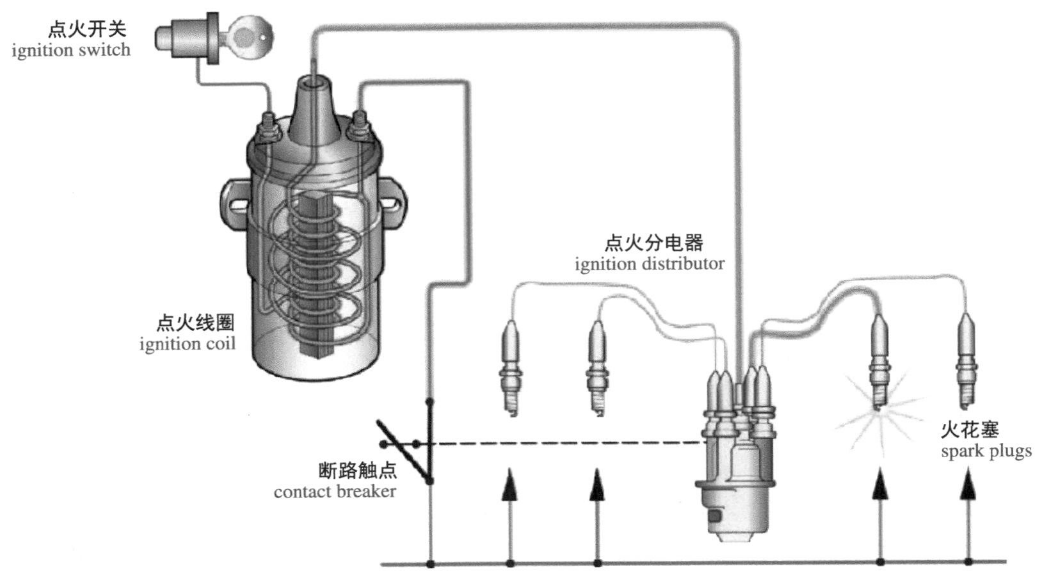
点火开关
ignition switch
点火分电器
ignition distributor
点火线圈
ignition coil
火花塞
spark plugs
断路触点
contact breaker

电子点火系统（electronic ignition）可分为晶体管点火系统TI-B（breaker-triggered transistorized ignition）、半导体点火系统SI（semiconductor ignition）和无分电器点火系DIS（distributorless ignition system）三种类型。

无分电器点火系统中一般每个气缸有自己专用的点火线圈，该线圈就安装在火花塞上方，由发动机控制单元来操控。

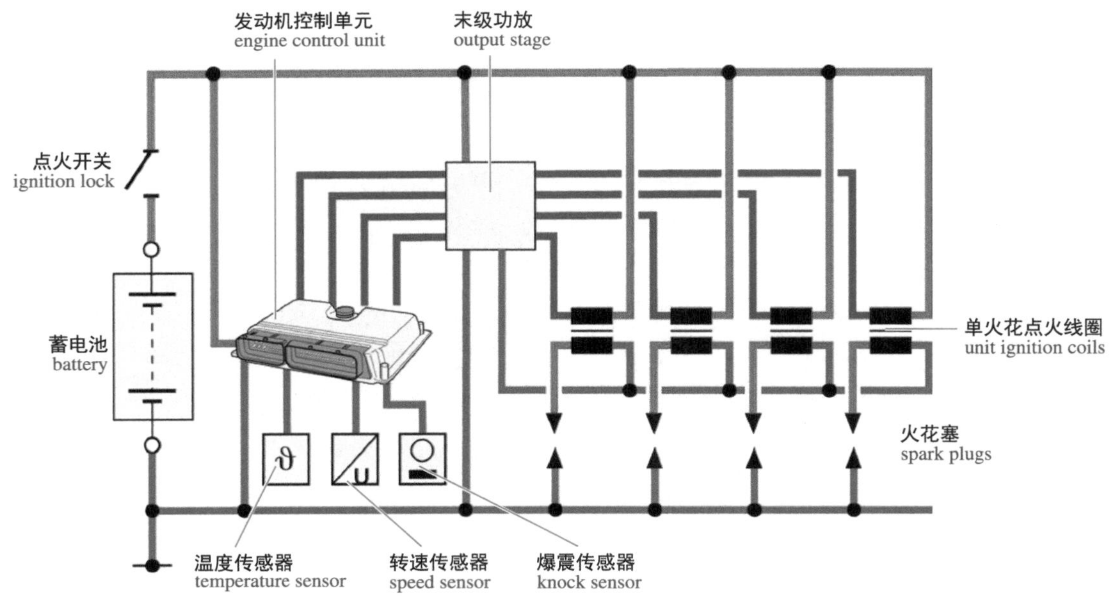
发动机控制单元
engine control unit
末级功放
output stage
点火开关
ignition lock
蓄电池
battery
单火花点火线圈
unit ignition coils
火花塞
spark plugs
温度传感器
temperature sensor
转速传感器
speed sensor
爆震传感器
knock sensor

5.3 底盘电气系统

5.3.1 防抱死制动系统

（1）系统组成

ABS（anti-locked braking system）即防抱死制动系统。它是一种具有防滑、防锁死等优点的汽车安全控制系统，已广泛运用于汽车上。ABS主要由ECU控制单元、车轮转速传感器、制动压力调节装置和制动控制电路等部分组成。

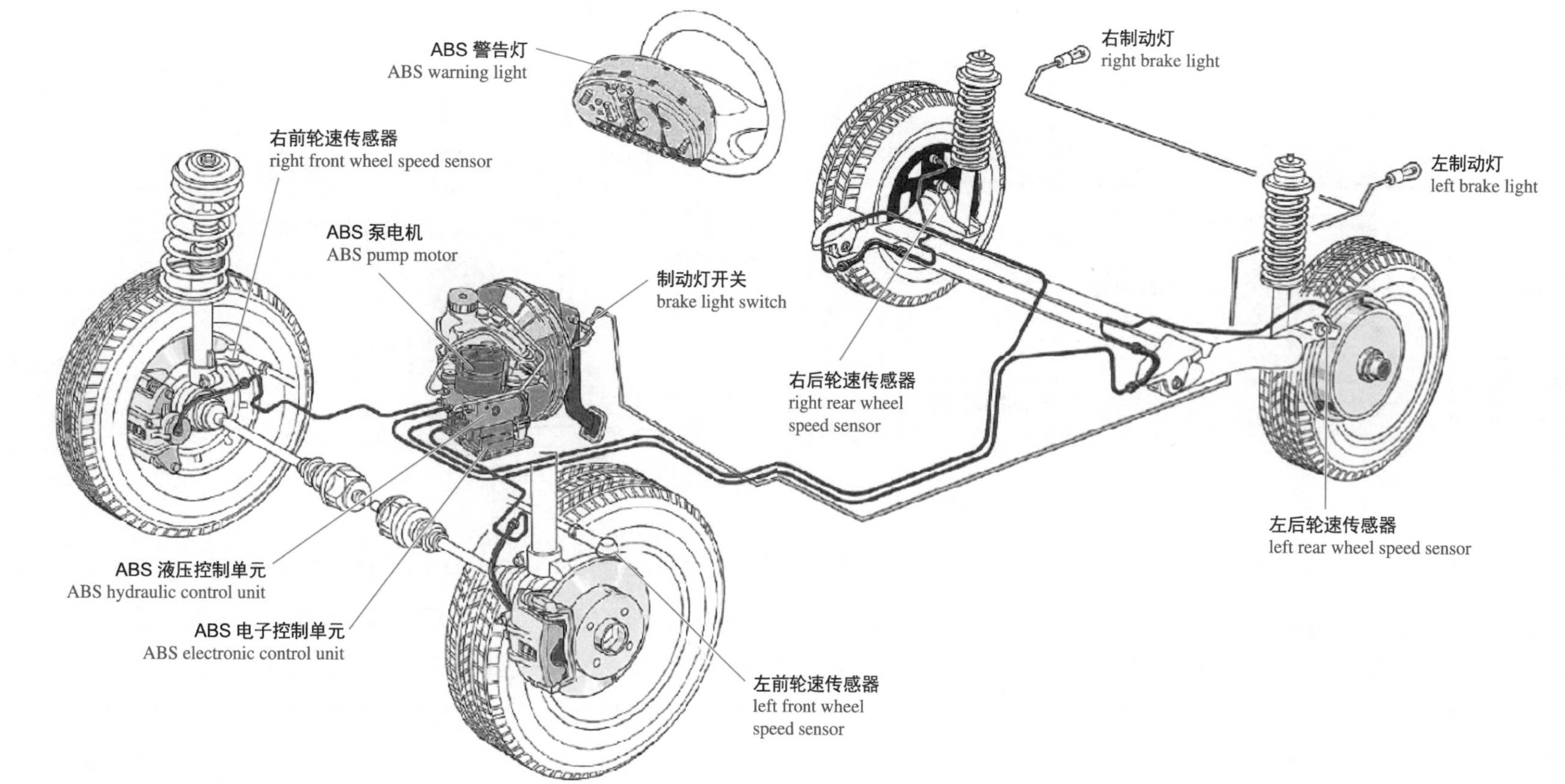
ABS 警告灯
ABS warning light
右制动灯
right brake light
左制动灯
left brake light
右前轮速传感器
right front wheel speed sensor
ABS 泵电机
ABS pump motor
制动灯开关
brake light switch
右后轮速传感器
right rear wheel
speed sensor
左后轮速传感器
left rear wheel speed sensor
ABS 液压控制单元
ABS hydraulic control unit
ABS 电子控制单元
ABS electronic control unit
左前轮速传感器
left front wheel
speed sensor

(2)工作原理

ABS控制单元不断从车轮速度传感器获取车轮的速度信号，并加以处理，进而判断车轮是否即将被抱死。ABS刹车制动的特点是当车轮趋于抱死临界点时，制动分泵压力不随制动主泵压力增加而增高，压力在抱死临界点附近变化。如判断车轮没有抱死，制动压力调节装置不参加工作，制动力将继续增大；如判断出某个车轮即将抱死，ECU向制动压力调节装置发出指令，关闭制动缸与制动轮缸的通道，使制动轮的压力不再增大；如判断出车轮出现抱死拖滑状态，即向制动压力调节装置发出指令，使制动轮缸的油压降低，减少制动力。

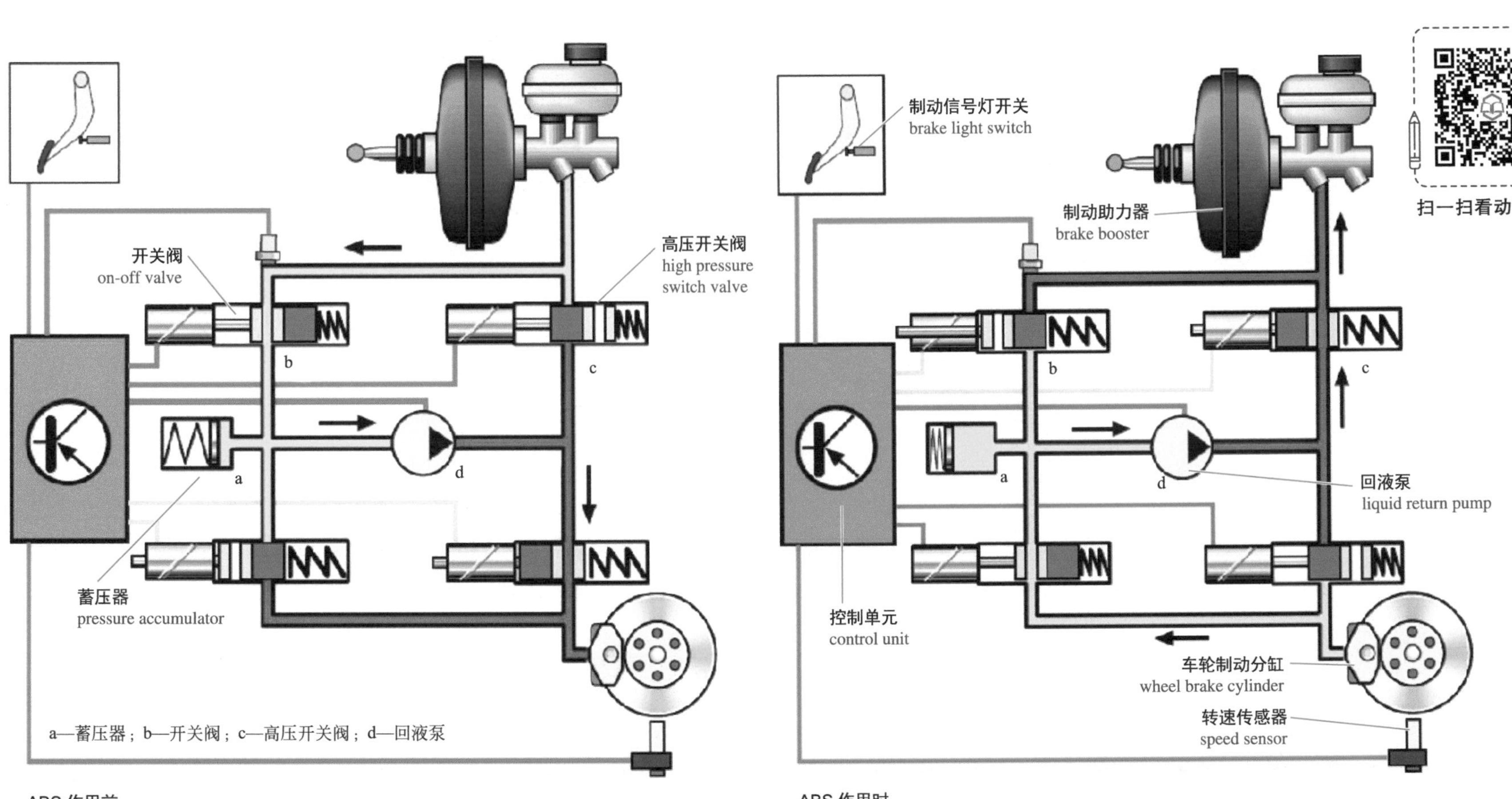
开关阀
on-off valve
高压开关阀
high pressure
switch valve
蓄压器
pressure accumulator
a
b
c
d
a—蓄压器；b—开关阀；c—高压开关阀；d—回液泵
制动信号灯开关
brake light switch
制动助力器
brake booster
回液泵
liquid return pump
控制单元
control unit
车轮制动分缸
wheel brake cylinder
转速传感器
speed sensor
扫一扫看动画视频

ABS 作用前

液压单元中的开关阀打开，同时高压开关阀关闭。于是，在回液泵中所建立的压力直接被送到车轮制动分缸

ABS 作用时

开关阀重新被关闭，而高压开关阀则被打开。回液泵的输送量将制动力保持在抱死阈值之下

5.3.2 行驶稳定系统

电子稳定程序（electronic stability program，ESP）是博世（Bosch）公司的专利技术和注册商标，是为了进一步提高行车的主动安全性而发明的牵引力/制动力控制系统。同样技术功能和原理的系统，有的被称为动态稳定控制系统（dynamic stability control，DSC），有的被称为电子稳定控制系统（electronic stability control，ESC），有的称为车身稳定控制系统（vehicle stability control，VSC）。

ESP系统其实是ABS（防抱死系统）和ASR（驱动轮防滑系统）功能上的延伸，可以说是当前汽车防滑装置的最高形式，主要由控制总成及转向传感器（监测转向盘的转向角度）、车轮传感器（监测各个车轮的速度）、侧滑传感器（监测车体绕纵轴线转动的状态）、横向加速度传感器（监测汽车转弯时的离心力）等组成。控制单元通过这些传感器的信号对车辆的运行状态进行判断，进而发出控制指令。

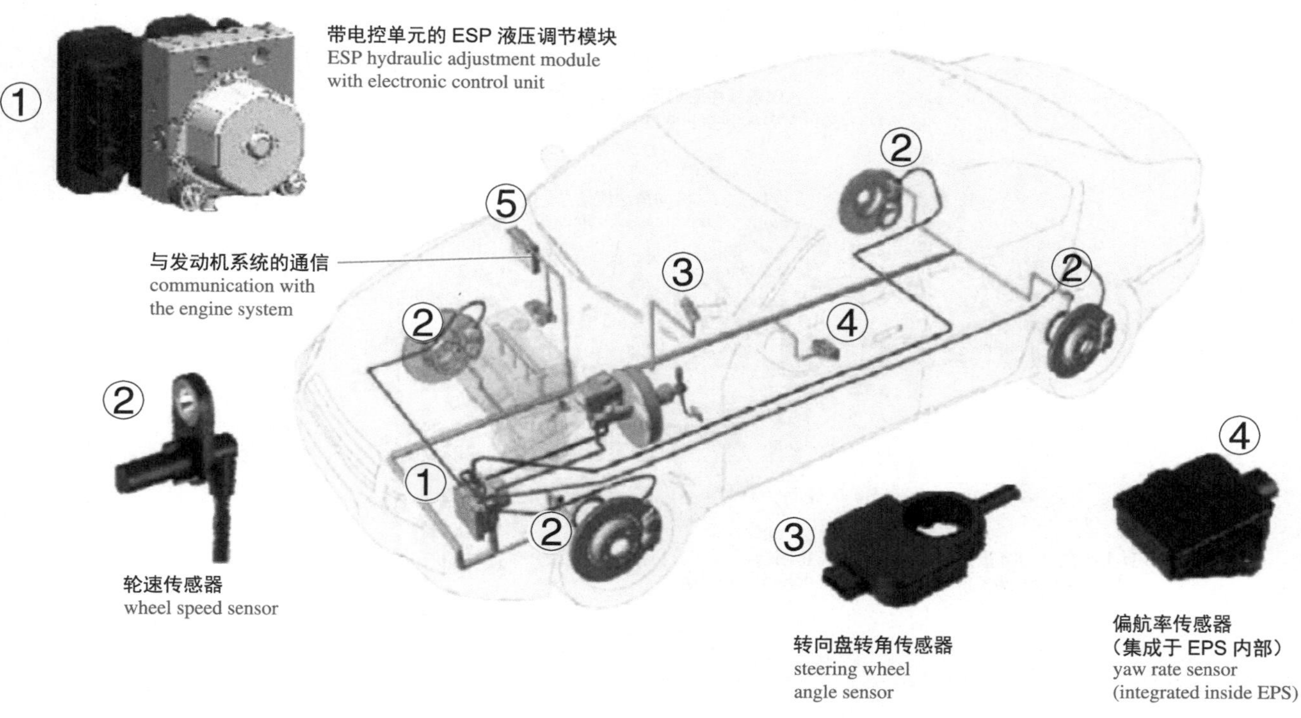
①
带电控单元的 ESP 液压调节模块
ESP hydraulic adjustment module
with electronic control unit
与发动机系统的通信
communication with
the engine system
②
轮速传感器
wheel speed sensor
③
转向盘转角传感器
steering wheel
angle sensor
④
偏航率传感器
（集成于 EPS 内部）
yaw rate sensor
(integrated inside EPS)
⑤

ESP的主要功能有ABS、EBD、TCS、VDC等。

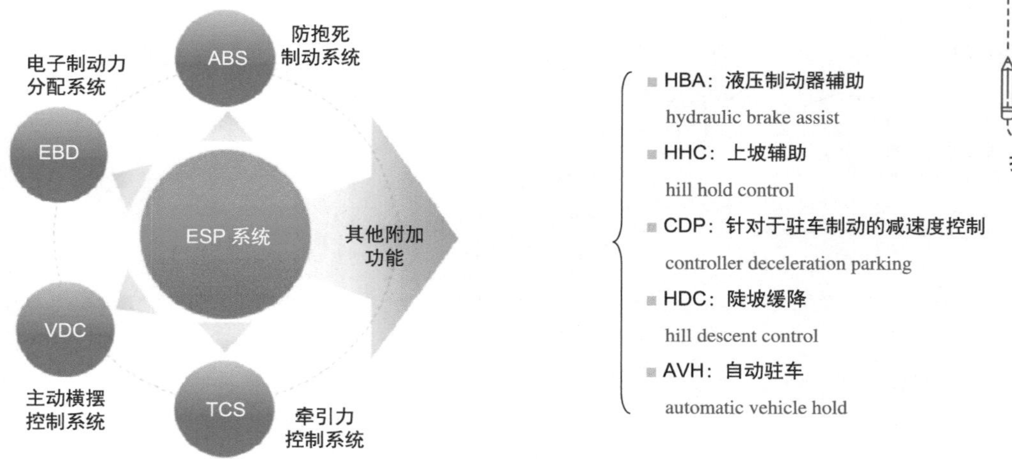
ABS
防抱死
制动系统
电子制动力
分配系统
EBD
ESP 系统
其他附加
功能
VDC
主动横摆
控制系统
TCS
牵引力
控制系统
HBA：液压制动器辅助
hydraulic brake assist
HHC：上坡辅助
hill hold control
CDP：针对于驻车制动的减速度控制
controller deceleration parking
HDC：陡坡缓降
hill descent control
AVH：自动驻车
automatic vehicle hold

扫一扫看动画视频

第5章 汽车电气

5.3.3 电控转向系统

（1）电控液压助力

助力转向控制单元集成在电动泵总成中，它根据转向角速度和车辆行驶速度发出信号，驱动齿轮泵。瞬时供油量从控制单元中储存的通用特性图中读取。助力转向传感器安装在助力转向传动装置的旋转分流阀内，由它提供转向角并计算出转向角速度，转向角传感器安装在转向臂与转向轮之间的转向柱上，ABS利用CAN总线传输的转向角信号来驱动转向轮。

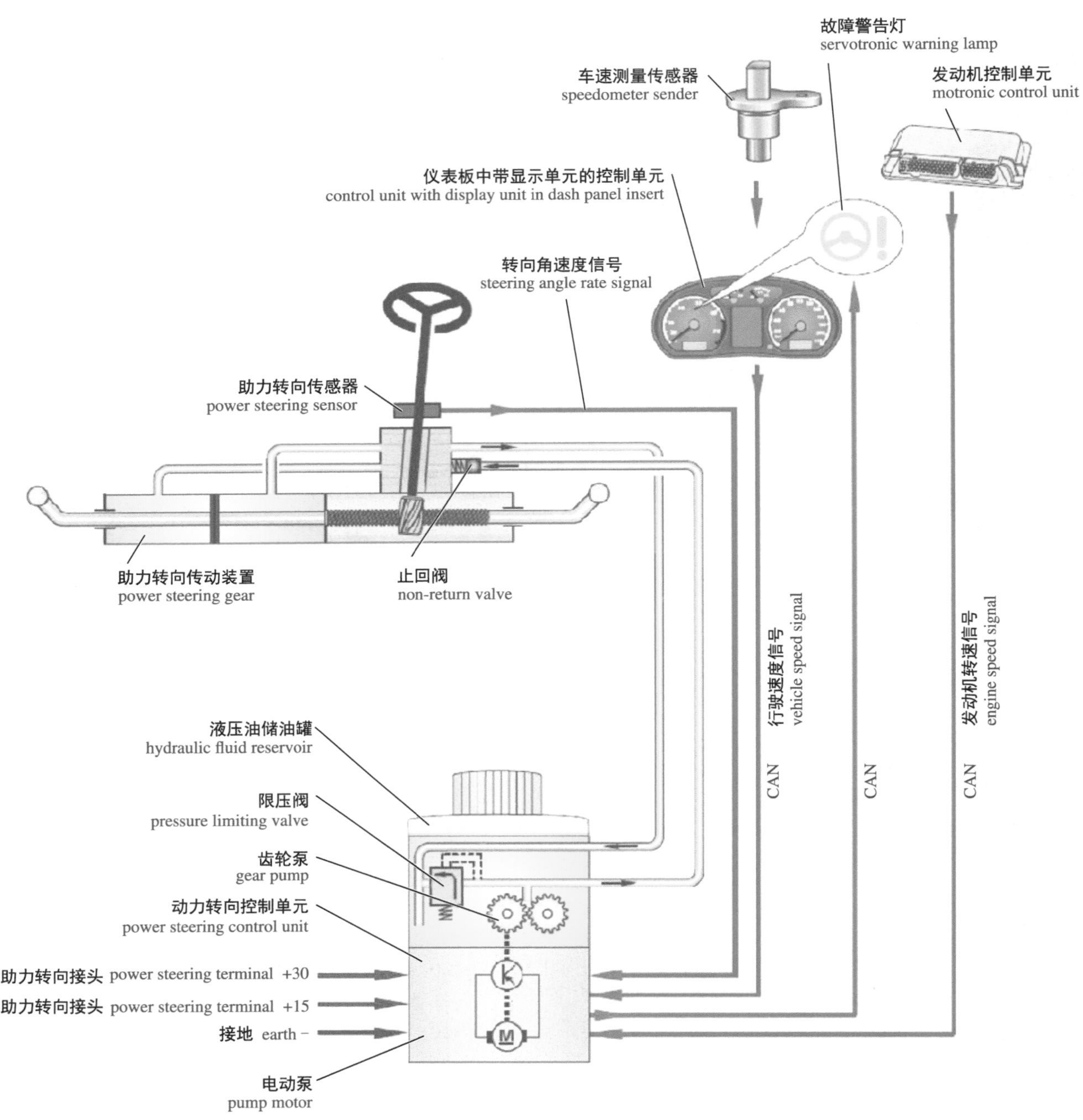

故障警告灯
servotronic warning lamp
车速测量传感器
speedometer sender
发动机控制单元
motronic control unit
仪表板中带显示单元的控制单元
control unit with display unit in dash panel insert
转向角速度信号
steering angle rate signal
助力转向传感器
power steering sensor
助力转向传动装置
power steering gear
止回阀
non-return valve
行驶速度信号
vehicle speed signal
发动机转速信号
engine speed signal
CAN
CAN
CAN
液压油储油罐
hydraulic fluid reservoir
限压阀
pressure limiting valve
齿轮泵
gear pump
动力转向控制单元
power steering control unit
助力转向接头 power steering terminal +30
助力转向接头 power steering terminal +15
接地 earth −
电动泵
pump motor

（2）电控电动助力

电动助力转向系统（EPS）是由转矩传感器、电子控制单元、ECU和助力电机共同组成。电子控制单元根据各传感器输出的信号计算所需的转向助力，并通过功率放大模块控制助力电机的转动，电机的输出经过减速机构减速增扭后驱动齿轮齿条机构产生相应的转向助力。

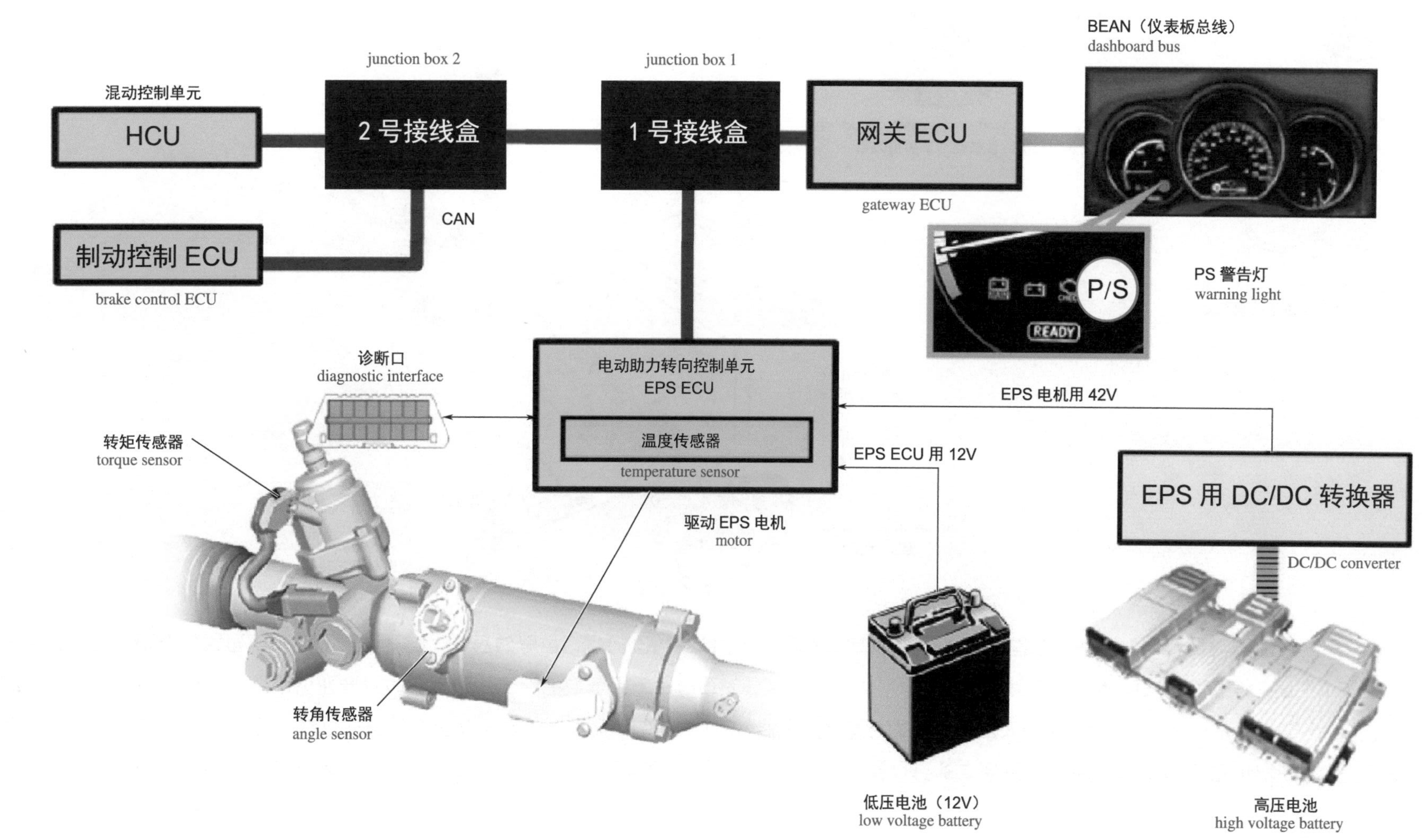

混动控制单元
HCU
junction box 2
2 号接线盒
junction box 1
1 号接线盒
网关 ECU
gateway ECU
BEAN（仪表板总线）
dashboard bus
CAN
制动控制 ECU
brake control ECU
P/S
READY
PS 警告灯
warning light
诊断口
diagnostic interface
电动助力转向控制单元
EPS ECU
温度传感器
temperature sensor
EPS 电机用 42V
EPS ECU 用 12V
EPS 用 DC/DC 转换器
DC/DC converter
转矩传感器
torque sensor
驱动 EPS 电机
motor
转角传感器
angle sensor
低压电池（12V）
low voltage battery
高压电池
high voltage battery

5.3.4 动态转向系统

动态转向系统可以根据车速和转向盘的转角实现最佳转向传动比。动态转向系统因其具有行驶动态稳定转向能力，所以还可以对ESP提供支持。在车辆过度转向和不足转向时，以及车辆在不同摩擦系数路面上制动时，ESP都可以获得动态转向系统的帮助。因此，这种新型智能转向系统不仅能增加行驶和转向舒适性，还能明显提高行车安全性。控制器计算出转向角应该增大还是减小，再操纵一个电机驱动并行转向机工作。车轮总转向角是这个并行转角与司机在转向盘上施加的转角之和。并行转角可以根据司机施加的转角增大或减小，也可以在司机未操纵转向盘时就能实现转角。

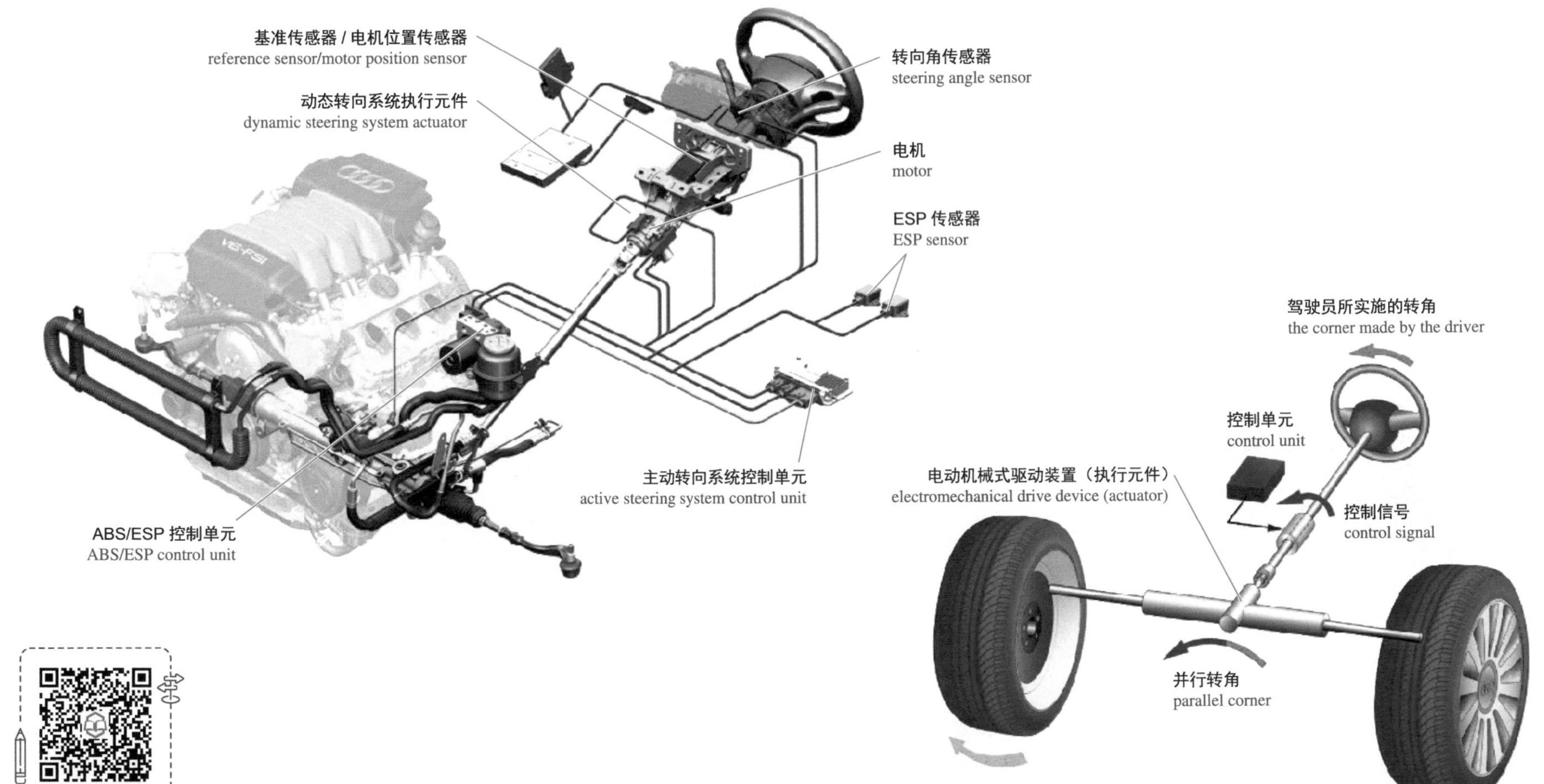
基准传感器 / 电机位置传感器
reference sensor/motor position sensor
动态转向系统执行元件
dynamic steering system actuator
转向角传感器
steering angle sensor
电机
motor
ESP 传感器
ESP sensor
主动转向系统控制单元
active steering system control unit
ABS/ESP 控制单元
ABS/ESP control unit
驾驶员所实施的转角
the corner made by the driver
控制单元
control unit
控制信号
control signal
电动机械式驱动装置（执行元件）
electromechanical drive device (actuator)
并行转角
parallel corner

扫一扫看动画视频

5.3.5 全轮转向系统

动态全轮转向系统，就是在基本转向系统（电动机械式转向系统EPS）中增加了动态转向系统和后轮转向系统。前轮和后轮所需要的转向角都由底盘控制单元来进行中央控制，把规定转向角转换成前轮和后轮执行装置所要求的值。这个工作是由转向助力控制单元、后轮转向控制单元以及动态转向（主动转向）控制单元分别完成的。

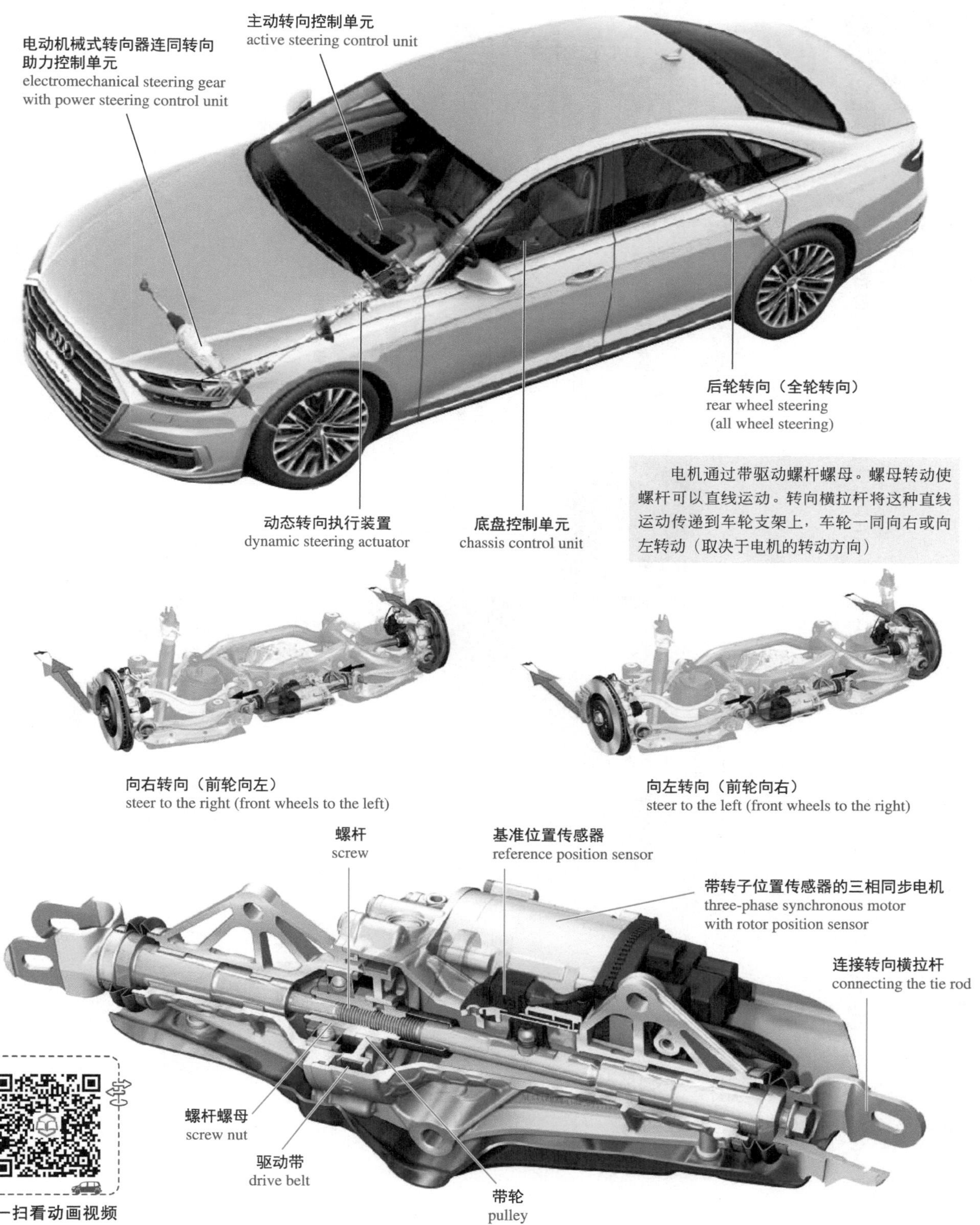
电动机械式转向器连同转向助力控制单元
electromechanical steering gear with power steering control unit
主动转向控制单元
active steering control unit
后轮转向（全轮转向）
rear wheel steering
(all wheel steering)
动态转向执行装置
dynamic steering actuator
底盘控制单元
chassis control unit
电机通过带驱动螺杆螺母。螺母转动使螺杆可以直线运动。转向横拉杆将这种直线运动传递到车轮支架上，车轮一同向右或向左转动（取决于电机的转动方向）
向右转向（前轮向左）
steer to the right (front wheels to the left)
向左转向（前轮向右）
steer to the left (front wheels to the right)
螺杆
screw
基准位置传感器
reference position sensor
带转子位置传感器的三相同步电机
three-phase synchronous motor
with rotor position sensor
连接转向横拉杆
connecting the tie rod
螺杆螺母
screw nut
驱动带
drive belt
带轮
pulley
扫一扫看动画视频

5.3.6 电子驻车制动系统

（1）概述

电子驻车制动（electrical park brake，EPB）也称“电子手刹”。EPB通过电子线路控制停车制动。

扫一扫看动画视频

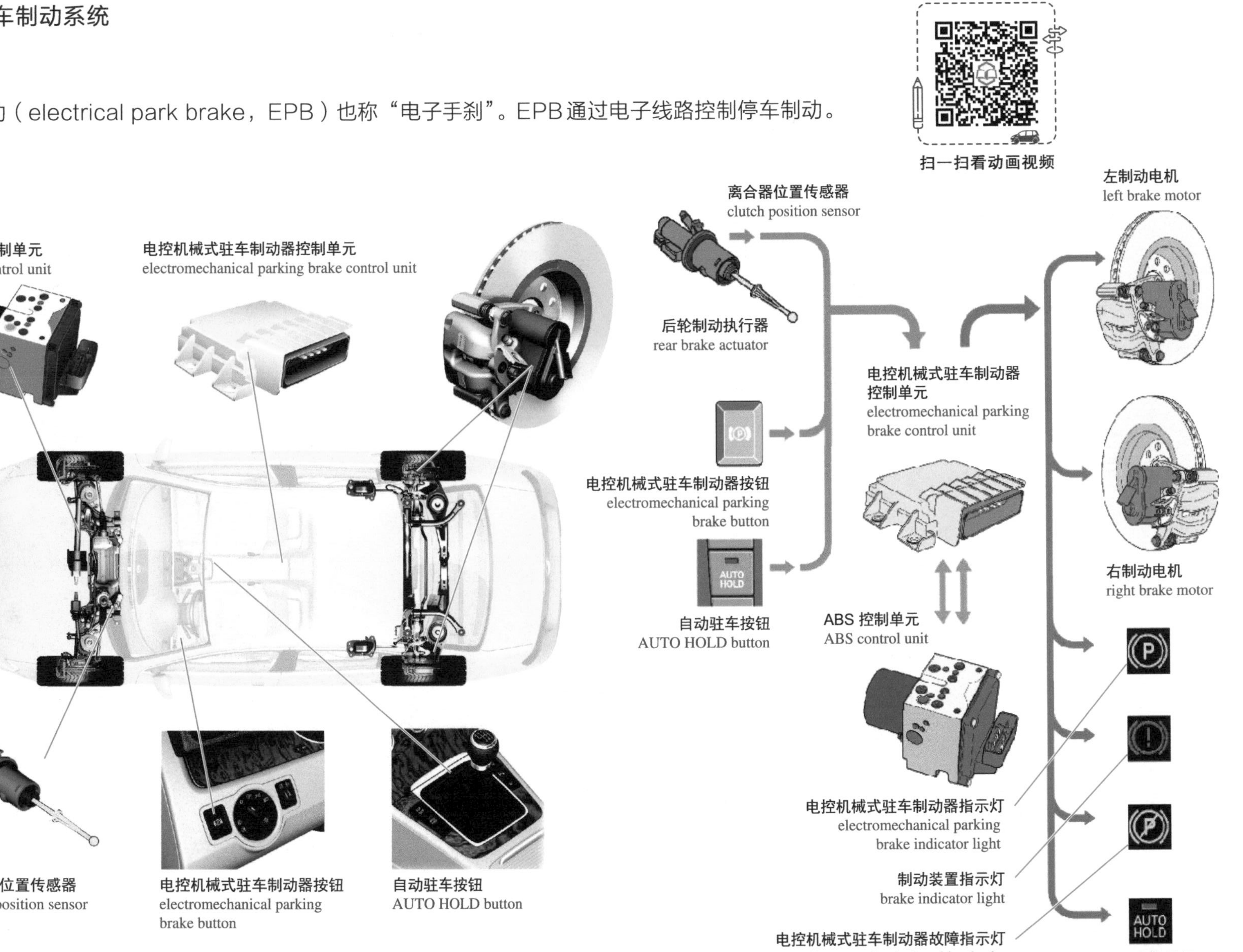
ABS 控制单元
ABS control unit
电控机械式驻车制动器控制单元
electromechanical parking brake control unit
离合器位置传感器
clutch position sensor
电控机械式驻车制动器按钮
electromechanical parking brake button
自动驻车按钮
AUTO HOLD button
离合器位置传感器
clutch position sensor
后轮制动执行器
rear brake actuator
电控机械式驻车制动器按钮
electromechanical parking brake button
自动驻车按钮
AUTO HOLD button
电控机械式驻车制动器控制单元
electromechanical parking brake control unit
ABS 控制单元
ABS control unit
左制动电机
left brake motor
右制动电机
right brake motor
电控机械式驻车制动器指示灯
electromechanical parking brake indicator light
制动装置指示灯
brake indicator light
电控机械式驻车制动器故障指示灯
electromechanical parking brake malfunction indicator light
AUTO HOLD 指示灯
AUTO HOLD indicator

（2）电控机械式制动器

EMF执行机构固定在制动钳上，直接对制动活塞施加作用。电机和传动带将作用力传递到两级行星齿轮箱上，然后通过螺杆接口驱动螺杆。

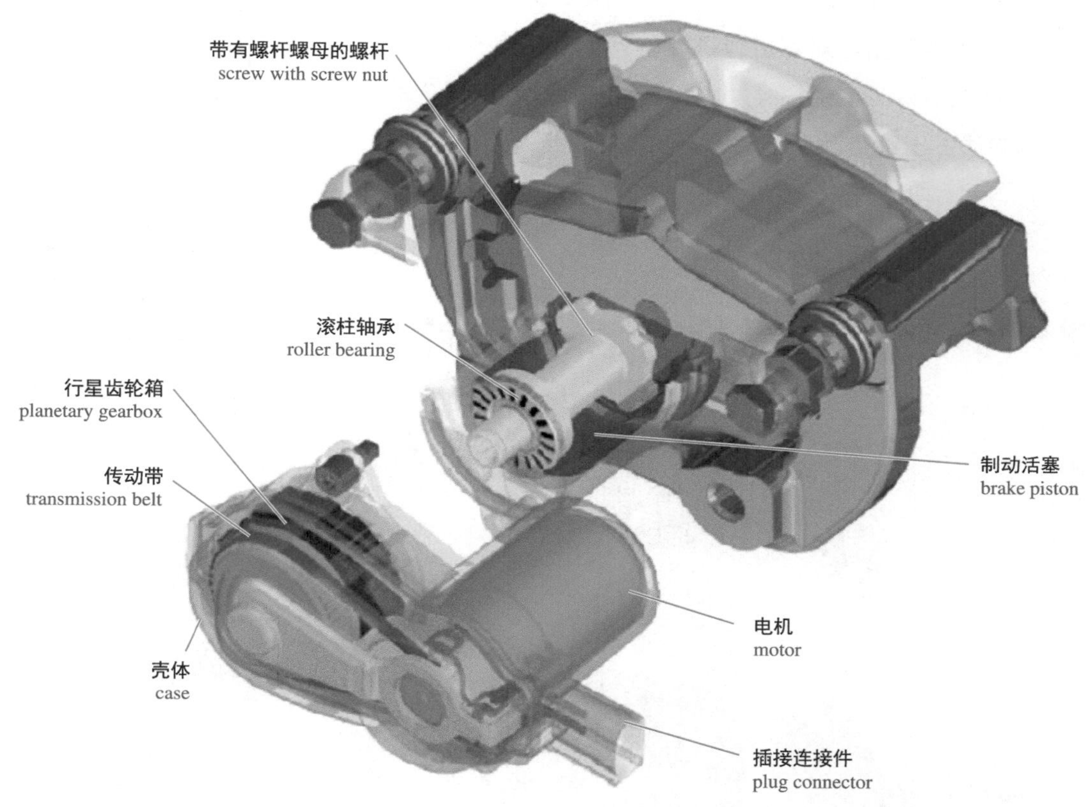

带有螺杆螺母的螺杆
screw with screw nut
滚柱轴承
roller bearing
行星齿轮箱
planetary gearbox
传动带
transmission belt
制动活塞
brake piston
电机
motor
壳体
case
插接连接件
plug connector

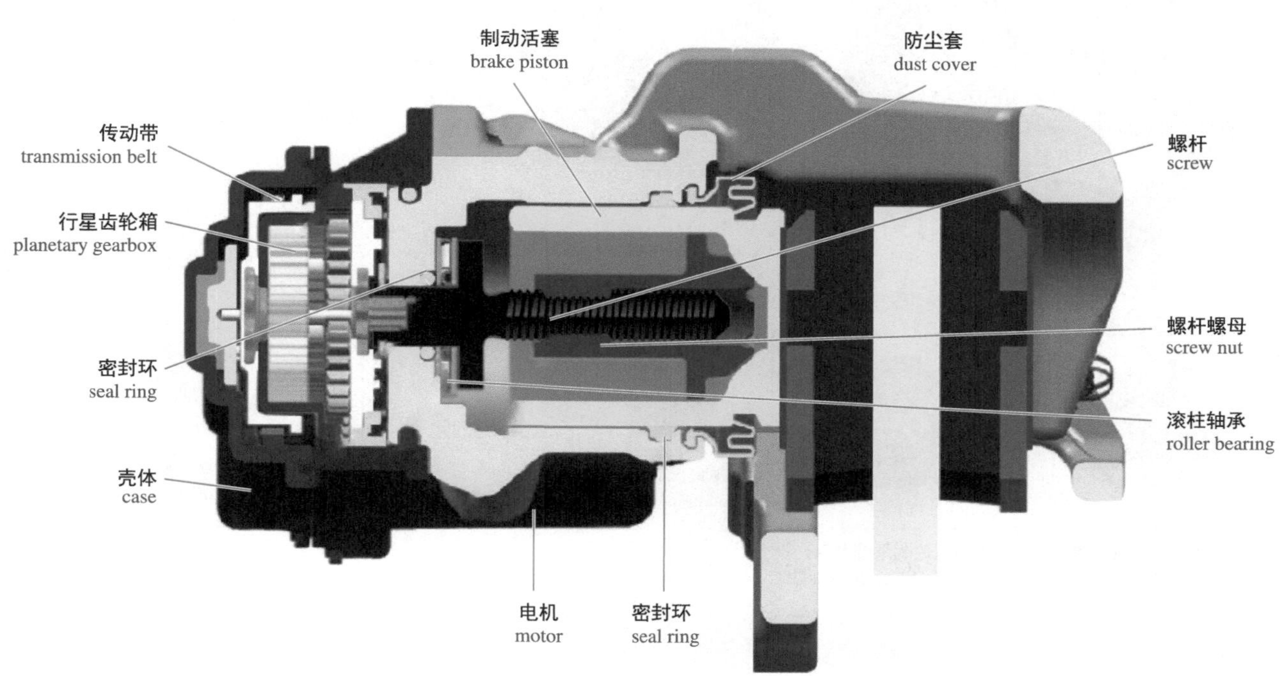

制动活塞
brake piston
防尘套
dust cover
传动带
transmission belt
螺杆
screw
行星齿轮箱
planetary gearbox
螺杆螺母
screw nut
密封环
seal ring
滚柱轴承
roller bearing
壳体
case
电机
motor
密封环
seal ring

5.3.7 胎压监测系统

（1）间接胎压监测系统

轮胎失压显示RPA是用于间接测量不同轮胎充气压力的系统。在此并非测量实际轮胎充气压力，而是通过车轮转速传感器持续监控所有车轮的滚动周长。轮胎压力下降时，相应车轮的转角速度会发生变化。车轮转速传感器可对其进行探测并向动态稳定控制系统DSC发送相关信号。车速超过25km/h和压力下降约30%时，系统会发出警告，通过组合仪表内的一个指示灯以及中央信息显示屏内的文本信息向驾驶员发出警告。

扫一扫看动画视频

右前车轮转速传感器
right front wheel
speed sensor
中央信息显示屏（不显示轮胎充气压力）
central information display
(does not show tire inflation pressure)
右后车轮转速传感器
right rear wheel
speed sensor
左前车轮转速传感器
left front wheel
speed sensor
动态稳定控制系统 DSC
dynamic stability control DSC
组合仪表 KOMBI
combination meter KOMBI
左后车轮转速传感器
left rear wheel
speed sensor

（2）直接胎压监测系统

轮胎压力监测系统（tire pressure monitoring system，TPMS），其作用是在汽车行驶过程中利用胎压传感器对轮胎气压进行实时监测，并对轮胎漏气和低气压进行报警，以确保行车安全。

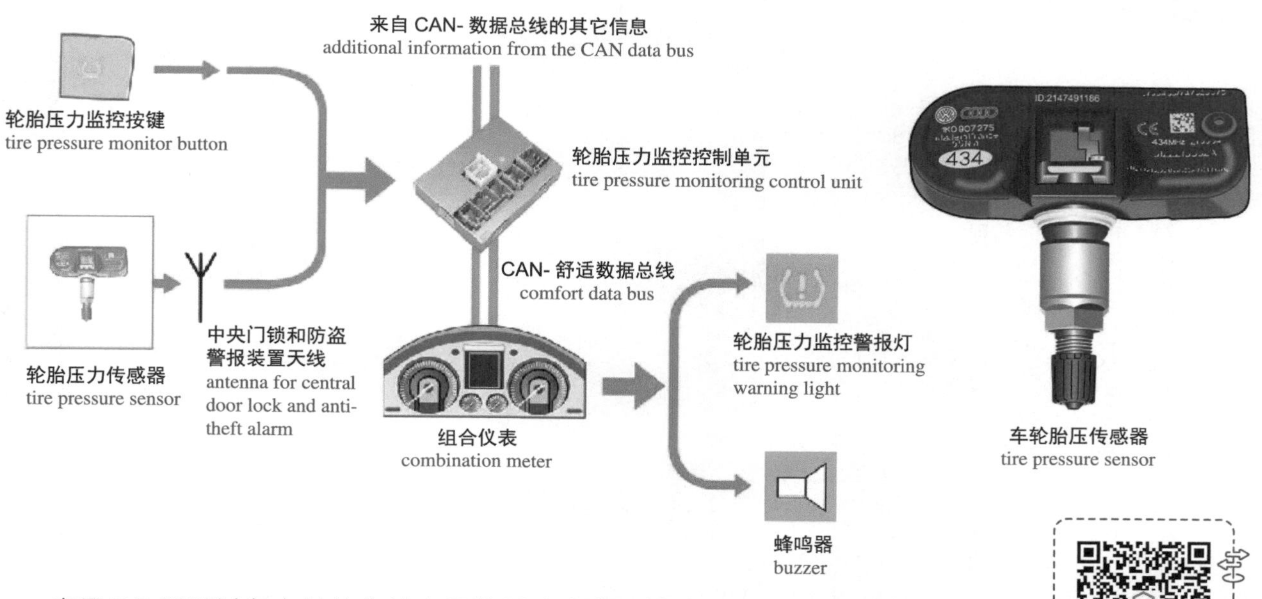

来自 CAN- 数据总线的其它信息
additional information from the CAN data bus
轮胎压力监控按键
tire pressure monitor button
轮胎压力监控控制单元
tire pressure monitoring control unit
CAN- 舒适数据总线
comfort data bus
轮胎压力传感器
tire pressure sensor
中央门锁和防盗警报装置天线
antenna for central door lock and anti-theft alarm
组合仪表
combination meter
轮胎压力监控警报灯
tire pressure monitoring warning light
蜂鸣器
buzzer
车轮胎压传感器
tire pressure sensor

宝马RDCi通过各车轮的车轮电子装置确定实际轮胎充气压力。RDCi的控制单元功能集成在动态稳定控制系统DSC控制单元内。系统使用遥控信号接收器作为所有车轮电子装置发送记录的接收装置。它通过数据总线将相关信息发送至DSC控制单元。

扫一扫看动画视频

中央信息显示屏
（可显示轮胎充气压力）
central information display
(displays tire inflation pressure)
右前车轮胎压传感器
right front tire pressure sensor
右后车轮胎压传感器
right rear tire pressure sensor
遥控信号接收器
remote control signal receiver
左前车轮胎压传感器
left front tire pressure sensor
动态稳定控制系统 DSC
dynamic stability control DSC
组合仪表 KOMBI
combination instrument KOMBI
左后车轮胎压传感器
left rear tire pressure sensor

5.3.8 电子悬架系统

电子悬架系统也称电子减振器控制系统（EDC），由以下组件构成：分别带有两个调节阀的四个电动调节式减振器，垂直动态管理平台 VDP 控制单元，用于探测车轮移动的四个车辆高度传感器，用于探测车身移动（提升、俯仰和侧倾）的传感器组件。

扫一扫看动画视频

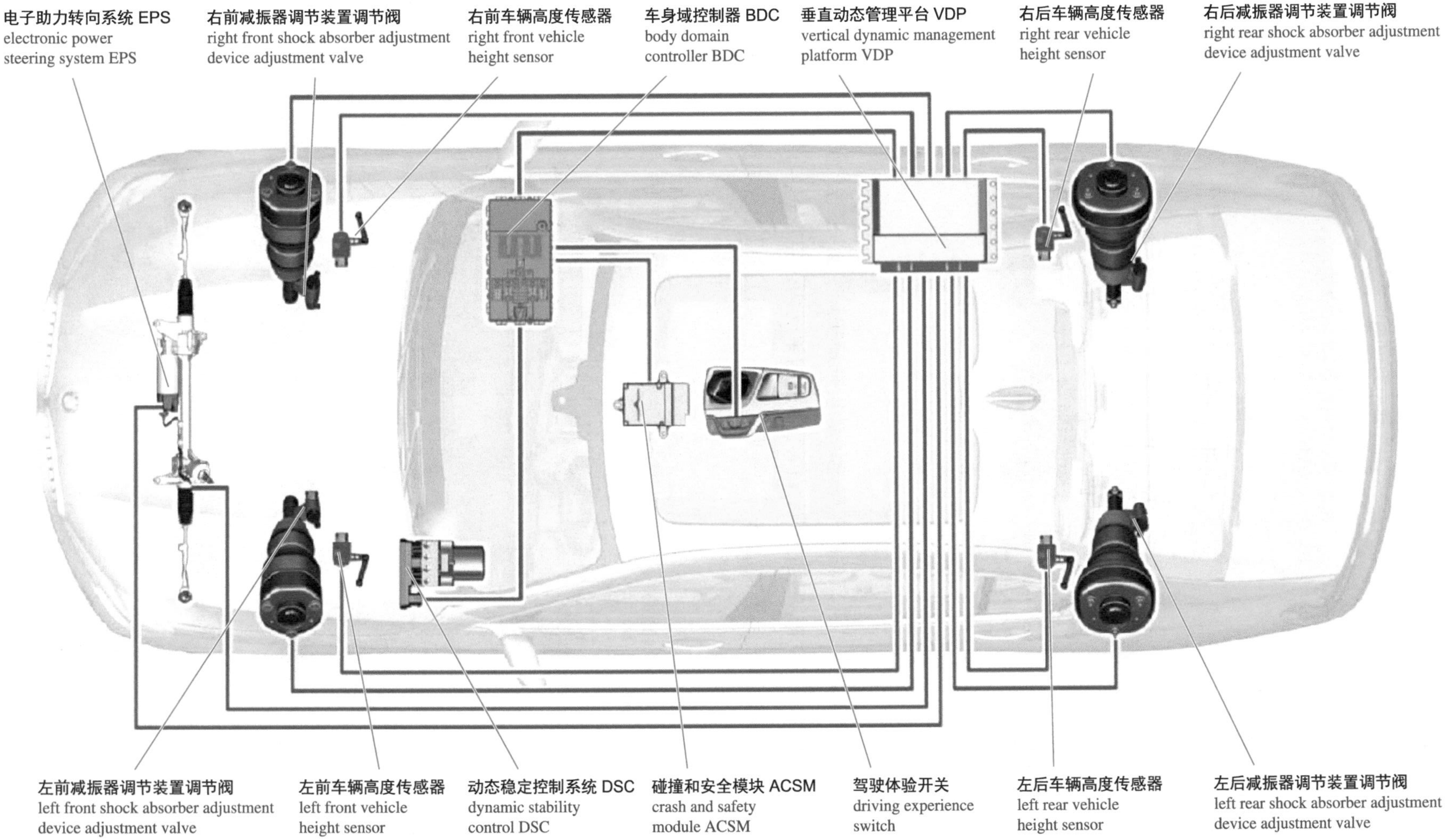

电子助力转向系统 EPS electronic power steering system EPS
右前减振器调节装置调节阀 right front shock absorber adjustment device adjustment valve
右前车辆高度传感器 right front vehicle height sensor
车身域控制器 BDC body domain controller BDC
垂直动态管理平台 VDP vertical dynamic management platform VDP
右后车辆高度传感器 right rear vehicle height sensor
右后减振器调节装置调节阀 right rear shock absorber adjustment device adjustment valve
左前减振器调节装置调节阀 left front shock absorber adjustment device adjustment valve
左前车辆高度传感器 left front vehicle height sensor
动态稳定控制系统 DSC dynamic stability control DSC
碰撞和安全模块 ACSM crash and safety module ACSM
驾驶体验开关 driving experience switch
左后车辆高度传感器 left rear vehicle height sensor
左后减振器调节装置调节阀 left rear shock absorber adjustment device adjustment valve

5.3.9 电子稳定杆系统

车辆通过快速处理数据和控制电动主动式侧倾稳定杆EARS可迅速抵消出现的侧倾力矩。主动式稳定杆接收垂直动态管理平台VDP的调节请求。两个主动式稳定杆控制单元（EARSV/EARSH）读取并处理总线电码，通过控制电机使两个稳定杆部分相对扭转。在永磁式同步电机内进行集中能量转化，通过设定的旋转磁场对电机的转动方向、转矩和转速进行调节。

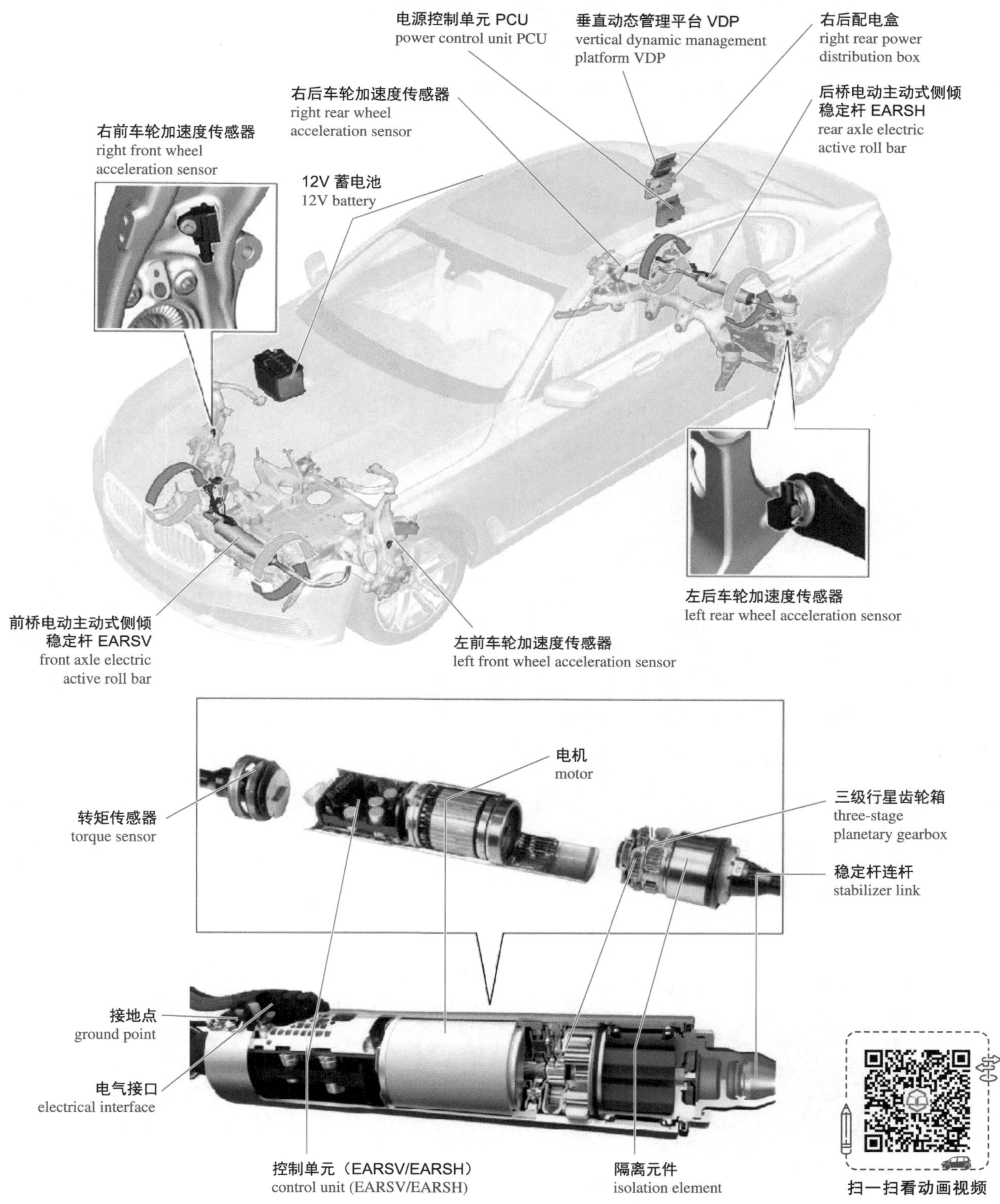

电源控制单元 PCU
power control unit PCU
垂直动态管理平台 VDP
vertical dynamic management platform VDP
右后配电盒
right rear power distribution box
右后车轮加速度传感器
right rear wheel acceleration sensor
后桥电动主动式侧倾稳定杆 EARSH
rear axle electric active roll bar
右前车轮加速度传感器
right front wheel acceleration sensor
12V 蓄电池
12V battery
左后车轮加速度传感器
left rear wheel acceleration sensor
前桥电动主动式侧倾稳定杆 EARSV
front axle electric active roll bar
左前车轮加速度传感器
left front wheel acceleration sensor
电机
motor
转矩传感器
torque sensor
三级行星齿轮箱
three-stage planetary gearbox
稳定杆连杆
stabilizer link
接地点
ground point
电气接口
electrical interface
控制单元（EARSV/EARSH）
control unit (EARSV/EARSH)
隔离元件
isolation element

扫一扫看动画视频

5.4 车身电气系统

5.4.1 电源系统

（1）蓄电池

蓄电池是汽车必不可少的一部分，可分为传统的铅酸蓄电池和免维护型蓄电池。发动机工作前，由蓄电池向全车电器供电，发动机工作后由发电机向车载电器供电并视需要给蓄电池充电。汽车铅蓄电池的构造主要有正（负）极板、隔板、电解液、槽壳、连接条和极桩等。

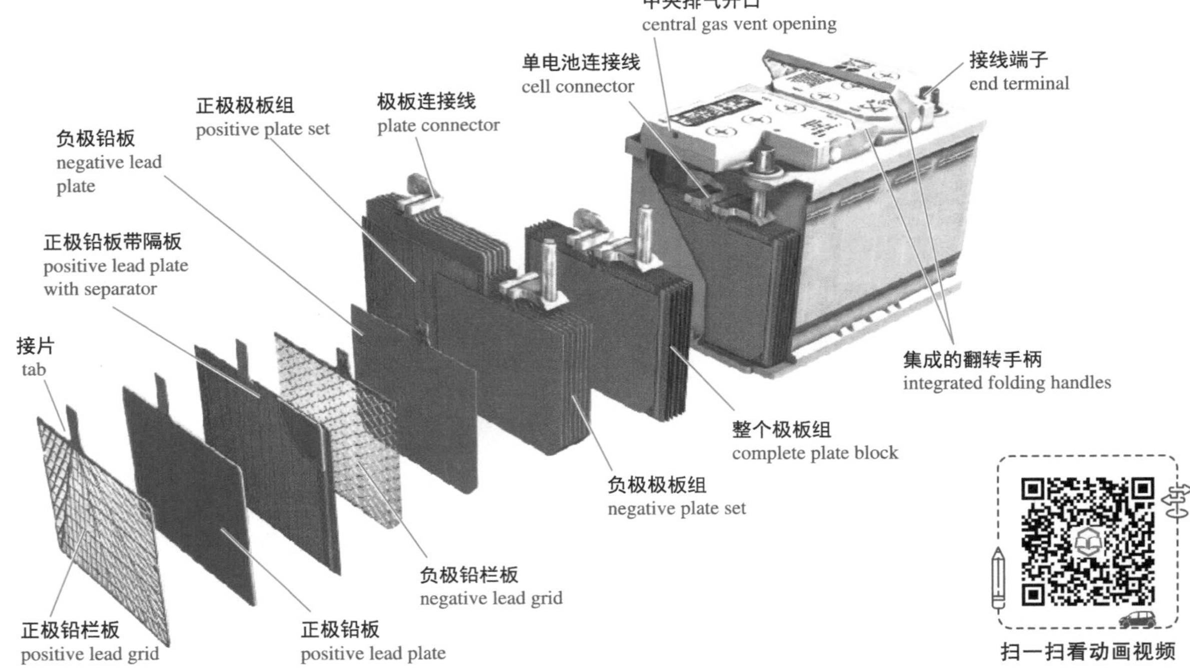

中央排气开口
central gas vent opening
单电池连接线
cell connector
接线端子
end terminal
正极极板组
positive plate set
极板连接线
plate connector
负极铅板
negative lead plate
正极铅板带隔板
positive lead plate with separator
接片
tab
集成的翻转手柄
integrated folding handles
整个极板组
complete plate block
负极极板组
negative plate set
负极铅栏板
negative lead grid
正极铅栏板
positive lead grid
正极铅板
positive lead plate

扫一扫看动画视频

铅酸电池中的正极（PbO_2）和负极（Pb）浸入电解液（稀硫酸）中，当电池连接到外部电路进行放电时，稀硫酸会与阴极和阳极板上的活性物质发生反应，生成新的化合物硫酸铅。硫酸成分通过放电从电解液中释放出来，充电时阳极板和阴极板上产生的硫酸铅会分解还原为硫酸、铅和过氧化铅，电池中电解液的浓度会逐渐增加，逐渐恢复到放电前的浓度。当两极的硫酸铅还原成原来的活性物质时，充电结束，阴极板就会产生氢气。

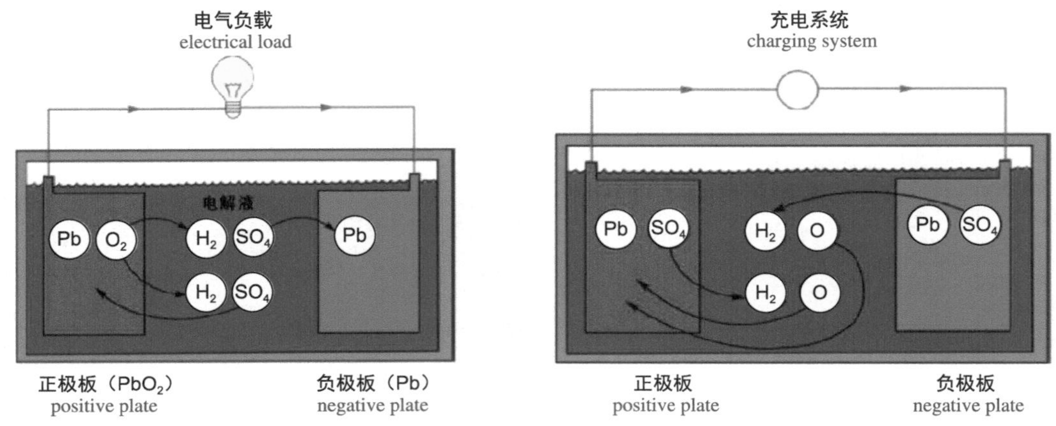

电气负载
electrical load
电解液
Pb
O_2
H_2
SO_4
Pb
H_2
SO_4
正极板（PbO_2）
positive plate
负极板（Pb）
negative plate
充电系统
charging system
Pb
SO_4
H_2
O
Pb
SO_4
H_2
O
正极板
positive plate
负极板
negative plate

（2）发电机

汽车发电机是汽车的主要电源，其功用是在发动机正常运转时，向所有用电设备（起动机除外）供电，同时向蓄电池充电。

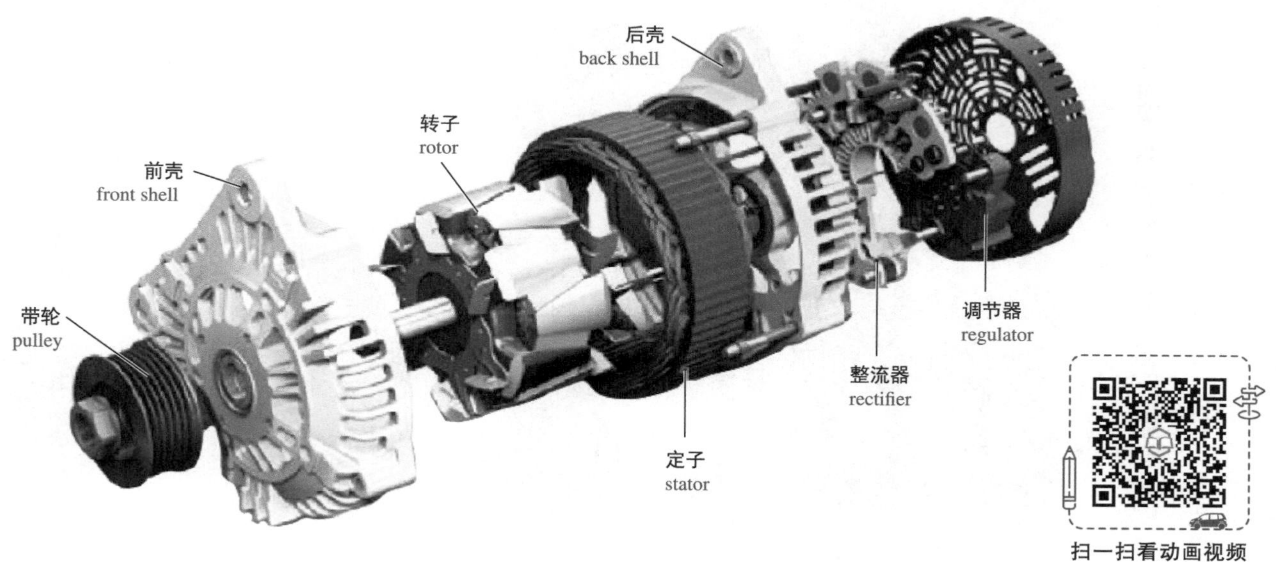
后壳
back shell
转子
rotor
前壳
front shell
带轮
pulley
调节器
regulator
整流器
rectifier
定子
stator
扫一扫看动画视频

发电机是靠磁场将机械能转化成电能的装置，首先外界提供直流电压，作用在励磁绕组上，励磁绕组便有电流通过，产生轴向磁场，两块爪形磁极磁化，形成了六对相间排列的磁极（以六对极发电机为例）。磁极的磁力线经过转子与定子之间的气隙，定子铁心形成闭合回路。转子旋转时，励磁绕组所产生的磁场也随之转动，形成旋转磁场。固定不动的三相定子绕组在旋转磁场的作用下，产生三个频率相同、幅值相等、相位互差120°的正弦电动势，再利用硅二极管的单向导电功能进行整流，输出直流电压，使用电子调节器使输出电压稳定。

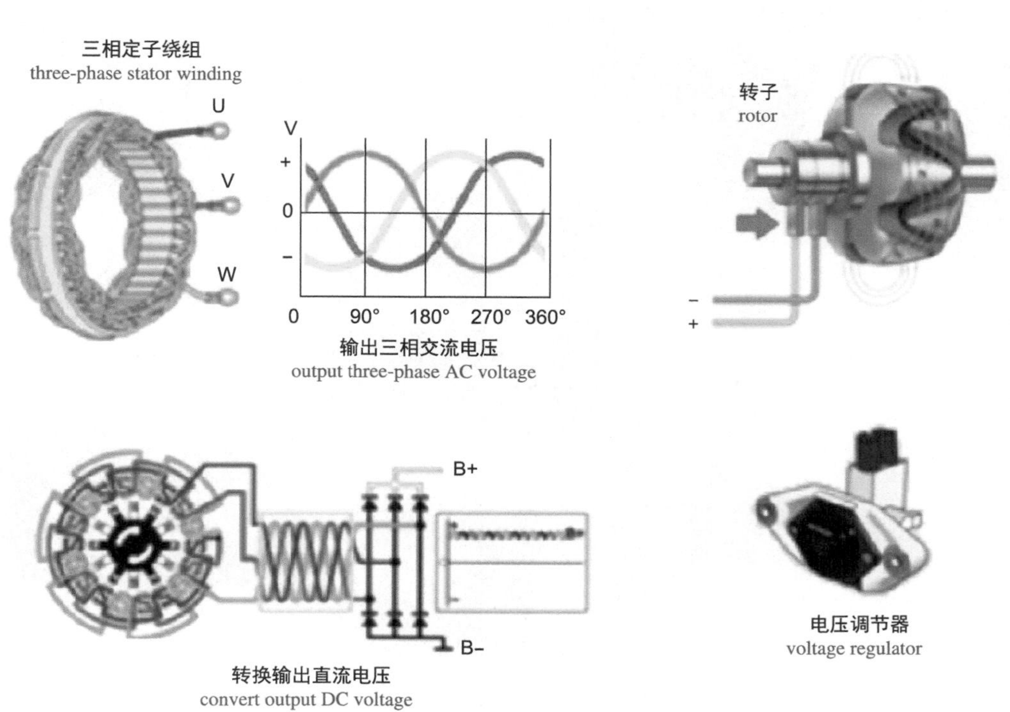
三相定子绕组
three-phase stator winding
U
V
W
V
+
0
–
0
90°
180°
270°
360°
输出三相交流电压
output three-phase AC voltage
转子
rotor
–
+
B+
B–
转换输出直流电压
convert output DC voltage
电压调节器
voltage regulator

(3)配电盒

配电盒也称保险丝盒，与配电相关的电气部件总称为配电系统，包括中央接线盒、电路开关（主要是继电器）、保险装置（主要是保险线）、插接件和导线等，以保证线路工作的可靠性和安全性。配电系统接收经充电机转换的电能及存储在蓄电池中的电能，再按需要分配给各路用电部件。

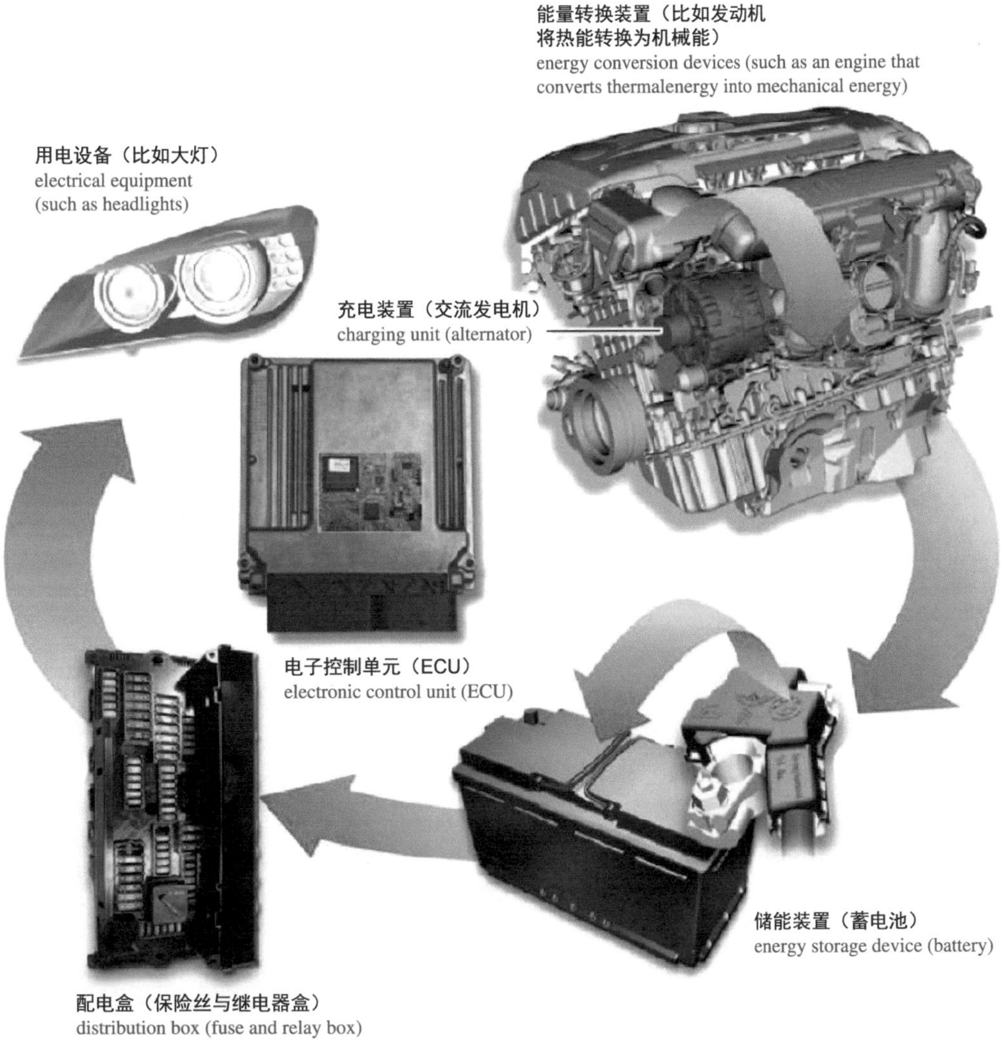

能量转换装置（比如发动机将热能转换为机械能）
energy conversion devices (such as an engine that converts thermalenergy into mechanical energy)
用电设备（比如大灯）
electrical equipment (such as headlights)
充电装置（交流发电机）
charging unit (alternator)
电子控制单元（ECU）
electronic control unit (ECU)
储能装置（蓄电池）
energy storage device (battery)
配电盒（保险丝与继电器盒）
distribution box (fuse and relay box)

20
15
25
10
15
25
20

保险丝是熔断器的俗称，也可以叫作熔丝，是一种连接在电路上用以保护电路的一次性元件，当电路上电流过大时，其中的金属线或片因高温而熔断，导致开路而中断电流，以保护电气元件免受伤害

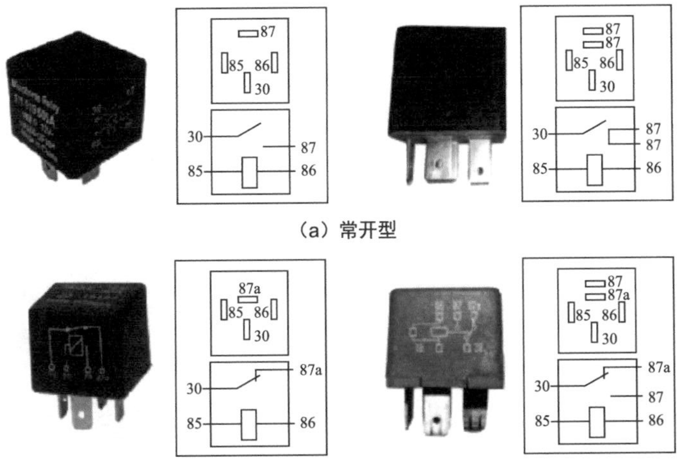

87
85 86
30
30
87
85
86
87
87
85 86
30
30
87
87
85
86

(a) 常开型

87a
85 86
30
30
87a
85
86
87
87a
85 86
30
30
87a
87
85
86

(b) 常闭型

(c) 常开常闭混合型

继电器是自动控制电路中常用的一种元件，它是利用电磁感应原理以较小的电流来控制较大电流的自动开关，在电路中起着自动操作、自动调节、安全保护等作用。继电器按接通及断开方式可分为常开继电器、常闭继电器和常开常闭混合型继电器三种

5.4.2 照明系统

汽车灯具按照功能可分为照明灯和信号灯。用于车外照明的照明灯主要有前照灯（也称大灯或头灯，分近光灯和远光灯）、前后雾灯、倒车灯、牌照灯，用于车内照明的照明灯主要有顶灯、化妆灯、门灯、手套箱灯、门内把手灯、行李厢灯等。作信号用的灯光大都安装于汽车外部，如转向灯、制动灯、日间行车灯、示宽灯、危险警报灯（双闪灯）等。此外，还有一种灯光既不作照明也不作信号，用只用于衬托车内氛围，叫氛围灯。

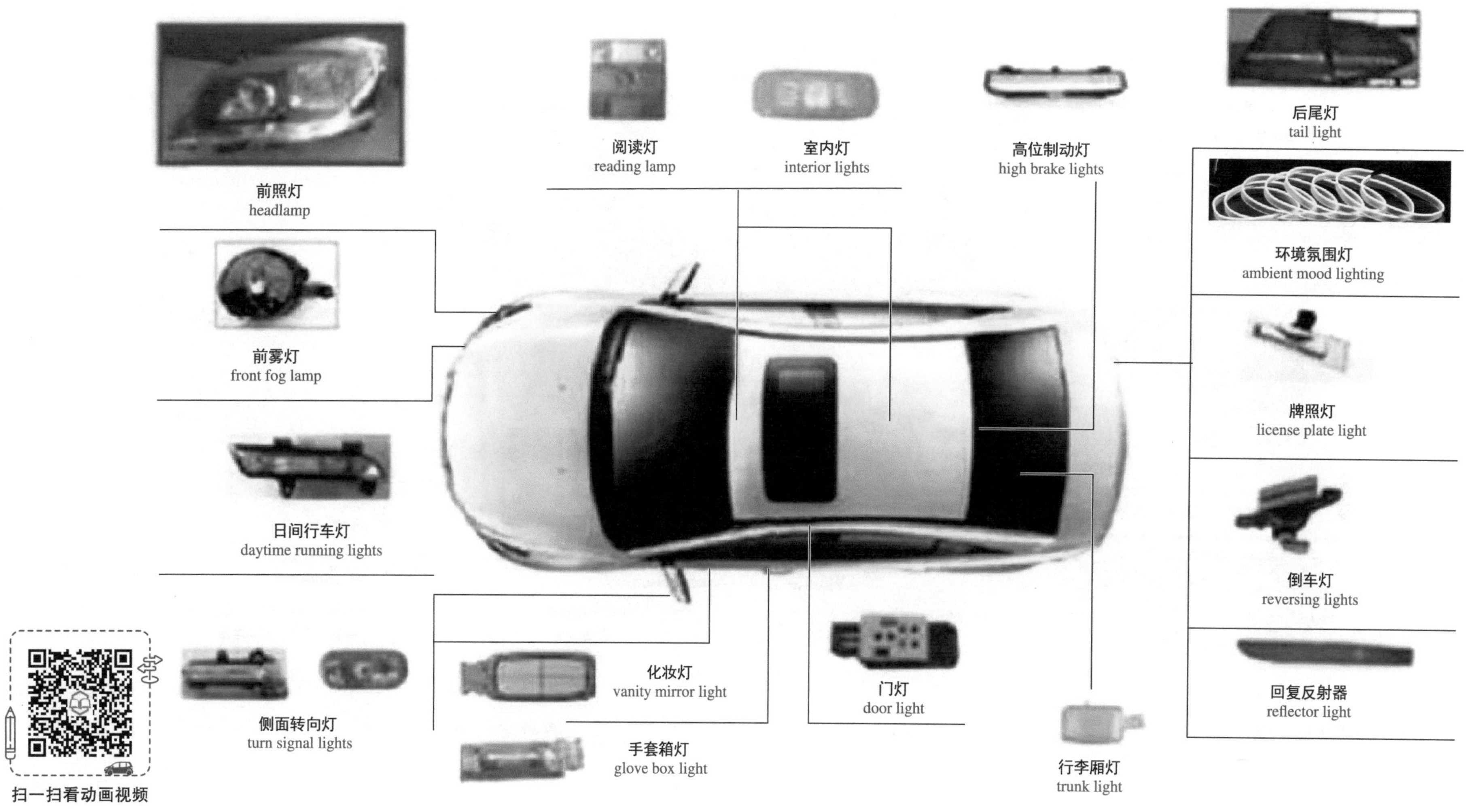
前照灯
headlamp
前雾灯
front fog lamp
日间行车灯
daytime running lights
侧面转向灯
turn signal lights
阅读灯
reading lamp
室内灯
interior lights
高位制动灯
high brake lights
后尾灯
tail light
环境氛围灯
ambient mood lighting
牌照灯
license plate light
倒车灯
reversing lights
回复反射器
reflector light
化妆灯
vanity mirror light
手套箱灯
glove box light
门灯
door light
行李厢灯
trunk light
扫一扫看动画视频

5.4.3 电动装置

车身电器装置中有不少是使用电动机作为执行器驱动工作的，如电动门锁、电动车窗、电动天窗、电动座椅、电动后视镜、电动雨刮器与洗涤器、电动转向柱、电动吸合门、电动隐藏式车外门拉手、电动尾门/滑门/翼门、电动折叠车顶等。

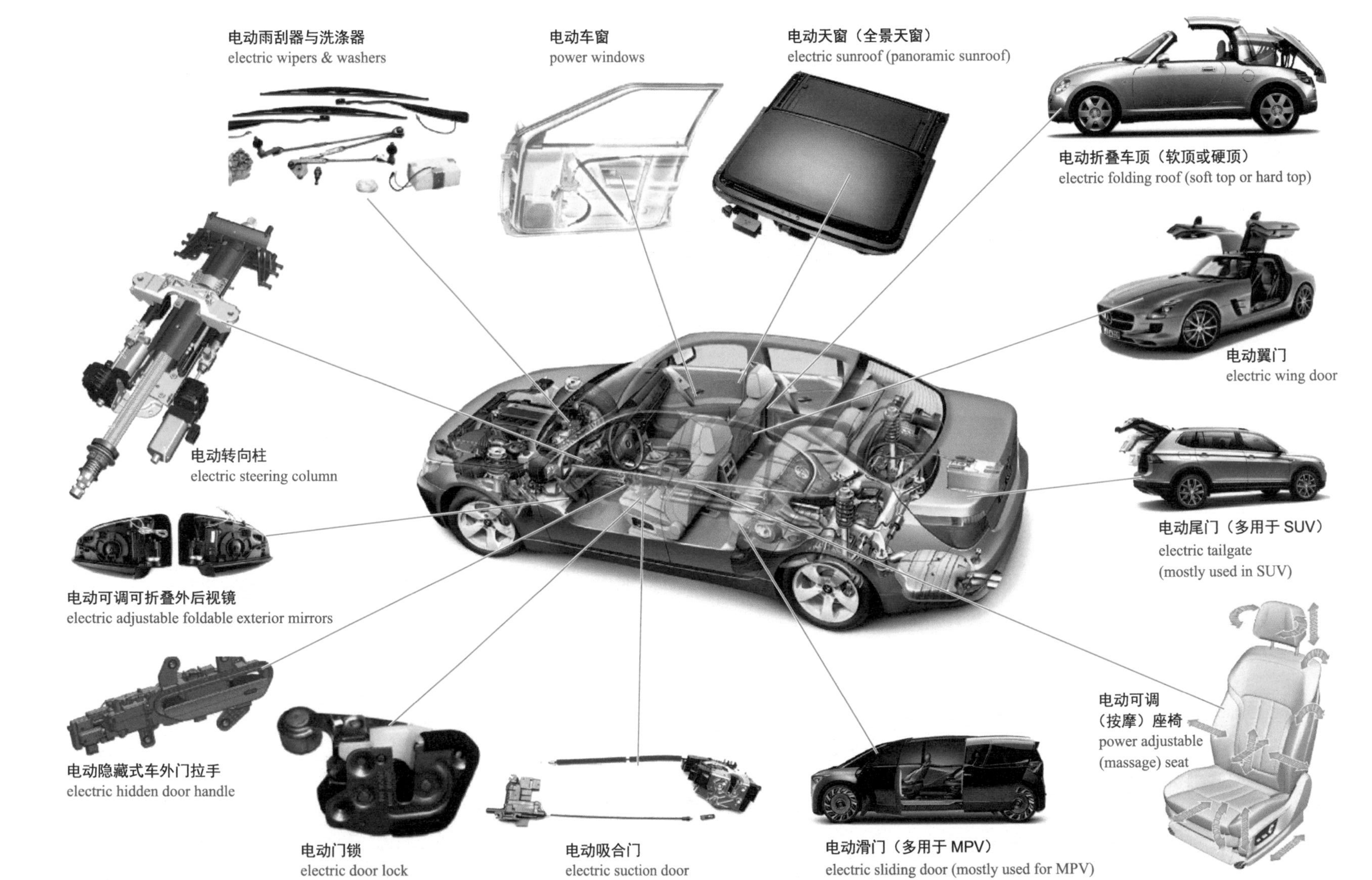

电动雨刮器与洗涤器
electric wipers & washers
电动车窗
power windows
电动天窗（全景天窗）
electric sunroof (panoramic sunroof)
电动折叠车顶（软顶或硬顶）
electric folding roof (soft top or hard top)
电动翼门
electric wing door
电动转向柱
electric steering column
电动尾门（多用于 SUV）
electric tailgate
(mostly used in SUV)
电动可调可折叠外后视镜
electric adjustable foldable exterior mirrors
电动可调
（按摩）座椅
power adjustable
(massage) seat
电动隐藏式车外门拉手
electric hidden door handle
电动门锁
electric door lock
电动吸合门
electric suction door
电动滑门（多用于 MPV）
electric sliding door (mostly used for MPV)

5.4.4 电热装置

汽车车身上的电热装置以电加热电阻丝发热升温的方式工作，常见的电热装置有后风窗除霜器、点烟器与座椅加热器。

汽车挡风玻璃主要的除霜方式有车载暖风除霜系统和带有电阻丝的电热玻璃除霜两种。汽车前窗除霜装置是采用暖风装置的热空气吹向玻璃的方法，来达到除霜的目的。它由鼓风机、进出暖风风管、除霜喷口等组成。暖风的进口和车内暖风装置的风管相连，以便直接用暖风将覆盖于风窗玻璃外表面的霜和冰雪融化，消除风窗玻璃内表面的雾气。对后窗玻璃的除雾除霜，不少汽车采用热电式除霜装置。热电式除霜装置是把电阻丝直接加工制造在玻璃层内，即用肉眼看见的那几道红线。利用汽车本身的电流加热电阻丝，达到除霜目的，但线条印在玻璃上会影响视线，因此，这种方法仅用于后窗。电热玻璃除霜原理是在挡风玻璃中均匀布置多条加热电阻丝，打开电阻开关后，电阻丝迅速加热玻璃，使玻璃温度升高，附着在玻璃上的霜雾则受热融化，从而达到除霜效果。

后风窗除霜器
rear window defroster

REAR

点烟器从汽车电源取电，加热金属电热片或金属电热丝等电热单元，为点烟取火源。随着汽车的发展和人们需求的不断变化，点烟器接口通常可配置车载逆变器，可为移动电子设备充电等。

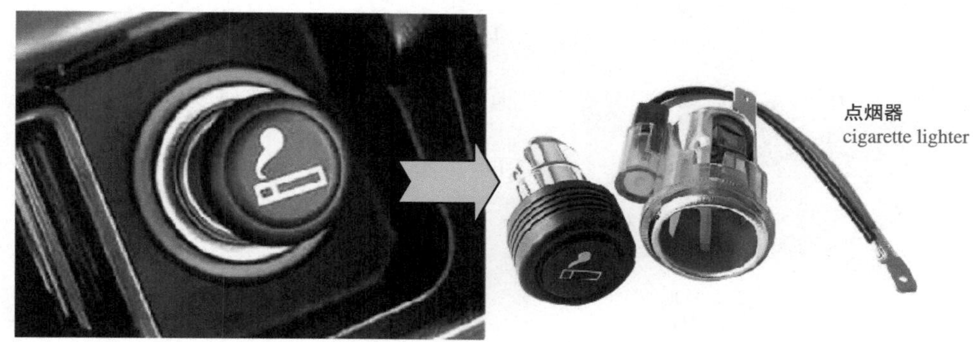
点烟器
cigarette lighter

座椅加热是利用座椅内的电加热丝对座椅内部加热，并且通过热传递将热量传递给乘坐者，以减少冬天时因长时间停放后座椅过凉造成的乘坐不舒适感。

座椅加热
seat heater

靠背 1
侧部 3
座椅 2
侧部 4

座椅加热（带有侧肋加热）

主动通风
seat ventilation

靠背 1
侧部 3
座椅 2
侧部 4

只有座椅通风

靠背 1
侧部 3
座椅 2
侧部 4

座椅通风并有座椅加热

5.4.5 电声装置

在电路中用来完成电信号与声音信号之间的转换的器件被称为电声装置。在汽车车身电器中，属于此类部件的有扬声器、鸣笛和电动汽车上的发动机声音模拟器。

扬声器（speaker）俗称喇叭，内部是由吸铁石和线圈振动发声。汽车上超低音扬声器通常只能安装在后行李厢，中低音扬声器一般只能安装在车门的下前方，高音扬声器则一般安装在A柱附近。

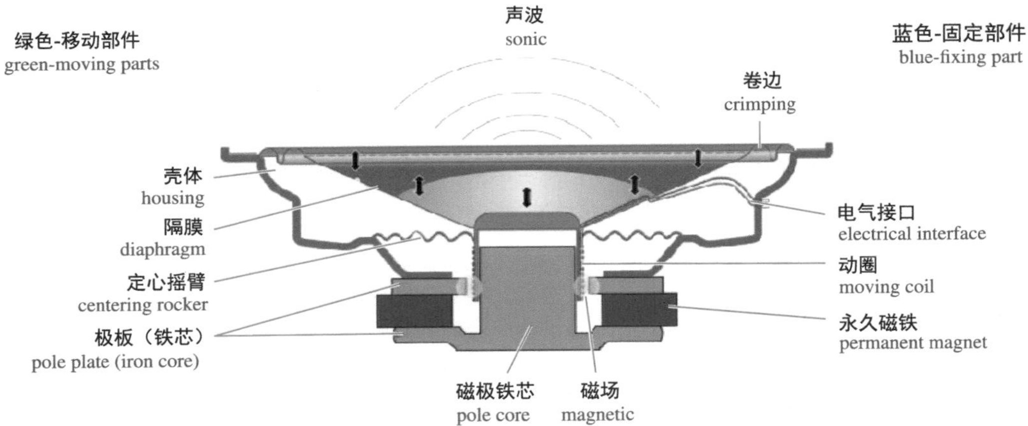

绿色-移动部件
green-moving parts
声波
sonic
蓝色-固定部件
blue-fixing part
卷边
crimping
壳体
housing
隔膜
diaphragm
定心摇臂
centering rocker
极板（铁芯）
pole plate (iron core)
电气接口
electrical interface
动圈
moving coil
永久磁铁
permanent magnet
磁极铁芯
pole core
磁场
magnetic

汽车鸣笛的主要作用是发出声音，警示车辆和行人注意安全，增加行驶的安全。一般的汽车中使用的电鸣笛按其外形分为筒形、螺旋形和盆形三种，按发声频率分高音鸣笛和低音鸣笛两种。电鸣笛的工作原理是利用电磁吸力使金属膜片振动而发出声音。

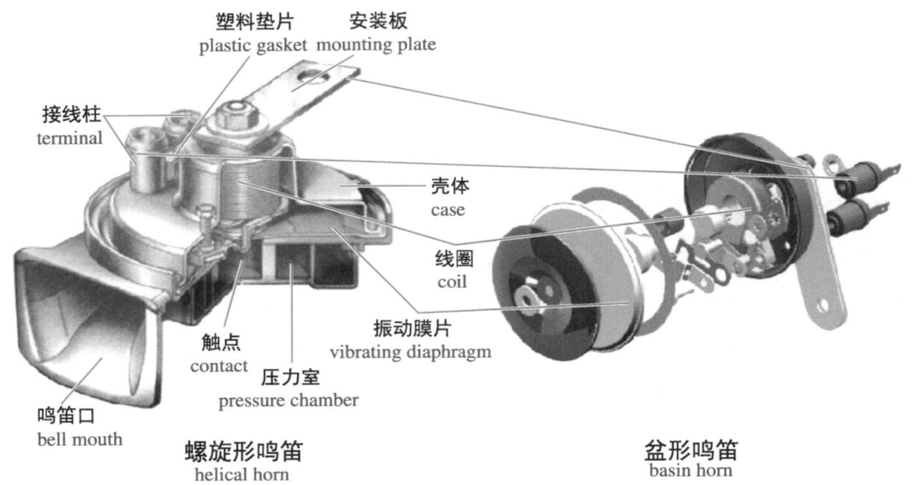

塑料垫片
plastic gasket
安装板
mounting plate
接线柱
terminal
壳体
case
线圈
coil
振动膜片
vibrating diaphragm
触点
contact
压力室
pressure chamber
鸣笛口
bell mouth
螺旋形鸣笛
helical horn
盆形鸣笛
basin horn

电动汽车在低速行驶时所产生的噪声是非常小的。为了引起行人注意，在电动汽车行驶中，使用发动机声音模拟器产生声响，该声响在车速超过约30km/h时会减小。车辆在停住时以及车速超过约50km/h时，电机声响生成执行器不产生声响。

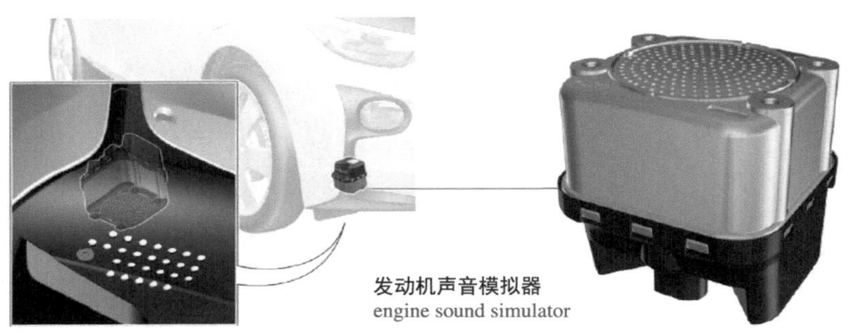

发动机声音模拟器
engine sound simulator

5.4.6 空调系统

（1）空调系统概述

汽车空调是实现乘客舱内空气进气制冷、加热、换气及净化的装置。

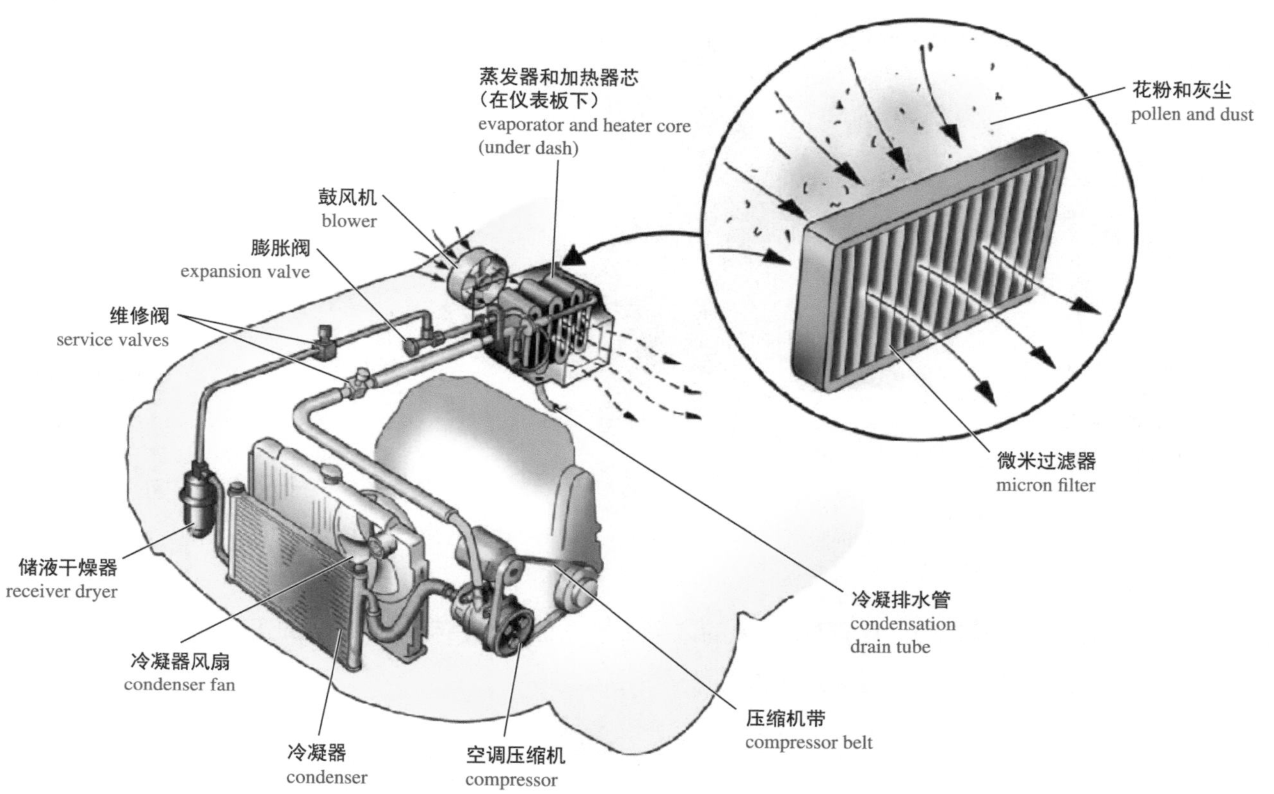

蒸发器和加热器芯
（在仪表板下）
evaporator and heater core
(under dash)
花粉和灰尘
pollen and dust
鼓风机
blower
膨胀阀
expansion valve
维修阀
service valves
微米过滤器
micron filter
储液干燥器
receiver dryer
冷凝排水管
condensation
drain tube
冷凝器风扇
condenser fan
压缩机带
compressor belt
冷凝器
condenser
空调压缩机
compressor

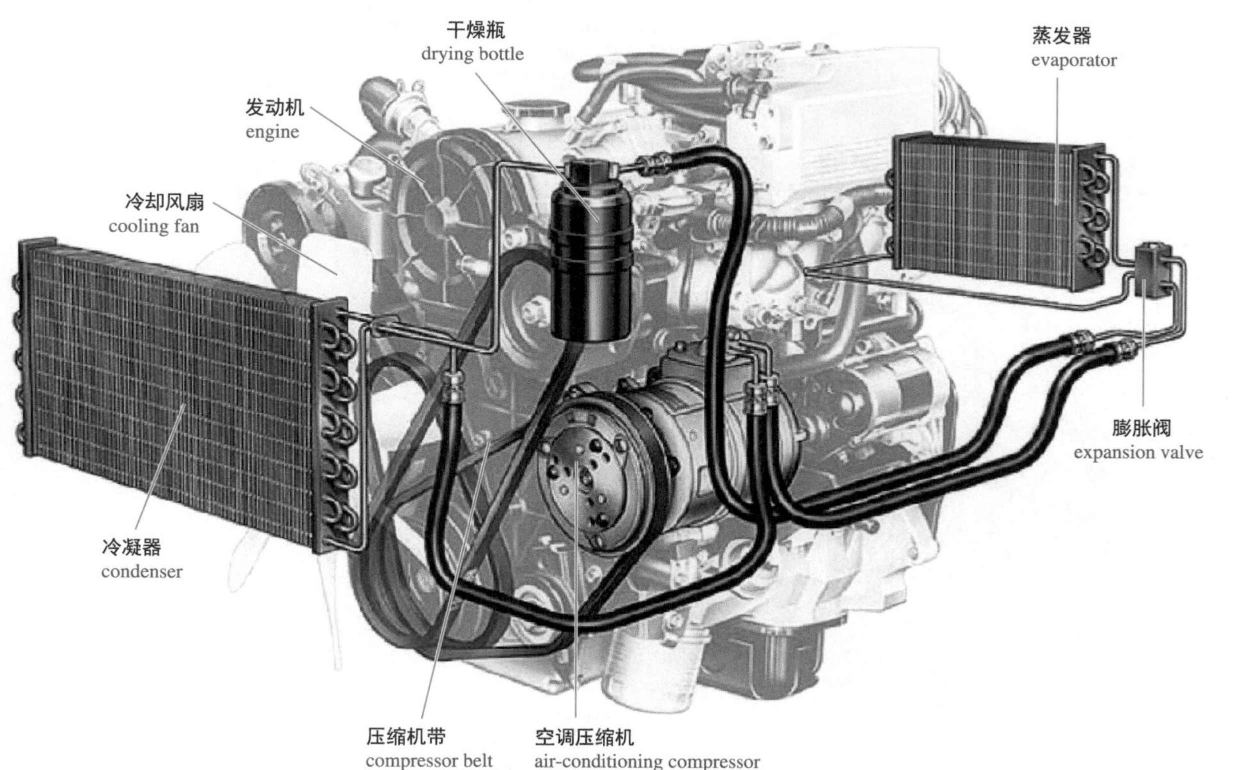

干燥瓶
drying bottle
蒸发器
evaporator
发动机
engine
冷却风扇
cooling fan
膨胀阀
expansion valve
冷凝器
condenser
压缩机带
compressor belt
空调压缩机
air-conditioning compressor

第5章

汽车电气

（2）电动汽车空调

纯电动汽车没有发动机作为空调压缩机的动力源，也没有发动机余热可以利用以达到取暖、除霜的效果。对于电动汽车来说目前选择的制冷空气调节方式主要为电动压缩机制冷，电动汽车空调系统暖风则采用PTC电加热器。PTC电加热器是用PTC热敏电阻元件作为发热源的一种加热器。

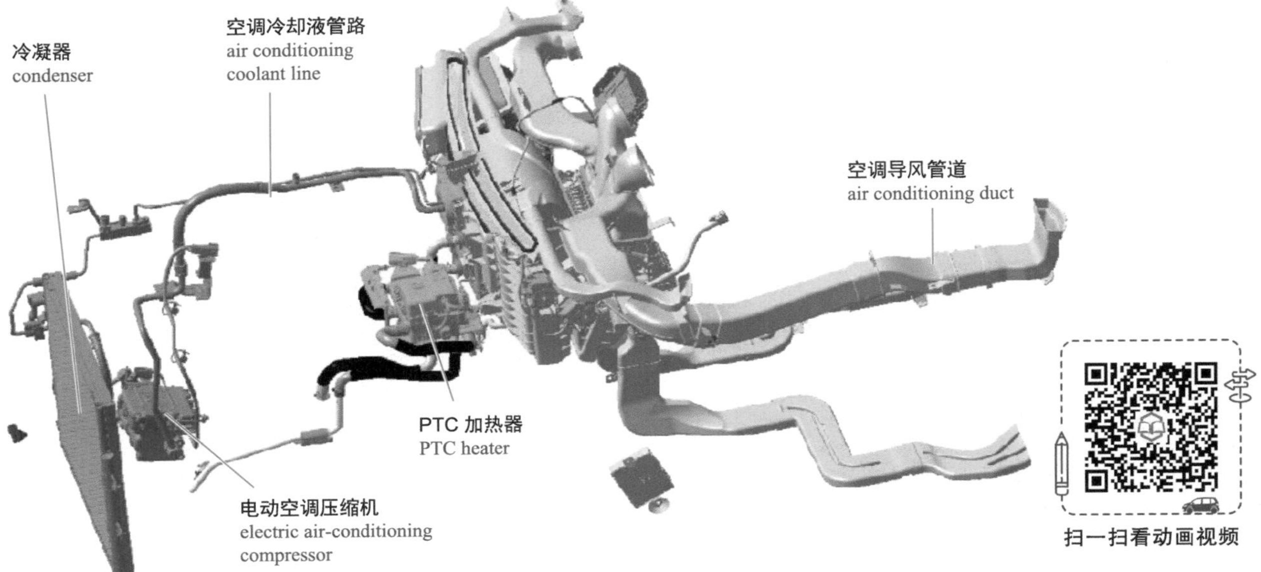
冷凝器
condenser
空调冷却液管路
air conditioning
coolant line
空调导风管道
air conditioning duct
PTC 加热器
PTC heater
电动空调压缩机
electric air-conditioning
compressor
扫一扫看动画视频

热泵空调使用热泵制热，比PTC制热的效果更好，也更节省电能。热泵的工作原理类似制冷的反过程，也就是把车外的热量通过循环转换“搬运”到车内。

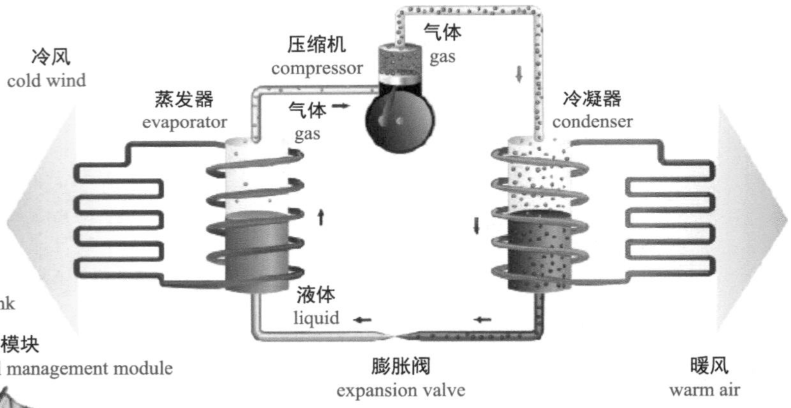

冷风
cold wind
压缩机
compressor
气体
gas
蒸发器
evaporator
气体
gas
冷凝器
condenser
液体
liquid
膨胀阀
expansion valve
暖风
warm air

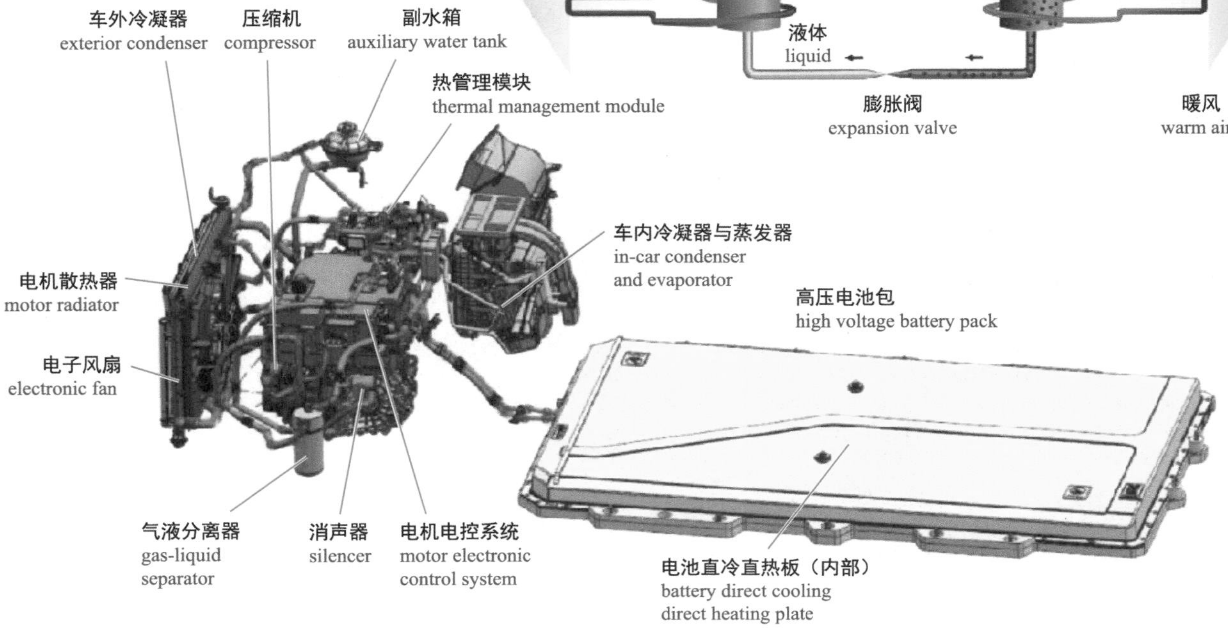

车外冷凝器
exterior condenser
压缩机
compressor
副水箱
auxiliary water tank
热管理模块
thermal management module
车内冷凝器与蒸发器
in-car condenser
and evaporator
电机散热器
motor radiator
高压电池包
high voltage battery pack
电子风扇
electronic fan
气液分离器
gas-liquid
separator
消声器
silencer
电机电控系统
motor electronic
control system
电池直冷直热板（内部）
battery direct cooling
direct heating plate

（3）空调制冷系统

压缩机将气态的制冷剂压缩为高温高压的气态，并送至冷凝器进行冷却，经冷却后变成中温高压的液态制冷剂进入干燥瓶进行过滤与去湿，中温液态的制冷剂经膨胀阀（节流部件）节流降压，变成低温低压的气液混合体（液体多），经过蒸发器吸收空气中的热量而汽化，变成气态，然后再回到压缩机继续压缩，继续循环进行制冷。制热的时候有一个四通阀使氟利昂在冷凝器与蒸发器中的流动方向与制冷时相反，所以制热的时候车外吹的是冷风，车内吹的是热风，这也是热泵的工作原理。

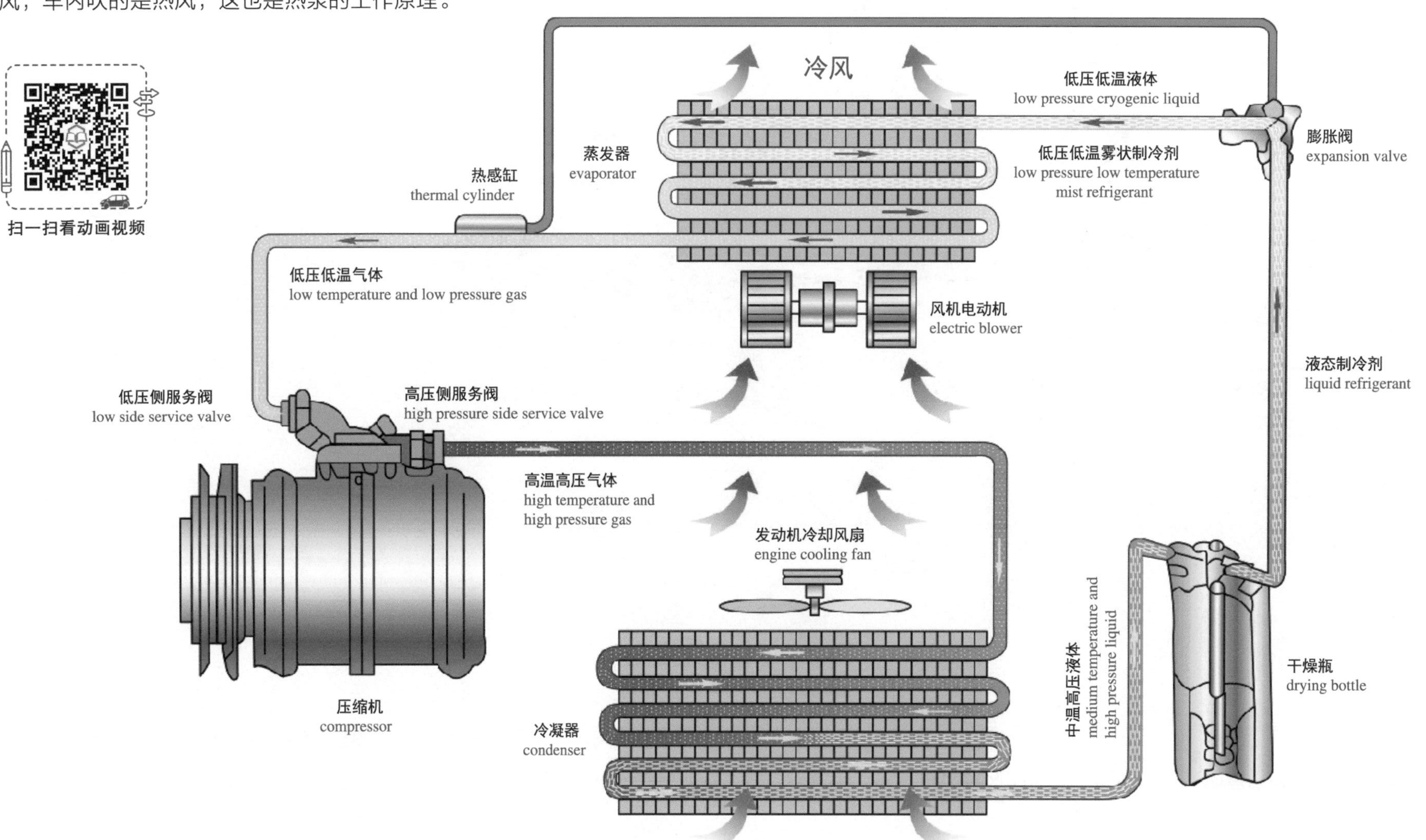
扫一扫看动画视频
冷风
低压低温液体
low pressure cryogenic liquid
膨胀阀
expansion valve
蒸发器
evaporator
热感缸
thermal cylinder
低压低温雾状制冷剂
low pressure low temperature
mist refrigerant
低压低温气体
low temperature and low pressure gas
风机电动机
electric blower
液态制冷剂
liquid refrigerant
低压侧服务阀
low side service valve
高压侧服务阀
high pressure side service valve
高温高压气体
high temperature and
high pressure gas
发动机冷却风扇
engine cooling fan
中温高压液体
medium temperature and
high pressure liquid
干燥瓶
drying bottle
压缩机
compressor
冷凝器
condenser

（4）空调暖风系统

汽车空调暖风系统的作用主要是为车内提供暖气及风窗除霜并调节空气。它是将车内空气或进入车内的外部空气送入热交换器吸收热量，从而提高空气的温度，并利用鼓风机将热空气送入车内提高车内的温度的一种装置。

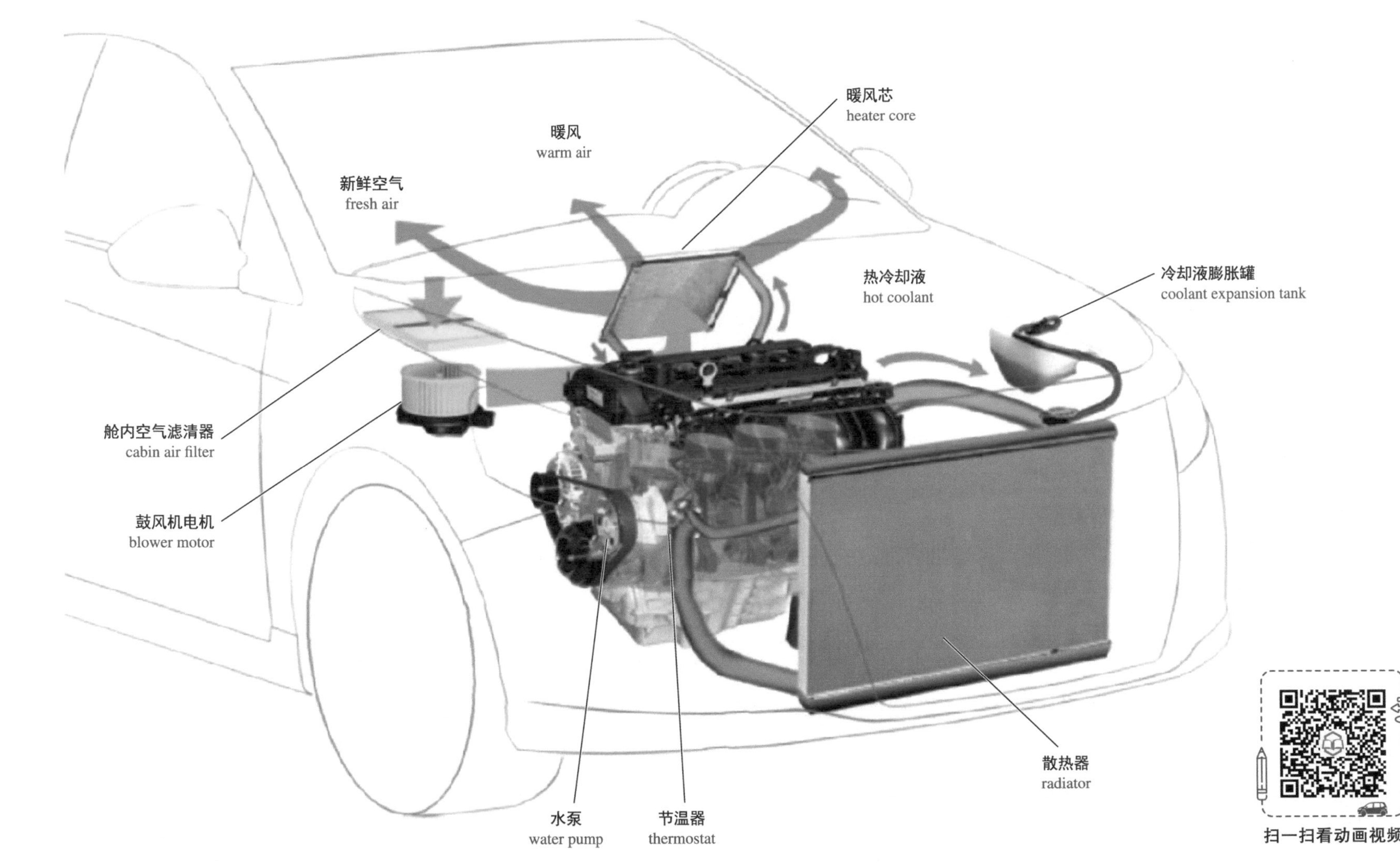

暖风芯
heater core
暖风
warm air
新鲜空气
fresh air
热冷却液
hot coolant
冷却液膨胀罐
coolant expansion tank
舱内空气滤清器
cabin air filter
鼓风机电机
blower motor
散热器
radiator
水泵
water pump
节温器
thermostat

扫一扫看动画视频

（5）自动空调系统

自动空调系统是汽车全自动空调系统的简称，主要由空调制冷系统、供暖通风系统和自动控制系统三大部分组成。自动空调控制系统的传感器一般有车厢内温度传感器、车厢外温度传感器、蒸发器温度传感器、太阳能传感器、水温传感器等。其中水温传感器位于发动机出水口，它将冷却水温度反馈至ECU，当水温过高时ECU能够断开压缩机离合器而保护发动机，同时也使ECU依据水温控制冷却水通往加热芯的阀门。有些轿车的自动空调还装有红外温度传感器，专门探测乘员面额部的表面皮肤温度。当传感器检测到人体皮肤温度时也反馈到ECU。这样，ECU有多种传感器的温度数据输入，就能更精确地控制空调。

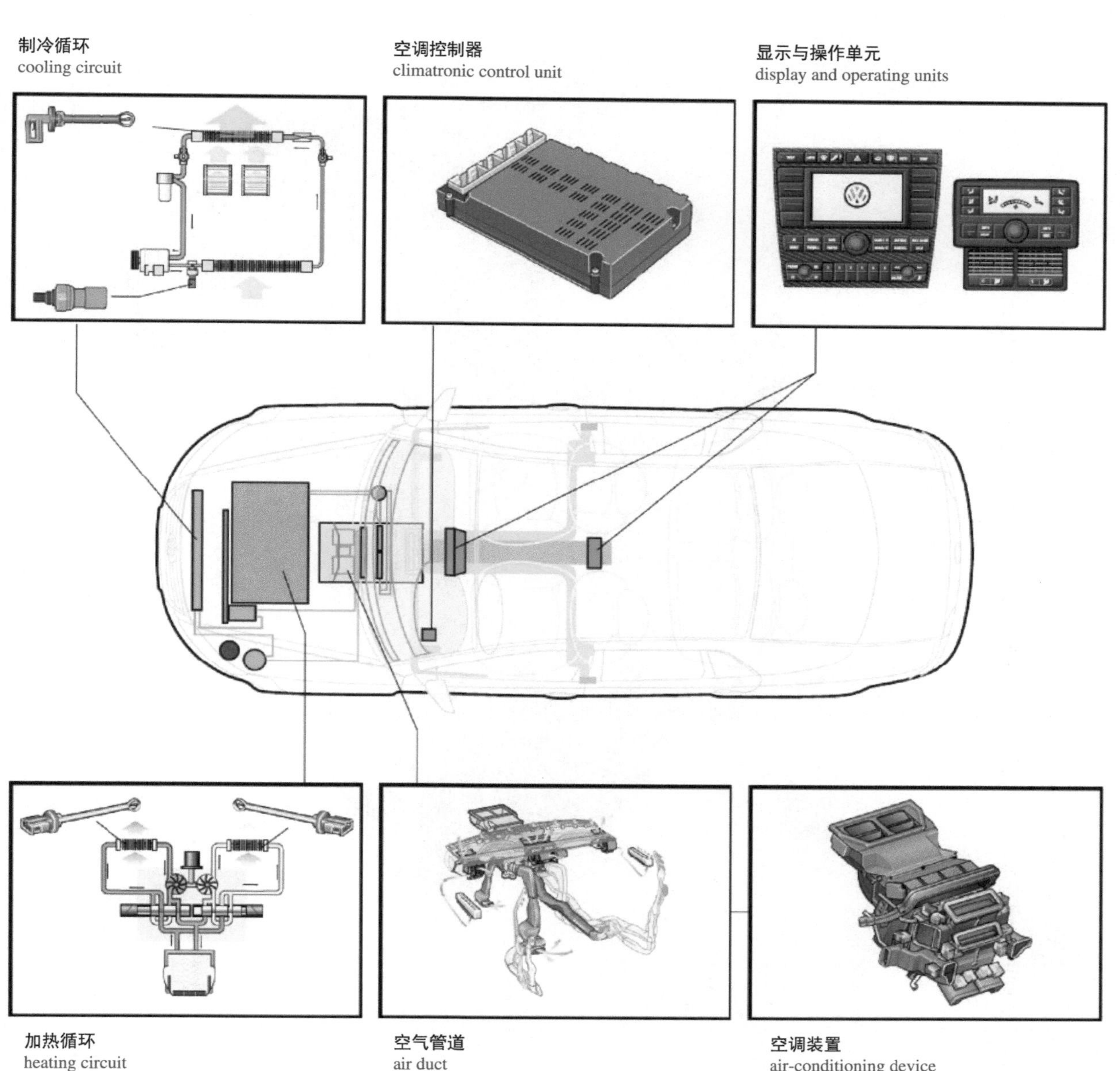
制冷循环
cooling circuit
空调控制器
climatronic control unit
显示与操作单元
display and operating units
加热循环
heating circuit
空气管道
air duct
空调装置
air-conditioning device

第5章 汽车电气

(6)空调压缩机

空调压缩机在空调制冷剂回路中起压缩驱动制冷剂的作用。往复活塞式空调压缩机通过活塞在气缸内做往复运动改变气体工作容积，把制冷剂从低压区（蒸发区）抽取来经压缩后送到高压区（冷凝区）冷却凝结，通过散热片散发出热量到空气中，制冷剂也从气态变成液态，压力升高。

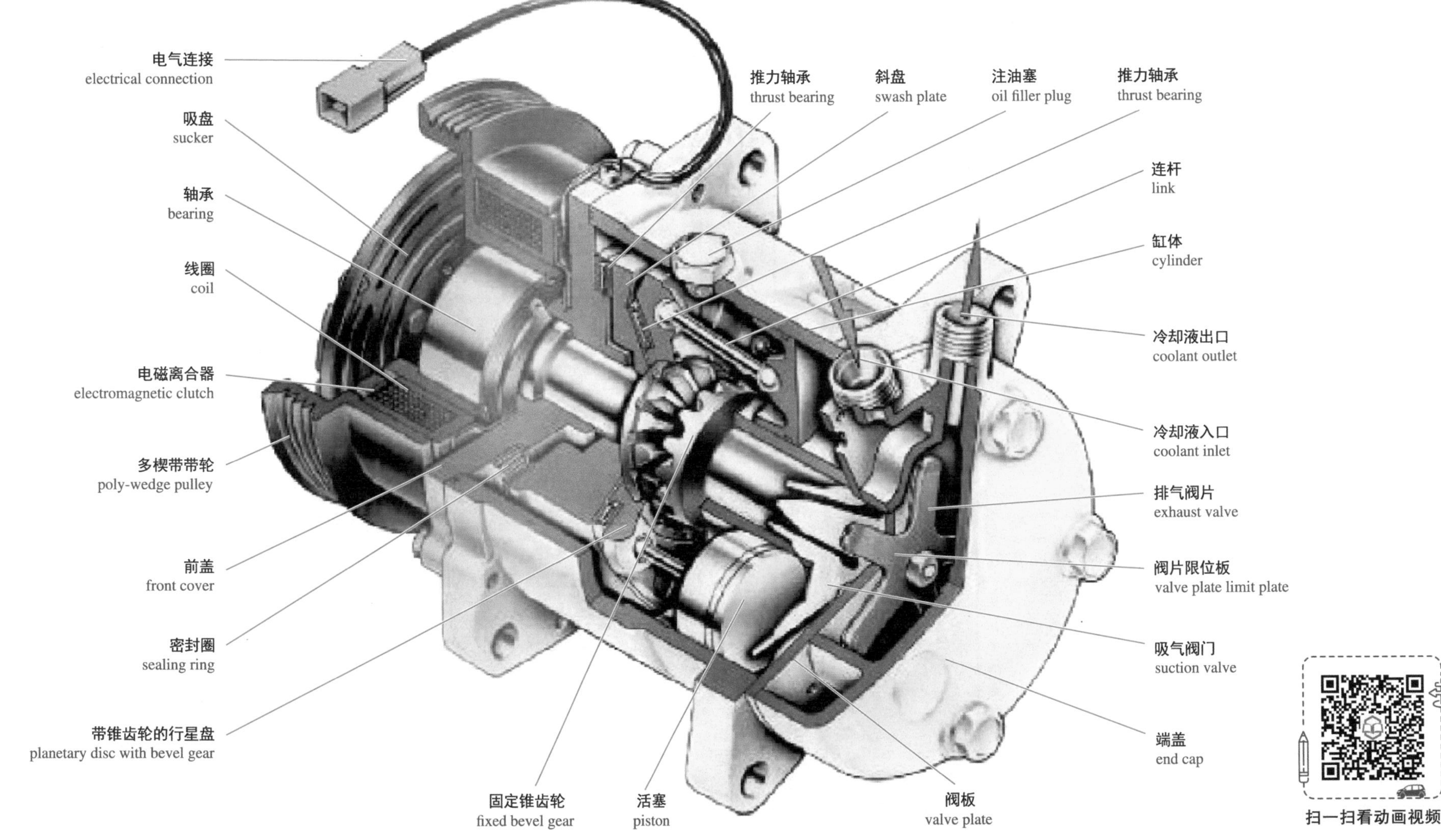
电气连接
electrical connection
吸盘
sucker
轴承
bearing
线圈
coil
电磁离合器
electromagnetic clutch
多楔带带轮
poly-wedge pulley
前盖
front cover
密封圈
sealing ring
带锥齿轮的行星盘
planetary disc with bevel gear
固定锥齿轮
fixed bevel gear
活塞
piston
阀板
valve plate
推力轴承
thrust bearing
斜盘
swash plate
注油塞
oil filler plug
推力轴承
thrust bearing
连杆
link
缸体
cylinder
冷却液出口
coolant outlet
冷却液入口
coolant inlet
排气阀片
exhaust valve
阀片限位板
valve plate limit plate
吸气阀门
suction valve
端盖
end cap
扫一扫看动画视频

5.4.7 信息娱乐系统

车载信息娱乐系统（in-vehicle infotainment，IVI），是采用车载专用中央处理器，基于车身总线系统和互联网服务形成的车载综合信息处理系统。IVI整合音响、导航和通信等功能。

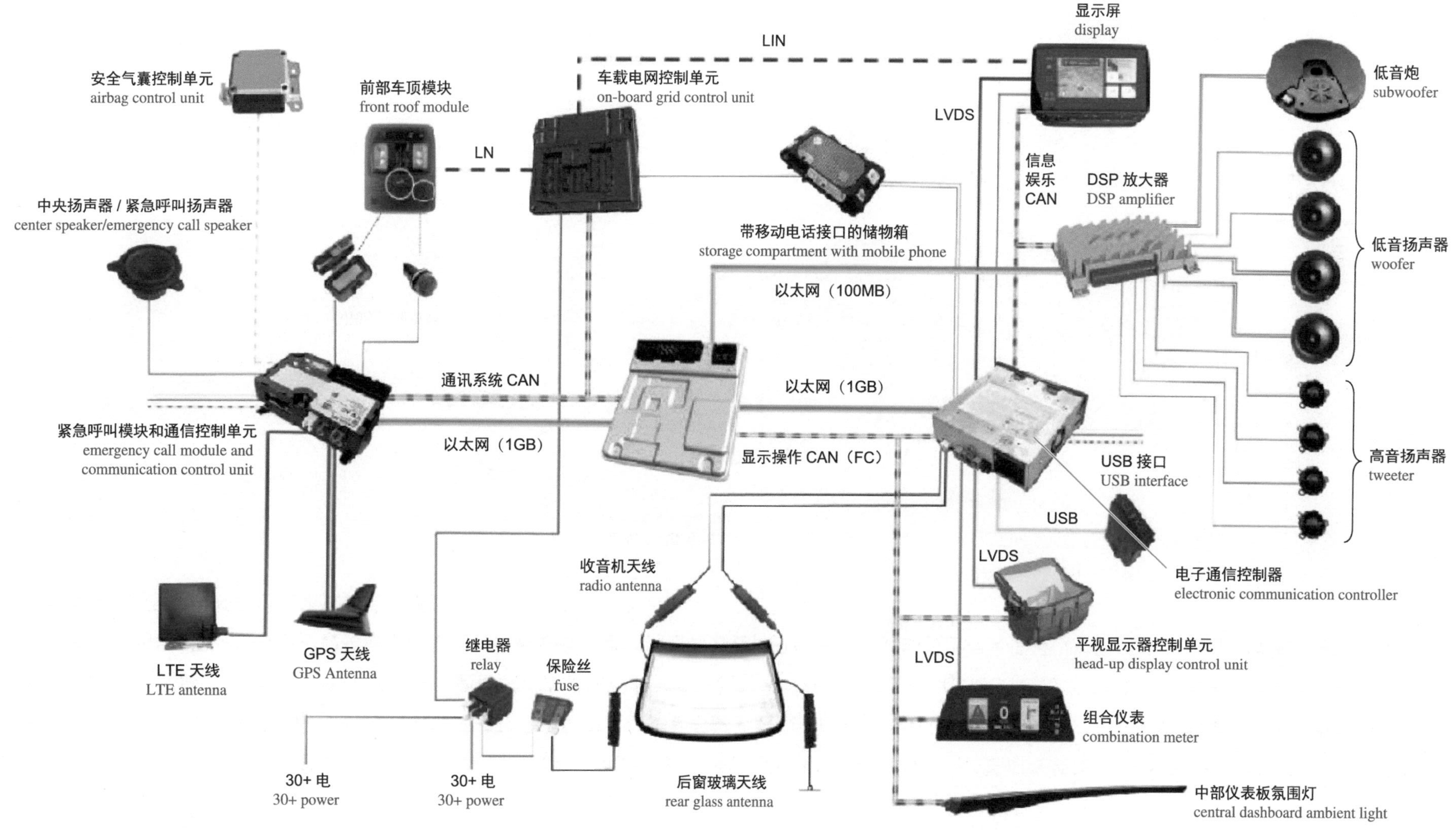

显示屏
display
LIN
安全气囊控制单元
airbag control unit
车载电网控制单元
on-board grid control unit
前部车顶模块
front roof module
LN
LVDS
低音炮
subwoofer
信息
娱乐
CAN
DSP 放大器
DSP amplifier
中央扬声器 / 紧急呼叫扬声器
center speaker/emergency call speaker
带移动电话接口的储物箱
storage compartment with mobile phone
低音扬声器
woofer
以太网（100MB）
通讯系统 CAN
以太网（1GB）
紧急呼叫模块和通信控制单元
emergency call module and
communication control unit
以太网（1GB）
显示操作 CAN（FC）
USB 接口
USB interface
高音扬声器
tweeter
USB
LVDS
收音机天线
radio antenna
电子通信控制器
electronic communication controller
平视显示器控制单元
head-up display control unit
LTE 天线
LTE antenna
GPS 天线
GPS Antenna
继电器
relay
保险丝
fuse
LVDS
组合仪表
combination meter
30+ 电
30+ power
30+ 电
30+ power
后窗玻璃天线
rear glass antenna
中部仪表板氛围灯
central dashboard ambient light

5.4.8 安全气囊

汽车安全气囊系统又称为辅助约束系统（supplemental inflatable restraint system，SRS），是指安装在汽车上的充气软囊，其在车辆发生撞击事故的瞬间弹出，以起到缓冲的作用，保护驾驶和乘客的安全。安全气囊一般由传感器（sensor）、电控单元（ECU）、气体发生器（inflator）、气囊（bag）、续流器（clockspring）等组成，通常气体发生器和气囊等一起构成气囊模块（airbagmodule）。传感器感受汽车碰撞强度，并将感受到的信号传送到控制器，控制器接收传感器的信号并进行处理，当它判断有必要打开气囊时，立即发出点火信号以触发气体发生器，气体发生器接收到点火信号后，迅速点火并产生大量气体给气囊充气。

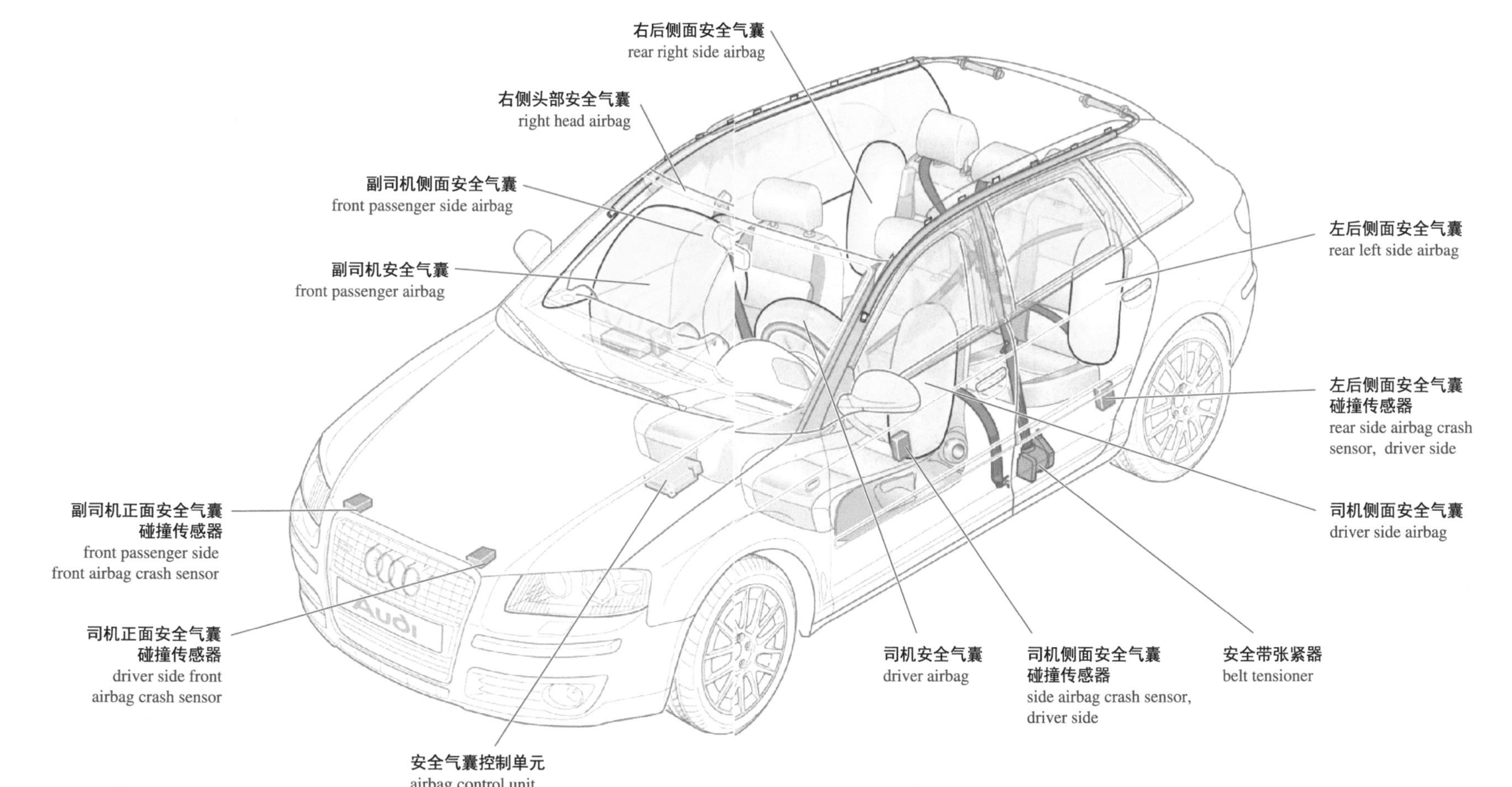
右后侧面安全气囊
rear right side airbag
右侧头部安全气囊
right head airbag
副司机侧面安全气囊
front passenger side airbag
副司机安全气囊
front passenger airbag
左后侧面安全气囊
rear left side airbag
左后侧面安全气囊碰撞传感器
rear side airbag crash sensor，driver side
司机侧面安全气囊
driver side airbag
副司机正面安全气囊碰撞传感器
front passenger side front airbag crash sensor
司机正面安全气囊碰撞传感器
driver side front airbag crash sensor
安全气囊控制单元
airbag control unit
司机安全气囊
driver airbag
司机侧面安全气囊碰撞传感器
side airbag crash sensor, driver side
安全带张紧器
belt tensioner

5.4.9 防盗系统

汽车上的防盗系统可分为以下几类：发动机防盗锁止系统（immobilization，IMMO）、遥控门锁（remote keyless entry，RKE）、无钥匙进入及启动系统（passive entry passive start，PEPS）。目前以IMMO和RKE在原车中应用最为广泛。

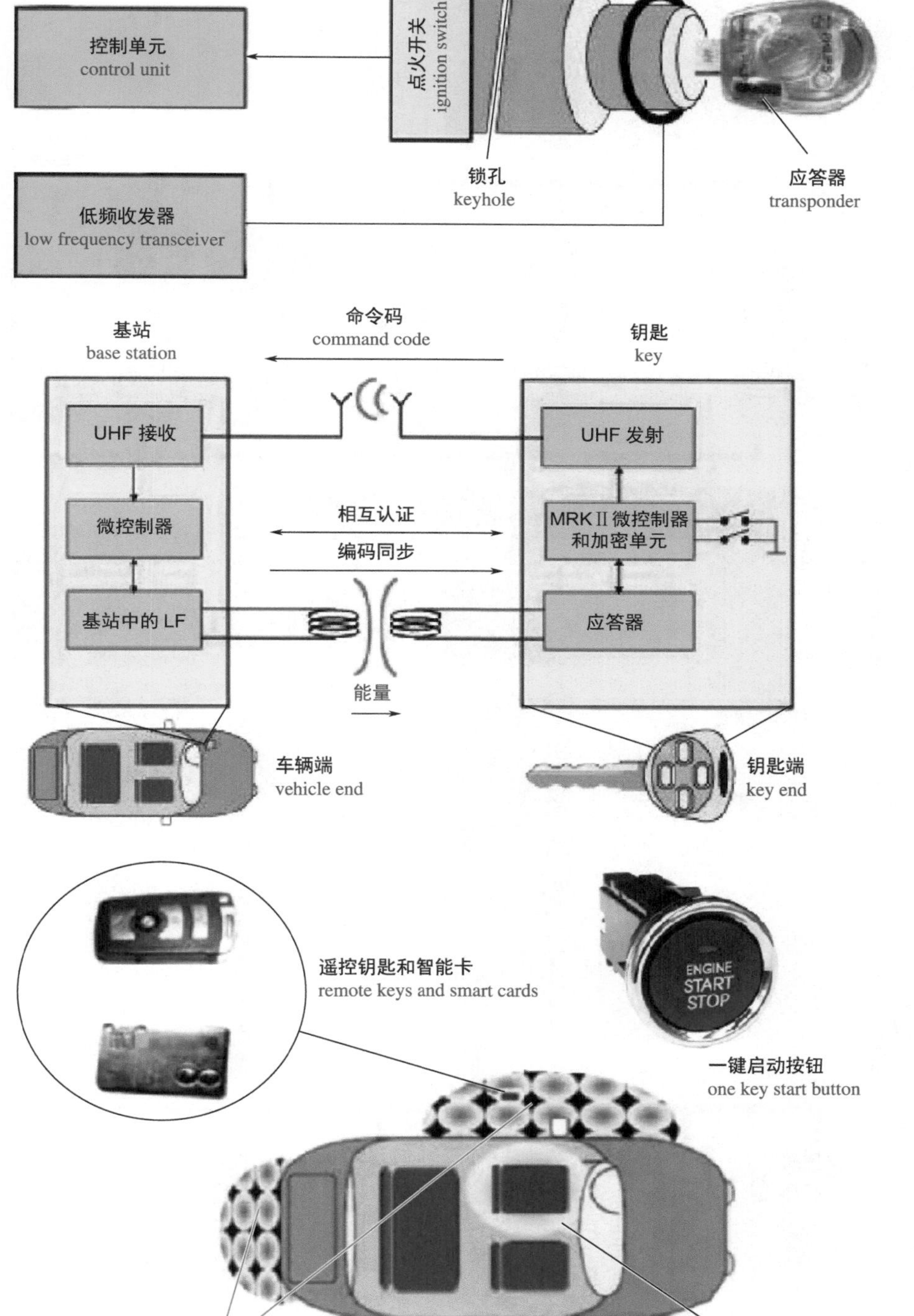

收发器线圈
transceiver coil
控制单元
control unit
点火开关
ignition switch
锁孔
keyhole
应答器
transponder
低频收发器
low frequency transceiver
基站
base station
命令码
command code
钥匙
key
UHF 接收
UHF 发射
微控制器
相互认证
编码同步
MRK II 微控制器和加密单元
基站中的 LF
应答器
能量
车辆端
vehicle end
钥匙端
key end
遥控钥匙和智能卡
remote keys and smart cards
ENGINE START STOP
一键启动按钮
one key start button
车外感应区域
outside sensing area
车内检测范围
in-car sensing range

IMMO 将加密的芯片置于钥匙中，在开锁的过程中，通过车身的射频收发器验证钥匙是否匹配来控制发动机

RKE 工作原理：按下钥匙上的按钮后，钥匙端发出信号，信号中包含相应的命令信息，汽车端天线接收电波信号，经过车身控制模块 BCM 认证后，由执行器实现启 / 闭锁的动作

无钥匙进入及启动系统 (PEPS) 在 RKE 基础之上发展起来，其采用 RFID 技术，类似于智能卡。当驾驶者踏进指定范围时，该系统进行识别判断，如果是合法授权的驾驶者则自动开门。上车之后，驾驶者只需要按一个按钮即可启动点火开关

5.4.10 车身模块

车身控制模块（BCM）能够完成多种车身控制功能。与车身控制模块直接连接的部件由车身控制模块控制。BCM包括低功率模式的微处理器、电可擦除只读存储器（EEPROM）、CAN、LIN收发机和电源。BCM具有离散的输入和输出端子，控制车身大部分功能。它通过高速CAN总线与其他主要电气系统交互作用，通过LIN总线与次要的电气系统交互作用。

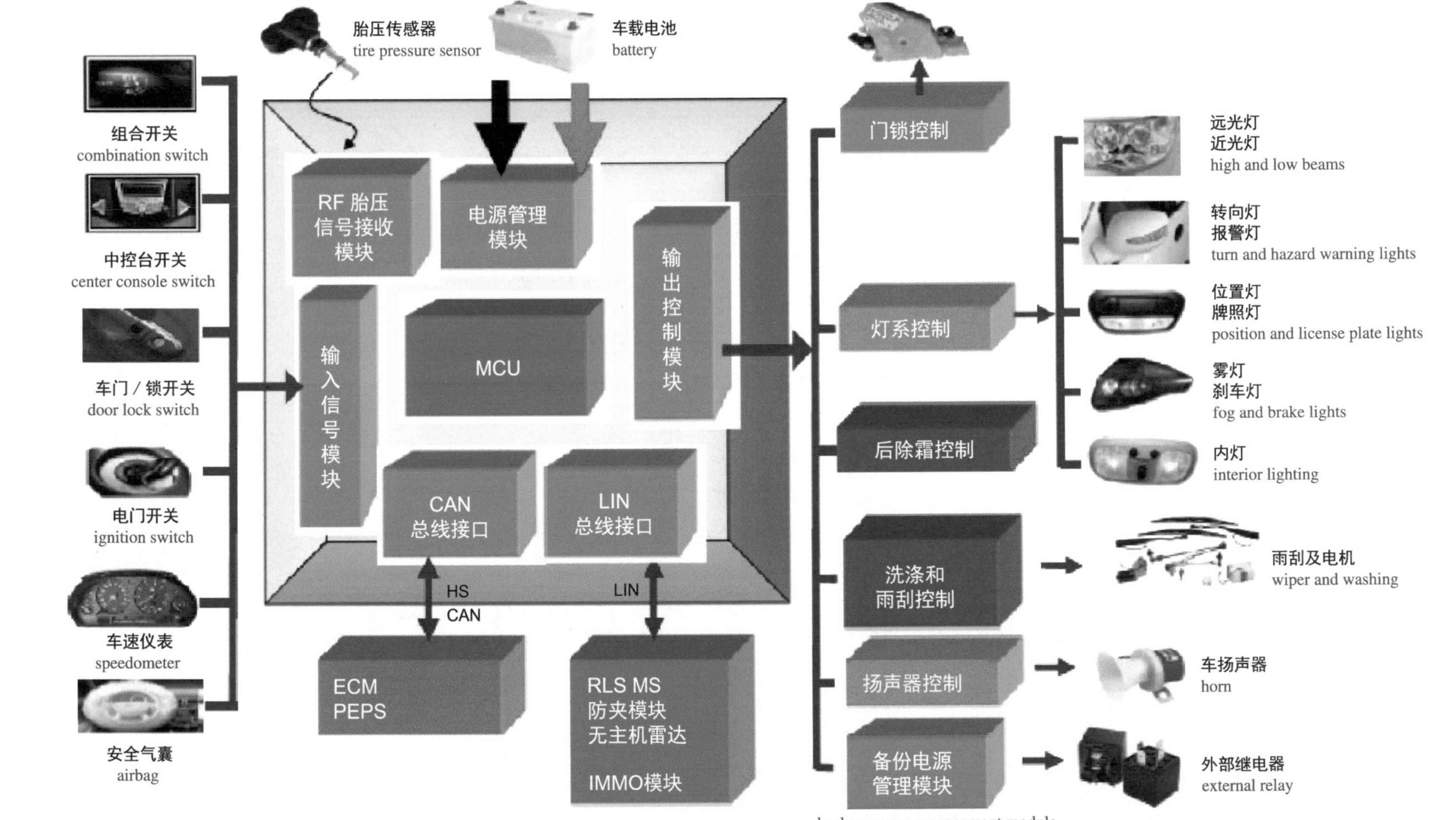
组合开关
combination switch
中控台开关
center console switch
车门 / 锁开关
door lock switch
电门开关
ignition switch
车速仪表
speedometer
安全气囊
airbag
胎压传感器
tire pressure sensor
车载电池
battery
RF 胎压信号接收模块
电源管理模块
输入信号模块
MCU
输出控制模块
CAN 总线接口
LIN 总线接口
HS CAN
LIN
ECM
PEPS
RLS MS
防夹模块
无主机雷达
IMMO模块
门锁控制
灯系控制
后除霜控制
洗涤和雨刮控制
扬声器控制
备份电源管理模块
backup power management module
远光灯
近光灯
high and low beams
转向灯
报警灯
turn and hazard warning lights
位置灯
牌照灯
position and license plate lights
雾灯
刹车灯
fog and brake lights
内灯
interior lighting
雨刮及电机
wiper and washing
车扬声器
horn
外部继电器
external relay

5.4.11 车载网络

目前汽车上普遍采用的汽车总线有局部互联协议LIN和控制器局域网CAN，正在发展中的汽车总线技术还有高速容错网络协议FlexRay、用于汽车多媒体和导航的MOST以及与计算机网络兼容的蓝牙、无线局域网等无线网络技术。

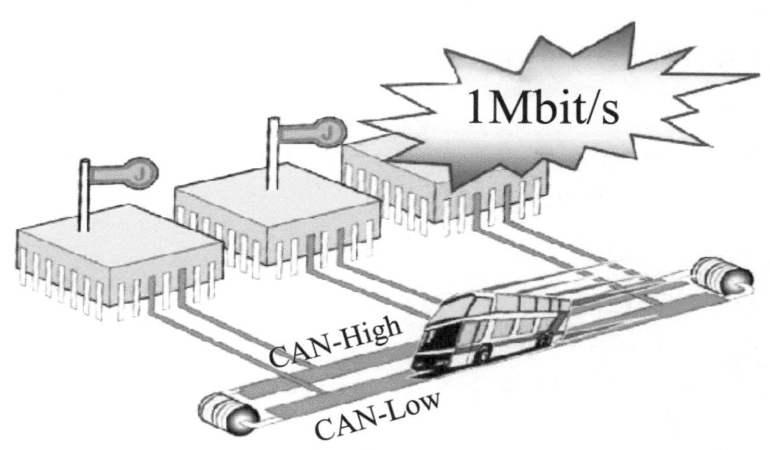

1Mbit/s
CAN-High
CAN-Low

CAN 为 controller area network 的缩写，意为控制器局域网络。CAN 系统是双线系统，双线同时工作，可靠性很高，最大稳定传输速率可达 1Mbit/s

LIN 为 local interconnect network 的缩写，意为局部互联网络。各个 LIN 总线系统之间的数据交换是通过 CAN 数据总线进行的，而且每一次只交换一个控制单元的数据。LIN 总线系统是一根单线总线，系统允许一个 LIN 主控制单元和最多 16 个 LIN 从属控制单元进行数据交换。LIN 总线的数据传送速率是 1 ～ 20kbit/s（千位 / 秒）

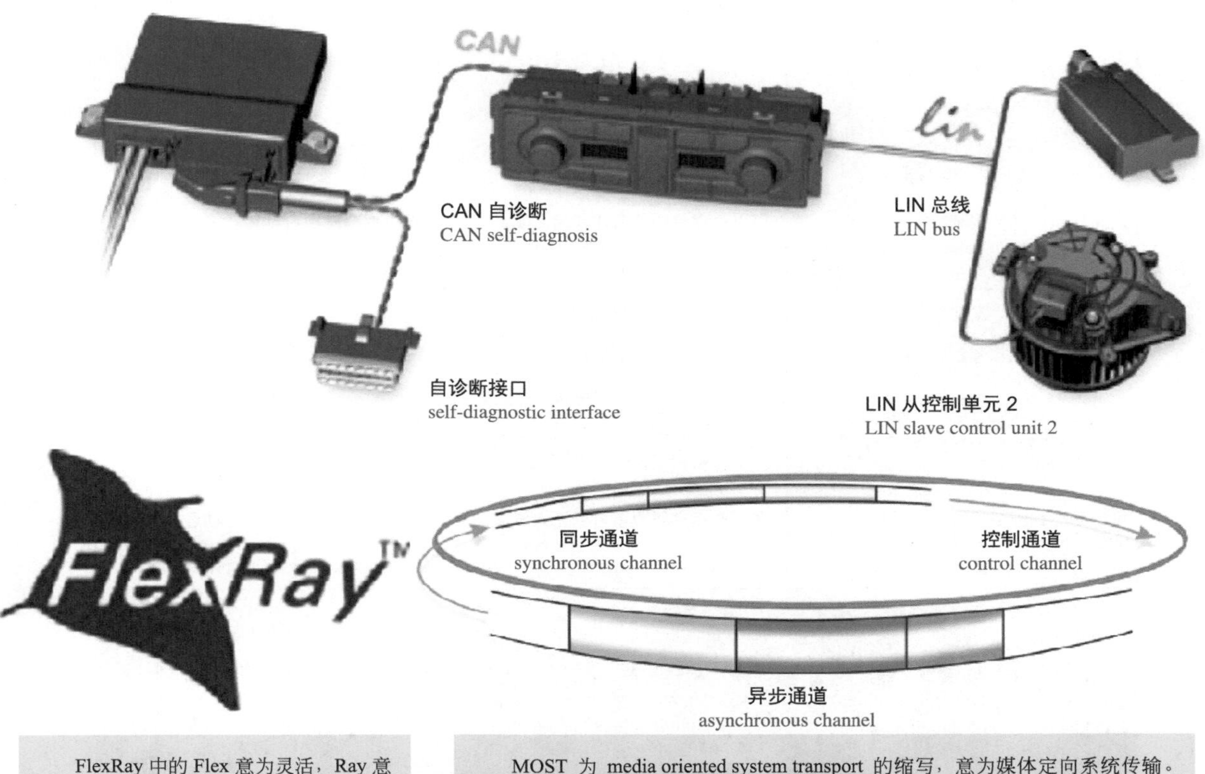

CAN
lin
CAN 自诊断
CAN self-diagnosis
LIN 总线
LIN bus
自诊断接口
self-diagnostic interface
LIN 从控制单元 2
LIN slave control unit 2
FlexRay™
同步通道
synchronous channel
控制通道
control channel
异步通道
asynchronous channel

FlexRay 中的 Flex 意为灵活，Ray 意为鳐鱼。电子双线式总线系统数据传输速率最高 10Mbit/s，使用“活跃”星形的拓扑结构，具有实时功能，实现了分布式调节并可在安全相关的系统中使用

MOST 为 media oriented system transport 的缩写，意为媒体定向系统传输。MOST 总线采用光信号传输数据，传输速率可达 25Mbit/s，环形结构，控制信号通过控制通道发送，同步通道主要用于传送音频数据，异步通道传输导航系统的图像数据。采用 MOST 总线通信的优点是导线少、重量轻、抗干扰且传输速度非常快

5.5 自动驾驶系统

5.5.1 概述

美国汽车工程师协会（society of automotive engineers，SAE）将自动驾驶技术进行了分级，L0属于传统驾驶，L1和L2属于驾驶辅助，L3 ~ L5属于自动驾驶，L5的自动驾驶技术等级也称为“无人驾驶”。

<table>
<tr><th colspan="2">自动驾驶分级</th><th rowspan="2">称呼（SAE）</th><th rowspan="2">SAE 定义</th><th colspan="4">主体</th></tr>
<tr><th>NHTSA</th><th>SAE</th><th>驾驶操作</th><th>周边监控</th><th>支援</th><th>系统作用域</th></tr>
<tr><td>0</td><td>0</td><td>无自动化</td><td>由人类驾驶者全权操作汽车，在行驶过程中可以得到警告和保护系统的辅助</td><td>人类驾驶者</td><td rowspan="3">人类驾驶者</td><td rowspan="4">人类驾驶者</td><td>无</td></tr>
<tr><td>1</td><td>1</td><td>驾驶支援</td><td>通过驾驶环境对方向盘和加减速中的一项操作提供驾驶支援，其他的驾驶动作都由人类驾驶员进行操作</td><td>人类驾驶者
系统</td><td rowspan="4">部分</td></tr>
<tr><td>2</td><td>2</td><td>部分自动化</td><td>通过驾驶环境对转向盘和加减速中的多项操作提供驾驶支援，其他的驾驶动作都由人类驾驶员进行操作</td><td rowspan="4">系统</td></tr>
<tr><td>3</td><td>3</td><td>有条件自动化</td><td>由无人驾驶系统完成所有的驾驶操作。根据系统请求，人类驾驶者提供适当的应答</td><td rowspan="3">系统</td></tr>
<tr><td rowspan="2">4</td><td>4</td><td>高度自动化</td><td>由无人驾驶系统完成所有的驾驶操作，根据系统请求，人类驾驶者不一定需要对所有的系统请求做出应答，限定道路和环境条件等</td><td rowspan="2">系统</td></tr>
<tr><td>5</td><td>完全自动化</td><td>由无人驾驶系统完成所有的驾驶操作。人类驾驶者在可能的情况下接管。在所有的道路和环境条件下驾驶</td><td>全域</td></tr>
</table>

等级 0

LEVEL 0

没有任何自动化驾驶特征

there are no autonomous features

等级 1

LEVEL 1

可以处理单项任务比如自动制动

these cars can handle one task at a time, like automatic braking

等级 2

LEVEL 2

至少拥有两项自动化功能

these cars would have at least two automated functions

等级 3

LEVEL 3

可以动态驾驶但仍须人工干预

these cars handle “dynamic driving tasks” but might still need intervention

等级 4

LEVEL 4

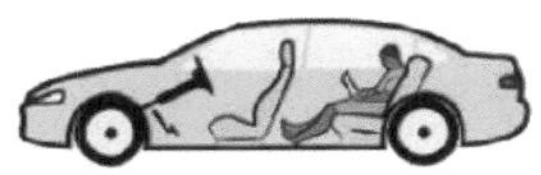

在某些特定环境下可以无人驾驶

these cars are officially driverless in certain environments

等级 5

LEVEL 5

不需要驾驶员就可以自动运行

these cars can operate entirely on their own without any driver presence

Self-Driving

自动驾驶场景

autopilot scene

无人驾驶场景

driverless scene

5.5.2 系统组成

汽车自动驾驶技术基于视频摄像头（按数量分单目、双目、多目摄像头）、雷达传感器（按类型分超声波雷达、毫米波雷达、激光雷达）来了解周围的交通状况，并通过一个详尽的地图（通过有人驾驶汽车采集的地图）对前方的道路进行导航。

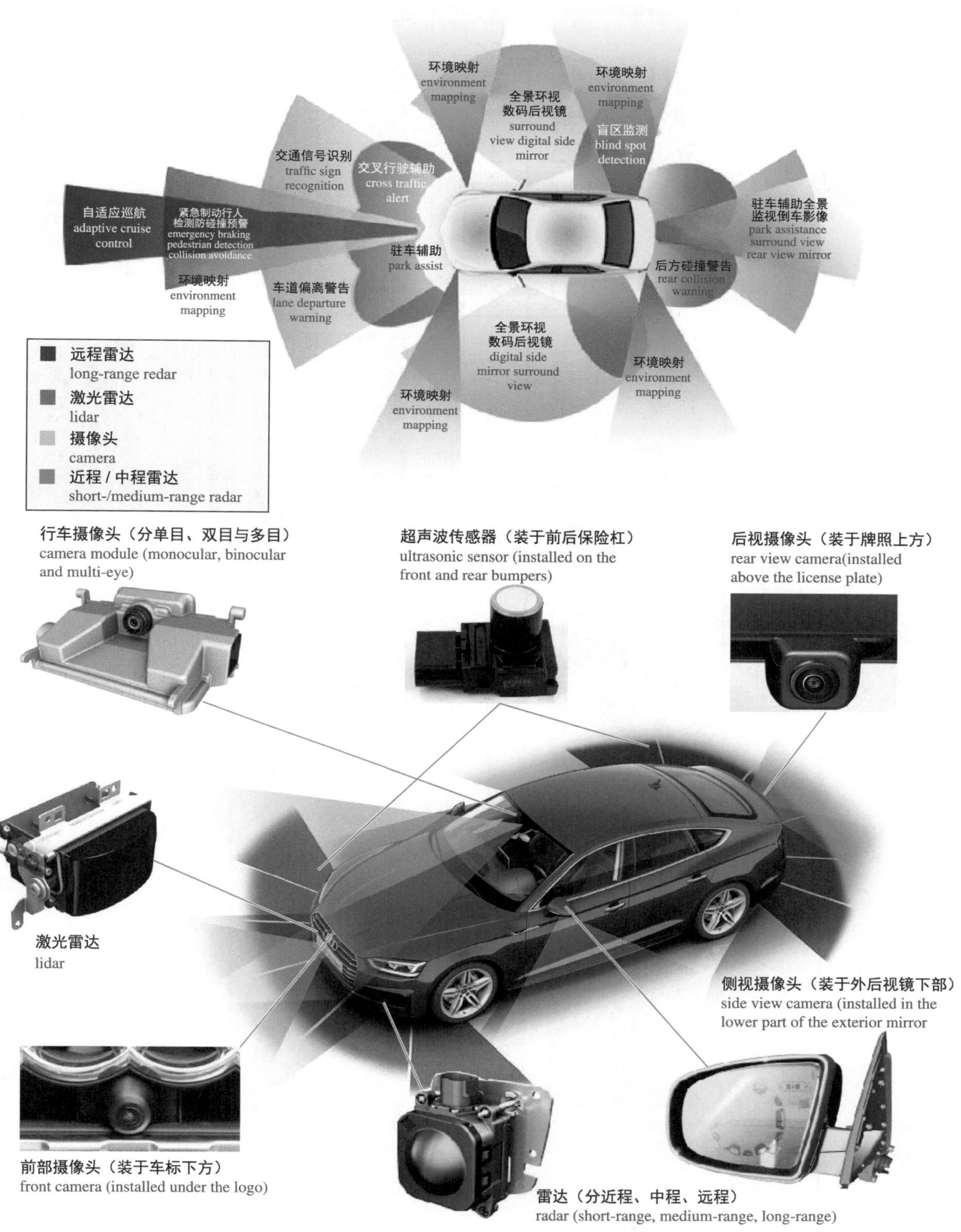

环境映射 environment mapping
全景环视 数码后视镜 surround view digital side mirror
环境映射 environment mapping
盲区监测 blind spot detection
交通信号识别 traffic sign recognition
交叉行驶辅助 cross traffic alert
自适应巡航 adaptive cruise control
紧急制动行人检测防碰撞预警 emergency braking pedestrian detection collision avoidance
驻车辅助全景监视倒车影像 park assistance surround view rear view mirror
驻车辅助 park assist
后方碰撞警告 rear collision warning
环境映射 environment mapping
车道偏离警告 lane departure warning
全景环视 数码后视镜 digital side mirror surround view
环境映射 environment mapping
环境映射 environment mapping
远程雷达 long-range redar
激光雷达 lidar
摄像头 camera
近程 / 中程雷达 short-/medium-range radar
行车摄像头（分单目、双目与多目） camera module (monocular, binocular and multi-eye)
超声波传感器（装于前后保险杠） ultrasonic sensor (installed on the front and rear bumpers)
后视摄像头（装于牌照上方） rear view camera(installed above the license plate)
激光雷达 lidar
侧视摄像头（装于外后视镜下部） side view camera (installed in the lower part of the exterior mirror
前部摄像头（装于车标下方） front camera (installed under the logo)
雷达（分近程、中程、远程） radar (short-range, medium-range, long-range)

第5章 汽车电气

5.5.3 系统功能

驾驶辅助技术当前已经在量产车上部署，通常称为高级驾驶辅助系统（advanced driver assistant systems，ADAS）。ADAS包括了ACC、LDWS、LCA、FCW、AP、BSD、DMS、ALC、NVD、HUD等诸多辅助功能。

英文名称	ACC-adaptive cruise control	FCW-forward collision warning	AEB-autonomous emergency braking	LKA-lane keep assist	ALC-auto lane change
中文名称	自适应巡航	前方碰撞预警	自动紧急制动	车道保持	自动变道辅助系统
例图					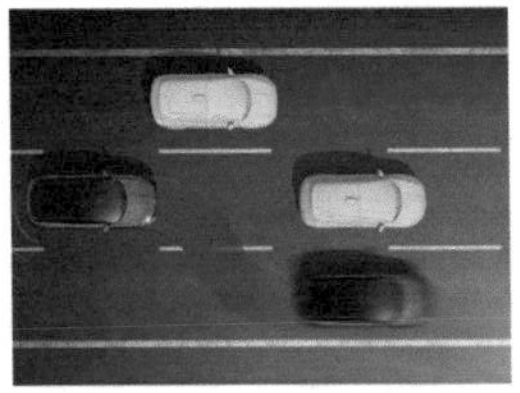
英文名称	LDWS-lane departure warning systems	BSD-blind spot detection	ALC-adaptive light control	NVD-night vision device	TSR-traffic sign recognition
中文名称	车道偏离预警系统	盲点监测系统	自适应灯光控制	夜视系统	交通标志识别系统
例图					
英文名称	HUD-head up display	PDC-parking distance control	APA-automatic parking assist	DMS-driver monitor system	AVM-around view monitor
中文名称	抬头显示	倒车雷达	自动泊车辅助	驾驶员监控系统	全景影像系统
例图					

附录

附录1　汽车车标与品牌名称
附录2　汽车英文标识含义

Automobile
Structure
Principle

附录1 汽车车标与品牌名称

扫一扫看动画视频

1.1 欧洲汽车品牌

标志									
品牌	奔驰（德）	宝马（德）	奥迪（德）	大众（德）	斯柯达（捷克）	西雅特（西班牙）	劳斯莱斯（英）	路虎（英）	捷豹（英）
英文	Mercedes-Benz	BMW	Audi	Volkswagen	Skoda	SEAT	Rolls-Royce	Land-Rover	Jaguar
标志									
品牌	精灵（奔驰）	迷你（宝马）	迈巴赫（奔驰）	宾利（英）	兰博基尼（意）	曼（德）	菲亚特（意）	阿尔法罗密欧	谛艾仕（雪铁龙）
英文	Smart	MINI	Maybach	Bentley	Lamborghini	MAN	FIAT	Alfa Romeo	DS
标志									
品牌	雷诺（法）	法拉利（意）	玛莎拉蒂（意）	布加迪（法）	保时捷（德）	斯堪尼亚（瑞典）	蓝旗亚（菲亚特）	阿斯顿马丁（英）	阿巴斯（意）
英文	Renault	Ferrari	Maserati	Bugatti	Porsche	SCANIA	LANCIA	Aston Martin	Karl Abarth
标志									
品牌	雪铁龙（法）	标致（法）	欧宝（德）	萨博（瑞典）	沃尔沃（瑞典）	依维柯（意）	迈凯伦（英）	路特斯（英）	摩根（英）
英文	Citroen	Peugeot	Opel	SAAB	VOLVO	IVECO	Maclaren	LOTUS	Morgan

1.2 美国汽车品牌

标志								
品牌	通用	凯迪拉克（通用）	别克（通用）	雪佛兰（通用）	土星（通用）	GMC（通用）	悍马（通用）	霍顿（通用）
英文	GM	Cadillac	Buick	Chevrolet	Saturn	GMC	HUMMER	Holden
标志								
品牌	福特	林肯（福特）	野马（福特）	水星（福特）	克莱斯勒	道奇（克莱斯勒）	吉普（克莱斯勒）	特斯拉
英文	Ford	Lincoln	Mustang	Mercury	Chrysler	Dodge	Jeep	TESLA

1.3 日韩汽车品牌

标志								
品牌	丰田	雷克萨斯（丰田）	大发（丰田）	本田	讴歌（本田）	马自达	现代（韩）	起亚（韩）
英文	Toyota	LEXUS	Daihatsu	HONDA	ACURA	Mazda	HYUNDAI	KIA
标志								
品牌	日产	英菲尼迪（日产）	三菱	斯巴鲁	五十铃	铃木	双龙（韩）	大宇（韩）
英文	Nissan	Infiniti	Mitsubishi	Subaru	Isuzu	Suzuki	Ssangyoung	Daewoo

1.4 国产汽车品牌

标志								
品牌	欧尚（长安）	长安（新标）	长安（旧标）	长城（新标）	长城（旧标）	炮（长城）	极狐（北汽）	腾势（比亚迪）
标志								
品牌	哈弗（长城）	魏（长城）	欧拉（长城）	吉利（新标）	吉利（次新标）	帝豪（吉利）	蔚来	小鹏
标志								
品牌	吉利（旧标）	英伦（吉利）	全球鹰（吉利）	领克（吉利）	极氪（吉利）	华普（吉利）	机叶（吉利）	几何（吉利）
标志								
品牌	奇瑞（新标）	奇瑞（旧标）	开瑞（奇瑞）	凯翼（奇瑞）	瑞骐（奇瑞）	威麟（奇瑞）	理想	威马
标志								
品牌	比亚迪（新标）	比亚迪（旧标）	上汽	名爵（上汽）	荣威（上汽）	大通（旧标）	宝沃	福田

标志								
品牌	传祺（广汽）	吉奥（广汽）	东南（旧标）	海马	江淮	大通（新标）	哪吒	零跑
标志								
品牌	江淮	思皓（江淮）	瑞风（江铃）	驭胜（江铃）	东风	一汽	合创（广汽）	高合（华运）
标志								
品牌	奔腾新（一汽）	奔腾旧（一汽）	红旗（一汽）	北汽	威旺（北汽）	幻速（北汽）	东南新标	飞凡（上汽）
标志								
品牌	昌河（北汽）	开瑞（奇瑞）	红旗（一汽）	五菱	宝骏（旧标）	宝骏（新标）	智已（上汽）	坦克（长城）
标志								
品牌	众泰	华泰	力帆	猎豹	中华	野马	观致（宝能）	云度

附录2 汽车英文标识含义

2.1 动力技术及性能标识

标识	55 TFSIe quattro	ECOBOOST 285	TURBO 4MATIC+	D-4ST
说明	TFSI表示带涡轮增压缸内直喷技术发动机，后加“e”表示PHEV插电混动类型。quattro为四轮驱动。“55”表示加速值，数字越大，加速越快	ECOBOOST表示福特带涡轮增压缸直喷与双可变气门正时技术的发动机，“285”表示发动机最大马力	TURBO表示发动机涡轮增压技术，4MATIC为奔驰四轮驱动标识，AMG车型后加“+”号代表可以实现100%的后轮驱动的四驱版本	丰田发动机技术：“D”表示发动机采用双喷射系统，“4”表示4冲程，“S”表示是加强版，“T”表示带涡轮增压
标识	XDrive 28i	3.0 Ddi VGS	INTELLIGENT BOXER	SKYACTIV G
说明	XDriver为宝马四轮驱动标识，“28i”的“2”代表2.0T发动机，“8”代表高功率版，“i”表示标准轴距版本车型	Ddi为五十铃超压共轨技术，VGS指可变截面涡轮增压技术，“3.0”为柴油发动机排量	斯巴鲁车型“智能水平对置发动机”配置标识。因为发动机工作时活塞就像拳击手相互出拳，所以俗称拳击手发动机（boxer engine）	马自达创驰蓝天省油发动机技术，使用92号汽油实现13：1高压缩比的缸内直喷发动机
标识	430 PHEV	380 TSI	NETBLUE	ECO dynamics
说明	PHEV为插电式混合动力车型标识，“430”为功率等级，数值越大动力越强，加速性能越好	“T”指双增压（涡轮增压加机械增压），“S”指分层，“I”指喷射，“380”表示转矩等级，为2.0T高功率版本	荣威蓝芯高效动力科技标识，集成TGI涡轮增压、缸内直喷、TST双离合变速器等技术	节能标识，带发动机智能启停功能的车型
标识	PURE TECH	TGDi	i-VTEC	e-tron
说明	标致雪铁龙带涡轮增压直喷发动机的车型标识	带涡轮增压的燃油缸内直喷技术的汽油发动机	本田可变气门正时与可变气门升程技术（VTEC）的合体	奥迪电动汽车类型标识

2.2 车型配置及版本标识

标识	RS 7	S5		X6 M	AMG
说明	“RS”为奥迪高性能运动车型类型	“S”为奥迪运动型汽车类型		“M”为宝马高性能汽车类型	“AMG”为奔驰高性能汽车类型
标识	HYBRID	AWD	RS	XTRONIC CVT	SYMMETRICAL AWD
说明	“HYBRID”为混合动力汽车标识	全轮驱动标识	运动型汽车	日产采用独特的高抗拉强度钢带传动的无级变速器	斯巴鲁车型左右对称全时全轮驱动系统标识
标识	P-AWS	GT	FR	SH-AWD	A Spec
说明	讴歌四轮精准转向系统技术标识	高性能车型	性能车型标识	讴歌超级操控四轮驱动技术标识	讴歌高性能运动版本车型标识
标识	R Line	brabus | automotive		ST Line	R DYNAMIC
说明	大众带外观内饰运动套件的运动版车型标识	长城魏与巴博斯（德国汽车改装品牌）合作车型		福特带外观内饰运动套件的运动版车型标识	捷豹带运动套件版本的车型标识
标识	Avenir	PLUS	EV	LIMITED	NETGREEN
说明	别克艾维亚顶配豪华版标识	PLUS加强版	（纯）电动汽车	限制版本车型标识	荣威“绿芯”新能源车型标识
标识	LONGITUDE	EREV	PHEV	PLATINUM	E-NERGI
说明	吉普豪华版车型标识	增程式电动汽车（发动机只充电）	插电混动汽车（可充电的混动汽车）	福特铂金版车型（最高配置）标识	福特插电混动车型标识
标识	ELECTRIC	FUEL CELL		PLUG-IN HYBRID	TITANIUM
说明	丰田电动汽车标识	丰田燃料电池汽车（FCV）		丰田插电混动车型标识	福特钛金版车型（高配置）标识

参考文献

[1] 陈家瑞. 汽车构造[M]. 北京：机械工业出版社，2013

[2] 关文达. 汽车构造[M]. 北京：机械工业出版社，2010

[3] 张金柱. 图解汽车原理与构造[M]. 北京：化学工业出版社，2016

[4] 王海林. 汽车专业英语[M]. 北京：机械工业出版社，2008

[5] 朱派龙. 图解汽车专业英语[M]. 北京：化学工业出版社，2008

[6] 张金柱. 图解英汉汽车实用词典[M]. 北京：化学工业出版社，2014

[7] 陈新亚. 视频图解汽车构造与原理[M]. 北京：机械工业出版社，2020

[8] 陈新亚. 汽车为什么会跑－图解汽车构造与原理[M]. 第3版. 北京：机械工业出版社，2017

[9] 陈新亚. 看图秒懂汽车原理[M]. 北京：化学工业出版社，2022

[10] 于海东. 图解汽车构造与原理[M]. 北京：机械工业出版社，2018

[11] 杨智勇. 看图学汽车构造与原理[M]. 北京：化学工业出版社，2021

[12] 瑞佩尔. 汽车构造与原理[M]. 北京：化学工业出版社，2022

[13] 谢伟钢，陈伟来. 彩色图解汽车构造与原理[M]. 北京：机械工业出版社，2017

[14] 于海东. 透视图解汽车构造原理与拆装[M]. 北京：机械工业出版社，2017

[15] 蔡晓兵，于海东. 汽车构造原理与电路[M]. 北京：化学工业出版社，2019

[16] 赫扎特，胡顺堂，姜绍忠. 汽车构造与原理三维图解（彩色版）[M]. 北京：机械工业出版社，2020

[17] 瑞佩尔. 新能源汽车结构与原理[M]. 北京：化学工业出版社，2018

[18] 闫亚林，韩天龙. 新能源汽车结构与原理[M]. 北京：北京理工大学出版社，2019

[19] 何洪文，熊瑞等. 电动汽车原理与构造[M]. 北京：机械工业出版社，2018

[20] 登顿. 自动驾驶与辅助驾驶系统[M]. 北京：机械工业出版社，2021